电脑网页设计

北京希望电子出版社　总策划
甘登岱　主　编

红旗出版社
北京希望电子出版社
Beijing Hope Electronic Press
www.bhp.com.cn

图书在版编目（CIP）数据

电脑网页设计 / 甘登岱主编. —北京：红旗出版社，2005.3

（青少年学电脑）

ISBN 7-5051-1100-0

Ⅰ.电… Ⅱ.①甘… Ⅲ.主页制作—应用软件—青少年读物 Ⅳ.TP393.092-49

中国版本图书馆 CIP 数据核字（2004）第 120472 号

需要本书或技术支持的读者，请与北京中关村 083 信箱（邮编：100080）发行部联系，电话：010-82702660，82702658，62978181（总机）转 103 或 238 传真：010-82702698 E-mail：tbd@bhp.com.cn。

系列名	青少年学电脑
书名	电脑网页设计
主编	甘登岱
总策划	北京希望电子出版社
责任编辑	周凤明 雷 铎
出版	红旗出版社 北京希望电子出版社
发行	北京希望电子出版社
地址	红旗出版社 北京市沙滩北街 2 号（100727） 电话：（010）64037138 北京希望电子出版社 北京市海淀区上地三街 9 号金隅嘉华大厦 C 座 610
经销	各地新华书店 软件连锁店
排版	希望图书输出中心 周玉
印刷	北京双青印刷厂
版次 / 印次	2005 年 3 月第 1 版 2005 年 3 月第 1 次印刷
开本 / 印张	850×1168 1/32 17 印张 396 千字
印数	1～5000 册
书号	ISBN 7-5051-1100-0
定价	20.00 元

内 容 简 介

本书是《青少年学电脑》丛书中的一本，主要介绍了网页设计要用到的 3 个软件 Dreamweaver MX、Fireworks MX、Flash MX 的使用方法和应用技巧。

本书由 3 个部分组成，第 1 部分是第 1～5 章，介绍网页编辑软件 Dreamweaver MX 的基本操作、网页制作方法及网站的创建和管理。第 2 部分是第 6～8 章，介绍用优秀的 Web 图像制作软件 Fireworks MX 绘制与编辑图形的方法。第 3 部分包括第 9～13 章，介绍矢量动画编辑软件 Flash MX 制作动画的方法与技巧，这个软件是制作交互式动画及创建动态网页素材的优秀软件。

本书的主要特色是：初学者通过本书可学习网页制作的用法，已经具有一些基础的读者，可以从中了解网页制作的一些新特点，并学习一些网页设计技巧。本书非常适合作为青少年和中、小学生学习网页制作的教材或自学用书。

前　言

书籍是人类进步的阶梯，知识能改变人的命运。

目前世界各国都非常重视信息科学的普及教育，计算机与基础教育的结合已成为当今世界新技术革命和教育改革的一大趋势。为了普遍提高我国青少年的计算机科学知识，让广大青少年尽快掌握计算机应用知识，我们特别组织出版了这套《青少年学电脑》系列丛书，这套丛书正是为在广大青少年中大力开展计算机普及教育活动而做。

本系列丛书由 5 本组成。包括《电脑入门》、《电脑办公》、《电脑上网》、《电脑网页设计》、《电脑图像制作》。

《电脑入门》介绍电脑的基本概念和使用方法。主要介绍了电脑的基本知识、正确使用电脑的方法、电脑的管理、电脑常用操作、智能 ABC 输入法与五笔字型输入法等内容。

《电脑办公》主要介绍了电脑办公方面的基本知识，其内容包括 Word 2002 的使用（文档的输入、编辑、排版与打印），用 Excel 2002 创建电子表格（电子表格的制作、编辑、排版与打印），用 PowerPoint 2002 制作幻灯片（简单课件、演示文稿的制作、编辑与发布）等内容。

《电脑上网》主要介绍了电脑上网的基本常识，网上冲浪，电子邮件的使用方法，个人网页创建，网络应用技巧，常用工具软件等内容。

《电脑网页设计》分三个部分介绍了网页设计要用到的 3 个软件 Dreamweaver MX、Fireworks MX、Flash MX 的使用方法和应用技巧。第 1 部分介绍网页编辑软件 Dreamweaver MX 的基本操作、网页制作方法及网站的创建和管理；第 2 部分介绍用优秀的 Web 图像制作软件 Fireworks MX 绘制与编辑图形的方法；第 3

部分介绍矢量动画编辑软件 Flash MX 制作动画的方法与技巧，这个软件是制作交互式动画及创建动态网页素材的优秀软件。

《电脑图像制作》介绍 Photoshop 7 图形、图像处理软件的使用方法。Photoshop 可制作出专业、精美的图像作品，广泛应用于印刷、Web 发布以及照片处理等视觉设计领域。本书介绍了 Photoshop 7 的基础知识；各种工具的使用；控制图像颜色的技巧；形状、通道、文字、图层的编辑及使用；滤镜操作等。每章配有精美的实例操作，能有效提高读者的实际动手操作能力。

本系列丛书由北京希望电子出版社总策划，甘登岱主编，其中《电脑图像制作》由尚峰、张瑞娟编写，参加编写工作的还有郭玲文、白冰、郭燕、贾敬瑶、李弘、黄瑞友、李金龙、章银武、林军会、张安鹏、刘春瑞、王立民、李鹏、崔元胜、谭建、郭玲玫等。

目　录

第 1 部分　Dreamweaver MX

第 3 部分 Flash MX 精解

第 1 部分

Dreamweaver MX

Dreamweaver MX 是 Macromedia 公司推出的一个所见即所得的网页编辑软件，它采用了多种先进技术，能够快速高效地创建极具表现力和动感效果的网页，使网页创作过程变得简单无比。

更值得称道的是，Dreamweaver MX 不仅提供了强大的网页编辑功能，而且提供了完善的站点管理机制，是一个集网页创作和站点管理两大利器于一身的超重量级的创作工具。

第 1 章　网页制作必备知识

本 章 要 点

- 网页制作新手需知
- 网页组成元素及相关术语
- 站点规划方法
- 常见网页制作方法分析

1.1　网页制作新手需知

从大的方面讲，网页制作实际上涉及网站维护及网页制作两大任务。由于我们需要不断地更新网站内容，因此网站维护实际上就是一个不断更新网页内容、以及制作新网页的过程。

假如从来没有制作过网页，现在希望尝试一下制作网页带来的快乐，那么，工作步骤通常包括以下几步：

（1）使用 Windows 资源管理器规划网站的目录结构。例如，假定希望创建一个个人站点，其中包括了自我简介、兴趣爱好及家庭成员等内容。那么目录结构可以按如图 1-1 所示进行安排。

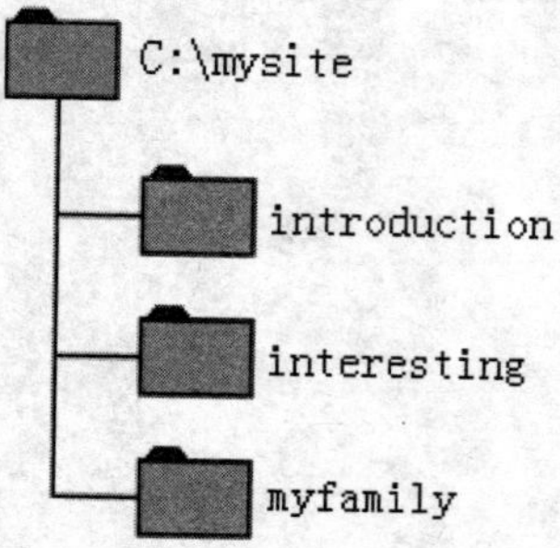

图 1-1　网站目录规划示例

因此，规划站点目录结构实

际上是一个信息分类管理的过程，用户完全可以根据需要进行安排。不过应特别注意3个问题：

- 最好在驱动根目录下创建站点文件夹。
- 文件夹名称（包括其中的文件名称）最好不要使用大写及中文。这是由于很多网站使用的都是 Unix 操作系统，该操作系统对大小写敏感，且不能识别中文文件名。
- 不要将与网页制作无关的文件放置在站点文件夹中。

（2）使用 Dreamweaver 配置站点。由于将来必须将上面创建的文件夹结构及以后制作网页时所产生的 HTML 文件及各种图片文件全部发送到 ISP（Internet 服务提供商）处，并且要不断更新文件。因此，用户必须让 Dreamweaver 了解网站配置情况，以便使其自动完成这些工作。

（3）制作网页并将某个网页作为网站的入口网页，即主页。尽管在 Dreamweaver 中，用户可将任何一个网页设置成主页，但是，由于很多 ISP 要求将主页的名称命名为 index.htm，因此，用户最好遵守此规定。

（4）在某个 ISP 处申请一块“地皮”，此时用户就有了自己的域名（请您留意 ISP 授予的 FTP 服务器名称、用户名、口令）

（5）利用 Dreamweaver 将本计算机上的站点内容上传到所申请的“地皮”上。

制作并上传网页后，以后的工作就是网站维护了，其工作大致包括改进已创建的网页、制作新网页、同步更新网站内容等，这也是网站内容不断充实的过程。

1.2　网页组成元素及相关术语

制作网页前，了解网页的组成元素是非常必要的，这可使我们在制作网页时做到心中有数。此外，制作网页时，还会经常碰到一些术语，如服务器、客户端、事件与行为、ASP/JSP/PHP 等，如果对这些术语不了解，在制作网页时将会遇到不少问题。

HTML 文件：用户通过 Dreamweaver、FrontPage 等软件设计的网页实际上包含了两类文件：一类为 HTML（超文本标记语言）文件，一类为网页中使用的图像文件。HTML 文件定义了网页中各种元素（如文字、图片等）的位置和外观，如图 1-2 所示。图像文件则是网页的素材。

```
</script>
</head>

<body onLoad="MM_openBrWindow('file:///D|/MySite/djgg.htm','ad','width=320,height=240')">
<div id="Layer1" style="position:absolute; left:127px; top:98px; width:214px;
height:102px; z-index:1; background-color: #FF0000; layer-background-color: #FF0000;
border: 1px none #000000; visibility: hidden;" onMouseOut=
"MM_showHideLayers('Layer1','','hide')" onMouseOver=
"MM_showHideLayers('Layer1','','show')">
  <div align="center">
    <p><font color="#FFFFFF" size="4" face="隶书">金企鹅文化发展公司</font><font color=
"#FFFFFF" face="隶书"><br>
      <font size="2" face="仿宋_GB2312">该公司是一家从事计算机图书创作的高科技技术公司，
拥有计算机图书创作的技术实力和大型现代化的高科技设备，为计算机应用事业的发展做出了巨大的
贡献，并为图书行业的前进开创了新的思路和方向</font></font></p>
    </div>
</div>
<table width="762" border="0" cellpadding="0" cellspacing="0">
  <!--DWLayoutTable-->
```

图 1-2　HTML 文件示例

网络浏览者在浏览网页时实际上是将 HTML 文件及相关图像文件下载到自己的计算机中，然后由浏览器程序对 HTML 文件进行解释，从而显示网页。

超链接、超文本及超媒体：超链接（Hyperlink）是 WWW 上使用最多的一种技巧，它通过事先定义好的关键字（Keyword）或图形来链接其他页面，只要浏览者用鼠标单击该关键字或图形，就可以自动打开相对应的页面。通过这种方式，可以非常方便地实现不同页面间的跳转。图 1-3 即为定义了超链接的文本（通常以下划线来标识）。

超文本文件（Hypertext）是指具有超链接功能的文件，用鼠

标单击该文件中已经定义好的关键字，便可得到该关键字的相关解释。这种方式使用户阅读起来更感舒适，类似于早期使用的Win32下的HELP文件。

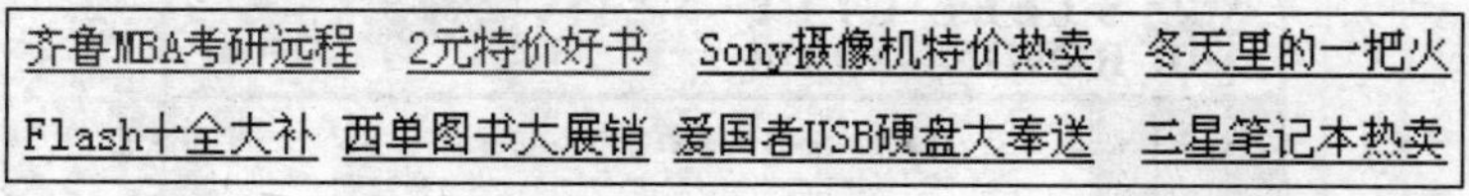

图1-3　定义了超链接的文本

超媒体（Hypermedia）则是一种包含文字（Text）、影像（Movie）、图片（Image）、动画（Animation）、声音（Audio）等媒体的图、文、声、像并茂的文件。

表单：表单是网页中站点服务器处理的一组数据输入域。访问者单击按钮或图形提交表单后，数据就会传送到服务器上。表单处理程序是服务器上的一个程序，当访问者传送一个表单后，该程序就开始执行。表单域是网页上的一个数据输入域，访问者可在其中输入文本或选择栏位来提供相应信息。图1-4为网页中的一个简单的表单对象。

图1-4　表单示例

表格与层：表格（Table）是网页上的一行或多行单元格，用来组织网页的布局或有系统地布置数据。用户可以在表格的单元格中放置任何东西，包括文本、图形和表单。

层是设置页面布局的一个非常有效的工具，用户可以通过制作多个层窗口，任意布局网页内容。在Dreamweaver中，层与表格可以相互转换。

框架网页与框架：框架（Frame）网页是一种特殊类型的网页，在该类网页中，显示区被框架划分成了多个独立区域，如图1-5所示的框架网页就包含了3个框架。

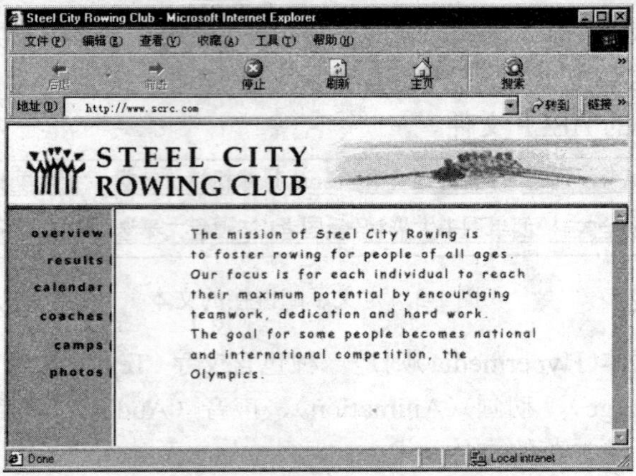

图 1-5　框架网页示例

框架网页实际上包含了多个网页，一个是主框架网页，该网页定义了各框架的名称、位置及尺寸等，它在浏览器中不显示。另外，每个框架实际上也都是一个独立的网页文件。在制作框架网页时，既可以直接将已经制作好的网页放入框架，也可为每个框架制作新网页。

使用框架网页的好处是可以加快浏览速度，当用户单击框架中的超链接时，可以设置链接网页在框架中打开的位置。

动画、帧、视频和电影：所谓动画，就是指动态画面。例如，我们在浏览网页时，经常会看到跳舞的卡通或者动态变换的字体，这些都是动画。

动画实际上是由一组静态画面组成的，连续播放便形成了动画。每个静态画面被称为帧（Frame）。现在出现了很多动画制作软件，如 Flash、3DS MAX、Maya 等。

当前，网上最常使用的动画文件格式是 GIF 动画片。此外，如果在动画中加入了声音，动画片文件便成了所谓的视频文件或电影文件。常用的视频和电影文件格式主要有 AVI、MOV、SWF

等。

GIF、JPEG 与 PNG 图像：目前的图像处理程序非常多，相应地，图像文件格式也就多种多样。例如，大家常用的图像格式就包括 BMP、TIF、GIF、JPEG（JPG）、PSD、EPS、WMF 等。

由于网络对文件的容量要求非常苛刻，因此，在网页中只能使用压缩比非常高的 GIF（图形交换格式）、JPG（联合摄影专家小组 Joint Photographic Experts Group）及 PNG（便携式网络图形）3 种格式的图像。也就是说，如果网页中使用的图像不是这 3 种格式，则必须将其转换。

同时，GIF 格式及 JPG 格式又有一些变种，如 GIF 格式又派生出了 GIF 动画、渐进式 GIF，JPG 格式派生出了渐进式 JPG 等。

书签：书签（Bookmark），在 Dreamweaver 中被称为“锚记”，并以符号标识，如图 1-6 所示。书签在 Web 网页上用来指示位置，即超链接的目的地。例如，单击某个超链接不是转向某个新网页，而是转到同一网页上的某个位置。在 URL（统一资源定位器，即超链接地址）中，书签之前会有一个#符。

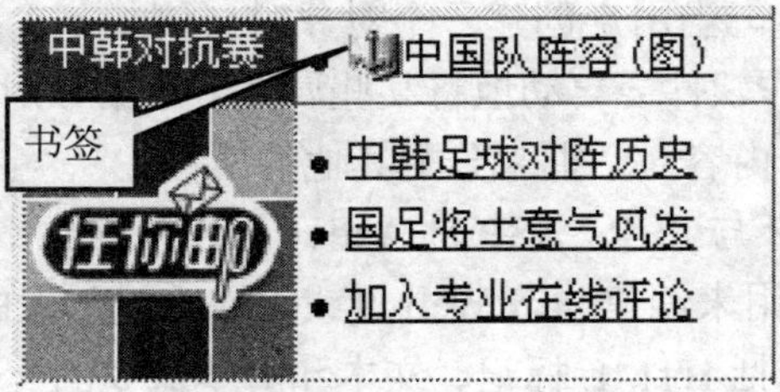

图 1-6　书签示例

脚本与脚本语言：脚本即英文的 Scripting。在网页中插入的脚本有 JavaScript 和 VBScript 两种，它们都是一种解释性的脚本语言，其代码可以直接嵌入到 HTML 命令中。JavaScript 和 VBScript 的最大特点是能够很方便地操纵网页上的元素，并与 Web 浏览器交互。同时，JavaScript 和 VBScript 可以捕捉访问者的操作并作出反应。也就是说，通过 JavaScript 和 VBScript，网页可以直接处理访问者的请求（如表单的输入），而不用通过网络来回传递数据。

动态 HTML 和 XML：简而言之，动态 HTML 就是一种即使在网页下载到浏览器以后，仍然能够随时变换的 HTML。比如，当光标移至文章段落中时，段落能够变成蓝色，或者网页开头能够滑过电脑屏幕等。HTML 中能够做的一切，在网页下载后还能够再重复。

XML 是一种扩展标记语言，利用它，用户可以很方便地对结构化数据进行描述，对自己的标记语言进行定义。XML 提供了一个直接处理 Web 数据的通用方法，具有广阔的应用前景，特别是对传统的网页制作将有较大的影响。

HTML 标记：HTML 标记是 HTML 中用来鉴别网页元素的类型、格式和外观的文本字符串， Dreamweaver、FrontPage 会自动地创建代表网页中每个组件的 HTML 标记。

HTML 属性是在 HTML 标记中用来将额外的内容分配给被定义对象的值。当用户创建一个对象时（例如一个段落或图像映射），网页制作软件会自动地将某些属性分配给该对象。用户可以通过该对象的内容对话框来分配其他的属性。

ASP、JSP 与 PHP：ASP 是 Active Server Page（动态服务器主页）的缩写，用来创建动态 Web 页或生成功能强大的 Web 应用程序。ASP 页包括 HTML 标记、文本和脚本命令的文件，ASP 页可调用 ActiveX 组件来执行任务，例如连接到数据库或进行商务计算。通过 ASP，可为 Web 页添加交互内容或用 HTML 页构成整个 Web 应用程序，这些应用程序使用 HTML 页作为你的客户的界面。

JSP 与 PHP 的作用与 ASP 基本相同，也都是用来创建动态 Web 页或生成功能强大的 Web 应用程序。

服务器与客户端：当用户在浏览网页时，实际上是由自己的计算机向存放网页的计算机发出一个请求。对方的计算机在收到请求后，将所需内容发送给发出请求的计算机。相对地，本地计算机被称为客户计算机，对方的计算机被称为服务器，如图 1-7 所示。

图 1-7　客户机与服务器

实际上，所谓客户机与服务器只是一个运行了某种程序的计算机。例如，如果用户在自己的计算机中安装并运行了某个服务器程序，那么，计算机也就变成了一个简单的服务器。实际工作时，用做服务器的计算机通常都有一定的要求，例如，要求较快的运行速度、更大的内存、更高的可靠性，要求运行 UNIX、NOVELL 或 Windows NT/2000 等网络操作系统。

CSS 样式表：样式表 CSS 的全称应该是层叠样式表（Cascading Style Sheets，简称 CSS）。它用于对布局、字体、颜色、背景和其他文图效果实现更加精确的控制，具有下述特点：

- 只通过修改一个样式表就可以改变多个页面的外观、格式及文本的样式。
- 在所有浏览器和平台之间的兼容性。
- 更少的编码、更少的页数和更快的下载速度。

因此，从某种意义上讲，CSS 样式表就像是 Word 中的文档资模板，利用它可控制网页的样式。而且，只要修改样式表，所有使用该样式表的网页外观将会相应改变。

事件与行为：用户在浏览网页时，可能有这样一种体会：当光标移至某处时，系统会出现一个提示或打开一个小的说明窗口。实际上，移动光标就是一种事件（Event），打开说明窗口就是一种行为（Behavior）。

总的来说，事件是指用户所执行的某项动作，如光标经过、单击、双击或离开某链接对象；行为则是对事件的响应，指明了发生某事件时希望程序执行什么任务。

插件：插件即英文的 Plug-In，它也是程序，是用遵循一定规范的 API（应用程序编程接口）编写出来的，Web 浏览器能够直接调用插件代码。插件软件安装之后，就成为浏览器的一部分，处理特定类型的文件。插件的使用，增加了对不同类型 Web 文件的支持，扩展了 Web 多媒体特性的进一步使用。插件能够插入到网页中，随网页传送到客户端，并且在客户端执行。但是，它只能在 Web 浏览器的窗口上运行，并且插件是与平台有关的。

1.3 站点规划方法

所谓站点，可以看作是一系列文档的组合，这些文档之间通过各种链接关联起来。它们可能拥有相似的属性，例如描述相关的主体，采用相似的设计或实现相同的目的等，也可能只是毫无意义的链接。利用浏览器，就可以从一个文档跳转到另一个文档，实现对整个网站的浏览。

Dreamweaver 中的站点包括 Web 站点（即远程站点）和本地存储站点。当用户希望创建一个 Web 站点时，首先应考虑如何设计和规划站点，以确保它能制作成功。即使用户只是创建一个个人主页，仅仅是为了供朋友和家人一起分享，也需要谨慎地规划站点，使每个人都能浏览该主页。

1.3.1 决定站点目的

在创建网站时，决定站点的目的是第一步。设计者应清楚站点的目的，确定它将会提供什么样的服务，网页中应该出现的内容等。记下这些目的，以便在站点设计过程中能随时提醒自己。

通常，一个合理的站点规划，可以直接影响站点的质量和将来浏览者的访问流量。此外，对于一个网站来说，应能够经常提供新内容才能吸引浏览者。有时，在网页中插入媒体（如 Flash、Director 等）元素，也可以使网页看上去生动、可亲。

1.3.2 选择目标观众

当创建好自己的网页后，还需要判断哪些观众将会访问你的站点，这也许是一个无法预测的问题，而几乎所有的人都希望观众能够浏览他们的站点。但是，要为世界上的每一个人都创建一个适合于他们的网站那是一件非常困难的事，也是不可能的。因为浏览者可能会使用不同的浏览器，不同的连接速度，安装或者没有安装媒体插件程序，所有这些因素都会影响到站点的浏览，这也就是需要去确定目标观众的原因。

为了使站点能够吸引更多的观众，应该充分考虑到观众所使用的计算机类型，使用的操作平台（如 Macintosh、Windows、Linux 等），平均使用的连接速度（56K 调制解调器或 ADSL）以及他们使用的浏览器种类和显示器尺寸等，这些因素都会影响观众访问自己的网页。

一旦选择了目标观众，并且决定了他们使用的计算机类型、连接速度和浏览器种类，就能够实现自己的设计。

例如，如果目标观众是在 Windows 操作系统上使用 17 英寸显示器和 Internet Explorer 4.0 或更高版本，那么应使自己设计的网页能很好地工作在使用 Windows 操作系统的 Microsoft Internet Explorer 浏览器上，并且屏幕尺寸为 800×600 像素。少数观众可能会在 Macintosh 平台上使用 Netscape Navigator 浏览器，此时也要确保自己的网页能够在这些机器上工作，尽管它可能不会很好地显示。

1.3.3 为兼容的浏览器创建站点

创建站点时，应能够了解观众可能使用的浏览器种类，这就需要使站点具有更大的浏览器兼容性。

目前，用户使用的浏览器可能有几十种，并且每一种浏览器都有多个版本。即使是人们普遍使用的 Microsoft Internet Explorer 浏览器和 Netscape Navigator 浏览器，也不能保证所有的用户都能使用最新的版本。当网站放置在 Web 上后，迟早会有观众来使用早期版本的浏览器来浏览的。

在有些环境下，不需要创建浏览器兼容的站点。例如，如果站点仅仅是供公司内部使用，并且知道所有职员都使用相同的浏览器，这时可以优化站点以更好地适应该浏览器。同样，如果在 CD-ROM 上创建了 HTML 内容，并且在 CD 盘上指定了浏览器，那么，所有的用户应使用该浏览器访问 CD 上的内容。

当站点中包含特殊的版面形式、动画、多媒体和交互性内容时，它们将显示与浏览器兼容性之间的矛盾。因为不是所有的浏览器都能够运行 JavaScript，例如，一个没有使用任何特殊特征的纯文本会很好地显示在任何浏览器中，但如果它包含了一些图形、图案、和交互性内容，将会影响浏览器的显示。

有时，可根据需要为某些重要的网页创建多个不同的版本，如站点主页。例如，可以为同一个网页设置一个有框架版本和一个无框架版本，并在网页中设置一个行为，使它在遇到无显示框架功能的浏览器时能够自动切换到无框架版本。

1.3.4 组织站点结构

合理地组织站点结构，能够加快对站点的设计，提高工作效率，节省工作时间。当创建一个大型网站时，如果将所有的网页都存储在一个目录下，当站点的规模越来越大时，管理起来就会变得很不容易。因此，应合理地使用文件夹来管理文档。

通常，在制作站点时首先在本地硬盘上创建一个文件夹，然后在制作站点过程中，将所有创建和编辑的文档都保存在该文件夹中。当准备发布创建的站点时将这些文件复制到 Web 服务器上，这样就可以在 Web 站点上创建和编辑文件了。如果用户在本地对站点做了修改，那么也可以将其上传到 Web 上，更新自己的站点。

1. 归类站点

在一个相同的文件夹中放置相关的网页。例如，公司新闻发布、联系信息和工作职务等都可以放置在一个文件夹中，在线目录页可放置在另一个文件夹中，并在需要的时候使用子文件夹，这样的组织方式可以使网站层次清晰，更容易维护。

2. 决定项目放置的位置

站点中通常包含图像、动画等多种资源，为了更好地存储资源，用户可采用以下两种方式。

- 一种是整个站点共用一个资源文件夹，所有的文档资源都保存在其中，在该资源文件夹中可以创建若干子文件夹，按照不同的文档，或不同的资源类型分别进行存储，如图 1-8 左图所示。
- 一种是在每个存储不同类型文档的文件夹中都创建一个资源文件夹，然后在其中按类型分门别类地存储资源，如图 1-8 右图所示。

3. 将本地站点和远程站点设置为相同的结构

为了便于维护和管理，可以将本地站点和远程站点设计为相同的结构，这样一来就可以使本地站点上相应文件夹和文件上的操作，都可以同远程站点上的文件夹和文件一一对应。当利用 Dreamweaver 将本地站点上传到 Web 服务器上时，就可以使本地站点内容完全复制到远程站点上。

4. 使用合理的文件名称

使用合理的文件名称非常重要，特别是在网站的规模变得很大时。文件名应该容易理解，让人看了就能够知道网页表述的内容，并避免使用中文文件名，因为很多 Internet 服务器使用的是英文操作系统，不能对中文文件名提供很好的支持。此外，文件名应尽量采用小写。

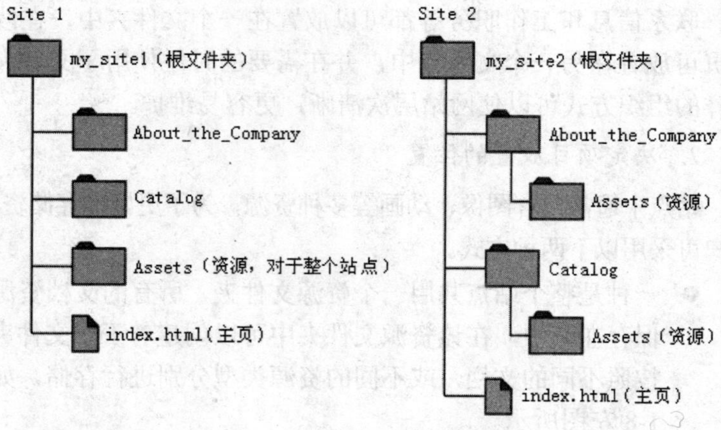

图 1-8　资源文件的两种存储方式

1.3.5　创建设计图

使用 Dreamweaver 开始工作之前，如果能设计好站点的样式和版面将节省大量的时间。创建站点设计图就像创建施工图一样，对于有经验的设计者还可以使用如Freehand或Fireworks等软件来创建合成图样。当拥有了站点设计图后，就可以按照它来建立自己的网站了。

保持页面布局和设计的一致性是非常重要的。通常，要使观众能够轻松地浏览你的站点，就应该设置不同的页面外观，或者在每一个页面中都设置不同的导航栏。

1.3.6 设计导航栏

在站点中，导航栏也是一个重要的组成部分。当设计站点时，应考虑到访问你的站点的观众大多都是有经验的，也应考虑到如何使观众能轻松地从网站的一个地方移动到另一个地方。

1. 显示当前位置

无论在任何网页上，都要在很明显的地方标出当前网页在站点中的位置，或是显示当前网页说明的主题，以帮助用户了解他们到底在访问什么地方。如果页面嵌套过多，则可以通过创建“前进”和“后退”之类的链接按钮，来帮助用户进行浏览。

2. 搜索和索引

对于一些数据型的网站，应该给观众提供搜索的功能，或是给观众提供索引检索的权力，使他们能快速查找到自己需要的信息。例如 Dreamweaver 的帮助系统实际上也采用了这种机制，它利用框架技术，在页面顶端建立了目录、搜索和索引等链接，以便用户快速找到需要的信息。

3. 信息反馈

网页在出版后，或多或少会存在一些问题，从观众那里及时获取他们对网站的意见和建议是非常重要的。为了及时从用户处了解到相关信息，应该在网页上提供用户同网页创作者或网站管理员的联系途径。常用的方法是将网页创作者或网站管理员的联系方式公布在网页上，或是创建一个 e-mail 超级链接，帮助用户快速将信息反馈到网站中。

1.3.7 计划和收集资源

一旦设计好站点的布局，就可以创建并收集所需的资源文件了。在网页中只能使用 JPG、GIF 或 PNG 格式的图像或动画。因此，用户可以首先利用 Fireworks、Flash、Photoshop 等软件制作相应格式的图像或动画文件，然后利用 Fireworks 对图像进行优化，并将这些文件存放到所创建的站点文件夹中。如果使用的是素材站点上的图像或者是由他人制作的素材，那么就应该确保将已经搜集到的资源存放在站点上的一个文件夹里面，以利于 Dreamweaver 的存取。

在 Dreamweaver 中，使用模板和库，可以使用户更加容易地在不同文档中重复使用页面布局和页面元素，并且使用模板和库要比使用已经存在的文档还要容易。

使用模板会使大部分页面具有同样的布局。当设计出一个布局的模板后，就能以这个模板为基础创建新的页面。如果要更改所有页面的布局，只需要改变模板就够了。

如果某个图像或者内容在站点中的多个页面上重复出现，则可以将它们添加到素材库中。这样一来，如果素材库中的元素改变了，那么所有应用该元素的页面也会随着自动更新。

1.4 常见网页制作方法分析

决定了站点目的并规划好站点结构后，接下来就可以制作网页了。通常情况下，我们都是在 Dreamweaver 中设计页面布局，输入文字，设置超链接，插入图像和动画等元素，并生成最终网页的。对于网页中所用到的图像、GIF 动画和导航条等，我们可以在 Fireworks 中制作并进行优化。对于网页中所用到的一些复杂的矢量动画，则利用 Flash 进行制作。

本书中我们通过对网页中各元素的制作方法进行详细介绍，制作了如图 1-9 所示的一个公司网站大型主页的示例，其网站结构示意图如图 1-10 所示。

图 1-9　制作的公司网站主页

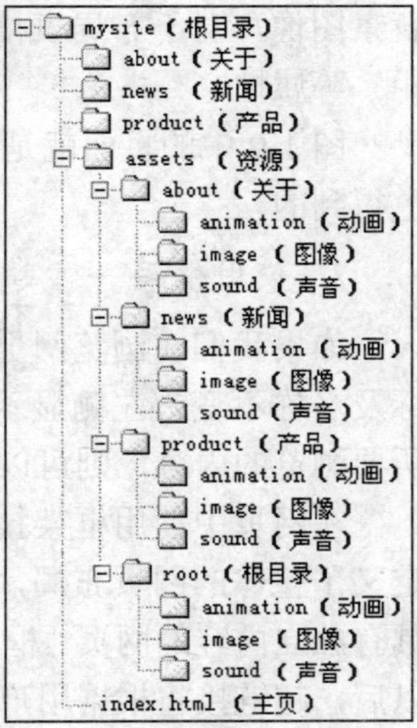

图 1-10　网站结构示意图

上述页面中的主要元素包括文本（部分文本具有动态效果）、

图像、GIF 动画、矢量动画、跳转菜单、表单、层动画（网页右下角运动的小企鹅）、事件与行为（如将光标移至左上角公司标志上时，出现公司简介文字）等。这些元素的制作方法在本书中均有详细介绍。

1. 页面布局

制作网页时，应首先对页面进行布局，以便合理安排网页内容的放置。一个好的布局可使页面看起来“赏心悦目”。

Dreamweaver 提供了非常方便的页面布局方法，如在布局视图中利用布局表格和布局单元格进行布局，在标准视图中利用表格和层进行布局等。

在进行布局时，用户还可根据需要设置布局表格、单元格、层及表格的背景颜色和边框颜色等。对于表格，用户还可设置其背景图像，对于布局表格和单元格，还可设置其“填充”和“间距”等属性。

图 1-9 中的页面就是利用布局表格、单元格，并设置其背景颜色得到的。

2. 使用框架

如果我们在浏览网页时，看到页面的上方一直显示公司的徽标及名称不变，左侧显示了竖直的导航条，而右下方则动态显示所要浏览的内容，则可以判定该网页使用了框架。

在网页中使用框架技术后，一种称为“框架集”的特殊网页定义了整体的网页布局，但并不提供实际内容。每个框架都显示具有独立内容的网页。框架集告诉浏览器开始时应加载哪些网页，以后，超链接将根据用户的选择重新加载个别框架。

Dreamweaver 提供了多个预先定义好的框架集，如图 1-11 所示，用户可根据需要使用这些预定义的框架集，也可自己直接进行拆分。

图 1-11　Dreamweaver 中所定义的框架集

3. 输入文本并控制其样式

设计好布局视图后，用户即可根据具体情况在表格或布局单元格中输入文本了。输入文本时，只需在布局单元格或表格中单击定位插入点，并进行输入即可。输入完成后，用户可利用文本的“属性”面板设置文本颜色、大小、格式、对齐方式及项目列表等。

此外，为了能够更加有效地对文本进行控制（如控制文本的行高、背景颜色、字符间距、上划线和下划线等），用户可对文本使用 HTML 样式和 CSS 样式。特别是对于整个网站中的页面来说，对其中的文本应用了 CSS 样式后，若要更改这些文本的样式，只需改变 CSS 样式即可。此时，页面中所有应用了该 CSS 样式的文本就会自动更改其样式。

4. 插入图像

在网页中可插入的图像有 GIF、JPEG 和 PNG3 种格式。在网页中插入图像时，应首先将图像在 Fireworks 中进行优化并导出，然后再在网页中插入该图像。

Fireworks 提供了专门用于图像优化的“优化”面板，并提供了系统预置的优化选项。用户既可将所需的图像导入到 Fireworks 中，也可利用 Fireworks 提供的绘图工具绘制图像，如图 1-9 所示的网页中插入的企鹅图像就是我们在 Fireworks 中绘制的。

5. 设置超链接

在网页中添加了文本和图像后，就制作成了一个最简单的网页，此时，我们就可以对文本或图像设置超链接了。

要对文本或图像设置超链接，只需在选择文本或图像后，在

“属性”面板的中的“链接”文本框中输入 URL 地址即可，如图 1-12 所示。

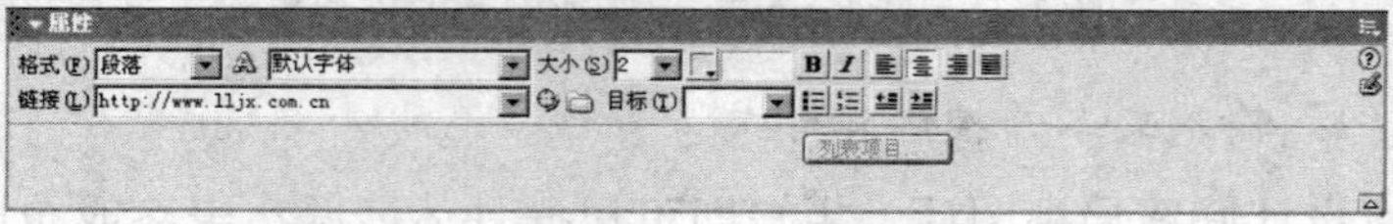

图 1-12　设置超链接

6. 插入动画

在网页中插入动画，可使网页看起来生动活泼。我们经常在网页中使用的动画类型有 GIF 动画、Flash 动画和层动画。

GIF 动画是指一些连续变换的图像，我们可以利用 Fireworks 中的“帧”面板方便地制作该动画；Flash 动画是指在 Flash 应用程序中制作并导出的扩展名为.SWF 的文件，该动画为矢量动画，用户可随意调整其画面大小；层动画是指在页面中按照一定路径运动或随意运动的动画，该动画可利用 Dreamweaver 中的“时间轴”面板来制作。

在图 1-9 中，网页上方所显示的长条幅画面为插入的 GIF 动画画面，中部的长条幅画面为插入的 Flash 动画画面，右下角的小企鹅图像则为绕页面四周运动的层动画画面。

7. 应用表单

在网上，我们经常会看到一些读者意见调查表、线上交易和拍卖活动等页面，这些页面是通过插入表单来制作的。表单就是和浏览者交互的一种元素。通过表单，网站管理者可以收集浏览者填写和发送的信息。

我们可以直接在 Dreamweaver 中制作表单。Dreamweaver 提供了多种表单元素，如文本域、单选钮、复选框、下拉列表框及按钮等，如图 1-13 所示。

图 1-13 Dreamweaver 中所提供的表单元素

图 1-9 中网页最上方显示出的要求用户输入代号和密码后才能登录到相应地址的画面，就是利用表单制作的。

用户可通过脚本或在 Form 标签的 Action 属性中指定应用程序来处理表单，最简单的表单可使用 JavaScript 或 VBScript 在客户端执行所有的表单处理工作，而不需要将表单数据发送到服务器进行处理。

8．插入导航条

浏览网页时，我们会经常看到一些如图 1-14 所示的一组互斥按钮，该组互斥按钮称为导航条，它可以方便地使用户定位到所要浏览的页面。导航条中的这些按钮在处于释放、光标滑过、按下及按下后滑过这 4 个状态时均呈现不同的外观。

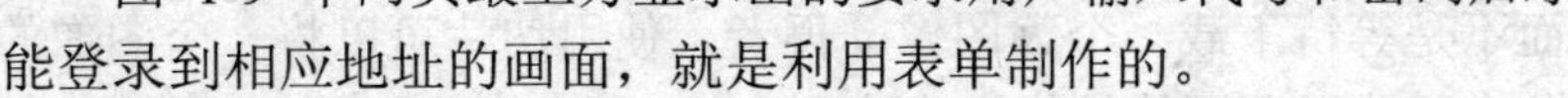

图 1-14 导航条

用户可以直接在 Dreamweaver 中制作导航条，并设置超链接。此外，用户也可以在 Fireworks 中利用绘图工具方便地制作导航条，并设置超链接，然后将导航条导出为“HTML 文件和图像”，接下来在 Dreamweaver 环境中将导出的 HTML 文件插入到网页中。

9．应用热点和切片

假如要浏览各个国家的民俗风情，当将光标移至世界地图上的某个国家时，光标变为手形，单击后则打开描述该国家民俗风情的页面，那么我们就可以判定该网页的制作利用了热点或切片技术。

对于热点的制作，既可以在 Dreamweaver 中进行，也可以在

Fireworks 中进行，它们都提供了多个热点区域制作工具，并可设置超链接。而对于切片的制作，我们则在 Fireworks 中进行。

此外，使用切片，可以将网页图像分割为多个较小的片断，较小的图像在下载时速度更快，因此用户可以看到图像逐渐加载，而不是等待下载一个大图像。再者，使用切片可以将一个图像的各个部分以不同的优化方式输出。

10. 创建跳转菜单

当在网页中看到如图 1-15 所示的让浏览者从一个下拉列表框中选择一个项目，然后单击一 Go 按钮（或其他按钮）转到该项目相关的网页时，就可以断定该方法使用的是跳转菜单。

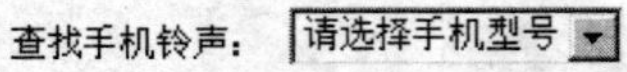

图 1-15　跳转菜单应用示例

用户可利用 Dreamweaver 方便地制作跳转菜单，设置选择项目、超链接和按钮文本。

11. 应用行为

在浏览网页时，会遇到这种情况：当将光标移至一个图像上时，会弹出一段说明性的文字或出现该图像的放大图像等，这些都是利用行为来制作的。行为包括事件和动作，通过事件的响应执行对应的动作。在上述情况中，光标移至图像属于事件，而弹出说明性文字则属于动作。

在 Dreamweaver 中，我们可以为页面对象应用行为，如载入页面时，自动打开某窗口；单击某图像时，弹出消息框等。

利用 Fireworks，我们可以为热点或切片添加行为，如为某热点创建弹出菜单等。

12. 创建滚动字幕

大多数的网页中都会出现一些动态文字，如向上或向左滚动的字幕效果等。这些动态文字效果是通过编辑 HTML 标签实现的。

比如，若创建文字向左滚动的效果，且设置其背景色为红色，则可在选择这些文字后，利用快速标签编辑器编辑其<marquee>标签，其内容如下：

<marquee bgcolor="red" direction="left" width="120">

13. 创建锚记

当用户浏览网页时，会经常碰到这样一种情况：在网页上端位置有一个内容列表，列表下面分别是针对各列表项的详细说明。当用户单击上端内容列表中感兴趣的某一项时，网页会自动跳转到该列表项的详细说明位置，当用户阅读完该项说明的全部内容之后，又可以单击“返回”按钮回到页首的内容列表位置，继续选择感兴趣的内容。这种处理方式对于浏览内容比较多的页面来说是非常方便的，它所使用的就是一种特殊方式的超链接——“锚记链接”或称“书签链接”。

用户可以非常方便地在 Dreamweaver 中设置网页的这种“锚记链接”，只需在某列表项的详细说明位置插入一“锚记”，然后再将列表中对应项的链接地址设置为相应锚记名称即可。

本章小结

在网络技术日益发展的时代，Macromedia 公司借助 Dreamweaver、Fireworks 和 Flash 这三个利器，控制了网页制作、网页图像处理以及矢量动画这三个主要的网络创作领域。当用户要制作网页时，Dreamweaver 即成为他们首选的网页制作软件。

通过本章的学习，读者应掌握与网页制作相关的一些术语，站点规划方法，常见网页制作法等知识。

练习与指导

1.1 在网页中可以使用的图像格式有____、____和____3 种。

1.2 网页的主要组成元素有____、____、____、____、____、____等（请列出 6 个）。

1.3 如何规划站点结构？

1.4 上网打开任何一个网站，大致了解一下该网站主页的制作方法。

第 2 章 Dreamweaver MX 入门

本 章 要 点

- ❖ Dreamweaver MX 功能概览
- ❖ 初识 Dreamweaver MX
- ❖ 网页设计初步

2.1 Dreamweaver MX 功能概览

Dreamweaver MX 是一个强大的网页编辑工具。利用它，用户可以在不用书写一行代码的情况下，就能够快速创建各种极具动态 HTML 特性的网页，例如动画和分层等；利用 Dreamweaver MX 的目标浏览器检查特性，可以创建兼容性极好的网页，以适用于各种平台和各种浏览器；利用 Dreamweaver MX 的 Roundtrip HTML 技术，用户可以精确控制 Dreamweaver MX 产生的网页源代码，例如，在可视编辑器中进行编辑时，可以在 HTML 检视器中同步地看到 Dreamweaver MX 到底生成了什么样的源代码，做到心中有数。在编辑由其他网页创作工具所生成的网页时，Dreamweaver MX 会尊重其他工具所生成的源代码，不会任意修改它，若需要的话，Dreamweaver MX 还会“净化”其他工具所生成的垃圾代码。

1．创建和编辑页面元素

利用 Dreamweaver MX，用户可方便地在网页中插入图像、表格、文本、特殊字符（如版权符号©、注册符号®）、窗体（如文本框、单选钮和复选框）及其他媒体等，并能够方便地对它们进行各种编辑，比如设置大小和颜色。

此外，利用 Dreamweaver MX，用户还可以创建链接和导航条，添加跳转菜单，应用框架集和层，内联图像映像等。

2. 编辑 HTML

Dreamweaver MX 提供了强大的 HTML 编辑功能，用户可以方便地编辑 HTML 文档，并可在编辑网页的过程中，利用快速标记编辑器随时随地地直接修改对应生成的源代码，实现某些可视化操作下不能实现的特性。

此外，用户可以在网页中使用可以被多种浏览器共同支持的标准 HTML 标记（例如<b>和<font>标记）来创建样式，生成兼容性更好的网页。

3. 站点管理

Dreamweaver MX 不仅可以编辑网页，而且可以管理站点，它允许将站点管理同网页创作结合起来，高效快捷地构建网站。

Dreamweaver MX 允许用户快速地保持本地站点和服务器站点之间文件版本的同步，以确保在本地站点和服务器站点上的文件都是最新的版本。用户也可通过该特性来从站点中删除一些无用的废弃文件。

通常情况下，一个大型网站的维护工作需要多个维护人员来完成。在网站的维护过程中，合理地分配文件管理权限是非常重要的，否则，如果一个文件同时被多个维护人员修改，将会出现不可预料的错误，而 Dreamweaver MX 可通过所谓的 Check In 和 Check Out 操作控制文件操作权限。Check Out 等同于将文件锁定，只允许用户自己对之进行修改，其他的维护人员不能对它进行操作，而 Check In 等同于释放对文件的锁定，这样其他维护人员就可以对该文件进行操作了。

4. 插入 Fireworks 文件和 Flash 动画

在 Dreamweaver MX 中，用户可以方便地插入由 Fireworks 生成的 HTML 文件、图形、按钮及导航条等，并可以插入由 Flash 生成的动画，以制作画面优美、动感十足的网页。

5. 启动和编辑媒体

Dreamweaver MX 只是一个网页编辑器，如果希望编辑其他类型的文件，例如图像或多媒体文件，则需要使用其他的工具。在站点窗口中，双击任何图像或媒体文件，都可以启动相应的外部编辑器，从而对这些图像或媒体文件进行编辑，而不用从系统的“开始”|“程序”命令中启动外部编辑器了。

6. Dreamweaver MX 的定制和扩展

Dreamweaver MX 是完全可以定制的，用户可以创建自己的对象和命令，修改菜单和快捷键，甚至可以通过自己书写 JavaScript 代码来为 Dreamweaver MX 创建新的行为和属性面板，以增强 Dreamweaver MX 本身的能力。

2.2 初识 Dreamweaver MX

根据 Dreamweaver 的两大基本功能，可以将其操作界面分为网页编辑器和站点管理器两部分。其中，网页编辑器是一个可视化的网页编辑环境，网页制作都是在网页编辑器中完成的；站点管理器用于管理网站内的文件和目录，检验链接情况，并控制站内文件的上传。一般来说，在做站点时应先建立好站点，再开始网页的制作，这样可以保证页面内文件链接的正确性。

2.2.1 网页编辑器

Dreamweaver 的网页编辑器（即工作界面）如图 2-1 所示。默认情况下，其界面采用多窗口和面板形式，重要功能几乎都集中在面板中。

1. “插入”面板

“插入”面板中的图标分别对应页面中的各种元素，如图片、表格、水平线等。默认情况下，“插入”面板中显示的是常用的插入对象。打开“插入”面板中的选项卡，如“布局”、“文本”、“表格”、“框架”选项卡等，可以从打开的对象组中选择需要插入到页面中的元素，如图 2-2 所示。

2. “属性”面板

“属性”面板是页面编辑中非常重要的一个面板，主要用于设置页面元素的属性，比如文字的大小、图片的高宽、表格的对齐方式、链接地址等等。值得注意的是，当选择不同的页面元素时，其面板中的参数也是不同的。例如，如果选中图片，“属性”面板中将显示有关图片尺寸、位置等信息。如果当前光标位于文本行，“属性”面板中将显示字体及段落设置等信息，如图 2-3 所示。

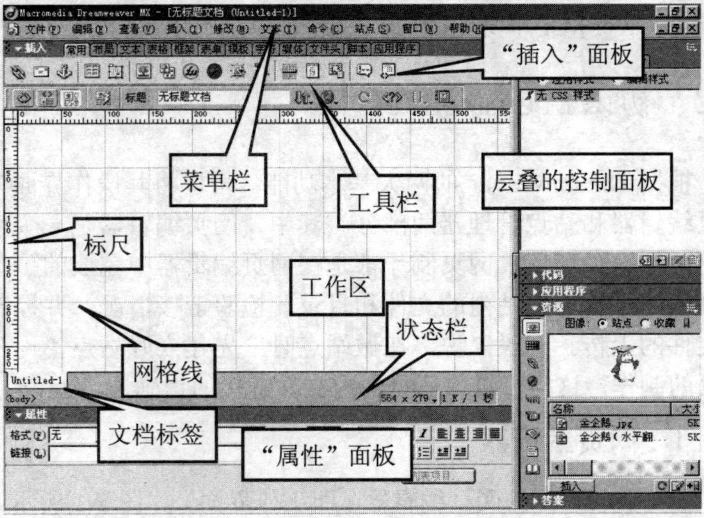

图 2-1 网页编辑器

图 2-2 “插入”面板

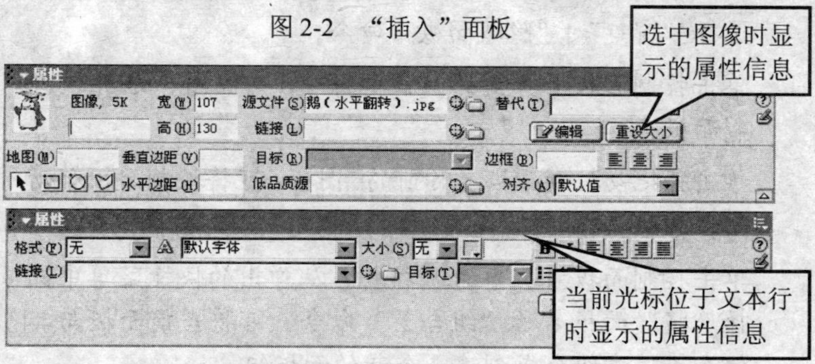

图 2-3 选择不同对象时的“属性”面板

3. 其他控制面板

除“插入”面板和“属性”面板外，在网页编辑器的右侧，还显示了其他一些控制面板。利用这些控制面板，用户可以非常方便地操作页面，下面我们介绍其中的几个。

“时间轴”面板。“时间轴”面板用于将图像和层制作成网页上的动画。其制作原理与各类动画制作软件类似，例如，用户可在某个关键帧设置图片在某个位置，而在另一关键帧将其移至其他位置。

“HTML 样式”、“CSS 样式”及“行为”面板。HTML 样式与 CSS 样式的作用基本相同，用户都可根据需要创建若干样式，然后将该样式应用于选定文本。“行为”面板则用于为网页增加交互功能，例如，光标移到某个图片上就弹出一个窗口等等。

“历史记录”、“框架”和“层”面板。“历史记录”面板主要便于用户管理已执行的操作，“框架”面板反映了当前网页的框架结构，“层”面板显示了当前网页中的层，用户可利用它打开、关闭层或调整层顺序。

提示 要关闭或打开相应的控制面板，用户可在“窗口”菜单中选择相应命令。若要隐藏所有的控制面板，则可选择“窗口”|“隐藏面板”命令。

单击控制面板名称前的小三角符号，可折叠或展开该控制面板。

单击并拖动控制面板名称前的图标，可将控制面板移动至任意位置。

单击控制面板右上角的按钮，从弹出的快捷菜单中选择“将”面板名称“组合至”命令，可将当前面板与其他面板随意组合或创建一个新的面板组。

若要显示或隐藏标尺，可选择“查看”|“标尺”|“显示”命令。若要显示或隐藏网格线，可选择“查看”|“网格”|“显示网格”命令。

若要显示或隐藏工具栏，可选择“查看”|“工具栏”|“文档”或“标准”命令。

4. 状态栏

状态栏中显示了当前页面尺寸大小、页面容量及网络传送时间。单击页面大小将打开屏幕分辨率设置列表，用户可从中进行选择。例如，如果希望网页的最佳显示分辨率为800×600，则可单击该位置并从弹出的列表中选择760×420（800×600最大值）命令。此外，页面容量及预计传送时间仅供参考，因为其中并未考虑图像尺寸、网络的繁忙程度等因素。

2.2.2 站点管理器

在Dreamweaver MX中，选择“站点”|“站点地图”命令或“窗口”|“站点”命令，都可以打开站点管理器（“站点”面板）。站点管理器窗口如图2-4所示，其中左侧窗口显示了站点地图，右

侧窗口显示了当前网站中的文件列表。

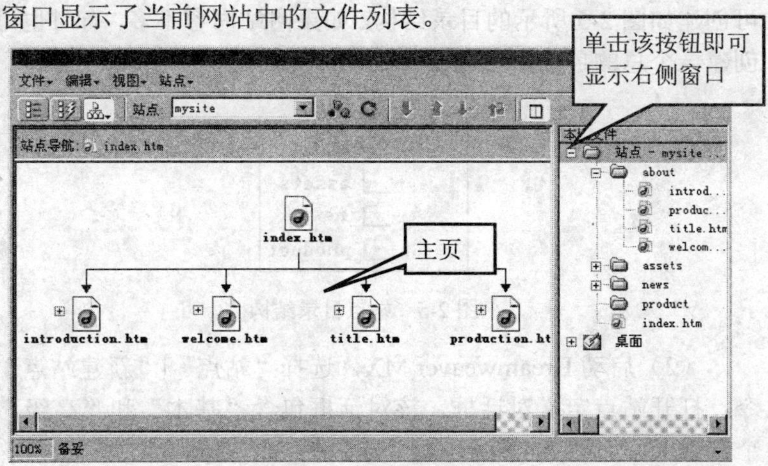

图 2-4　站点管理器

2.3　上机实践——网页设计初步

在对 Dreamweaver MX 有了一个简单的了解后，下面我们介绍一些网页设计的初步知识，如本地站点的建立和页面属性的设置等。

2.3.1　建立本地站点

我们在第 1 章中详细介绍了站点结构的规划，一旦用户创建了站点结构，就必须指定新的本地站点。建立好本地站点并设置好 FTP 后，就可以将站点上传到 Web 服务器上，实现自动跟踪和维护链接、相互共享文件了。因此，在制作网页之前，用 Dreamweaver MX 建立本地站点是一个最好的选择。

利用 Dreamweaver MX 建立本地站点的操作步骤如下。

（1）利用 Windows 资源管理器创建用作本地站点的文件夹。例如，如果希望创建一个比较完整的介绍公司产品的小型网站，可创建如图 2-5 所示的目录结构。如果网站内容不多，有时也可只创建一个总的目录，这就要视具体情况而定。

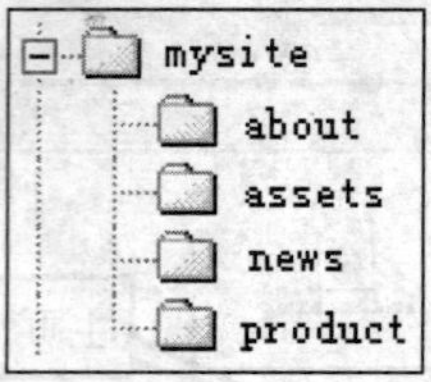

图 2-5　站点目录结构

（2）启动 Dreamweaver MX，选择“站点”|“新建站点”命令，打开站点定义对话框，该对话框包含“基本”和“高级”两个选项卡，如图 2-6 所示。

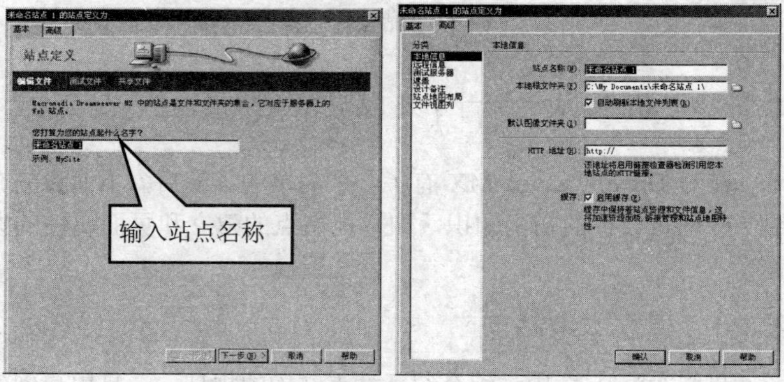

图 2-6　站点定义对话框

提示　这两个选项卡都可用于创建站点，但“基本”选项卡采用了向导的形式引导用户一步步进行创建，通常情况下，我们选择该选项卡即可。而当需要方便地编辑站点信息时，则可利用“高级”选项卡。

（3）选择“基本”选项卡，并在文本框中输入将要建立站点的名称，如 MySite，然后单击“下一步”按钮。

（4）接下来的画面让用户选择该站点是否使用一种服务器技术，如图 2-7 所示。若创建的站点中包含动态页面，则需要选择一种服务器技术（如 ColdFusion、ASP、JSP 或 PHP）。选择后单击“下一步”按钮。

（5）接下来的画面让用户选择开发过程中用以处理文件的方法，如图 2-8 所示。此处我们选择第二项“在本地进行编辑，然后上传到远程测试服务器”，并指定文件所存储的位置，然后单击“下一步”按钮。

提示 Dreamweaver MX 所提供的另外 3 种处理文件的方法分别为在本地进行编辑和测试，使用本地网络直接在远程测试服务器上进行编辑，以及使用 FTP 或 RDS 直接在远程测试服务器上进行编辑。如果选择了使用 FTP 或 RDS 的方法，则可以选择每次保存时自动将文件上传到服务器。

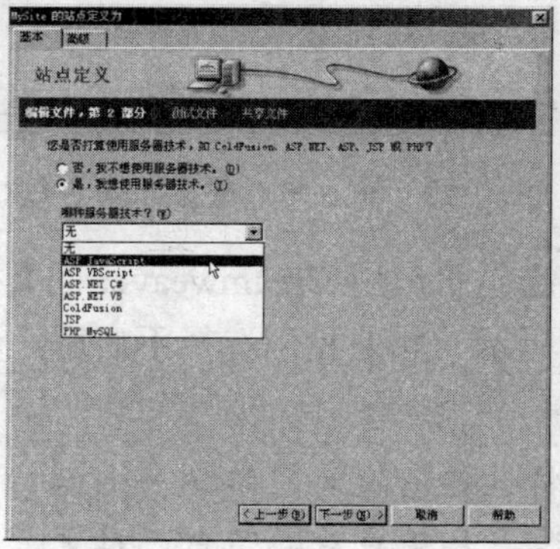

图 2-7 选择是否使用服务器技术

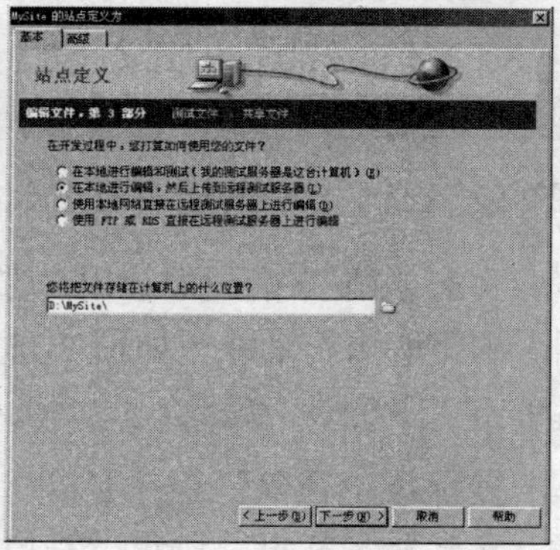

图 2-8 选择远程服务器上页面的编辑方式

（6）接下来的画面让用户选择以何种方式连接到远程服务器

上，有 FTP、本地/网络、RDS 等，如图 2-9 所示。此处我们选择常用的 FTP 方式，并输入从远程服务器管理员处获得的 FTP 服务器地址、远程服务器上存放站点的目录及登录的用户名和密码等，接下来单击“下一步”按钮。

提示 某些网站提供了免费主页空间（如网易），我们可以去试着申请一个，并从中获得需要输入的上述信息。

（7）接下来的画面让用户输入所建站点的根文件夹的 URL，如图 2-10 所示。输入完成后，单击“下一步”按钮。

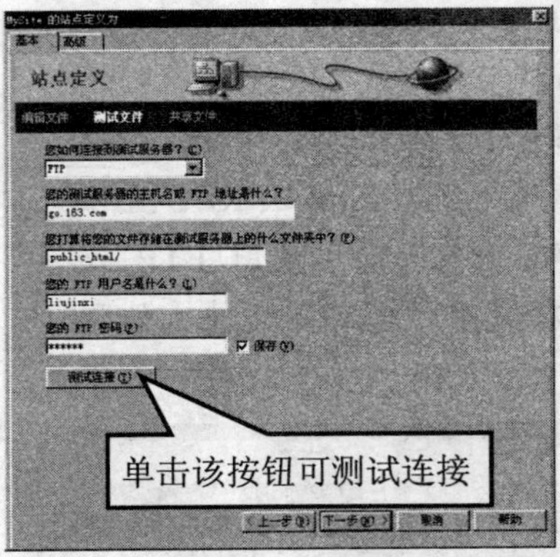

图 2-9 选择连接远程服务器的方式

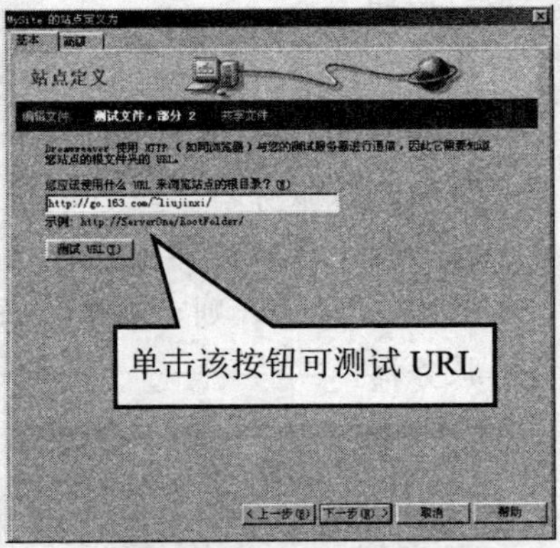

图 2-10 输入站点根文件夹的 URL

（8）接下来的画面让用户选择是否启用 Dreamweaver 的“存回”和“取出”功能，如图 2-11 所示。此处我们选择不启用，然后单击“下一步”按钮。

提示 “存回”和“取出”特性在多人共同维护一个站点时非常有用，所谓“存回”是指用户放弃了自己对文件的编辑权利，而交由他人进行编辑；而“取出”则与“存回”相反，表示当前文件的权限归属自己所有，该文件只供自己编辑。

（9）接下来所出现的画面显示了所创建站点的信息摘要，如图 2-12 所示。此时我们可以单击“完成”按钮完成站点的创建。

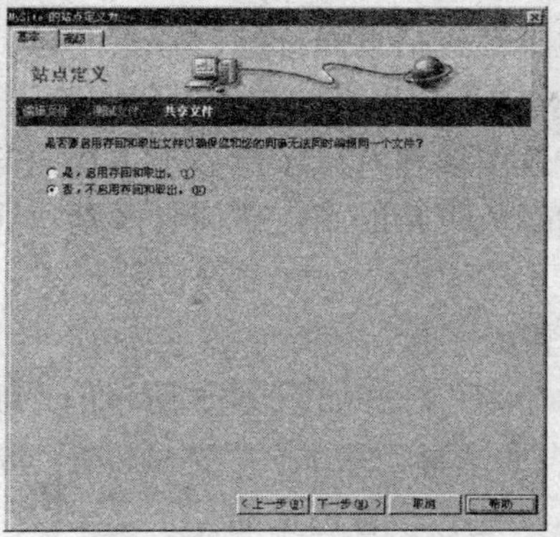

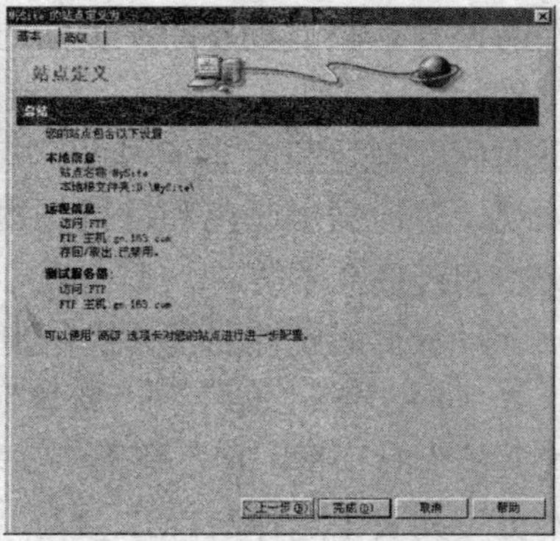

图 2-11 选择是否启用“存回”和“取出”特性　　图 2-12 站点信息摘要

（10）此时，系统会弹出站点管理器，并显示出当前所创建的站点结构，如图 2-13 所示。

提示　若要编辑、复制、删除、导入或导出站点，可选择“站点”|“编辑站点”命令，利用所打开的“编辑站点”对话框执行这些操作，如图 2-14 所示。

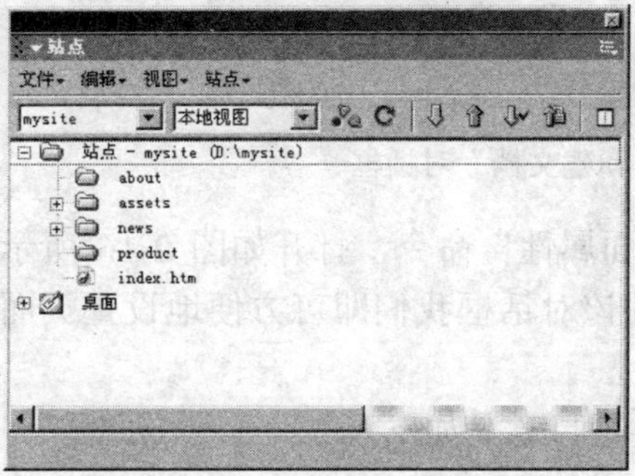

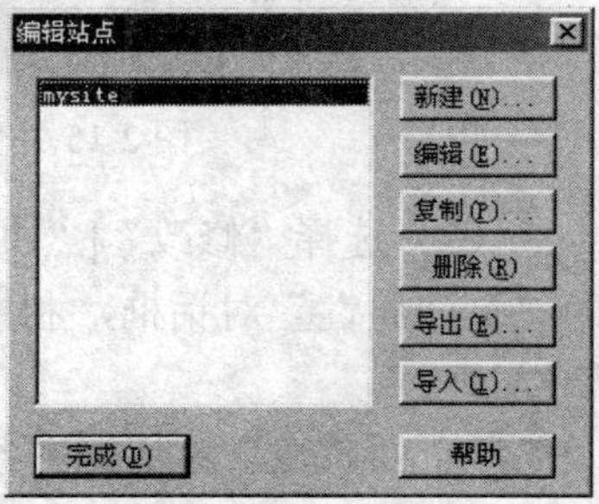

图 2-13　站点管理器所显出的站点结构　　图 2-14　Edit Sites 对话框

2.3.2 设置页面属性

建立好站点后，即可进行页面制作了。制作页面时，页面属性的设置是相当重要的。页面的属性包括页面标题、背景图像、背景颜色、普通文本颜色、链接文本颜色以及边界宽度等。其中，页面标题确定和命名了网页，背景图像和背景颜色显示了页面的外观，普通文本颜色和链接文本颜色可帮助站点访问者区别普通文本和链接文本等。

设置页面属性的具体操作步骤如下。

（1）选择“文件”|“新建”命令，打开如图 2-15 所示的“新建文档”对话框，在“类别”列表中选择“基本页”选项，在“基本页”列表中选择 HTML 选项，创建一个普通页面。

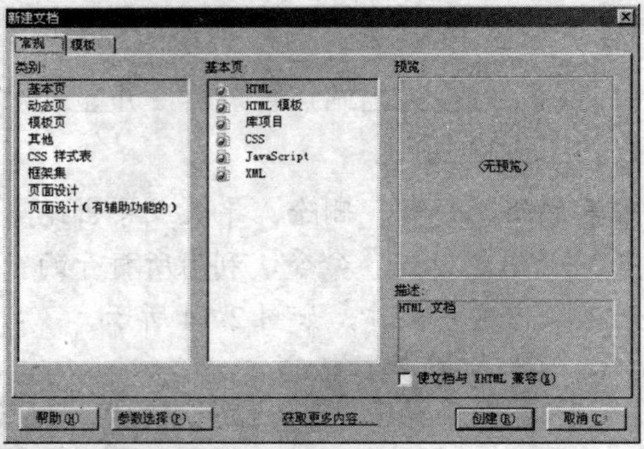

图 2-15 “新建文档”对话框

（2）选择“修改”|“页面属性”命令，打开如图 2-16 所示的“页面属性”对话框，利用该对话框我们即可方便地设置页面属性。

“页面属性”对话框中各项目意义如下。

● “标题”文本框：用于输入页面标题（其内容将出现在浏览器窗口的标题栏上）。

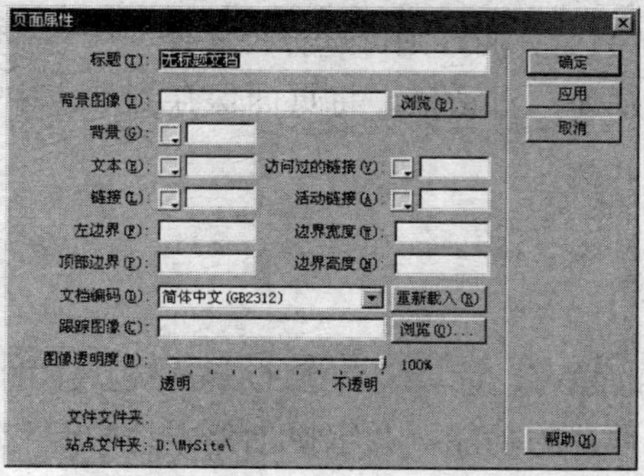

图 2-16 “页面属性”对话框

- “背景图像”文本框：用于输入背景图片的路径，单击“浏览”按钮可选择图片。
- “背景”按钮：用于选择页面背景颜色。单击该按钮将弹出一个颜色表，用户可从中进行选择。如果设置了页面背景图片，则此处的设置不再起作用。
- “文本”按钮：用于设置普通文本颜色。
- “链接”按钮：用于设置链接文本的颜色。
- “访问过的链接”按钮：用于设置已经访问过的链接文本的颜色。
- “活动链接”按钮：用于设置动态链接时的文本颜色。
- “左边界”、“边界宽度”、“顶部边界”和“边界高度”文本框：分别用于设置页面左、右、上、下的边界。
- “文档编码”下拉列表框：用于选择文档解码字符集。
- “跟踪图像”文本框：用于输入跟踪图片的路径。
- “图像透明度”滑块：用于设置跟踪图片的透明度。

此外，在“文件文件夹”中，列出了文档所在的文件夹。在“站点文件夹”中列举了站点所在的文件夹。

（3）所有属性设置完成后，单击 OK 按钮。

（4）若要保存页面，则可选择“文件”|“保存”命令，利用所打开的“保存为”对话框，将页面保存到站点中的适当位置即可。

本章小结

通过本章的学习，读者了解了 Dreamweaver 的功能，网页编辑器和站点管理器的功能，并掌握创建本地站点和设置页面属性的方法。

练习与指导

2.1 Dreamweaver 主要由____和____组成，其作用是什么？

2.2 请简述 Dreamweaver 的功能。

2.3 练习设置页面的大小。

提示 在工具栏上单击页面大小，然后进行选择，如图 2-17 所示。

2.4 创建如图 2-18 所示的本地站点。

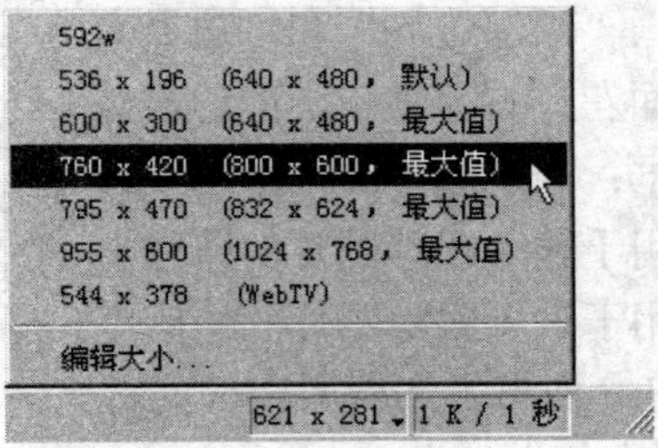

图 2-17 页面大小设置菜单

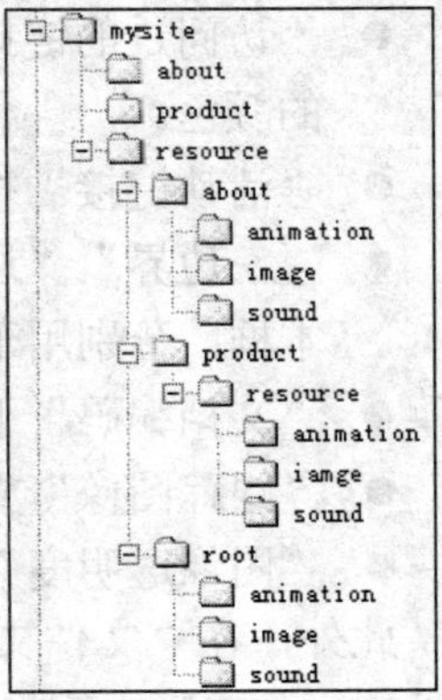

图 2-18 站点结构

提示 在 Windows 资源管理器中新建图中所示的文件夹层次。

在 Dreamweaver MX 中选择“站点“|”新建站点“命令，利用站点定义对话框的”基本“选项卡，并参考 2.3.1 节所述内容设置各选项，创建站点即可。

第 3 章　设计网页

本 章 要 点

- 设计网页布局的基本方法
- 使用框架设置网页布局
- 应用文字
- 在网页中插入水平线、日期对象及图片
- 链接与导航
- 插入表单对象

3.1　设计网页布局的基本方法

设计网页布局的基本方法有很多，如使用布局视图、使用层、使用表格等，本节我们就对这方面的内容进行介绍。

3.1.1　使用布局视图设计网页布局

布局视图可以帮助用户方便地设计页面布局。在这种视图中，用户可以自由地在页面中绘制表格和单元格，并在单元格中添加页面元素，然后进行自定义或将它们移动到其他位置。使用布局视图设计网页布局的具体操作步骤如下。

（1）选择“查看”|“表格视图”|“布局视图”命令，或在“插入”面板的“布局”选项卡中单击“布局视图”按钮，切换到布局视图。

（2）单击“布局”选项卡中的“绘制布局表格”工具，在页面的空白区单击并拖动，根据需要绘制布局表格，如图 3-1 所示。

若要连续绘制布局表格，可按下 Ctrl 键。

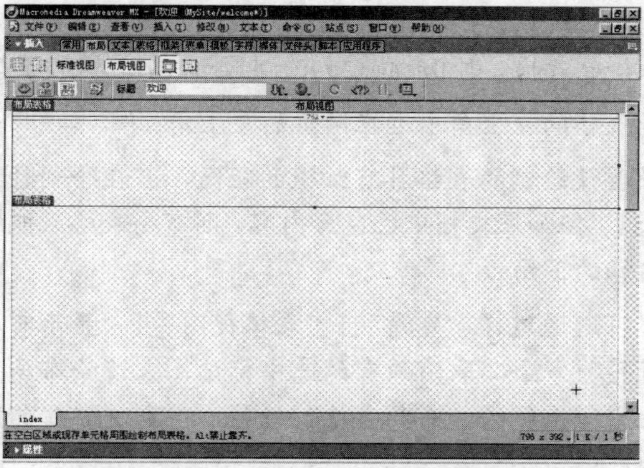

图 3-1　绘制布局表格

（3）用户可以在现有布局表格内绘制其他布局表格，以制作嵌套表格，各嵌套表格之间不能交叉，如图 3-2 所示。

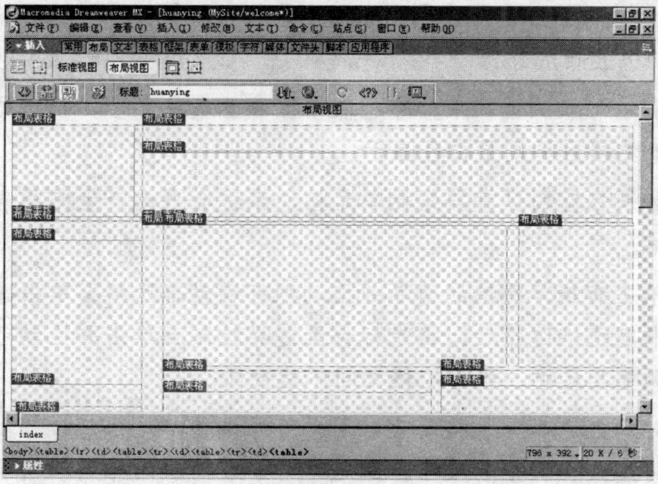

图 3-2　绘制嵌套表格

提示　在绘制布局表格时，Dreamweaver 会自动对齐已有的相邻表格，范围是 8 像素。此外，如果用户在页面边缘绘制表格，则 Dreamweaver 也会自动对齐页面边距。

布局表格的左上角永远在网页的左上角。

如果要使绘制的表格具有细微的距离，可在绘制时按住 Alt 键。但如果文档中已包含内容，则布局表格只能绘制在内容的下面。

用户可选通过择“查看”|“表格视图”|“显示布局表格标签”命令，取消原有的选中标记，来清除布局表格左上方所出现的“布局表格”标签，得到更整洁的页面布局。

布局表格绘制完成后，就可根据需要绘制布局单元格了。单击“绘制布局单元格”工具，在所绘制的布局表格内单击并拖动，即可绘制单元格，若要连续绘制多个单元格，可在绘制时按下 Ctrl 键。图 3-3 即为利用布局表格和布局单元格所绘制的一个复杂的页面布局。

提示　默认情况下，布局表格区域呈灰色显示，而布局单元格区域则呈白色显示。

如果在空白区直接绘制单元格，系统会自动产生布局表格。

单击布局单元格的边界并拖动则可移动单元格。单击选中单元格边界后，将光标移至边界控制点单击并拖动可调整其尺寸。各单元格之间不能交叉。

对于嵌套布局表格而言，用户可像调整单元格一样移动其位置和调整其尺寸。但是，对于最外层的布局表格而言，只能调整其尺寸而不能调整其位置。

按下 Ctrl 键，单击单元格，可方便地将其选中。

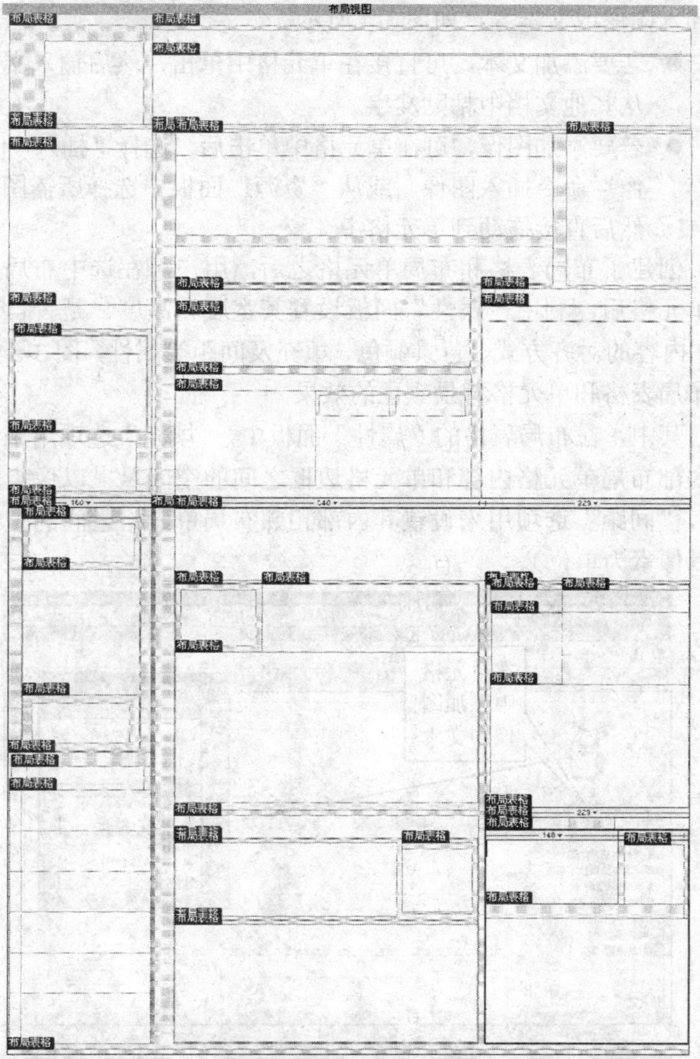

图 3-3　利用局部表格和布局单元格绘制的页面布局

（4）单元格绘制完成后，我们就可以在其中添加内容了，比如插入图像或文本等，如图 3-4 所示。

- 若要添加文本，可直接在单元格中单击，然后输入文字或从其他文档中粘贴文字。
- 若要添加图像，可在单元格中单击后，选择“插入”|“图像”命令插入图像。或从“资源”面板中选择所需图片，然后直接拖动到单元格中。

创建了布局表格和布局单元格之后，用户可在选中布局表格或单元格后，利用“属性”面板设置其宽度和高度、是否自动伸展、内容的对齐方式、背景颜色、填充及间距等属性，图 3-5 为设置布局表格和单元格背景颜色的效果。

其中，在布局表格的“属性”面板中，“填充”选项用来设置其内部布局单元格内容和单元格边框之间的空间量（以像素为单位），“间距”选项用来设置其内部相邻布局单元格之间的空间量（以像素为单位）。

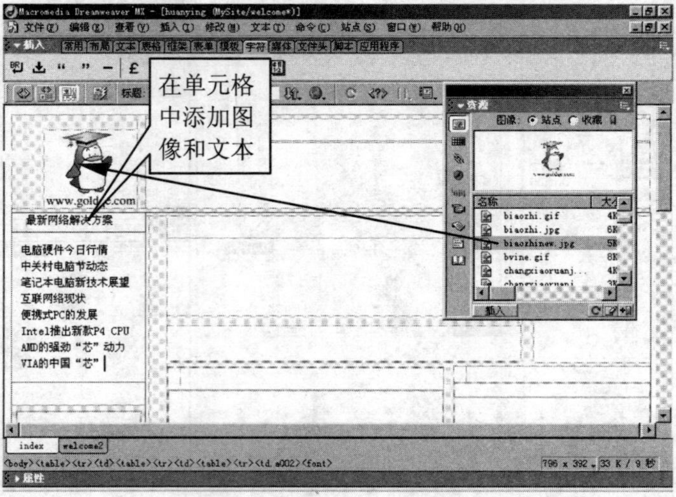

图 3-4　在单元格中添加图像和文本

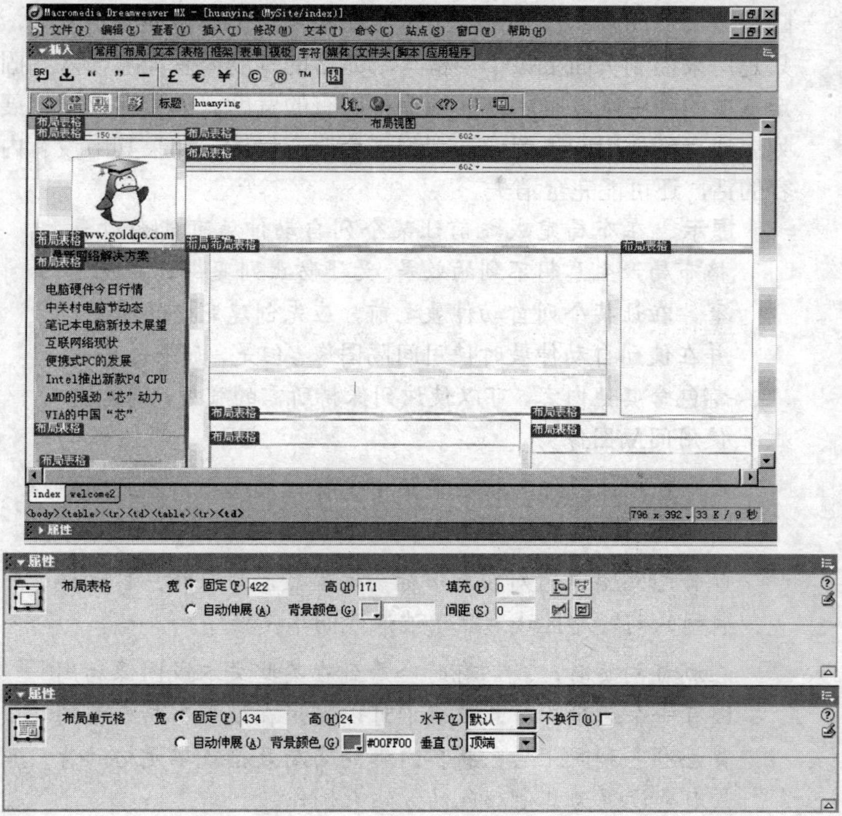

图 3-5 设置布局表格和布局单元格的背景颜色

在布局单元格的“属性”面板中，“水平”和“垂直”两项分别用来设置其中内容的水平和垂直对齐方式。

在布局表格和单元格的“属性”面板中都有“自动伸展”单项钮，其作用是使表格或单元格的宽度可以随浏览器窗口的缩放而自动扩展，以填充浏览器窗口中尽量大的部分。在给定的布局表格中，只能让一个列自动伸展。

当将一个列设置为自动伸展时，系统将会提示是否创建“间隔图像”，“间隔图像”是一个透明图像，它不显示在浏览器中，只是用来控制页面上每个表格与单元格的宽度，它会被插入到固定宽度的列中，以确保这些列保持应有的宽度。如果在自动伸展列中选择不使用间隔图像，则列将会改变尺寸，如果其中没有内容的话，还可能完全消失。

提示　在布局完成之前让某个列自动伸展可能会对表格布局产生意想不到的效果。为了防止列变得过宽或过窄，在让某个列自动伸展之前，应先创建完整的布局，并在使列自动伸展时使用间隔图像。但是，如果每个列都包含其他内容，可以使该列保持所需的宽度，则无需使用间隔图像。

用户也可通过在列标头菜单中选择相应选项，在每列中插入或删除间隔图像。

包含间隔图像的列在表格标头位置显示为双线。自动伸展列的列标题区域则显示波浪线而不是数字。

在浏览网页时，我们有时会看到在某些文本或图像的周围有一个边框。对此，我们可以采用在设置布局表格的背景颜色和间距后，将其内部的布局表格或单元格的背景颜色设置为其他颜色的方法来制作。

在单元格中输入内容后，用户可通过在列标头菜单中选择“清除单元格高度”选项清除单元格的高度设置，此时，系统将自动根据内容的高度设置单元格的高度，而不需要专门设置单元格高度，如图 3-6 所示。

此外，当用户在单元格中输入的内容超出其原来宽度之后，单元格将自动扩展其宽度（在列标中将出现两个数值）。如果此时在列标头菜单中选择“使单元格宽度一致”选项，则系统将自动以扩展后的单元格宽度作为其宽度。

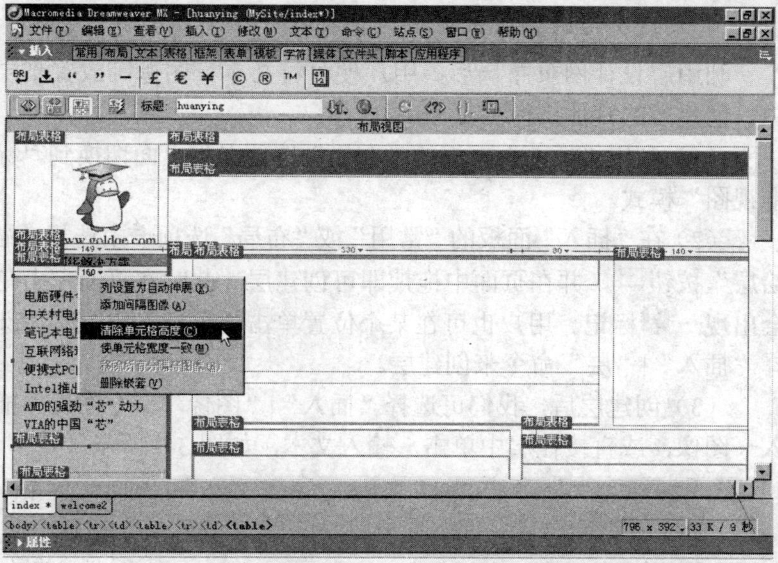

图 3-6 清除单元格高度

3.1.2 使用层设计网页布局

某些 Web 设计人员不愿意使用布局视图来创建布局，而倾向于使用层。利用 Dreamweaver，用户可以使用层创建布局，然后可根据需要将层转换为表（因为 Internet Explorer 3.0 及 Netscape Navigator 3.0 浏览器不支持层）。用户还可以在层和表之间来回转换，以调整布局并优化网页设计。

层提供了精确定位页面元素的方法，通过将文本、图像等页面元素放置于层中，用户可控制对象的上下（或叠加）顺序（由层的 Z 轴属性决定，数值大的位于上层），对象的显示或隐藏，甚至可利用时间轴同时在屏幕上移动一个或多个层（可制作动画）。

层的位置属性包括“左”（x 坐标）、“上”（y 坐标）、“宽度”、“高度”、“Z 轴”（又称为堆栈顺序）及“显示”（即可见性）等。

1. 创建层与嵌套层

利用层设计网页布局后，用户便可将文本、图像等放置到层中。创建层的具体操作步骤如下。

（1）利用“插入”面板的“布局”选项卡将页面切换到“标准视图”模式。

（2）在“插入”面板的“常用”或“布局”选项卡中选择“描绘层”按钮，并在页面中拖拽即可创建层。此时在页面左上角会出现一个标记。用户也可在某个位置单击定位插入点，然后选择“插入”|“层”命令来创建层。

（3）创建层后，我们可选择“插入”|“图像”命令在层中插入一图像，或直接在层中单击，输入文本，如图 3-7 所示。

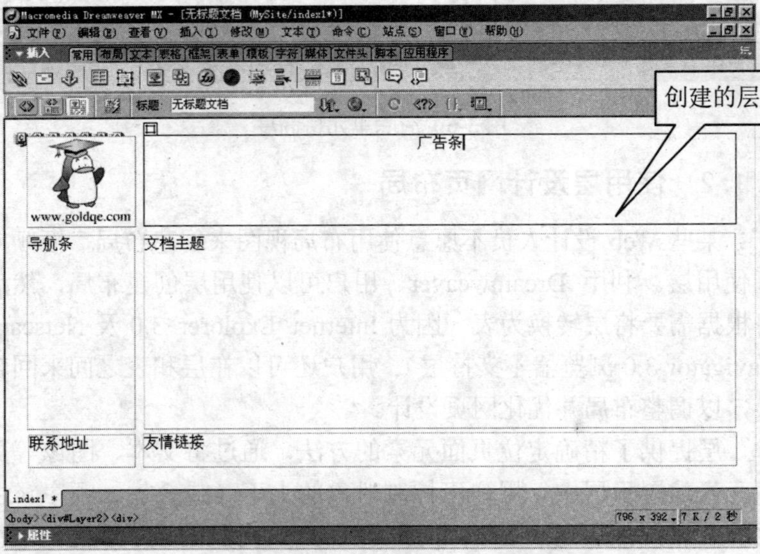

图 3-7　创建层并插入图像

嵌套层是指包含在其他层中的层。使用嵌套层的好处是确保该层能永远位于其父层的上方。要创建嵌套层，可首先将插入点

放置在已创建的层中，然后选择“插入”|“层”命令即可，如图3-8 所示。

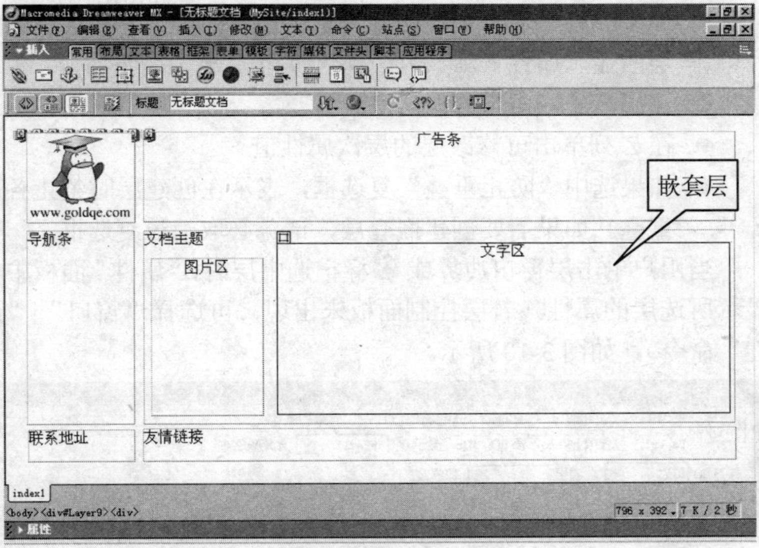

图 3-8　嵌套层示例

2. *使用层控制面板和层属性面板*

要对层进行更多的控制和属性设置，我们可利用“层”控制面板和层“属性”面板。选择“窗口”|“其他”|“层”命令，即可显示或隐藏“层”控制面板，如图 3-9 所示。

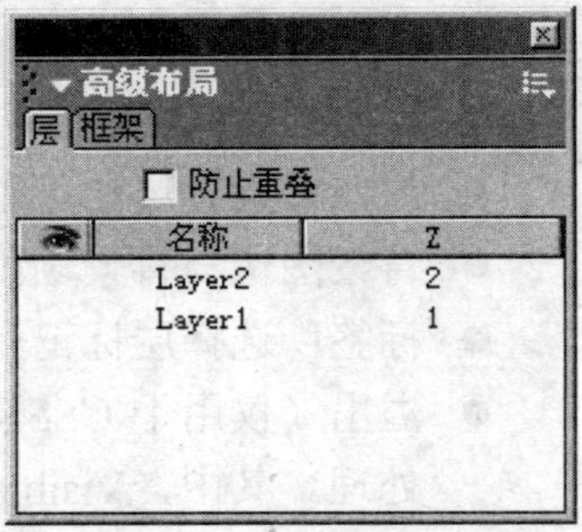

图 3-9　层控制面板

利用“层”控制面板可完成以下几项任务：

- 在选定“层”选项卡的👁列单击可显示或隐藏该

层。如果该列显示了一个睁开眼睛图标，表示显示该层；如果该列显示了一个闭合眼睛图标，表示关闭该层；如果此处不显示任何图标，表示该层的可见性将继承其父层的显示属性（默认）。

- 在层名处双击可修改层名。
- 在 Z 列单击可修改层的层次属性值。
- 如果选中“防止重叠”复选框，表示在创建层时禁止各层重叠。如果需要创建嵌套层，请务必取消该复选框。

当用户单击层窗口边界或标记选中层时，“属性”面板中将显示所选层的属性（若层控制面板未出现，可选择“窗口”|“属性”命令），如图 3-10 所示。

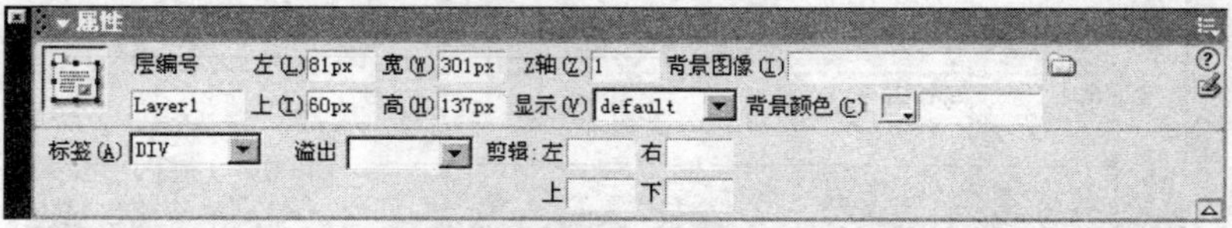

图 3-10　层属性面板

利用层属性面板可完成以下几项任务。

- 层编号：设置层名。
- 左与右：设置层相对于页面或父层左上角的位置。
- 宽与高：设置层的宽度与高度。
- Z 轴：设置层的层次属性值。
- 显示：设置层的可见性。
- 背景图像与背景颜色：设置层的背景图片与背景颜色。
- 标签：选择层标记。
- 溢出（仅用于 CSS 层）：确定当层内容超出层尺寸时如何处理。其中，Visible：增加层尺寸；Hidden：保持层尺寸不变，裁剪超出部分内容；Scroll：增加滚动条（即使内容未超出层尺寸）；Auto：当内容超出层尺寸时，自动增加滚动条（默认）。

- “剪辑”选区中的左、右、上、下：设置层的可视区域，各文本框用于输入表示可视区域与层边界之间的像素值。

3. 激活、选择、移动、对齐层及调整层尺寸

激活、选择、移动、对齐层及调整层尺寸的具体方法如下。

- 要在层中添加内容，必须先使该层成为活动层。为此，在层窗口的任意位置单击即可。
- 要选择层，只需简单地单击层窗口边界，单击页面左上角的标记，在层控制面板中单击相应层名或者单击层窗口左上角的句柄符号即可。要同时选中多个层，可在选中第1个层后按住Shift键再单击选中其他层。
- 要移动层，应先将光标移至层控制句柄或层边界的非控制点位置，当光标呈花十字形状时单击并拖动即可。要做微小调整，则可利用方向键。
- 要对齐层，可在选定多个准备对齐的层后，选择“修改”|“对齐”菜单中的适当命令即可。若选择其中的“设成宽度相同”及“设成高度相同”命令，可使两个层具有相同的宽度与高度。
- 要调整层尺寸，只需在选定层窗口边界后，将光标定位至其四周控制点位置单击并拖动即可。

4. 层与表的相互转换

有时，为了使自己制作的网页能够利用IE 3.0等浏览器进行浏览，必须将层转换为表。为此，通过选择“修改”|“转换”|“表格到层”或“层到表格”命令，用户可方便地在层与表之间相互转换。

提示　用户不能将模板中或使用了模板的网页中的层转

换为表。

3.1.3 使用表格设计网页布局

表格是在网页中添加数据与图片的强大工具，它提供了在网页中增加水平与垂直结构的网页设计方法。

一旦创建了一个表格，用户还能轻松修改其外观与结构，例如，可以增加内容，增加、删除、分割、合并行与列，修改表、行、表元属性（包括颜色、对齐等），复制与粘贴表元等。此外，表格还可嵌套。

1. 在网页中插入表格

在网页中插入表格的操作步骤如下。

（1）切换到“标准视图”模式，在文档中定位插入点。

（2）选择“插入”|“表格”命令或在“插入”面板的“常用”选项卡中单击“插入表格”按钮，此时系统将打开“插入表格”对话框，如图 3-11 所示。

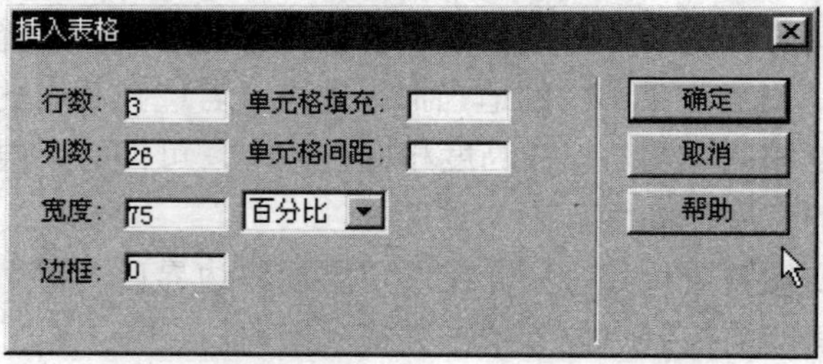

图 3-11 “插入表格”对话框

（3）在“插入表格”对话框中，进行如下设置。

- 在“行数”和“列数”文本框中设置表格的行、列数。
- 在“单元格填充”文本框中设置单元格内容与单元格边界之间的像素数（默认值为 1 个像素）。
- 在“单元格间距”文本框中设置每个单元格之间的像素数

（默认值为 2 个像素）。

- 在“宽度”文本框中设置表格的宽度（单位为像素或浏览器窗口的百分比）。
- 在“边框”文本框中设置表线的宽度（单位为像素）。如果输入 0，表示不要表线。

（4）上述设置完成后，单击“确定”按钮即可创建表，如图 3-12 所示。

2. 在表元中添加内容

用户可以方便地在表格中添加文本和图像，只需将光标定位在要插入文本或图片的单元格中，然后执行如下操作即可。

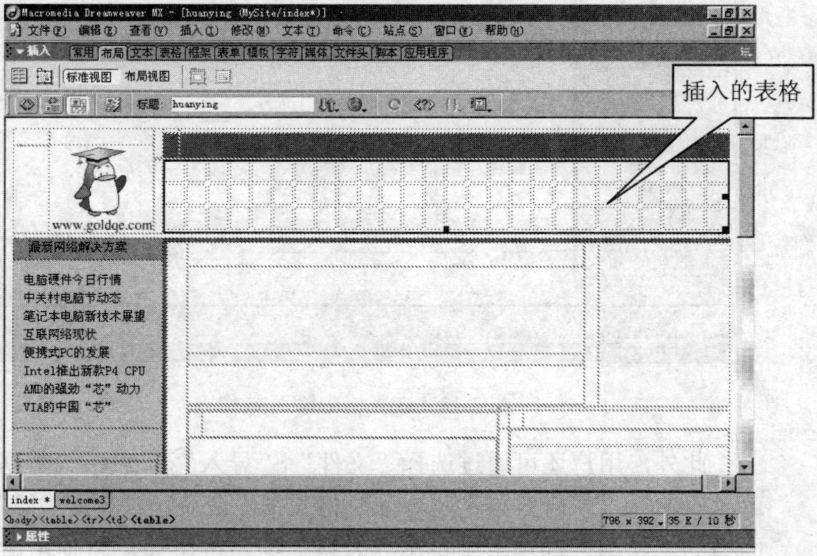

图 3-12 在页面中插入表格

（1）要在单元格中插入文本，可以采用下述方法。

- 直接在单元格中键入文本。如果键入内容较多的话，单元格将自动扩展。

- 选择“编辑”|“粘贴”命令，将剪贴板中其他文档中的文本粘贴过来。

（2）在单元格中插入图片，可在“插入”面板的“常用”选项卡中单击“图像”按钮或选择“插入”|“图像”命令。

图 3-13 显示了在表格中输入文本后的效果。

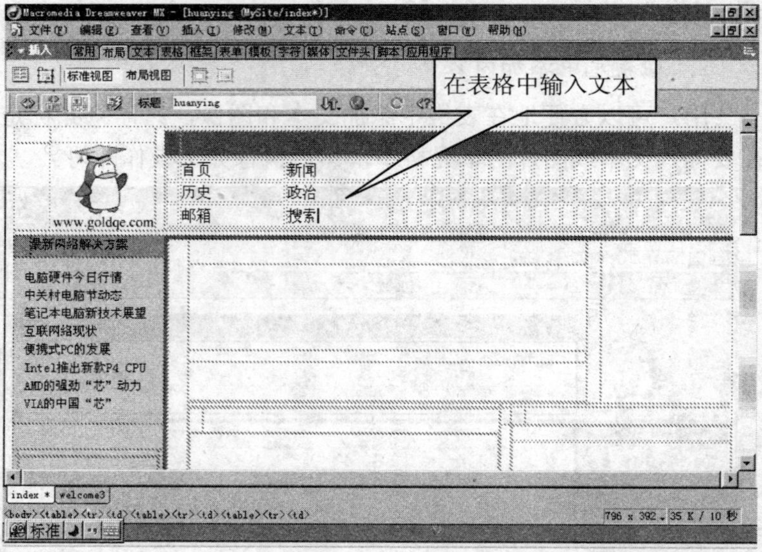

图 3-13　在表格中输入文本

此外，用户还可通过选择“文件”|“导入”|“表格式数据”或“插入”|“表格对象”|“导入表格数据”命令，或者在“插入”面板的“常用”选项卡中单击“表格数据”按钮，将使用诸如 Excel 等制作的表数据输入到页面中，不过该数据文件的格式应该使用定界符（如制表符、冒号、分号等）。输入外部表数据后，它们将被转换为 Dreamweaver 中的表。

3. 表格元素的选择方法

用户可方便地选择整个表、行、列、连续单元格，或多处非连续单元格。在选定单元格后，用户可以执行如下操作。

- 修改单元格外观及包含在其中的文本。
- 复制和粘贴相邻单元格。

要选择整个表格，可使用如下方法。

- 在表中单击，然后选择“修改”|“表格”|“命令表格”命令。
- 将光标移至表格的上或下边线处，待光标变为✥时单击鼠标，或将光标移至表格的右边线或下边线上，待光标变为⇹或⇳时单击鼠标。

要选择一行或一列，可将光标移至表格的左边线或上边线位置，当光标变为➡或⬇时单击鼠标。如果此时单击并拖动，则可同时选择多行或多列。

如果希望同时选中多个单元格，可在选中第 1 个单元格后单击并拖动。此外，用户可在单击选中第 1 个单元格后，按下 Shift 键单击选中其对角单元格，则两个单元格之间的矩形区域将全部被选中。

提示　如果希望选择多处非相邻单元格，可在选定第一个单元格区域后，按下 Ctrl 键选择其他单元格或单元格区域。

4. 格式化表格

在 Dreamweaver 中，通过设置表格或单元格属性，可以方便地修改表格的外观。

设置表格整体属性。图 3-14 显示了表格的属性面板，利用该面板可设置如下参数：

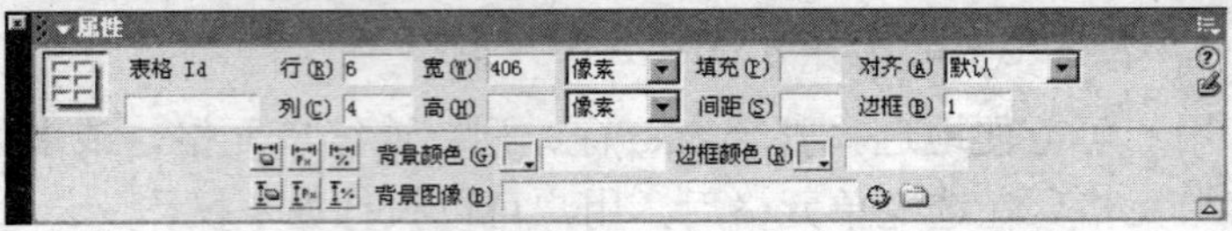

图 3-14　表格属性面板

- 在“表格 Id”文本框中可输入表格名称。
- 在“行”和“列”文本框中输入表格的行数和列数。
- 在“宽”和“高”文本框中输入表格的宽度和高度。
- 在“填充”文本框中设置单元格内容与单元格边界之间的像素数。
- 在“间距”文本框设置每个单元格之间的像素数。
- 在“对齐”下拉列表框中可选择表格在行中的位置（“左对齐”、“居中对齐”、“右对齐”或“默认”）。
- 在“边框”文本框中可设置表格边线的宽度。
- 单击“背景颜色”按钮，为表格设置背景颜色或在“背景图像”文本框中输入背景图像的路径。
- 单击“边框颜色”按钮，可为整个表格设置边线颜色。
- 通过单击“清除行高”按钮和“清除列宽”按钮，可删除表的所有行高和列宽数据。
- 单击“将表格宽度转换成像素”按钮和“将表格宽度转换成百分比”按钮，可将表的宽度在百分比表示方式和像素表示方式间相互转换。
- 单击“将表格高度转换成像素”按钮和“将表格高度转换成百分比”按钮，可将表的高度在像素表示方式和百分比表示方式间相互转换。

设置选定单元格属性及单元格的合并与拆分。图 3-15 显示了当用户选中部分单元格后的属性面板，利用该面板可进行如下设置：

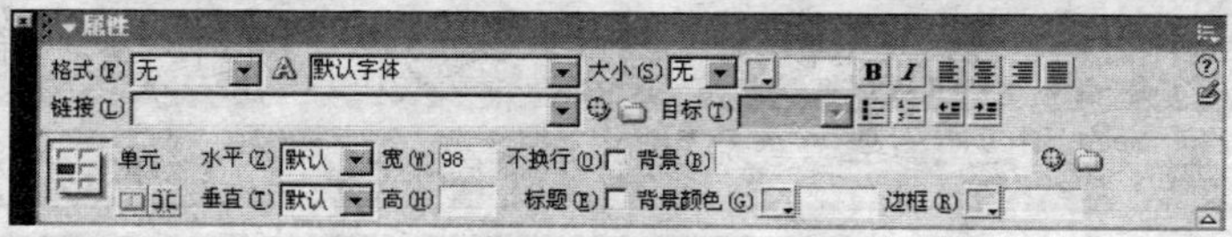

图 3-15 单元格属性面板

- 利用“格式”下拉列表框可设置单元格的文字格式。
- 利用下拉列表框可以设置单元格内文字的字体，利用“大小”下拉列表框则可以设置文字大小，利用“文本颜色”按钮则可以设置文字颜色。
- 利用中的各按钮，可以分别设置文字加粗、斜体、左对齐、居中对齐、右对齐及两端对齐。
- 利用“水平”和“垂直”下拉列表框可以设置选定单元格的水平对齐及垂直对齐方式。
- 利用“宽”和“高”文本框可以设置选定单元格的宽度和高度。
- 利用“背景”文本框和“背景颜色”按钮可以为选定的单元格设置背景图片及颜色。
- 利用“边框”按钮可以为单元格设置边线颜色。
- 选中“不换行”复选框表示在单元格中输入数据时不自动换行。
- 选中“标题”复选框表示将选定单元格作为表头，使其内容居中并显示为粗体。
- 单击“合并所选单元格”按钮可以合并选定单元格。此时选定的单元格区域必须为矩形，并且必须连续。
- 单击“拆分单元格为行和列”按钮可以将一个单元格（此时只能选择一个单元格）切分为两个或多个单元格。

图 3-16 显示了对表格全部输入文字并进行格式化的效果。

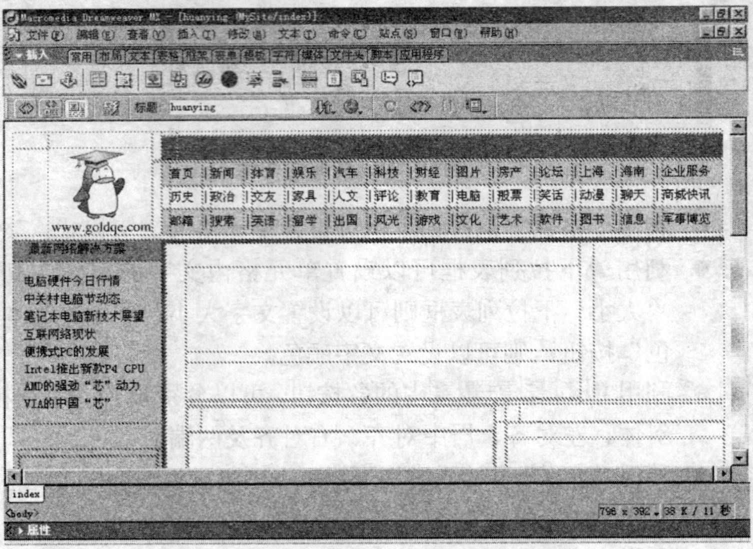

图 3-16　对表格进行格式化

提示　设置表格格式的另外一种方法是使用系统内置的表格格式。这时可选择“命令”|“格式化表格”命令，并在所打开的“格式化表格”对话框中进行设置即可。

5. 单元格的剪切、复制、粘贴与清除

用户可一次复制与粘贴多个单元格，并且保留单元格的格式，也可仅复制与粘贴单元格的内容。

复制与粘贴单元格的操作步骤如下：

（1）选择一个或多个矩形单元格区域。

（2）选择“编辑”|“剪切”或者“拷贝”命令剪切或复制单元格。

（3）选择“编辑”|“粘贴”命令，粘贴单元格。其中，如果希望将选定区域粘贴到表格的另一区域，可将插入点定位在希望

粘贴到区域的左上角单元格（此时被粘贴区域中的内容将被更新）；如果前面复制内容为整行或整列，则系统将在表格中自动增加相同行数或列数的单元格；如果插入点位于表格以外，则系统将自动创建新表格。

此外，要清除选定单元格的内容，可在选定单元格后选择“编辑”|“清除”命令或按下 Delete 键。

6. 调整表格的尺寸、列宽与行高

要调整表格尺寸，可在选定表格后将光标移至表格的角或边控制点处，然后单击并拖动即可，如图 3-17 所示。

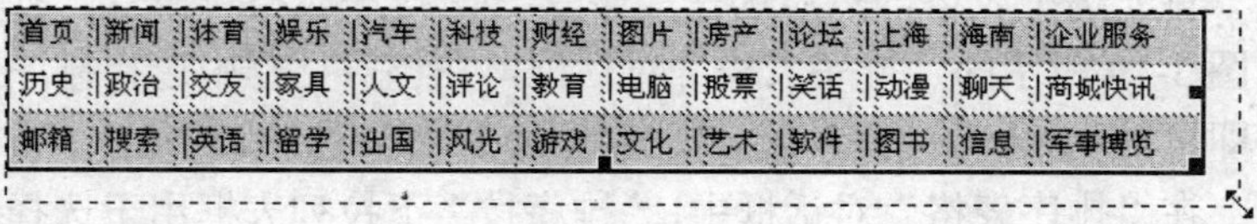

首页	新闻	体育	娱乐	汽车	科技	财经	图片	房产	论坛	上海	海南	企业服务
历史	政治	交友	家具	人文	评论	教育	电脑	股票	笑话	动漫	聊天	商城快讯
邮箱	搜索	英语	留学	出国	风光	游戏	文化	艺术	软件	图书	信息	军事博览

图 3-17　调整表格尺寸

提示　若要按比例调整表格尺寸，可在将光标定位在角控制点后，按下 Shift 键，然后单击并拖动即可。当然，用户也可利用属性面板进行设置。

要调整表格中某行（列）的行高（列宽），可首先将光标定位在选定行（列）中的任一单元格中，然后将光标移至该单元格的右边线（下边线）。当光标呈 ⇹ ⇕ 形状时单击并拖动即可。

7. 增加、删除、拆分或合并行、列与表格嵌套

要增加、删除、拆分或合并表格的行与列，可在选择需操作的单元格后，选择“修改”|“表格”菜单中的“插入行（列）”、“删除行（列）”、“拆分单元格”、“合并单元格”等相应命令。

要制作嵌套表格，可在单击某个单元格后，选择“插入”|“表格”命令，如图 3-18 所示即为嵌套表格。

图 3-18　制作嵌套表格

8. 表格排序

表格作为处理数据的常见形式，提供对其中的数据进行排序的能力是必不可少的。在 Dreamweaver MX 中，用户可采用下述方法对表格内容进行排序。

首先选中表格，然后选择“命令”|“排序表格”命令，打开如图 3-19 所示的“排序表格”对话框，在该对话框中选择排序条件即可。

在“排序表格”对话框中，“排序按”下拉列表框用于选择以哪列作为排序依据；“顺序”下拉列表框用于选择排序方式为按字母排序还是按数字排序，是按升序还是按降序；“再按”下拉列表框用于选择以哪列作为第二排序依据；“选项”中的各项则用于设置排序时是否包括首行，是否对 THEAD 行和 TFOOT 行进行排序，及是否保留排序行的 TR 属性等。

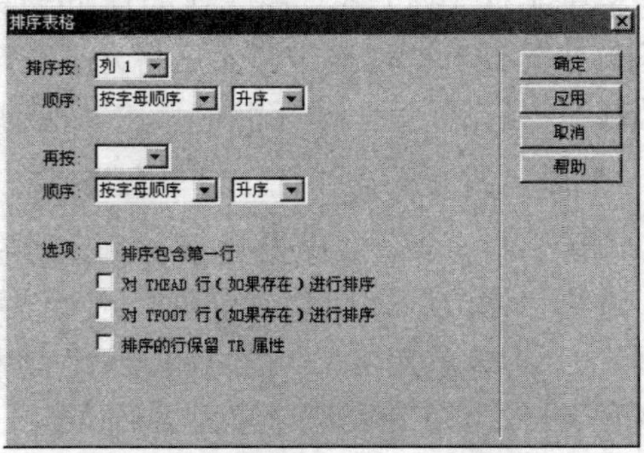

图 3-19　“排序表格”对话框

3.1.4 使用标尺、网格与捕捉

Dreamweaver MX 提供了标尺、网格和捕捉功能，利用这些功能，我们方便地设置页面元素的位置及对齐页面元素等。

选择“查看”|“标尺”菜单中的适当命令，可显示（“显示”选项）或隐藏标尺，复位标尺原点（“重设原点”选项），以及设置标尺单位（像素、英寸或厘米）等。

如果选择“查看”|“网格”|“显示网格”命令，则可以在设计区显示网格。如果选择“查看”|“网格”|“靠齐到网格”命令，则可以打开捕捉设置。所谓捕捉，是指设置光标按指定距离精确移动。

图 3-20 为显示标尺和网格后的设计界面。

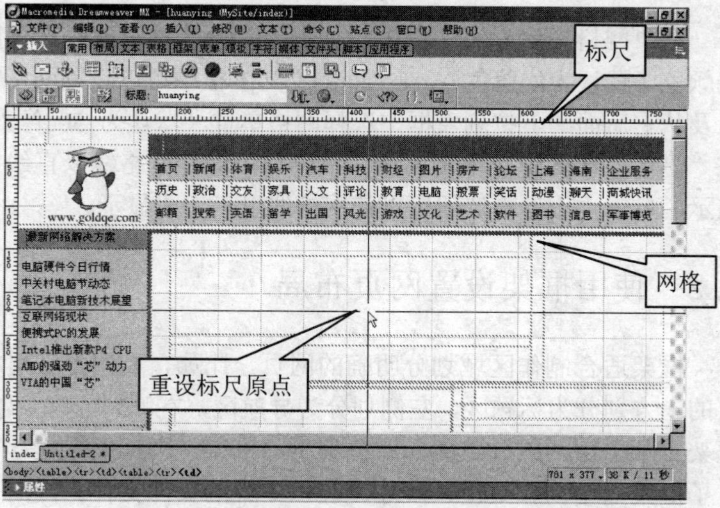

图 3-20 打开标尺与网格

提示 要设置标尺的零点，可在标尺的左上角区域单击，然后拖至设计区中的适当位置。释放鼠标后，该位置即成为新标尺原点，如图 3-20 所示。

如果标尺的零点位置不在页面的左上角，这时要恢复到左上角，可在窗口左上角标尺交叉处双击鼠标。

要设置网格密度及调整捕捉步长，可选择“查看”|“网格”|“网格设置”命令，打开如图 3-21 所示的“网格设置”对话框进行设置。

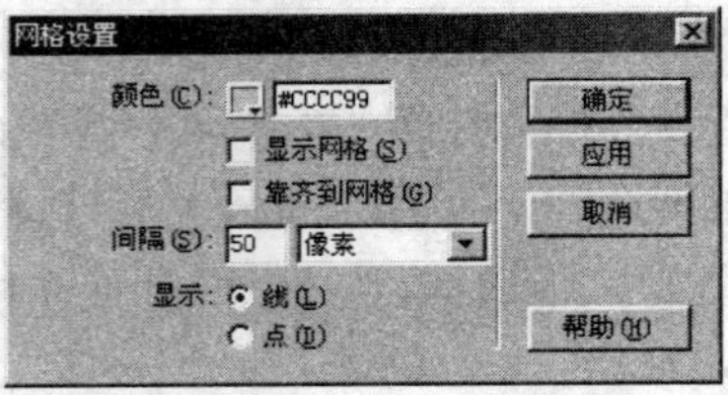

图 3-21 “网格设置”对话框

在“网格设置”对话框中，单击“颜色”按钮可以设置网格线颜色（默认为浅蓝色）；在“间隔”文本框中可以设置网格密度以及从它后面的下拉列表框中选择网格单位（默认为 50 像素）；在“显示”选区中，单击“线”单选钮可以使网格线以直线方式显示，单击“点”单选钮可以使网格线以点方式显示。

3.2 使用框架设置网页布局

框架适合制作区域划分明确的网页，比如，利用框架可将网页的上方划分为标题区，左侧划分为导航区，右侧划分为主题区。框架实际上由两部分组成，即框架页与框架。框架页在文档中定义了框架的结构、数量、尺寸及装入框架的页面文件。因此，框架页并不显示在浏览器中，只是存储了一些框架如何显示的信息。例如，如果一个页面中包含了 3 个框架，那么，加上框架页后，与该页面对应的 HTML 文件就会有 4 个。

相应地，框架页被称为父框架，框架被称为子框架。当用户将某个页面划分为若干框架时，既可分别为各框架创建新文档，也可为框架指定已制作好的文档。

3.2.1 创建框架页及框架的删除

要创建框架，用户应首先选择“查看”|“可视化助理”|“框架边框”命令，使框架边框显示出来。

1. 创建普通框架

创建普通框架的方法主要有两种：一种是选择“插入”|“框架”菜单中的命令，另外一种是按下 Alt 键单击并拖动框架边框，如图 3-22 所示。

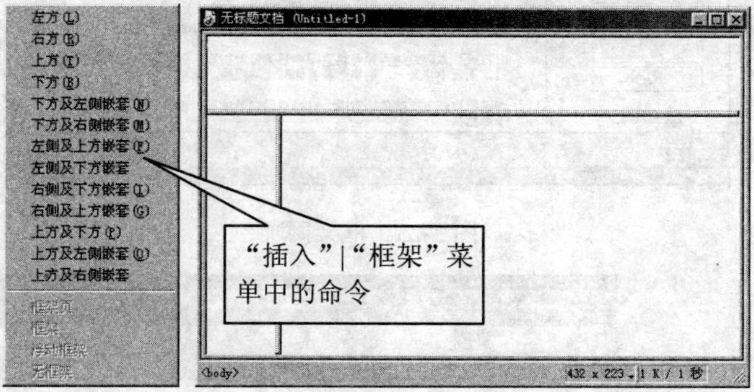

图 3-22 创建普通框架

创建框架后，用户即可以在框架中插入表格、布局表格和单元格、图像及文字等页面元素了。如图 3-23 所示为利用框架所制作的网页。

2. 创建嵌套框架

将光标定位在某个框架中，然后选择“插入”|“框架”菜单中的适当命令或命令“修改”|“框架页”中的适当命令，即可创建嵌套框架。

图 3-24 显示了将光标定位在图 3-23 中右下角框架区，然后选择“插入”|“框架”|“左侧及上方嵌套”命令创建嵌套框架后的效果。

图 3-23　框架网页

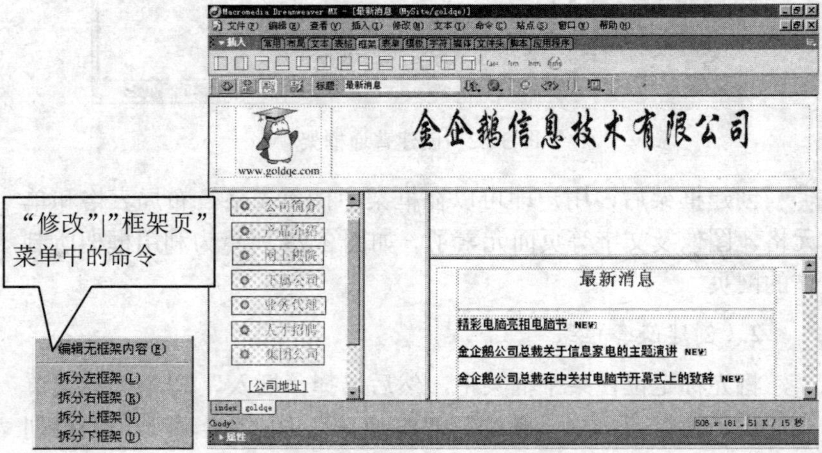

图 3-24　创建嵌套框架

3. 使用预定义框架格式创建框架

使用“插入”|“框架”菜单中的命令或“插入”面板中的“框架”选项卡，可以使用预定义框架格式方便地创建框架，如图 3-25 所示。

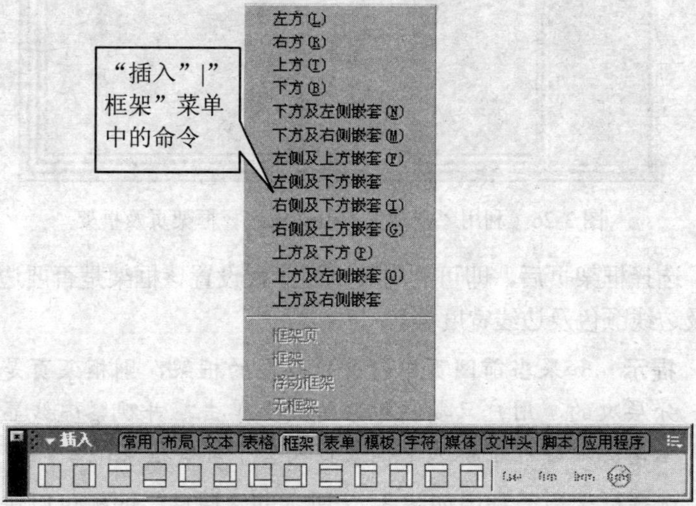

图 3-25 “插入”|“框架”菜单项及“插入”面板的“框架”选项卡

4. 删除框架

要删除框架，只需将框架分割线拖至与其父框架页边线重合即可。

3.2.2 选择与设置框架页及框架

选择框架页及框架的最好方法是使用“框架”控制面板（如图 3-26 所示)，单击框架边线可选择框架页，单击某个框架区可选择该框架。此外，用户也可直接在文档中单击框架边线选择框架页，按下 Alt 键并单击框架区选择框架。

图 3-26 利用“框架”控制面板选择框架页及框架

选择框架页后，即可利用其属性面板设置该框架是否要边线，以及边线颜色及边线宽度等。

提示 如果当前网页中包含了较多的框架，则框架页是分层次的，用户只要在框架边线上单击，并观察虚线显示情况，即可了解选定框架页包含了哪些框架。

选择框架后，利用如图 3-27 所示的“属性”面板可以进行如下设置。

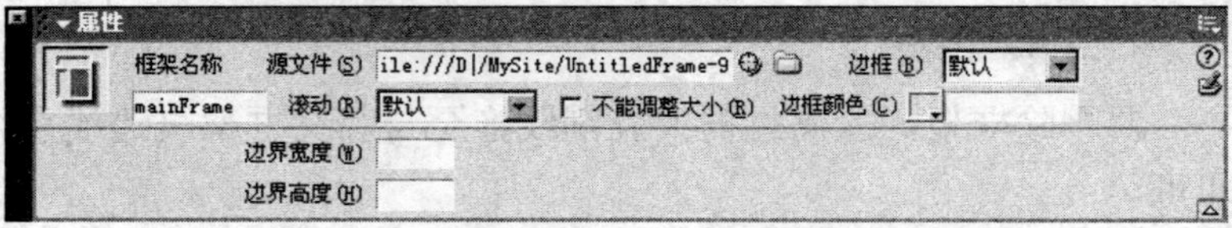

图 3-27 框架属性面板

- 框架名称：更新框架内容时，其名称将出现在属性面板的“目标”下拉列表框中。在框架页名称中，只能使用字母、数字及下划线，“-”、“.”及空格均不允许，且必须以字母开头。此外，框架名称还不能与 JavaScript 的保留字重复。
- 源文件：设置框架对应的源文件。用户将光标定位在某个

框架后，可选择“文件”|“打开”命令打开准备在框架中使用的源文件。

- 滚动：设置滚动条显示方式。
- 不能调整大小：如选择该复选框，表示禁止改变框架尺寸。
- 边框：设置框架边界。该项设置将会覆盖在框架页属性面板中所做的设置，并且只有当该框架的所有邻接框架的边线都设置为“否”时，才能关闭该框架的边界。
- 边框颜色：为当前框架的所有边线设置颜色。同样，该设置将覆盖在框架页属性面板中所做的设置。
- 边界宽度与边界高度：设置框架内容与边界之间的距离（单位为像素）。

提示 在“边框”设置项中，选择“默认”表示允许浏览者自行决定是否显示框架边线。要设置框架页的名称，可在单击框架边线选定框架页后，选择“修改”|“页面属性”命令，然后在“标题”文本框中命名框架页。

3.2.3 框架内容的更新

当用户将某些文字或图片设置为超链接后，可在“属性”控制面板的“链接”文本框中设置链接网页，而在“目标”下拉列表框中选择在何处显示该网页。如果当前网页带有框架，则各框架的名称将显示在“目标”下拉列表框中，用户可从中选择链接网页显示在哪个框架中，如图 3-28 所示。

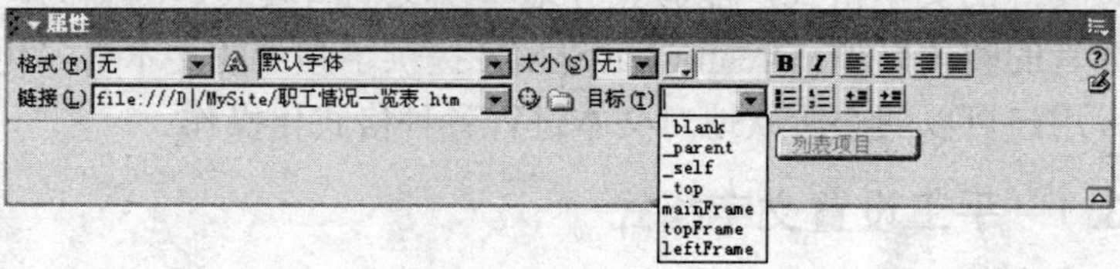

图 3-28 选择链接网页所显示的框架

“目标”下拉列表框中其他选项的意义如下。

- _blank：将链接网页显示在新窗口中。
- _parent：将链接网页显示在当前框架的父框架页中。
- _self：将链接网页显示在当前框架中。
- _top：将链接网页显示在当前框架的最高层框架页中，即取代所有框架。

3.2.4 框架的保存

我们知道，框架页文档中组织了各个框架文档，每个框架文档也都应该作为一个 HTML 文件存储在磁盘上。

- 若要保存框架页文档，则可在“框架”控制面板或文档窗口中选择框架页后，选择“文件”|“保存框架页”命令。若希望将框架页文档以其他名字保存，则可选择“框架页另存为”命令。
- 若要保存框架文档，则可在选择框架后，选择“文件”|“保存框架”命令。
- 若要保存框架页中所有的文档，则可选择“文件”|“保存全部”命令。

3.3 应用文字

无论制作网页的目的是什么，文本都是网页中不可缺少的内容。良好的文本格式，能够充分地体现文档所要表达的意图，激发读者的阅读兴趣。Dreamweaver MX 提供了强大的文本格式化功能，用户可以随心所欲地对文本进行各种格式化操作。

3.3.1 手工设置文字格式

在 Dreamweaver 中，文字的格式设置主要包括字体、字号、

颜色、粗体、斜体，段落居左、居中及居右，添加项目符号及编号等。此外，用户还可利用 HTML tags（对应文字“属性”面板中的“格式”下拉列表框及“文本”|“段落格式”菜单中的命令）、HTML 样式、CSS 样式对文字进行统一格式设置。

手工设置网页文字格式的方法与 Word 之类的字处理软件完全相同。首先利用拖动方法选中需设置格式的文字，然后通过“属性”控制面板进行具体设置，下面我们通过一个小例子来说明。

（1）在页面中的布局单元格中单击，然后输入文字，如图 3-29 所示。

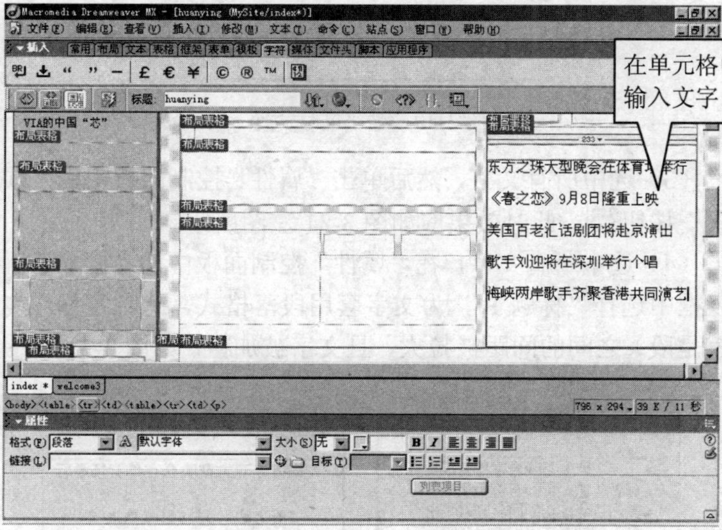

图 3-29　在页面中输入文字

（2）利用拖动方法选中所有文字，然后在“属性”控制面板中的“大小”下拉列表框中选择 2 选项，适当缩小文字大小，如图 3-30 所示。

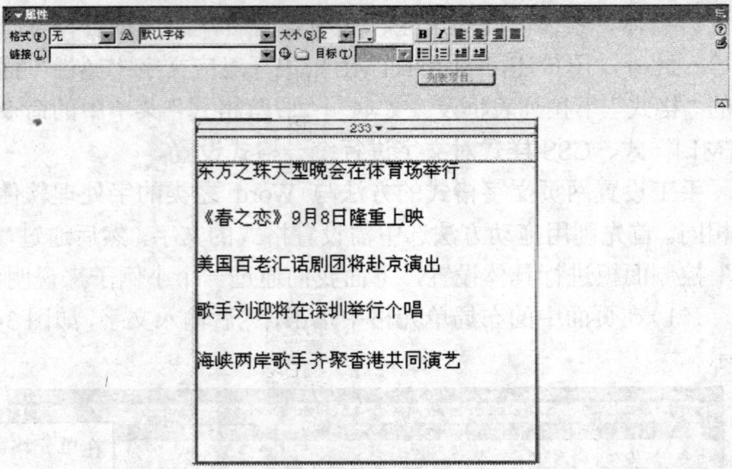

图 3-30　缩小文字大小

（3）选中所有文字，然后单击“属性”控制面板中的“项目列表”按钮☰，此时效果应如图 3-31 左图所示。

（4）选中所有文字，在“属性”控制面板中的“格式”下拉列表框中选择“标题 1”，为文字套用段落格式，此时各行（实际上就是段）之间的间距被拉大，且文字被加粗，如图 3-31 右图所示。

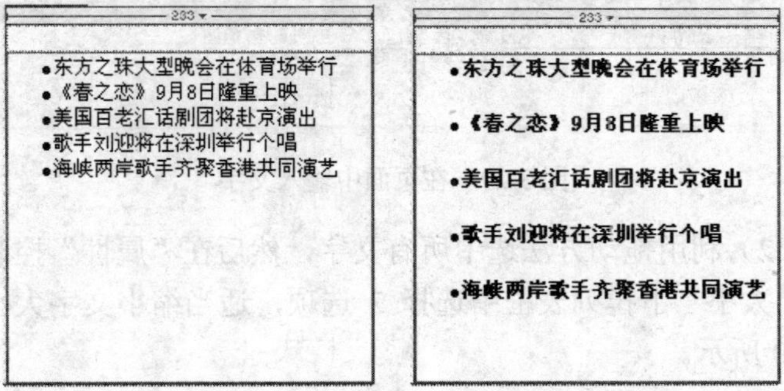

图 3-31　设置文字的项目列表和标题格式

3.3.2 使用文本换行符

当按回车键换段时，两段之间的距离比较远。要使两段文字之间的距离和正常行距一样，可首先将光标定位在希望换行的位置，然后单击“插入”面板“字符”选项卡中的“换行符”按钮 BR（或按 Shift+回车键），即可在该位置加入一个行中断符，从而使两段之间的距离和正常行距一致，如图 3-32 所示。

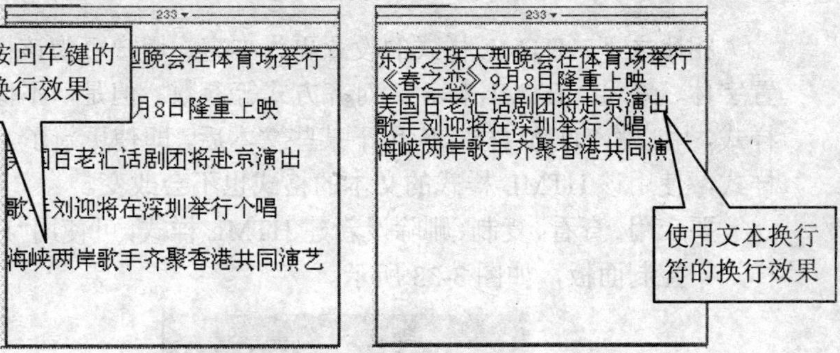

图 3-32 使用文本换行符的效果

3.3.3 使用 HTML 标记设置文本格式

通过上面的例子，大家已经看到了“格式”的作用。实际上，“格式”类似 Word 中的样式，它们在 Dreamweaver 中被称为 HTML tags 或 HTML 标记。

Dreamweaver 提供了“段落”、“标题 1”、“标题 2”等 HTML 标记类型，其作用范围为段落，其属性包括字体及行距设置等。该设置的优先级低于手工设置，但高于 HTML 样式及 CSS 样式。也就是说，当用户使用 HTML 标记设置了某段文字的格式后，还可手工调整文字的字体、尺寸、段落位置等。同时，如果用户前面对文字使用过 HTML 样式或 CSS 样式，则这些样式将被替换。

提示 HTML 样式相当于若干标准 HTML 标记的联合。例如，用户可首先利用多个 HTML 标记来格式化文本，然后将该格式保存为 HTML 样式。

当用户对文字手工设置了字体及字号后，可在选中文字后，将字体设置为“默认字体”，将字号设置为“无”，来恢复 HTML 标记设置的默认值。

3.3.4 使用 HTML 样式格式化文本

相比之下，HTML 样式的设置更为丰富，用户可为该样式设置字体、字号、HTML 标记、对齐方式等参数。但是，不像 CSS 样式，用户将 HTML 样式应用于某些文本后，即使更新了 HTML 样式，使用该 HTML 样式的文本的格式也不会改变。

要应用、查看、复制、删除及新建 HTML 样式，可使用“HTML 样式”控制面板，如图 3-33 所示。

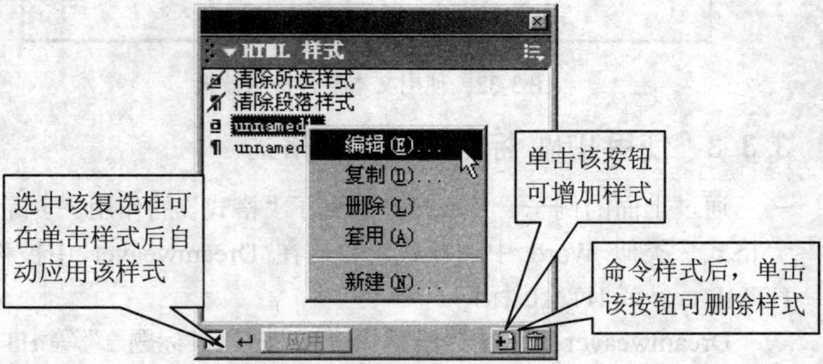

图 3-33 “HTML 样式”控制面板

HTML 样式分为两类，它们在“HTML 样式”面板中，显示的方式不同。其中，在文本样式名称前有一个 a 符号；在段落样式前面有一个¶符号。此外，在“HTML 样式”面板中，其前两个样式分别为清除所选样式与清除段落样式，它们分别用于清除字符所使用的样式及段落所使用的样式。

- 要应用段落样式，首先将光标定位在段落中，然后在“HTML 样式”面板中单击选定样式即可。
- 要应用字符样式，应首先选定文字，然后在“HTML 样式”面板中单击选定样式即可。
- 要新建样式，可单击“HTML 样式”面板右下方的按钮，并在弹出的“定义 HTML 样式”对话框中设置 HTML 样式的名称、应用到的对象、字体、字号、字体颜色等。对于段落样式，还可设置其段落格式。图 3-34 即为利用“定义 HTML 样式”对话框所定义的样式及将该样式应用到文字的效果。
- 要编辑样式，可右击该样式，然后从弹出的快捷菜单中选择“编辑”命令，利用所弹出的“定义 HTML 样式”对话框重新设置各项目。
- 要复制或删除样式，可在右击该样式所弹出的快捷菜单中选择“复制”或“删除”命令。

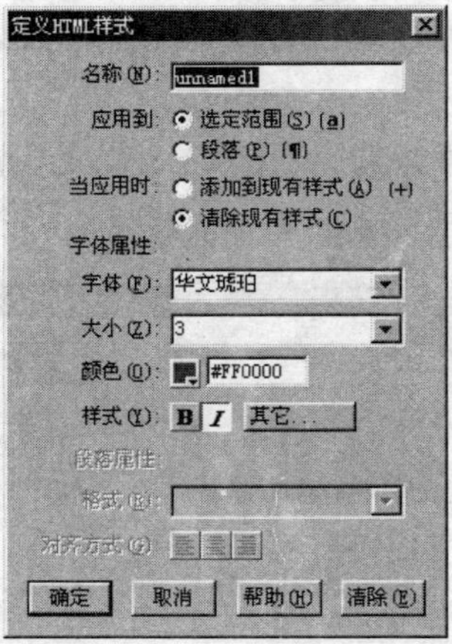

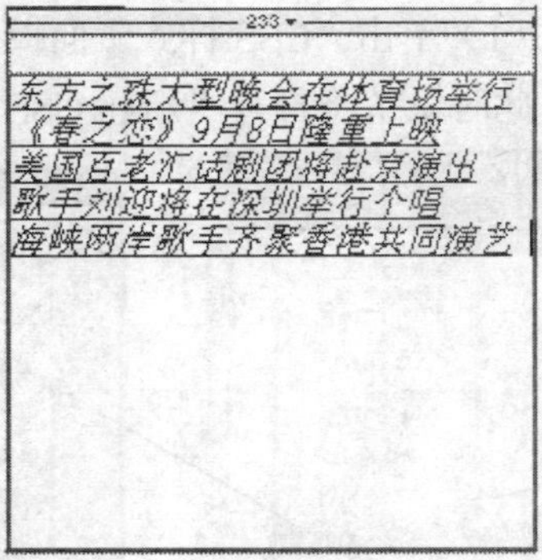

图 3-34　定义 HTML 样式并应用于文字

提示　新建样式时，其默认设置为当前光标所在位置的文字的格式。也就是说，用户可通过新建样式来保存自己制作的格式。

3.3.5 使用 CSS 样式表格式化文本

另外一种格式化文本的方法就是使用 CSS（Cascading Style Sheets，层叠样式单）样式表。利用它，可自动格式化文本及页面。用户可直接将 CSS 样式存储在文档中，不过，使用外部样式表（实际上是一个包含样式并符合 CSS 规范的文本文件）将具有更强的灵活性。当用户将外部样式附加到若干 Web 页面上时，如果对样式表进行了修改，则所有页面都将会反映这种修改。

CSS 样式表的好处主要是利用它不仅可控制传统的格式属性，如字体、尺寸、对齐，还可设置诸如位置、特殊效果、鼠标滑过等 HTML 属性，并且通过修改样式表，还可自动快速更新所有采用该样式的文字格式。

1. 新建 CSS 样式表

利用“CSS 样式”面板，用户可以非常方便地创建样式表，其具体操作步骤如下。

（1）单击“CSS 样式”面板右下角的“新建 CSS 样式”按钮，此时系统将打开“新建 CSS 样式”对话框，如图 3-35 所示。

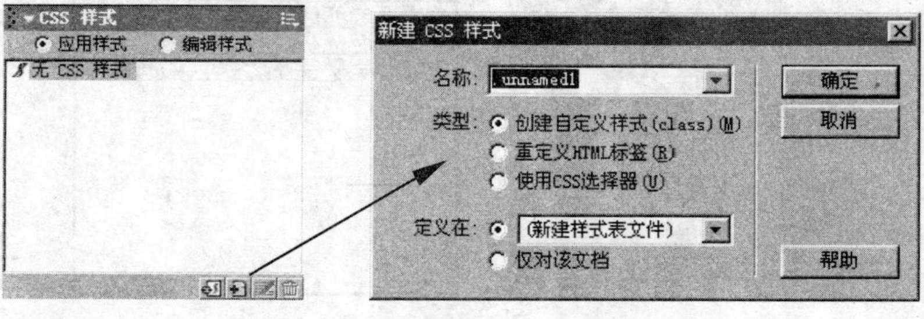

图 3-35 “新建 CSS 样式”对话框

（2）在“名称”文本框中，输入样式名称。

（3）在“类型”选区中，选择所创建样式的类型：

- 要创建自定义CSS样式，则单击“创建自定义样式(class)”单选钮。
- 要重新定义HTML标记，则单击“重定义HTML标签”单选钮。
- 要创建使用CSS选择器样式，为特定的组合标记或包含特定ID属性的所有标记定义格式，则单击“使用CSS选择器”单选钮。

（4）如果选择自定义CSS样式，可以在“名称”文本框中输入自定义样式的名称，其名称前应该带有一个“.”(如.MyStyle)。如果没有输入这个“.”，Dreamweaver会自动添加。输入完成后，单击“确定”按钮。

（5）接下来系统会打开让用户保存样式表文件的对话框，如图3-36所示。在“文件名”文本框中输入样式表文件名称后，单击“保存”按钮。

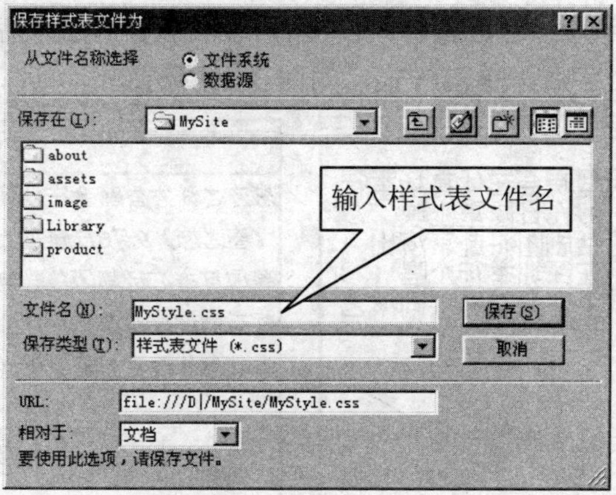

图3-36　保存样式表文件

（6）此时，系统会打开CSS样式定义对话框，如图3-37所示示。用户可利用该对话框设置 CSS 样式的类型格式、背景格式、区块格式、边框格式、列表格式及定位格式等。

（7）设置完成后，单击“确定”按钮，新创建的 CSS 样式就会出现在“CSS 样式”面板中，如图 3-38 所示。

图 3-37　样式表定义对话框

图 3-38　新创建的样式出现在 CSS 样式面板中

（8）样式创建完成后，我们就可以将其应用到文字中。为此，可在选中文字后，单击样式，如图 3-39 所示。

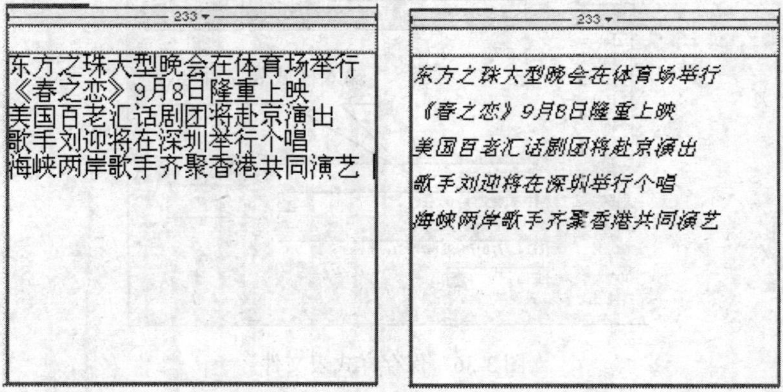

图 3-39　应用 CSS 样式前后效果

2. 编辑或删除 CSS 样式表

若要编辑 CSS 样式表，可在“CSS 样式”面板中单击“编辑样式”单选钮，选择需要编辑的 CSS 样式后，单击“编辑样式表”按钮，在打开的 CSS 样式定义对话框中编辑即可。

提示 若要删除 CSS 样式表，可在选择样式表后，单击“删除 CSS 样式”按钮。

3. 链接或导入外部样式表

如果希望用相同的样式控制多个文档格式，则使用外部的 CSS 样式表是最简单的方法。当对外部 CSS 样式表进行修改后，所有链接到该样式表的文档格式都会发生改变。

链接或导入外部样式表的具体操作步骤如下。

（1）单击“CSS 样式”面板右下方的“附加样式表”按钮，打开如图 3-40 所示的“链接外部样式表”对话框。

（2）在“文件/URL”文本框中输入该外部 CSS 样式表的地址和文件名，或单击“浏览”按钮在磁盘上选择样式表文件。

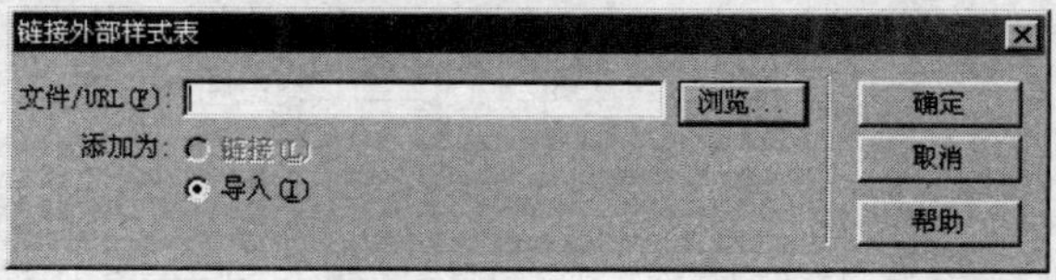

图 3-40 “链接外部样式表”对话框

（3）在“添加为”选区中选择是要链接外部样式表还是要导入外部样式表。若要链接外部样式表，则单击“链接”单选钮；若要导入外部样式表，则单击“导入”单选钮。

（4）设置完成后，单击“确定”按钮，则系统会提示用户将该样式表文件拷贝到当前站点的根目录中，否则在发布站点时会不能被访问。

（5）保存样式表文件后，单击“确定”按钮，则所链接或导入的外部样式表就会出现在“CSS 样式”面板中。

3.4 在网页中插入水平线、日期对象及图片

在设计网页时，除了基本的文字内容之外，图像是另一类非常重要的对象。而水平线及日期对象，也是大家在设计网页时经常用到的。

3.4.1 使用水平线

在设计网页时，可以使用一条或多条水平线以可视方式分隔文本和对象，比如分割网页标题和正文。此时，用户只需在指定插入点后，在“插入”面板的“常用”选项卡中单击水平线按钮即可。比如，在图 3-41 中，我们为了使网页主内容与下方的相关链接部分相分割，而插入了一条水平线。

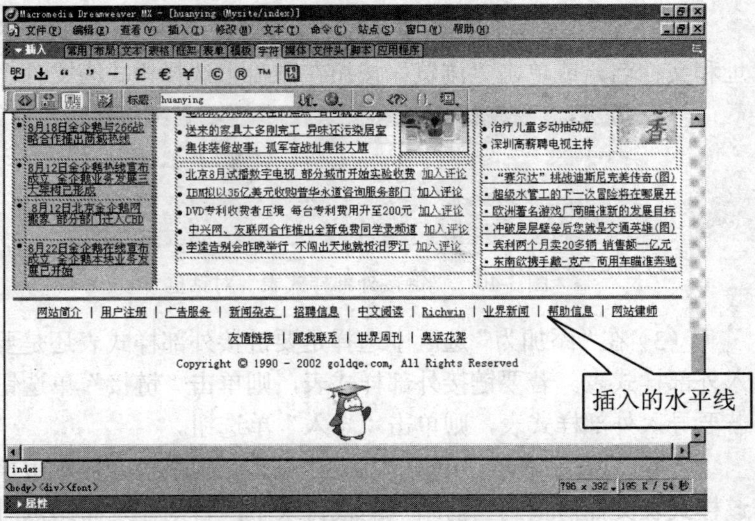

图 3-41 在网页中插入水平线

插入水平线后，我们可以利用“属性”面板设置水平线的宽度、高度、对齐方式以及是否设置阴影等属性。

提示 在插入水平线时很难精确定位水平线的位置。要解决这个问题，一是利用层，即首先在设计区创建一个层窗口，然后将水平线加入到该层窗口中；另外一个解决方法是使用换行符。

3.4.2 插入日期对象

Dreamweaver 提供了一个方便的日期对象，该对象可使用户以任何格式在网页中插入当前日期（包含或不包含时间），还可以选择在每次保存文件时都自动更新该日期。

在网页中插入当前日期的方法为在编辑窗口中绘制一个层，以精确定位插入点，然后单击“常用”面板中的“日期”按钮，并在所打开的如图 3-42 所示的“插入日期”对话框中选择插入的星期格式、日期格式及时间格式即可。

如果用户希望所插入的日期能够自动更新，可选中“储存时自动更新”复选框（即每次保存网页时，日期能自动更新）。单击 OK 按钮后，系统即在指定位置插入日期对象，并显示当前日期，如图 3-43 所示。

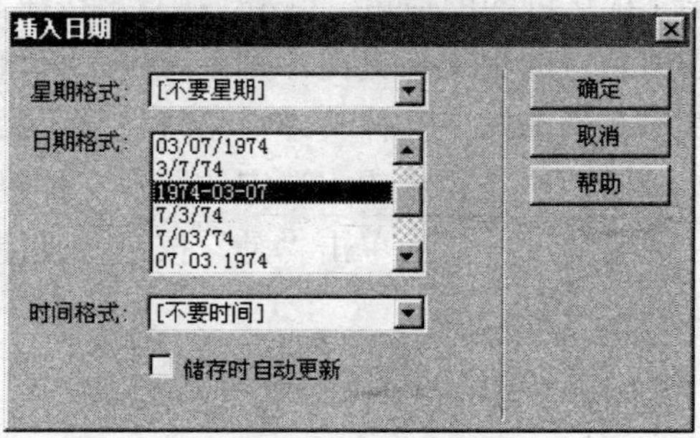

图 3-42 “插入日期”对话框

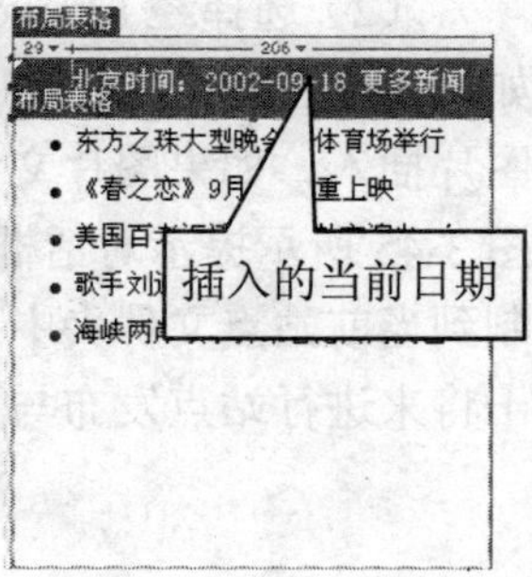

图 3-43 网页中的日期对象

3.4.3 插入图片对象

为使网页内容更加丰富多彩，我们可以在网页中插入图片。在网页中可使用的图片格式有 JPG、GIF 和 PNG3 种。

其中，JPG 格式主要用于存储连续色调图像，GIF 格式适合存储非连续色调图片（单色区域比较大），PNG 格式主要用于取代 GIF 格式，它支持索引颜色、灰度及真彩色图像。PNG 格式也支持用于透明的 Alpha 通道，并且该格式是 Fireworks 的基本格式（用户特别要注意的是，此处所指的 PNG 格式并非由 Fireworks 制作的 PNG 文档，而是经过优化输出的 PNG 格式图像文件）。

1. 插入图片

当用户在网页中插入一幅图片时，系统将在文档中插入一个到图片文件的引用。为了保证该引用是正确的，图片文件必须位于当前站点中，否则，系统将提示用户是否将该文件复制到当前站点中。

在网页中插入图片的具体操作步骤如下。

（1）在希望插入图片的位置单击鼠标，然后选择“插入”|“图像”命令或在“插入”面板的“常用”选项卡中单击“图像”按钮，此时系统将打开“选择图像源”对话框，如图 3-44 所示。

（2）选择经 Fireworks 优化过的图像后，单击“确认”按钮。如果所选图片文件位于当前站点的根文件夹内，则系统可直接将图片插入。如果图片文件不在当前站点文件夹中，系统将显示如图 3-45 所示提示对话框，询问用户是否希望将选定的图片文件复制到当前站点文件夹中。通常情况下，应单击“是”按钮，以便于将来进行站点发布与更新。

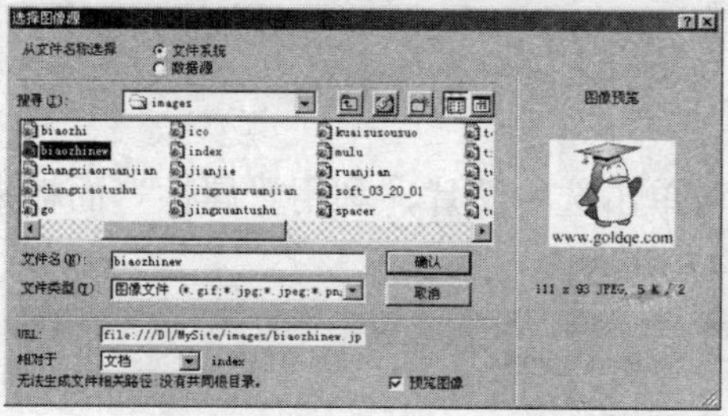

图 3-44 “选择图像源”对话框

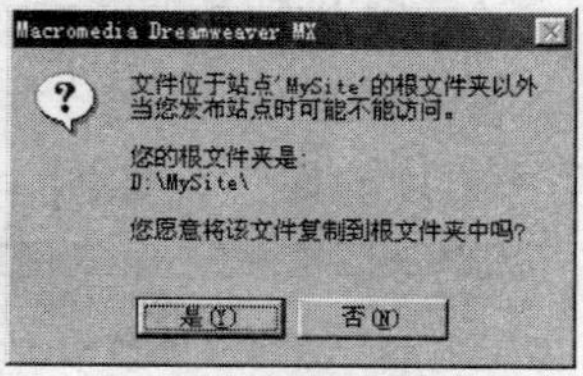

图 3-45 提示对话框

(3) 单击“是”按钮后，系统将显示“拷贝文件为”对话框，用户可通过该对话框命名所复制的图片文件，并在站点根文件夹中选择存放该文件的文件夹，然后单击“保存”按钮将图片插入到文档中，如图 3-46 所示。

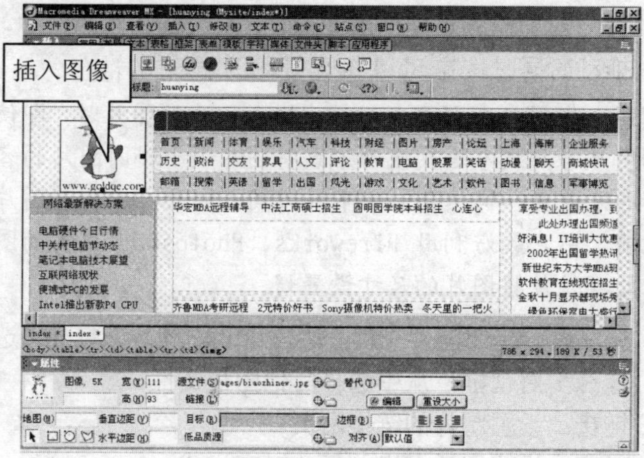

图 3-46 在文档中插入的图片

提示 在浏览网页时，会看到许多左上角为圆角的标题条。对此，可以采用在设置布局单元格的背景颜色后，在其中插入一右下角为透明扇形的小矩形的方法

来制作。

2. 图片对象的主要属性

插入图片后，用户还可单击选中图片，利用“属性”面板来设置图片的属性，如图 3-47 所示。

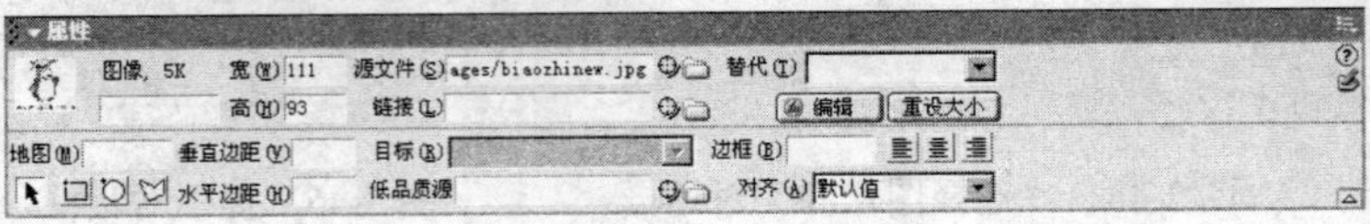

图 3-47 图片的“属性”面板

利用图片的“属性”面板，用户可以设置图片的下述属性。

- 名称：图片名称，以便在脚本中引用。
- 宽与高：设置图片的宽度与高度。用户也可将光标移至图片的四周控制点处单击并拖动，来改变图片的尺寸，且在拖动时同时按住 Shift 键可等比例缩放图片。

提示 当用户在网页中加入一幅大尺寸的图片时，即使利用 W 与 H 文本框或拖动方式将图片调小，因图片的容量并未改变，仍然会影响下载时间。因此，在加入图片之前，用户最好利用 Fireworks、Photoshop 之类的图像处理软件将图片的尺寸设置好。

- 源文件：指明图片文件。用户可双击图片，打开“选择图像源”对话框，从中选择其他图片文件。
- 链接：设置图片的链接网页。
- 对齐：设置图片在当前行的对齐方式。
- 替代：设置图片的替换文本。它主要用于文本式浏览器及需手工下载图片的浏览器。此外，在浏览器中，将光标指向图片时，系统将打开一个说明框（其内容为此处设置的替代文本）。

- 垂直边距与水平边距：设置图片四周空出的尺寸。
- 目标：设置在何处显示链接网页。
- 低品质源：设置主图片下载之前显示的图片。为了使浏览者能尽快看到网页内容，可为网页中的大幅图片指定一个替代图片（相同尺寸的黑白图）。
- 边框：设置环绕图片的链接边界宽度。
- 地图名称和热点工具：标注和创建客户端图像影像。
- 重设大小：将图片尺寸复位到其原始尺寸。
- 编辑：打开用户在“外部编辑器”参数选择中指定的图像编辑器（如 Fireworks，可选择“编辑”|“参数命令”命令进行设置）并打开选定的图像。用户也可按下 Ctrl 键双击图像启动外部图片编辑器，或者右击图片，然后从弹出的快捷菜单中选择 Edit 命令。

3.5 链接与导航

每个网站都由众多网页组成，网页之间通常也都是通过超链接方式相互建立关联。在 Dreamweaver 中，超链接的范围是很广的，利用它不仅可链接到其他网页，还可链接到其他图像文件、多媒体文件及下载程序等。

在 Dreamweaver 中，可以将文档中的任何文字及任意位置的图片设置为超链接。超链接类型有以下几种方式。

- 内部链接：链接到本站点中的其他文档。
- 外部链接：链接到本站点以外的其他文档。
- e-mail 链接：单击该链接可打开 e-mail 表单。
- 链接到特定“锚记”（又称“书签”）：它允许访问者跳转到同一页或其他页的特定区域。
- 虚拟链接（Null 链接）及脚本链接：它允许用户附加行为

至对象或创建一个执行 JavaScript 代码的链接。

3.5.1 绝对路径与相对路径

在 Internet 中，每个网页都有一个惟一的地址，即 URL（Uniform Resource Locator，统一资源定位符）地址。但是，当用户在创建本地链接时，通常并未指定完整的 URL 地址。相反，只是指明了当前文档或站点的根目录的相对路径。下面列出了 3 种路径类型。

- 绝对路径：该路径提供了链接文档的完整 URL 地址，其中包括所使用的协议（如 http）。例如，http://www.macromedia\.com/support/dreamweaver/contents.html 就是一个绝对路径。当需要链接到其他服务器的网页时，应采用绝对路径。
- 文档相对路径：这是大多数 Web 站点中，用于本地链接时最常使用的链接设置方式。例如，dreamweaver/contents.html。
- 根相对路径：该路径为从站点根文件夹到文档的路径，如 /support/dreamweaver/ contents.html。该方式在实际应用中很少被采用。

3.5.2 创建通用链接的方法与步骤

创建超链接的 HTML 标记被称为“锚”标记，Dreamweaver 可为对象、文本或图像创建超链接。例如，如果用户在文档中选中了文字“主页”，并为其创建了一个指向 home.htm 文档的超链接，则该超链接的 HTML 源代码如下：

```
<a href="home.htm">主页</a>
```

在 Dreamweaver 中，创建超链接的方法主要有以下几种：

- 使用站点地图来查看、创建、修改及删除链接。

- 使用“修改”|“创建链接”命令来制作到某个文件的链接。
- 使用“属性”面板中的“链接”文本框。
- 使用快捷菜单，然后从中选择“创建链接”命令。

创建文档链接的操作步骤如下：

（1）在文档窗口中选择文本或图片，如图 3-48 所示。

（2）在“属性”控制面板中（如图 3-48 所示）执行如下操作之一：

- 直接在“链接”文本框中输入路径或完整 URL 地址。
- 单击“链接”文本框右侧的按钮，选择希望链接的文件。

（3）从”链接”文本框后的”目标”下拉列表框中选择链接文档打开的位置：_blank、_parent、_self、_top 及框架名称等。

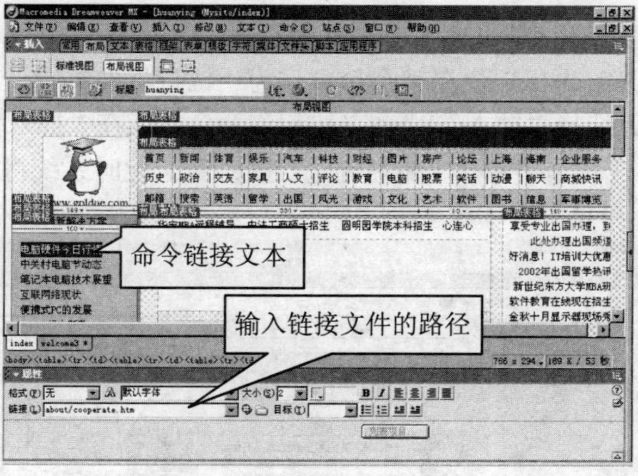

图 3-48 选择链接文本

提示 用户也可以在选择链接文本后，打开“站点”面板，然后按下 Shift 键拖动链接文本，并指向“站点”窗口中的目标文件，来创建超链接。该方法适用于批量为文本创建超链接。

此外，用户也可在选择链接文本后，打开“资源”面板，并单击 URLs 按钮，显示站点内可用的超链接地址，然后选择目标超链接，并单击“应用”按钮，来设置超链接。

创建超链接后，文本下方会出现一条下划线。若要删除该下划线，可定义一个 CSS 样式，并在其“类型”设置项目的“修饰”选区选中“无”项，然后将样式应用于文本。

3.5.3 链接到文档中命名位置的方法

创建到命名位置的链接方法主要包括两个步骤：一是设置命名位置（即“锚记”），二是创建到该位置的链接。

1. 创建“锚记”位置

创建锚记位置的操作步骤如下：

（1）将光标定位在某个希望作为“锚记”的位置。

（2）选择“插入”|“命名锚记”命令，或在“插入”面板的“常用”选项卡中单击“命名锚记”按钮，此时系统将打开“命名锚记”对话框，如图 3-49 所示。

图 3-49　定义锚记位置及名称

（3）在“锚记名称”文本框中输入锚记名称，单击“确定”按钮，系统将在设置的位置显示一个锚记标志。

2. 设置到“锚记”位置的链接

要设置到“锚记”的链接，只需在选择链接文本后，在“属性”面板中的“链接”文本框中输入“#锚记名称”即可。例如，在本例中可将链接名称设置为#maoji1。

用户也可在选中文字或图片后，直接在“属性”面板中单击“链接”文本框右侧的“指向文件”按钮，然后将其拖至“锚记”，来创建到“锚记”的链接。

用户还可在选中文字或图片后，按住Shift键，然后单击并拖动光标至“锚记”来创建链接。也可创建到其他文档中“锚记”的链接。

设置了到“锚记”位置的链接后，当用户单击链接文本后，将转到页面中设置“锚记”位置。

3.5.4 创建e-mail链接

创建e-mail链接后，当浏览者单击该链接时，系统将自动启动其计算机中的邮件发送程序（通常是Outlook Express），并将用户在创建该链接时设置的邮件地址放在“收件人”一栏，如图3-50所示。

创建e-mail链接的操作步骤如下：

（1）在页面中需要插入e-mail链接的位置单击，或选择准备作为邮件链接的文字，如“跟我联系”、“信息反馈”等。

（2）选择“插入”|“电子邮件链接”命令，或在“插入”面板的“常用”选项卡中单击“电子邮件链接”按钮，此时系统将打开“电子邮件链接”对话框，如图3-51所示。

（3）在“文本”文本框中输入要在文档中作为电子邮件链接出现的文本。若已选择链接文本，则不必输入。

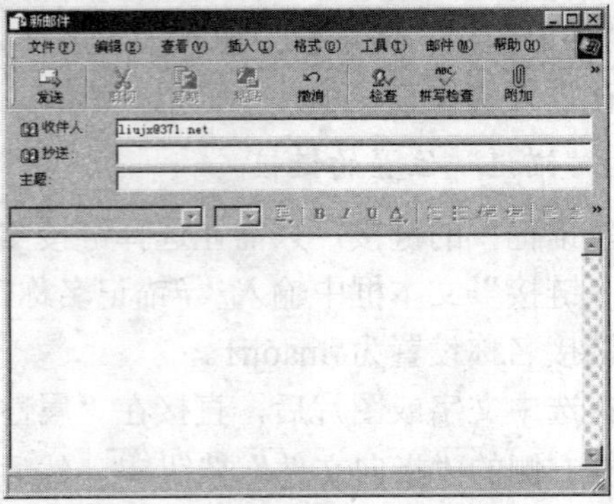

图 3-50　e-mail 链接所启动的邮件程序

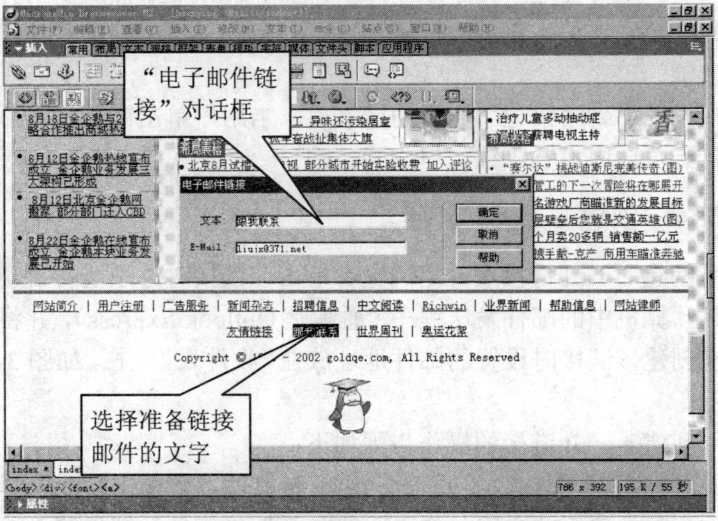

图 3-51 “电子邮件链接”对话框

（4）在 e-mail 文本框中输入自己的电子邮件地址，然后单击“确定”按钮。

（5）创建 e-mail 链接后，单击链接文本，则系统将打开当作默认的邮件收发程序。

提示 要利用“属性”面板创建 e-mail 链接，可在选定文字及图像后，在属性面板的“链接”文本框中输入“mailto: 邮件地址”即可。

3.5.5 创建虚拟链接及脚本链接

所谓虚拟（Null）链接实际上是一个未设计的链接，利用该链接可激活页面上的对象或文本。一旦对象或文本被激活，当鼠标指针经过该链接时，用户可为其附加行为以交换图片或显示层。

要创建虚拟链接，用户只需在选定文字或图片后，在属性面板的“链接”文本框中输入一个#号就可以了。

所谓脚本链接是指执行 JavaScript 代码或调用 JavaScript 函数。该方式可使浏览者在不离开当前页面的情况下了解关于某个项目的一些附加信息。此外，该方式还用于执行计算、表单验证或其他任务。

要创建脚本链接，只需在选定文字或图片后，在属性面板的“链接”文本框中输入 javascript，并后跟一些 JavaScript 代码或函数调用就可以了。例如，可键入 javascript:alert（'本功能尚未实现'）。如此一来，当浏览者单击该链接时，系统将弹出一个提示框，并显示上面所输入的文字。

3.5.6 创建跳转菜单

在跳转菜单中（如
），可包括到其他文件、e-mail、图片或其他任何可在浏览器中打开的链接。跳转菜单包含如下 3 个基本元素：

- 菜单选择提示。该项为可选项，位于跳转菜单的第一项，用于对菜单做一些类别说明或选择提示等，如“请选择要查看的内容”等。
- 链接菜单列表。该项为必选项，用户需要使用该列表跳转到其他页面。

● 一个带有“确定”性质的按钮。该项为可选项，用户在选中列表中的某一项后，可使页面并不立即发生跳转，单击此按钮后，才发生跳转。

1．插入跳转菜单

在文档中插入跳转菜单的操作步骤如下：

（1）确定插入点，选择“插入”|“表单对象”|“跳转菜单”命令，此时系统将打开如图 3-52 所示的“插入跳转菜单”对话框。

（2）在“文本”文本框中输入菜单名称，在“选择时，前往 URL”文本框中输入该菜单对应的 URL 地址。

（3）在“打开 URL 于”下拉列表框中选择在何处打开链接网页。

（4）在“菜单名称”文本框中输入菜单名称（可省略）。

（5）单击对话框上方的 [+] 按钮，将该菜单项加入到菜单列表中。

（6）重复步骤（2）～步骤（5）加入其他菜单项，参见图 3-52。

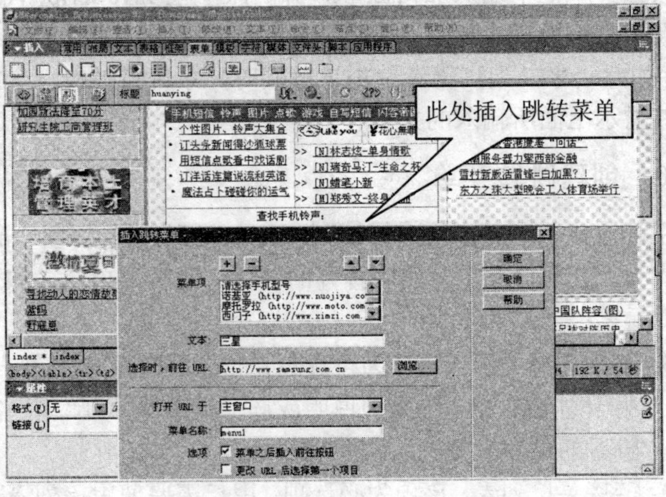

图 3-52 “插入跳转菜单”对话框

（7）如果希望在菜单后加入一带有“确定”性质的按钮，可选中“菜单之后插入前往按钮”复选框。如果希望在选择了某个菜单项后重新选择第 1 个菜单项，则选中“更改 URL 后选择第一个项目”复选框。

提示　单击▭按钮可以删除添加的菜单项，单击▲及▼按钮可以调整各菜单项的顺序。

（8）单击“确定”按钮，则跳转菜单即被加入到网页中，如图 3-53 所示。

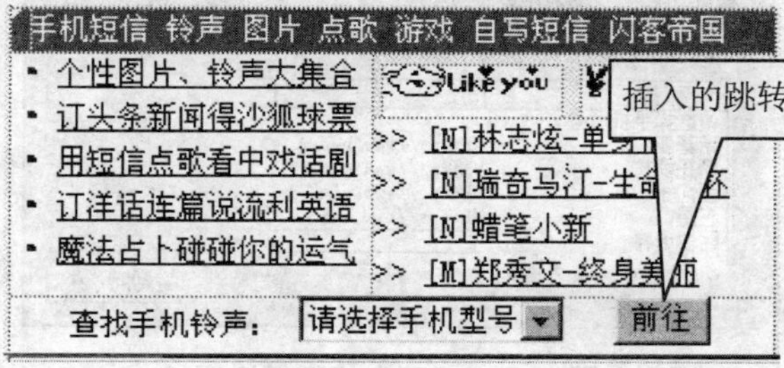

图 3-53　插入跳转菜单

（9）单击选中“前往”按钮，利用“属性”面板更改“前往”按钮的文本，如改为“找铃声”，如图 3-54 所示。

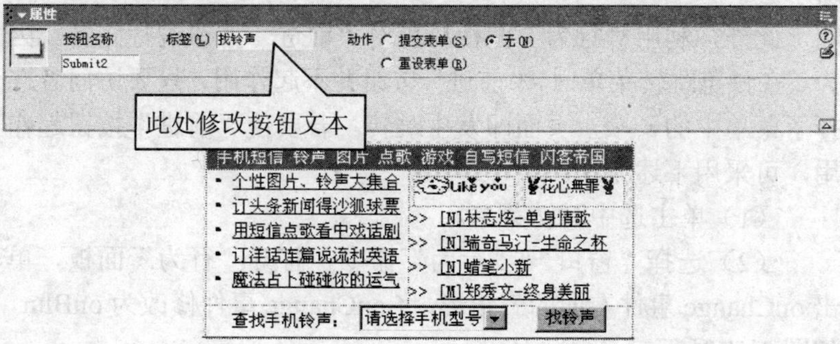

图 3-54　更改“前往”按钮的文本

2. 编辑跳转菜单

要编辑跳转菜单，可利用“属性”面板和“行为”面板。选中跳转菜单后，在“属性”面板中单击“列表值”按钮，系统将打开“列表值”对话框，利用该对话框可增加、删除菜单项，调整菜单项的顺序，如图 3-55 所示。

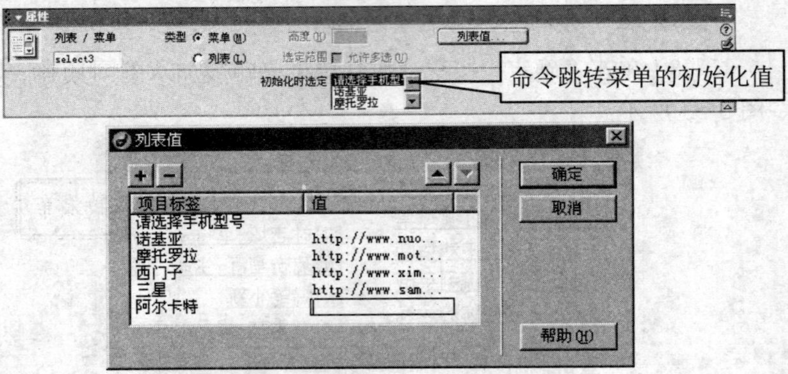

图 3-55　“列表值”对话框

在“行为”面板中双击“跳转菜单”表项，可打开“跳转菜单”对话框，利用该对话框可对跳转菜单重新进行编辑，如图 3-56 所示。

此外，利用“行为”面板还可对“前进”按钮进行完善。因为，在预览跳转菜单时，“前进”按钮并不起作用，只要访问者选择了菜单中的一项，页面即发生跳转。若要使“前进”按钮起作用，可采用下述方法。

（1）单击选中跳转菜单。

（2）选择“窗口”|“行为”命令，打开“行为”面板，单击 onChange 事件右面的三角形，将 onChange 事件修改为 onBlur，如图 3-57 所示。

（3）经过上述操作后，按 F12 键预览。此时可以发现，在选择跳转菜单中的一项后，页面并没有发生跳转，而是必须单击“前进”按钮，才能跳转到目标页面。

3.5.7 使用导航条

导航条由一个或多个图像组成，其显示根据用户的动作而改变。因此，在使用导航条命令之前，应首先创建导航条项目的图像集。这些图像分别代表了导航条项目的 4 种状态，即

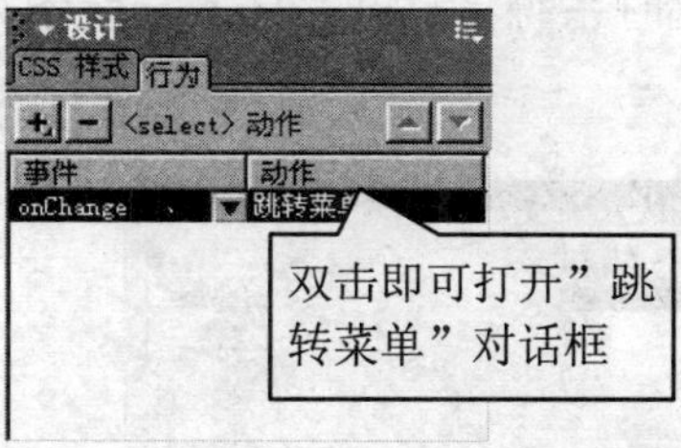

图 3-56 “行为”控制面板

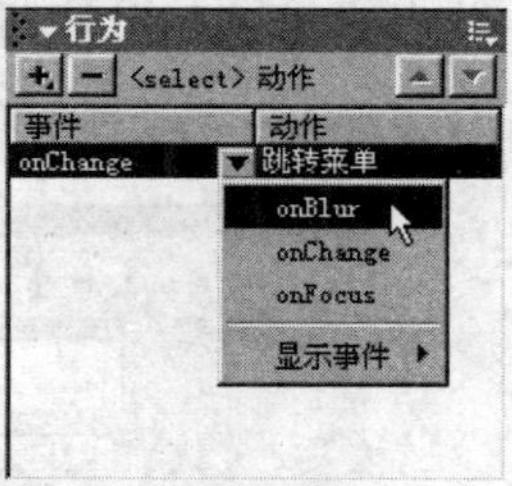

图 3-57 修改动作的触发事件

- 一般状态：指用户尚未单击或尚未与此项目交互时所显示的图像。
- 鼠标经过：指鼠标指针滑过“一般”图像时所显示的图像。此时，项目的外观发生变化（例如变得更亮），以便让用户知道可与这个项目进行交互。
- 鼠标按下：指项目被单击后所显示的图像。例如，用户单击某项目后，载入一个新的页面，而导航条仍然显示，只是被单击的项目已发生变化，表示它曾被命令过。
- 按下时鼠标经过：指在项目被单击后，鼠标指针滑过“按下”图像时所显示的图像。

图 3-58 显示了一个导航条项目的上述 4 种状态。

图 3-58 导航条项目的四种状态

1. 插入导航条

要插入导航条，可首先定位插入点，然后选择“插入”|“交互式图像”|“导航条”菜单。其具体操作步骤如下：

（1）在页面中需插入导航条的位置单击（一般位于页面广告条与主内容之间或页面左侧），定位插入点，选择“插入”|“交互式图像”|“导航条”命令，或在“插入”面板的“常用”选项卡中单击“导航条”按钮。此时系统将打开“插入导航条”对话框，如图3-59所示。

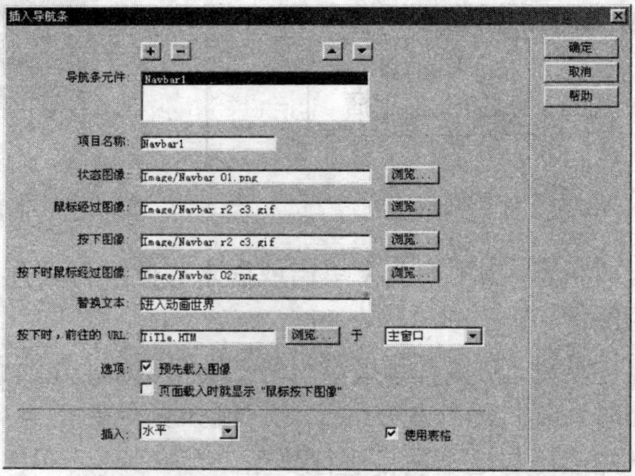

图3-59 “插入导航条”对话框

（2）在“项目名称”文本框中输入导航条项目的名称。

（3）分别单击“状态图像”、“鼠标经过图像”、“按下图像”及“按下时鼠标经过图像”文本框右侧的“浏览”按钮选择相应状态下的图像。

（4）在“替换文本”文本框中输入项目的描述性名称。替换文本在纯文本浏览器或设为手动下载图像的浏览器中，替代图像出现在应显示图像的位置。

（5）在“按下时，前往的 URL”文本框中输入地址，在其后的下拉列表框中选择在何处打开链接网页。

（6）如果希望在下载页面时，自动下载各图像，则选中“预先载入图像”复选框。如果希望在显示页面时，在导航条上显示鼠标按下图像，则选中“页面载入时就显示‘鼠标按下图像’”复选框。

（7）在“插入”下拉列表框中设置导航条的方向（水平或垂直）。如果希望将导航条插入到表中，则选中“使用表格”复选框。

（8）单击⊞按钮，将该项加入到导航条中。

提示　单击⊟按钮可以删除菜单项，单击▲及▼按钮可以调整各菜单项的顺序。

（9）重复步骤（2）～步骤（6），插入其他项目。

（10）所有设置完成后，单击“确定”按钮，即可在文档中所设定的位置插入导航条，图 3-60 显示了一个导航条效果。

提示　我们还可以在 Fireworks 中方便地创建导航条，然后将其插入到网页中。

2. 编辑导航条

导航条的编辑方法与跳转菜单的编辑方法基本相同，即同样使用“属性”面板和“行为”面板。例如，要重新打开“插入导航条”对话框，可在选定导航条中的项目后，在“行为”面板中双击其对应表项。

此外，由于导航条项目为图片，因此，其“属性”面板与前面介绍的跳转菜单有所不同。图 3-61 显示了导航条项目的“属性”面板，用户可利用该面板设置导航条项目的相应属性。

图 3-60　导航条效果

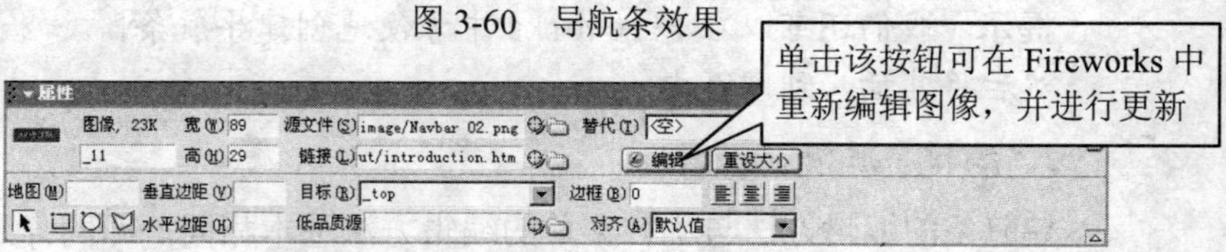

图 3-61　导航条项目“属性”面板

3.6　创建表单

利用表单，网站管理者可收集访问者的信息，如订单、搜索接口等。表单要求两个组件：描述表单的 HTML 源代码，以及用来处理用户在表单中键入的信息的服务器端应用程序或客户端脚本。

用户可使用 Dreamweaver 创建表单，向其中加入对象，以及验证用户键入信息的正确性（使用行为）。用户必须使用文本编辑器书写处理表单数据的脚本（Script）或应用程序。其中，Perl是最常用的用于表单处理的脚本语言，其他还有C、Java、JavaScript等。

Dreamweaver 中的表单包含了诸如文本字段、按钮、图片字段、复选框（或称为检查框）、单选钮、列表/菜单，文件字段及隐藏字段等标准对象。

3.6.1 创建表单

在页面中创建表单的方法是非常简单的，具体操作步骤如下所述。

（1）定位插入点，然后选择“插入”|“表单”命令或在“插入”面板的“表单”选项卡中单击“表单”按钮□。此时系统将自动在插入点插入一个表单，并以红色虚线边框显示，如图3-62所示。

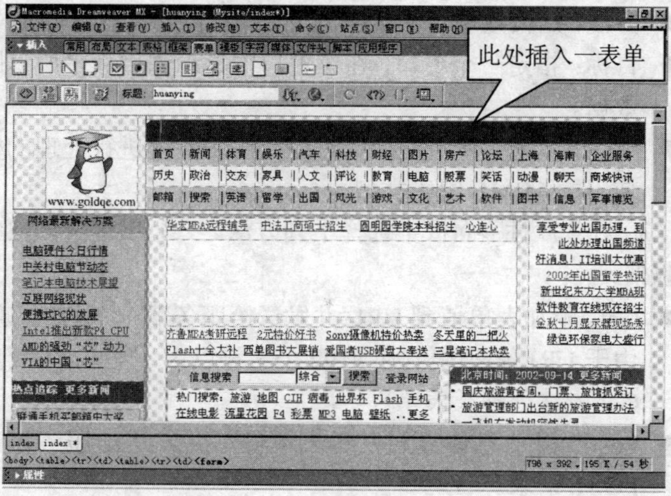

图3-62 在页面中插入表单

提示 为看到表单的红色虚线边框，用户可选择“查看”|“可视化助理”|“不可见元素”命令，同时还需在“参数选择”对话框（选择“编辑”|“参数命令”命令打开）中选中“表单范围”选项。

（2）单击表单的红色虚线边框，选中表单，利用如图 3-63 所示的“属性”面板设置以下参数。

图 3-63 表单的“属性”对话框

- 表单名称：给表单命名，主要是为了便于使用脚本语言（如 JavaScript 或 VBScript）对其进行控制。
- 动作：识别处理表单信息的服务器端程序，以 URL 标识。单击文件夹图标可定位应用程序，或键入应用程序路径。
- 方法：定义处理表单数据的方法。具体含义参看步骤（3）。
- 目标：指定一个窗口，在该窗口中显示调用程序所返回的数据。
- MIME 类型：使用户指定对提交给服务器进行处理的数据使用的 MIME 编码类型。

（3）在“属性”面板中选择下列方法之一，以定义如何处理表单数据。

- Get：附加表单值到 URL 并发送给服务器一个 GET 请求。由于 URL 必须限制在 8192 个字符以内，因此，不要利用 Get 方法处理长表单。
- Post：以消息体方式发送表单值，并发送给服务器一个 POST 请求。
- Default：使用浏览器的默认方法（通常为 GET）。

3.6.2 增加对象到表单

创建表单后，我们就可根据实际需要，将表单对象添加到表单中。下面就以添加文本域、列表/菜单及按钮为例，说明其具体操作方法。

（1）在表单中单击，定位插入点，然后选择“插入”|“表单对象”|“文本域”命令，或单击“插入”面板的“表单”选项卡中的“文本字段”按钮▭。此时，文本域即被插入到表单中，以接受用户所输入的文本，如图3-64所示。

图3-64 插入文本域

提示 如果需要的话，用户也可在“标准视图”模式下，在表单中插入表格。然后在表格中插入表单对象。

（2）选中所插入的文本域，利用“属性”面板设置其各项属性，如图3-65所示。

图3-65 文本域的“属性”面板

该面板中各项目意义如下。

- 文本域：用来设置文本域的名称。
- 字符宽度：设置域中最多可显示的字符数。此数字可以小于“最大字符数”。
- 最大字符数：指定在域中最多可输入的字符数。
- 类型：指定域为单行、多行还是密码域（在密码域中输入的内容显示为项目符号或星号，以避免被其他人看到）。

- 初始值：指定在首次载入表单时，域中显示的值。

（3）在表单中适当位置单击，定位插入点，选择“插入”|“表单对象”|“列表/菜单”命令，插入列表/菜单对象，如图 3-66 所示。

图 3-66　插入列表/菜单

（4）单击选中列表/菜单，利用属性面板设置其属性，如图 3-67 所示。

该面板中各项目意义如下。

- 列表/菜单：用于设置列表/菜单的名称。
- 类型：用于指定所创建的是列表还是菜单。
- 高度：指定列表的高度。创建菜单时，该项不可用。
- 选定范围：是否允许用户进行多项选择。
- 初始化时选定：指定列表/菜单的初始化值。
- 列表值：单击可以打开“列表值”对话框，从中添加列表/菜单中的选项。

图 3-67　列表/菜单的“属性”面板

（5）在表单中的适当位置定位插入点，选择“插入”|“表单对象”|“按钮”命令，插入按钮，如图 3-68 所示。

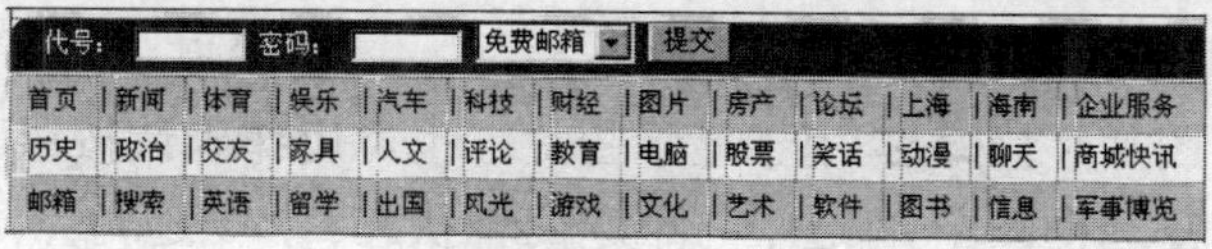

图 3-68 插入按钮

（6）单击选中按钮，利用“属性”对话框设置按钮的属性，如图 3-69 所示。

图 3-69 按钮“属性”对话框

该对话框中各项目意义如下。

- 按钮名称：设置按钮的名称，默认为“提交”。
- 标签：设置按钮的文本。
- 动作：用于指定单击按钮后所执行的动作。其中，“提交表单”单选框指在单击按钮时提交表单进行处理；“重设表单”单选框指在单击按钮时重设用户输入到表单中的数据，此时按钮文本自动变为“重设”；“无”单选框指在单击按钮时，根据处理脚本激活一种操作。

（7）执行上述操作后，即可得到如图 3-70 所示的表单效果。

图 3-70 得到的表单效果

3.6.3 表单对象的特点

除了我们上面讲到的表单对象外，Dreamweaver 中的其他表单对象具有如下特点。

- 图片字段：用于显示图片，也可用作确认按钮。
- 复选框：有选中与不选两种状态。
- 单选钮：一组互斥选择（如“男、女”等）。
- 文件字段：让用户浏览硬盘上的文件，并作为表单数据上载。
- 隐藏字段：保存与用户无关但应用程序处理表单时要使用的信息，如表单数据容器或表单主题等）。
- 跳转菜单：插入菜单，每个菜单项都链接到文档或文件。

3.6.4 表单的处理

表单必须由 FORM 标记的“动作”属性指定的程序或脚本来处理。选择一个表单后，应该在“属性”面板观察其关联动作是什么。

简单的表单可使用 JavaScript 或 VBScript 在客户端进行处理，而不用将表单数据发送到服务器。例如，用户可在页面底端加入仅包含两个单选钮（标签为 Yes 和 No），以及一个复选框的表单。表单的动作只是显示一些警告信息，且选择 Yes 或 No 时显示的信息不同。该动作可使用由文档的 HEAD 段定义的 JavaScript 函数，如下所示：

```
function processForm(){
  if (document.forms[0].elements[0].checked){
    alert('Yes');
  }else{
    alert('No');
  }
}
```

为了使用客户端 JavaScript 函数作为表单动作，可执行如下操作步骤：

（1）在表单中选择一个“提交”按钮。

（2）给按钮附加“调用 JavaScript”行为。

（3）在附加行为时出现的 JavaScript 文本框中键入 processForm（）。

（4）增加 processForm（）JavaScript 函数到文档的 HEAD 部分。

用户也可以利用客户端脚本处理多个表单任务，但是，它不能保存浏览者键入的数据，及将其发送给其他人。为了能够保存浏览者键入的数据或将其发送给其他人，必须使用诸如 CGI（Common Gateway Interface，通用网关接口）之类的服务器段应用程序。用户可使用 Perl、C、Java 或其他编程语言编写 CGI，现在很多 Web 站点都提供一些常用的自由 CGI 脚本，用户只需稍加修改即可满足自己的需要。

3.7　上机实践——网站与主页设计

在下面的例子中，我们将创建一个简单的公司站点，并为其创建了一个主页。

3.7.1　规划网站目录结构

由于本网站的页面并不多，因此，我们仅在站点根目录下（E:\websample1）创建了一个子目录 Image，以存放图片文件。

（1）在选定驱动器上新建两个文件夹（本例为 E:\websample 与 E:\webdata），其中，websample 文件夹用于保存站点文件，webdata 用于保存与站点创建相关的数据。

（2）启动 Dreamweaver，选择“站点”|“新建站点”命令，打开站点定义对话框。打开“高级”选项卡，参照图 3-71 设置站

点名称、站点文件夹、HTTP 地址等参数。

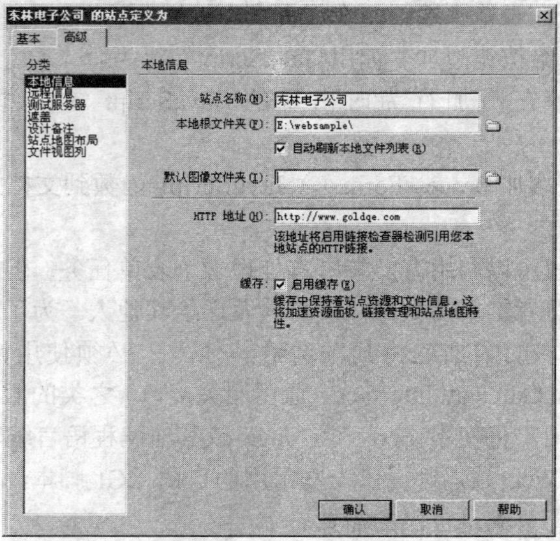

图 3-71　设置站点参数

提示　在设置各项参数时，请特别注意区分大小写，否则可能产生问题。例如，假定用户创建的站点文件夹名称为 websample，但若将其设置为 Websample，Dreamweaver 就会认为是两个不同的文件夹。

由于现在尚未制作主页，因此可暂不设置网站主页。

（3）在站点定义对话框的“分类”列表框中选择“远程信息”选项，然后参照图 3-72 设置 Web 服务器地址、用户名称及口令等信息。

提示　用户在申请创建网站时，会自动获得上述信息。

（4）单击“确定”按钮，关闭站点定义对话框。

3.7.2　规划主页布局

实际上，制作一个页面时很大的工作量被耗在页面构思上，这需要综合考虑美观、网站内容、网站性质、使用是否方便等多种因素。因此，我们先来规划一下页面的布局。

（1）在主菜单下方打开“框架”选项卡，单击其中的“顶部框架”按钮，创建顶部框架形式的网页，如图 3-73 所示。

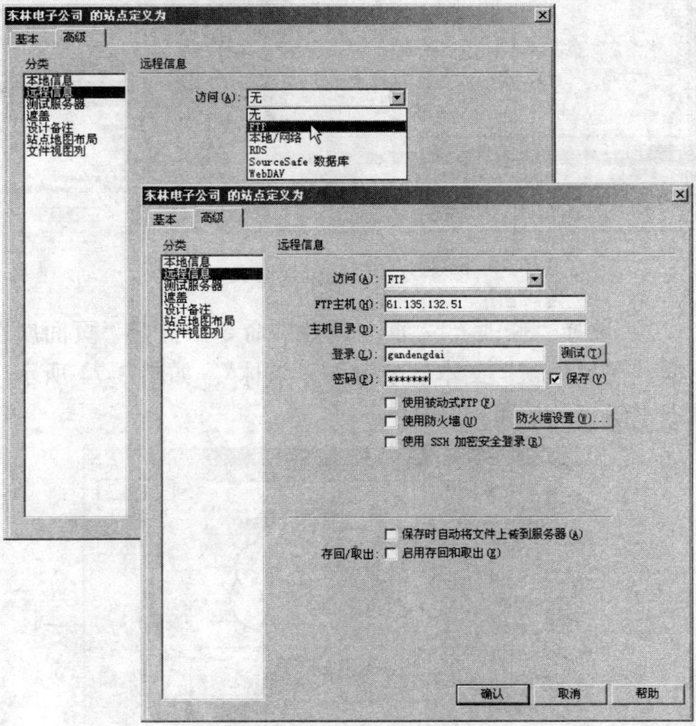

图 3-72　设置远程信息

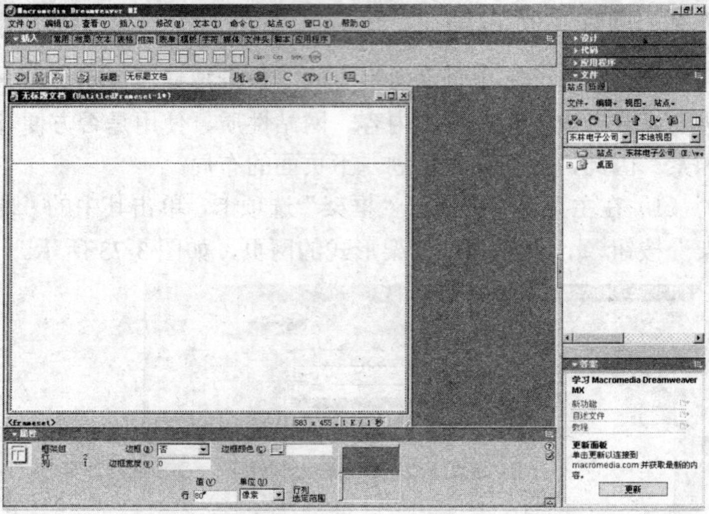

图 3-73　创建框架网页

（2）选择“修改”|“页面属性”命令，打开“页面属性”对话框。在“标题”文本框中输入“东林”，如图 3-74 所示，然后单击“确定”按钮。

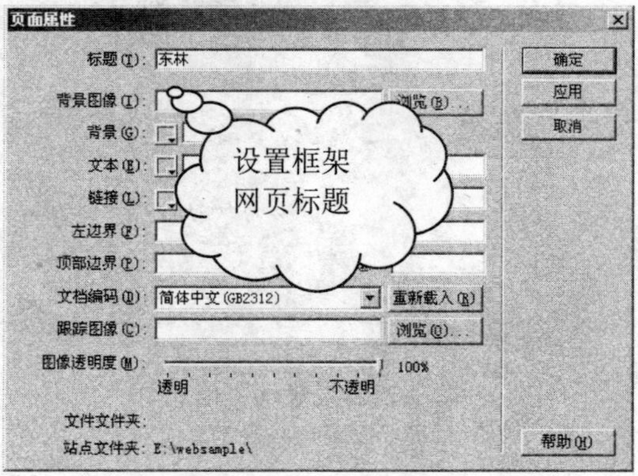

图 3-74　设置网页标题

（3）分别在各框架区单击，然后选择“文件”|“保存框架”命令，将上方框架保存为 title.htm，将下方框架保存为 first.htm。

（4）选择“文件”|“保存全部”命令，将框架集保存为 index.htm。

（5）单击选中框架边线，利用属性面板设置框架边框类型为“是”（即保留框架边线），“边框宽度”为两个像素，边线颜色为杏黄色（#FFCC99），如图 3-75 所示。

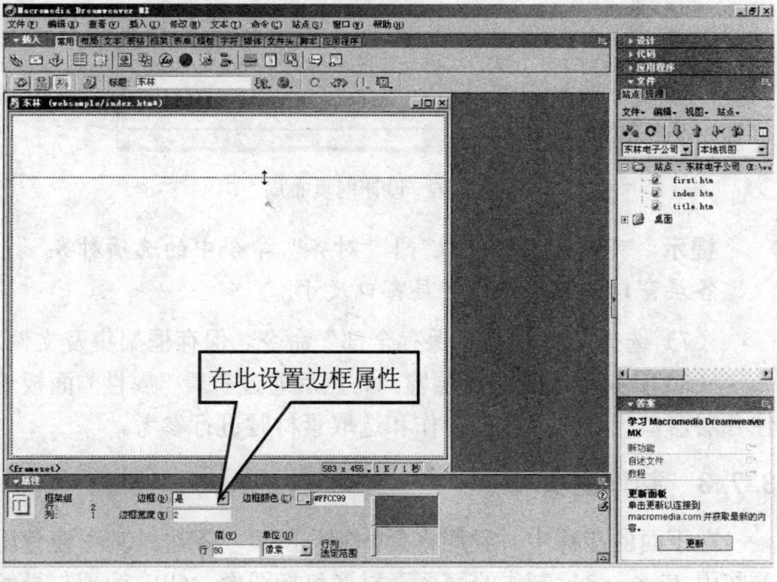

图 3-75　设置框架网页的边框属性

（6）在主菜单下打开“布局”选项卡，单击“描绘层”按钮 ，然后在各框架区单击并拖动绘制若干层窗口。适当调整各层窗口位置及尺寸后，其结果如图 3-76 所示。

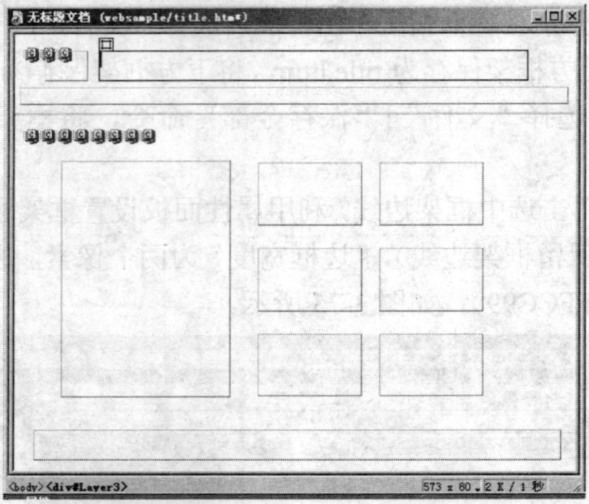

图 3-76　设计网页布局

提示　可以利用“修改”|“对齐”命令中的选项对齐各层窗口，或统一调整层窗口尺寸。

（7）选择“文件”|“保存全部”命令，保存框架集及文件。

（8）分别单击选中各层窗口，然后通过查看“属性”面板记住各层窗口尺寸，以便在制作和选取素材时进行参考。

3.7.3　制作主页

在下面的步骤中，我们将具体制作网页。不过，其中要使用一些由 Fireworks 制作的网页素材（包括图像、GIF 动画与导航条），这些网页素材的制作方法都在本书后面章节的上机实践中。因此，如果读者没有现成的素材，也可在学习完 Fireworks 后，再来继续练习本节介绍的操作。

（1）重新启动 Dreamweaver，在“站点”面板中选择 index.htm，打开该网页。

（2）单击选中上方框架中左侧的层窗口，在属性面板中单击

"背景图像"文本框右侧的"浏览文件"按钮，如图 3-77 所示。

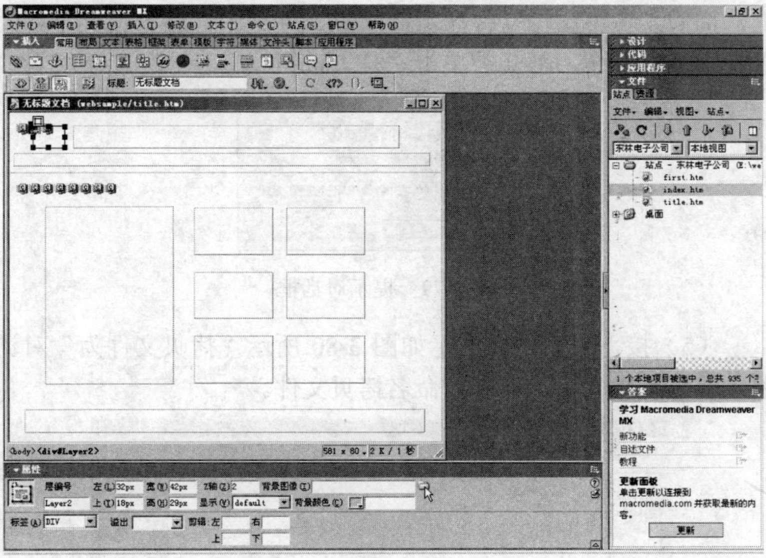

图 3-77　为选定的层窗口设置背景图像

（3）在打开的"选择图像源"对话框中选择 webdata 文件夹中的 flag.gif，如图 3-78 所示。

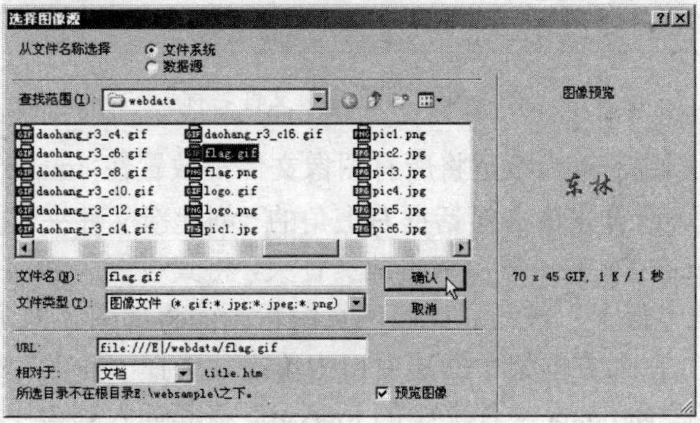

图 3-78　选择图像文件

（4）单击“确定”按钮，系统将打开如图 3-79 所示的提示框，询问是否将图像文件拷贝到站点文件夹中。通常情况下，为了便于将来发布，都必须单击“是”按钮。

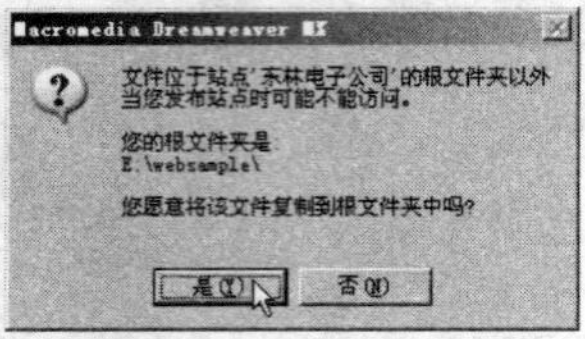

图 3-79　提示对话框

（5）接下来系统将显示如图 3-80 所示“拷贝文件为”对话框，用户可在此对话框中重命名拷贝文件。

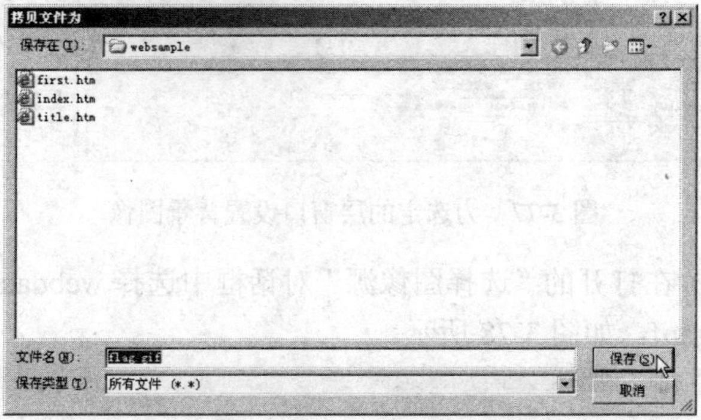

图 3-80　设置拷贝文件名称

（6）由于我们希望将所有图像文件都放置在 image 文件夹中，因此，请首先单击对话框右上角的“创建新文件夹”按钮，创建 image 文件夹，然后双击此文件夹，将其设置为当前文件夹，最后单击“保存”按钮。此时网页编辑画面将如图 3-81 所示。

（7）在上方框架中间层窗口中单击，选择“插入”|“图像”命令，选择 webdata 文件夹中的 logo.gif，将其插入到该层窗口中。适当调整窗口的尺寸，结果如图 3-82 所示。

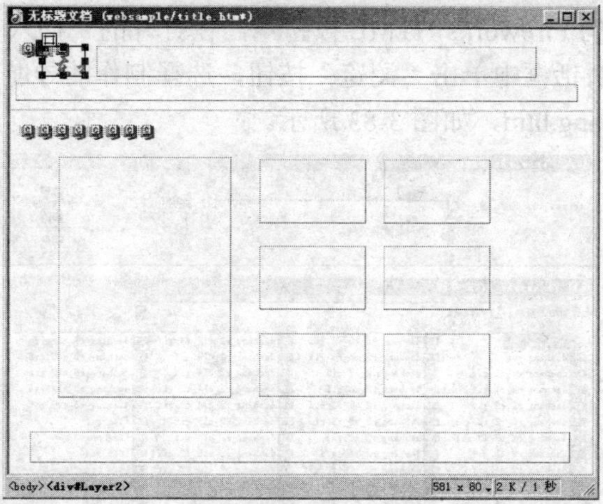

图 3-81　为层窗口设置背景图像后画面

提示　如果将图片设置为层窗口背景，用户将无法缩放图像或为该图片指定链接，并且动画 GIF 文件将被作为静态 GIF 文件（只显示第 1 帧）。

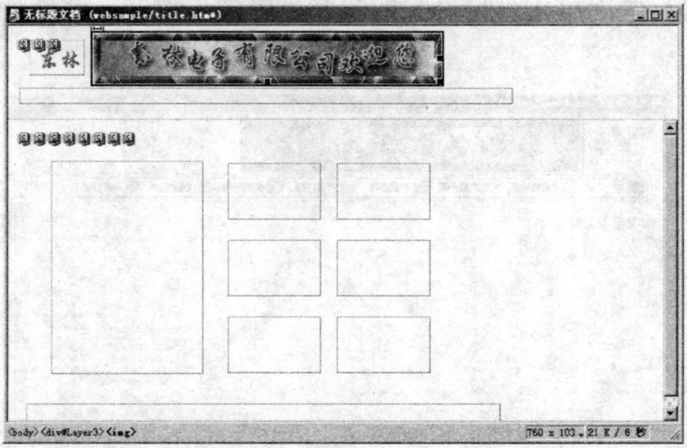

图 3-82　在层窗口中插入动画并调整层窗口尺寸

（8）将光标定位在上方框架中的下方层窗口中，单击“常用”

选项卡中的 Fireworks HTML 按钮，在打开的“插入 Fireworks HTML”对话框中单击“浏览”按钮，选择制作的导航条 HTML 文件 daohang.htm，如图 3-83 所示。

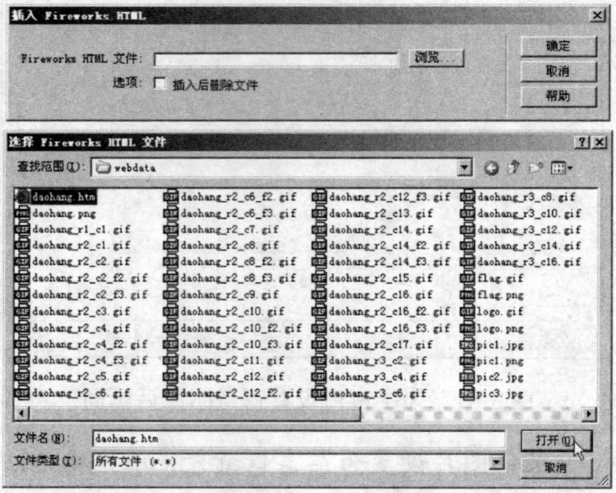

图 3-83　选择准备插入的由 Fireworks 制作的 HTML 文件

（9）依次单击“打开”按钮和“确定”按钮，结果如图 3-84 所示。

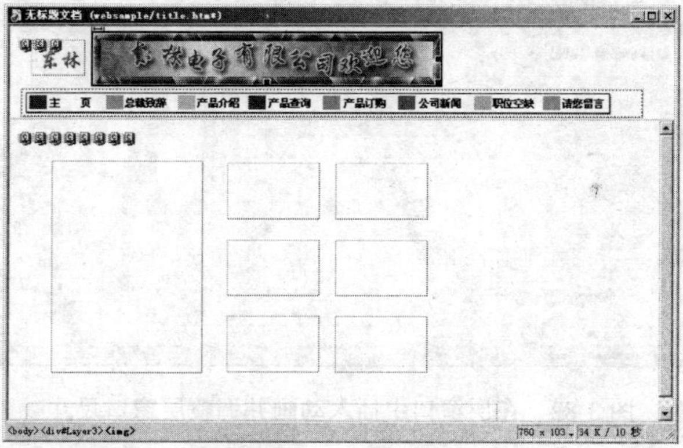

图 3-84　插入导航条后画面

（10）选择“文件”|“保存全部”命令，保存框架集及各页面。按 F12 键浏览网页，其命令效果如图 3-85 所示。

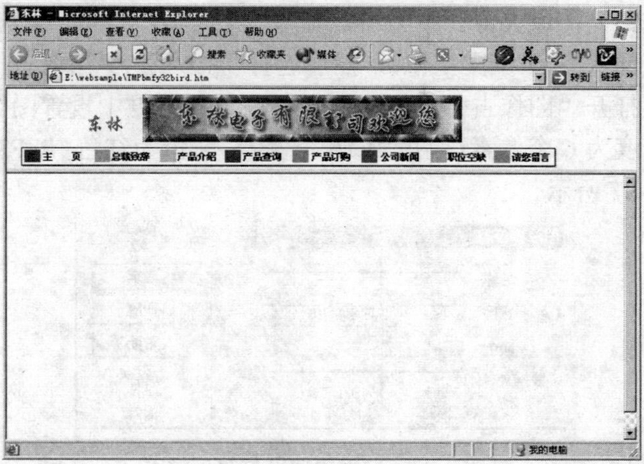

图 3-85　网页预览效果

（11）依据同样的方法，分别为下方框架的层窗口设置背景图片，或者在其中插入图片，结果如图 3-86 所示。

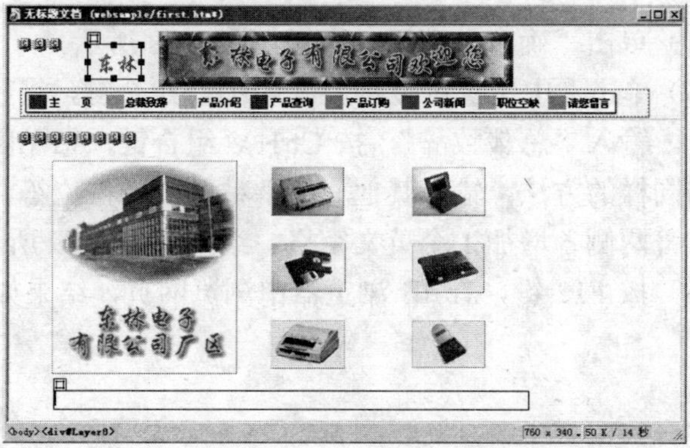

图 3-86　在下方框架的层窗口中插入图像

（12）单击选中下方框架中最下面的层窗口，利用“属性“面板将其背景颜色设置成淡黄色（#FFFFCC）。

（13）在该层窗口中单击，输入“主　页”（“主”字与“页”字之间插入 1 个中文空格），然后选择“插入”|“图像占位符”命令，打开“图像占位符”对话框。在该对话框中设置图像占位符的宽度为 6 个像素，高度为 16 个像素，颜色为红色（#FF3333），如图 3-87 所示。

图 3-87　设置图像占位符属性

提示　所谓图像占位符，主要是为了便于将来为其他图像留出空间。因此，双击图像占位符将打开“选择源图像”对话框。

（14）单击“确定”按钮，结果如图 3-88 所示。

（15）单击选中图像占位符，按 Ctrl+C 组合键，将其复制到剪贴板中。输入“总裁致辞”，按 Ctrl+V 组合键，粘贴图像占位符。依据同样的方法，输入其他文字并粘贴图像占位符，同时在图像占位符两侧各增加 1 个英文空格，结果如图 3-89 所示。

（16）按 F12 键，在 IE 浏览器中浏览网页，结果如图 3-90 所示。

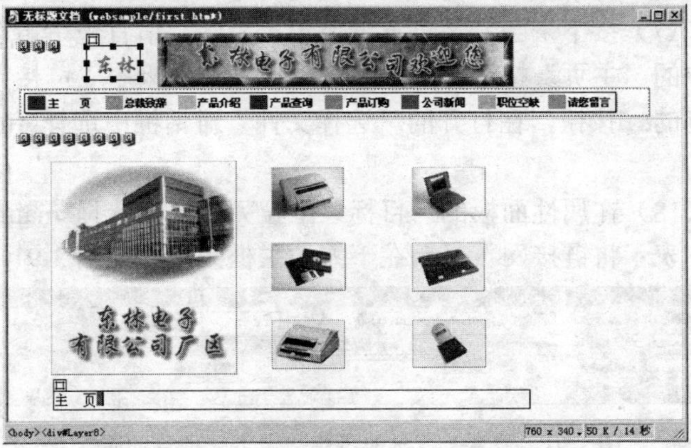

图 3-88 输入“主页”文字与占位符

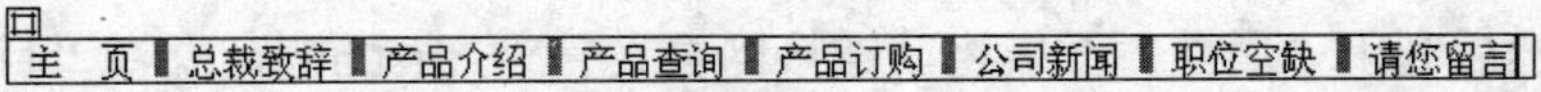

图 3-89 在 Dreamweaver 中制作的导航条

图 3-90 在 IE 浏览器中预览网页

（17）接下来当然是设置链接了。为此，请首先单击选中导航条中的“主页”按钮，然后单击“属性”面板中“链接”文本框右侧的按钮，在打开的“选择文件”对话框中选择 first.htm 网页。

（18）在属性面板的“目标”下拉列表框中选择 mainFrame 选项，表示将链接网页显示在下方的主框架中，如图 3-91 所示。

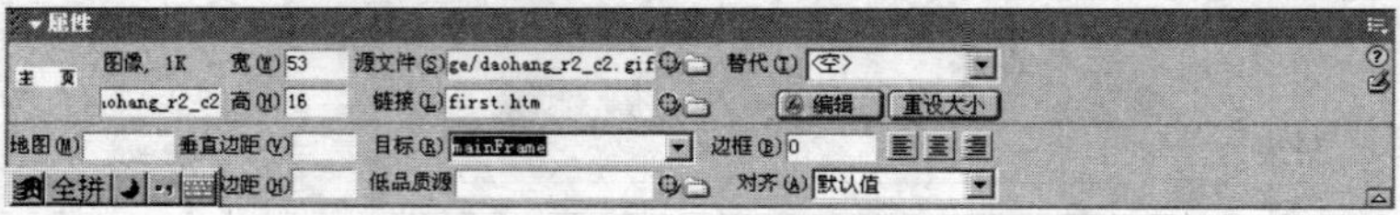

图 3-91　设置上方导航条中“主页”项目的属性

（19）单击并拖动光标选中下方框架中的“主页”两个字，然后利用“属性”面板将其链接网页设置为 first.htm，并在“目标”下拉列表框中选择_self 选项，表示将单击打开的链接网页显示在当前框架内，如图 3-92 所示。

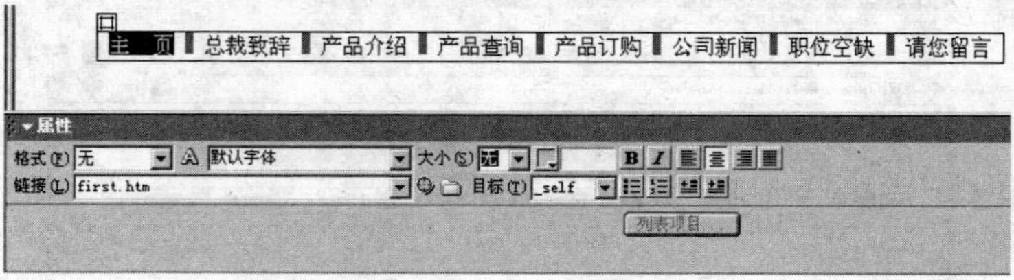

图 3-92　设置下方导航条中“主页”项目的属性

（20）为了便于设置链接，在“站点”面板中打开“文件”菜单，选择“新建文件”命令，创建 7 个新网页，并分别将其命名为 p2.htm、p3.htm、p4.htm、p5.htm、p6.htm、p7.htm、p8.htm，如图 3-93 所示。

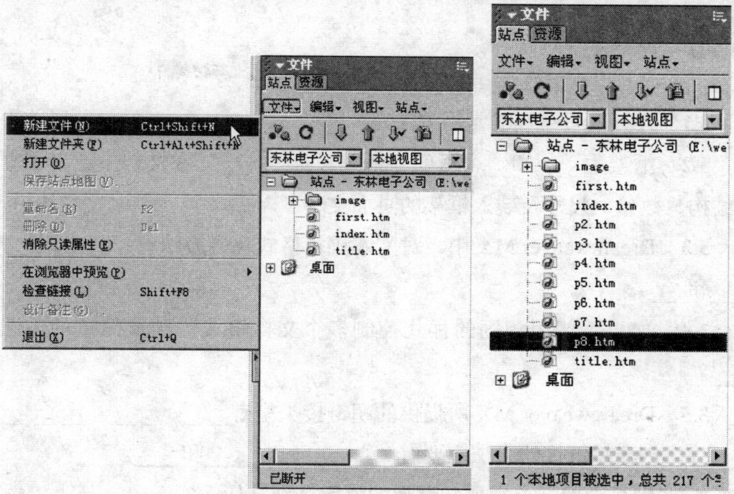

图 3-93　创建新网页

（21）参照上面的方法，分别设置导航条各按钮及下方文字的链接网页及显示网页的目标（窗口或框架）。

（22）分别单击选中各产品图片，然后利用属性面板将其链接网页分别设置为 pic21.jpg、pic31.jpg……（大尺寸产品图片），并在“目标”下拉列表框中选择_blank 选项，表示将单击打开的链接网页显示在新打开的窗口中。

（23）选择“文件”|“保存全部”命令，保存网页。按 F12 键，测试网页效果。

本章小结

通过本章的学习，读者应能够掌握使用布局视图、层、表格及框架设计网页布局的方法，在网页中插入文本与设置文本格式的方法，以及在网页中插入水平线、日期及图片，创建链接、跳转菜单及导航条的方法等。

练习与指导

3.1 设计网页布局的常用方法有：____、____、____、____。

3.2 框架由____和____两部分组成。其中，____在文档中定义了框架的结构、数量、尺寸及装入框架的页面文件。

3.3 Dreamweaver MX 中，对文本进行格式化的方法有：____、____、____和____。

3.4 如果希望用相同的样式控制多个文档格式，则最简单的方法是____。

3.5 Dreamweaver MX 所提供的超链接类型有____、____、____、____和____。创建超链接的方法主要有____、____、____和____。

3.6 网页中的层、表格和框架的作用分别是什么？

3.7 如何在网页中创建跳转菜单和导航条？

3.8 根据本章所讲述的内容创建如图 3-94 所示的网页。

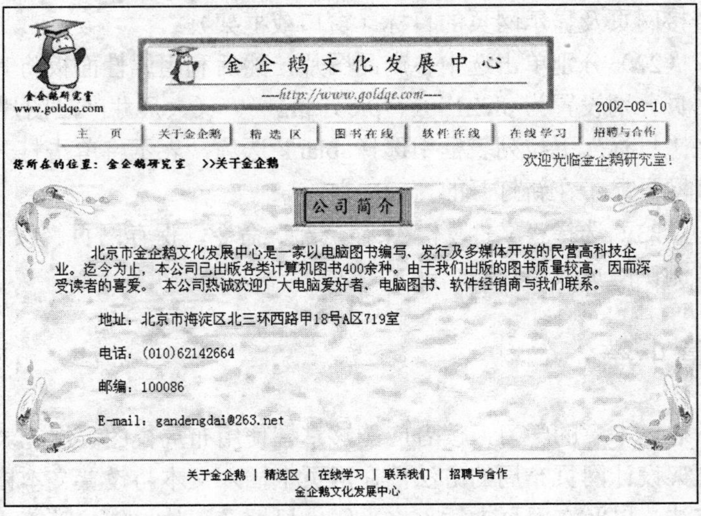

图 3-94 网页示例

提示

（1）选择“文件”|“新建”命令新建一个文档。

（2）选择“修改”|“页面属性”命令，设置页面属性。

（3）打开“插入”面板的“布局”选项卡，切换到布局视图，利用布局表格和布局单元格工具绘制页面布局，然后切换到标准视图，利用层工具绘制层窗口，结果如图 3-95 所示。

图 3-95　页面布局视图

（4）在网页中的适当位置插入水平线。

（5）利用“插入”|“图像”命令，依次将制作好的图像插入到相应的布局单元格中。

（6）在布局单元格和层窗口中输入文字。

（7）选择“插入”|“交互式图像”|“导航条”命令，在适当位置插入所制作的导航条。

（8）选择“插入”|“日期”命令在适当位置插入当前日期。

上述操作完成后，即可得到整个页面效果。

（9）选择需要创建超链接的文本（如“在线学习”），利用“属性”面板创建该文本的超链接。

（10）选择需要创建电子邮件链接的文本（如“联系我们”），选择“插入”|“电子邮件链接”命令，创建电子邮件链接。

第 4 章　设计动态网页

本 章 要 点

- ❖ 在网页中使用翻滚图片
- ❖ 使用时间轴制作动态网页
- ❖ 使用行为制作交互式网页
- ❖ 创建滚动字幕
- ❖ 使用外部媒体元素

4.1　在网页中使用翻滚图片

前面我们曾介绍过在网页中插入图片的方法，利用这种方法所插入的为静态图片。如果我们想要制作使图片产生变化的动态网页，则可以利用插入翻滚图片的方法。

4.1.1　插入翻滚图片对象

翻滚图片对象的特点是，当浏览者将鼠标经过该图片时，图片内容将会自动更新。实际上，这类图片对象由两幅图片组成，一幅为“主图片”，该图片在首次下载时显示；一幅为“滚动图片”，该图片在鼠标指针经过图片所在区域时显示。

因此，在网页中插入翻滚图片对象时，用户必须事先准备好两幅尺寸相同的图片。如果两幅图片的尺寸不同，Dreamweaver将自动调整滚动图片的尺寸，使其与主图片相匹配。

要插入翻滚图片对象，可在定位插入点后，选择“插入”|

“交互式图像”|“鼠标经过图像”命令或在“插入”面板的“常用”选项卡中单击“鼠标经过图像”按钮，此时系统将自动打开“插入鼠标经过图像”对话框，如图 4-1 所示。用户可利用该对话框设置主图片及翻滚图片，以及单击翻滚图片对象时所打开的链接网页。

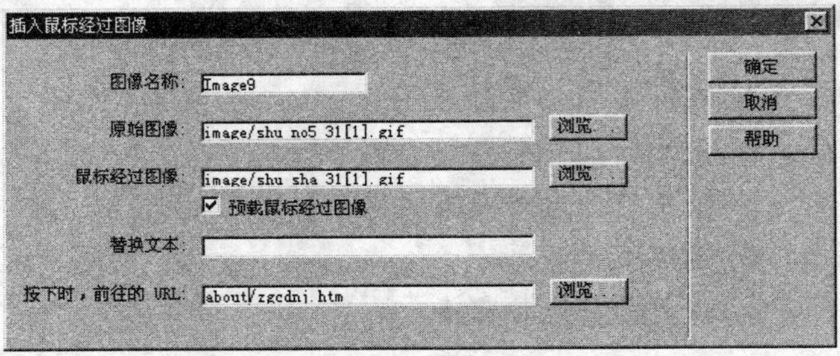

图 4-1　“插入鼠标经过图像”对话框

图 4-2 为在页面中插入翻滚图片对象的效果。

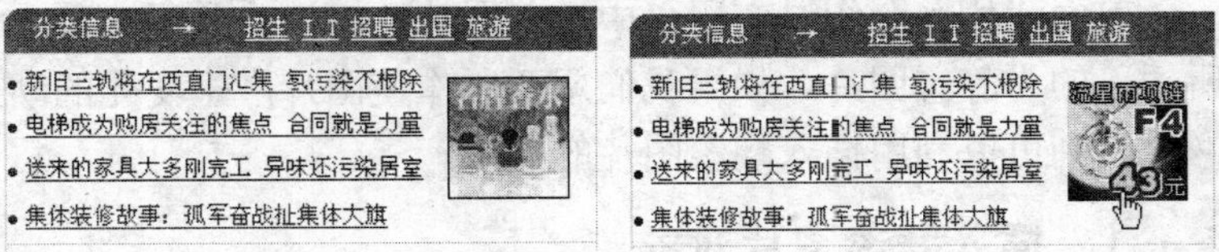

图 4-2　插入翻滚图片对象的效果

提示　翻滚图片对象的属性与普通图片对象的属性完全相同，有关其“属性”面板各设置项的意义，请参考前面的介绍。

如果希望图像预先载入浏览器的缓存中，以便用户将鼠标指针滑过图像时不发生延迟，请选中“预载鼠标经过图像”复选框。

4.1.2 使用图片影像

利用图片影像可将图片划分为若干区域,这些区域被称为"热点"。当浏览者单击某个热点时，系统将显示相关网页。选中某个图片对象后，用户可利用“属性”面板来创建与编辑客户端图片影像。

所谓客户端图片影像是指将链接信息存储在 HTML 文档中，而不是像服务器端图片影像那样，存在一个单独的影像文件。当用户单击图片中的热点时，相关 URL 地址被自动发送给服务器，使客户端图片影像要比服务器端图片影像快得多。

在已经制作好的文档中，Dreamweaver 不能改变到服务器端图片影像的引用，用户可在文档中同时使用这两种图片影像。不过，为了在文档中包含到服务器端图片影像，用户必须写一段 HTML 代码。

创建客户端图片影像的操作步骤如下：

（1）单击选择图片，并展开图片对应的“属性”面板，如图 4-3 所示。

图 4-3　选中图片并打开“属性”面板

（2）在图片影像的“地图”文本框中输入名称，参见图 4-3 所示。

提示 如果用户在文档中使用了多个图片影像，请注意分别为它们取一个惟一的名称。

（3）选择属性面板中的矩形、圆形或多边形工具，在图片区单击并拖动创建热点，如图 4-4 所示。

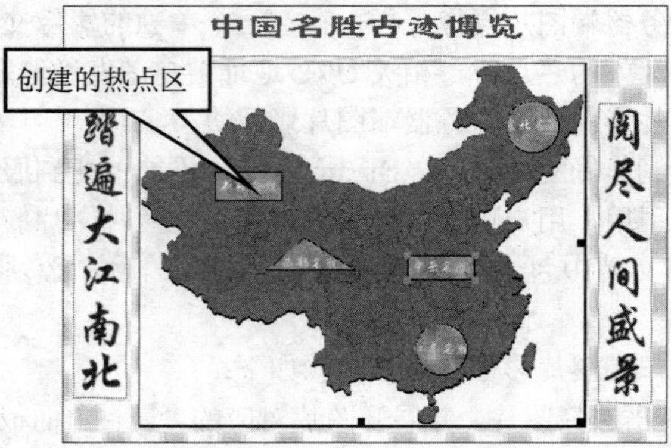

图 4-4　创建热点

（4）将光标移至热点区的控制点处，调整热点区尺寸。

提示 将光标移至热点区中，单击并拖动可调整热点区的位置。

（5）在热点的“属性”面板中的“链接”文本框中输入热点链接，在“目标”下拉列表框中选择链接网页的显示位置，如图 4-5 所示。

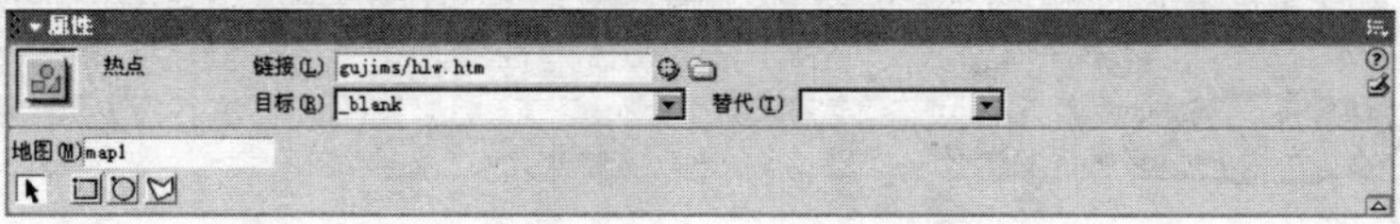

图 4-5　热点“属性”面板

（6）重复步骤（3）~步骤（5），设置其他热点及相关属性。

（7）经过上述操作后，单击热点区域，就会转向相应的链接页面。

提示 要同时选择多个热点，可以按住Shift键单击各热点。用户可通过选择“修改”|“排列顺序”|和“对齐”命令来调整热点的前后层次及对齐热点，使其具有相同的高度及宽度。如果两个热点重合的话，则以第1个热点为准。

4.1.3 用于图像的行为

用户可为图像或热点赋予任何行为。在为热点赋予行为时，Dreamweaver将在Area标记区中插入HTML代码。

此外，有3种专门用于图片的行为，它们分别是“预先载入图像”、“交换图像”及“恢复交换图像”行为，其意义分别如下。

- 预先载入图像：载入浏览器缓存的图片并不立即显示，从而防止了因下载引起的延迟。
- 交换图像：改变IMG标记的SRC属性交换图片。使用该动作可制作滚动按钮及图片特效。
- 恢复交换图像：恢复最近的交换图片为源文件。

4.2 使用时间轴制作动态网页

动态HTML（即DHTML）是指HTML与特定的脚本语言的组合，用户可以使用该脚本语言更改HTML元素的样式或定位属性。在Dreamweaver中，时间轴使用动态HTML来更改层和图像在一段时间内的属性。使用时间轴可创建不需要任何ActiveX控件、插件或Java Applet（但需要JavaScript）的动画。

利用时间轴，用户可以更改层的位置、大小、可见性和层叠顺序。若要在页面加载后执行其他操作，时间轴也非常有用。例如，利用时间轴可以更改图像标签的源文件，使一段时间内有不同的图像出现在页面上。

若要查看由时间轴生成的 JavaScript 代码，可打开文档窗口的代码视图。时间轴代码位于 MM_initTimelines 函数中（在文档的 head 部分的 script 标签中）。在编辑包含时间轴的 HTML 文档时，请特别注意不要移动、重命名或删除与时间轴相关的任何内容。

4.2.1　认识时间轴面板

"时间轴"面板描绘了层和图像随时间变化的属性。选择"窗口"|"其他"|"时间轴"命令，即可打开"时间轴"面板，如图 4-6 所示。"时间轴"面板中各元素意义如下。

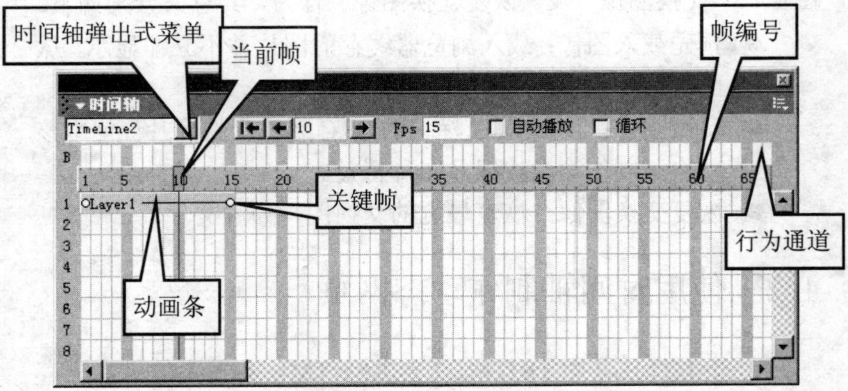

图 4-6　时间轴设置面板

● 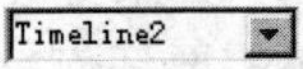：当用户创建多个时间轴时，利用该下拉列表框可选择当前时间轴。

● ：利用这 4 个按钮可切换到第 1 帧、回到当

前帧的上一帧、转至指定帧、转到当前帧的下一帧等。其中，单击按钮并按住鼠标左键不放，可预览动画效果。

- Fps 15：设置播放时的速度，默认值为 15 帧/秒。该数值越小，播放速度越慢。
- “自动播放”复选框：选中该复选框，表示装入页面后使时间轴自动开始播放。
- “循环”复选框：打开页面后，循环播放动画。选中该复选框后，系统自动在动画的最后一帧后，在 B（Behavior，行为）通道中插入跳转行为。例如，本例中的动画共有 15 帧，则在第 16 帧插入行为。双击行为标志，可打开“行为”面板。在行为列表中双击行为，可打开行为设置对话框，利用该对话框可设置行为参数，如图 4-7 所示。

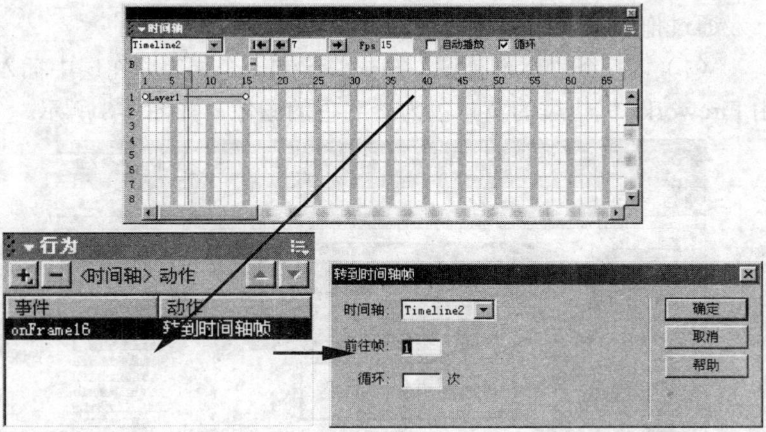

图 4-7　设置循环行为

- 动画条：显示每个动画的持续时间。一个行可以包含表示不同对象的多个动画条。不同的动画条无法控制同一帧中的同一对象。
- 关键帧：是动画条中已经为对象指定属性（如位置）的帧。

Dreamweaver 会计算关键帧之间帧的中间值。小圆圈标记表示关键帧。

● 当前帧：显示当前在文档窗口中显示时间轴的哪一帧。

提示 动画实际上是由多个画面组成的，每个画面即被称为帧。

为了简化动画制作过程，用户不必具体设置每帧的状态，只要设置几个关键帧就可以了。相应地，关键帧之间的帧被称为中间帧，它们由系统自动产生。

4.2.2 通过拖动路径创建动画

如果用户希望根据复杂路径创建动画，一个比较好的方法就是，在拖动层时记录路径，而不是创建单个的关键帧。

通过拖动路径来创建时间轴的操作步骤如下。

（1）切换到“标准视图”模式，绘制一个层，并在层中插入由 Fireworks 优化过的背景色为透明色的图像，如图 4-8 所示。

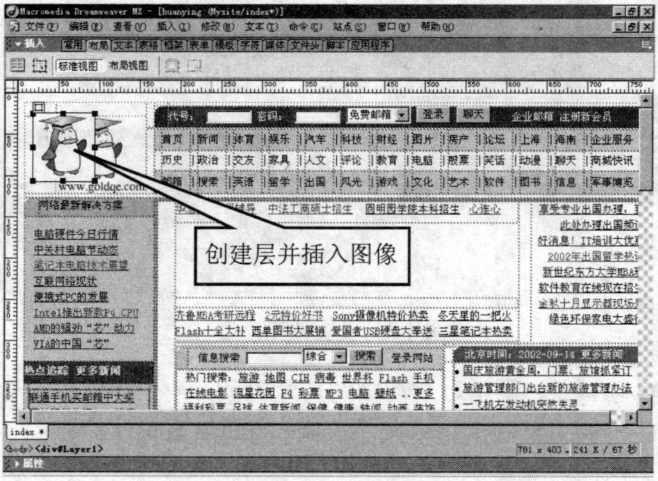

图 4-8 创建层并插入图像

（2）移动层到开始位置。

（3）选择“修改”|“时间轴”|“录制层路径”命令。此时，“时间轴”面板将自动打开。

（4）拖动层创建路径，如图 4-9 所示。

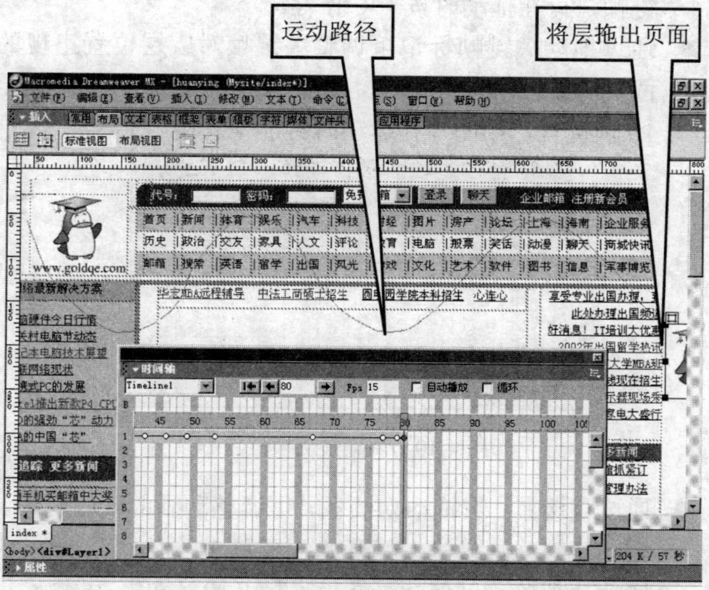

图 4-9　通过拖动路径来制作动画

（5）在结束位置释放鼠标。若要创建图像离开页面的运动效果，可将层拖出页面。

（6）选中“时间轴”面板中的“自动播放”和“循环”复选框，然后按 F12 键预览动画效果，可以看出图像按所设置的路径循环运动。

4.2.3　修改时间轴、图片及层的属性

在定义了时间轴的基本参数之后，利用“时间轴”面板可以

增加帧、删除帧，增加关键帧，增加、删除、改变对象，改变动画的开始时间等。具体包括：

- 通过拖动结束帧标记，可拉长动画。此时所有关键帧之间的相对位置不变，动画均匀调整。如果不希望调整其他关键帧，可在拖动时按下 Ctrl 键。
- 通过拖动关键帧标记可调整关键帧对应层位置出现的时间。例如，在图 4-10 中，我们将原本第 15 关键帧拖至第 10 帧位置，则图片在运动时将前快后慢。

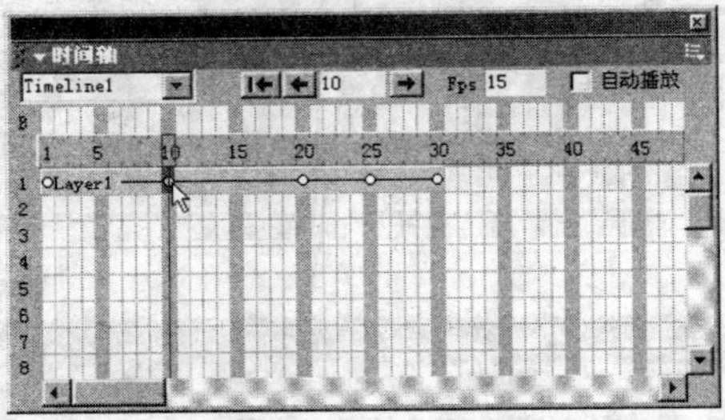

图 4-10 调整关键帧位置

- 通过直接左、右拖动动画条，可调整动画的开始时间。例如，原来动画自第 1 帧开始，至第 30 帧结束，通过向右拖动动画条，可使动画在第 6 帧开始，在第 35 帧结束，如图 4-11 所示。

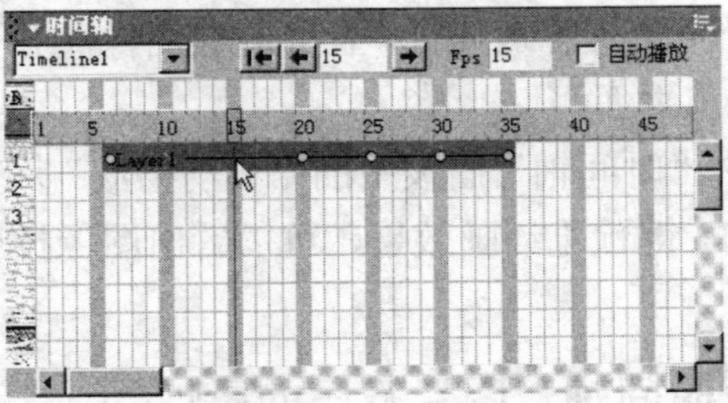

图 4-11 通过左右拖动动画条可调整动画开始时间

- 要移动整个动画路径，可以单击动画条上任意非关键帧位置选中整个动画条，然后单击层控制柄拖动该对象。Dreamweaver 将调整所有关键帧的位置。
- 要在时间轴中增加对象（实际上是增加动画条），可在选中某个层后直接将其拖至“时间轴”面板。此外，也可在单击选中对象之后，单击“时间轴”面板右上角的按钮，然后从弹出的快捷菜单中选择“添加对象”命令，如图 4-12 所示。

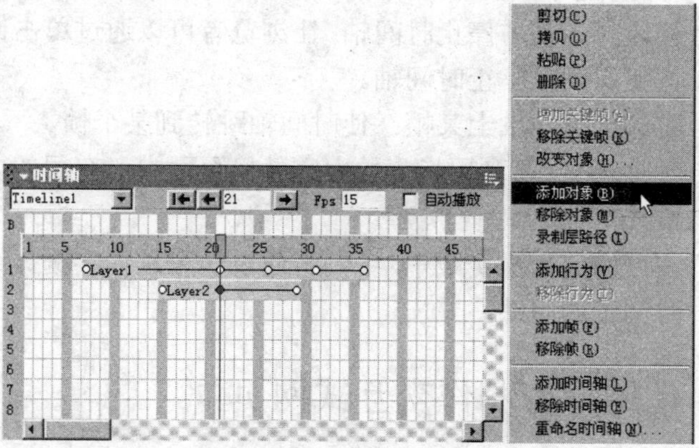

图 4-12 在时间轴中增加对象

- 利用如图 4-12 所示菜单，用户还可从时间轴中删除对象（实际上是删除该对象所对应的动画条），添加或删除帧，改变时间轴所作用的对象（利用“改变对象”命令），增加或删除关键帧等。
- 利用如图 4-12 所示菜单及“修改”|“时间轴”命令中的适当命令，用户还可增加、删除或重命名时间轴。

用户除了可利用时间轴移动层之外，还可在不同帧改变图片的源文件及图层的可见性、尺寸与顺序，从而增强动画效果。

4.2.4 控制时间轴的行为

通过给链接、按钮或其他对象增加行为，对时间轴进行控制，可以制作很多有趣的效果。用户可将行为放置在“时间轴”面板的 B 通道中，这些行为包括。

- 拖动层：让浏览者可以拖动层。
- 显示-隐藏层：显示、隐藏或恢复一个或多个层的可见性。当用户与页面交互时，该操作用于显示某些信息。例如，将光标移至某个位置时可显示某些说明信息。
- 播放时间轴与停止时间轴：让浏览者可以通过单击链接或按钮启动或停止时间轴。
- 跳转到时间轴上某帧：使时间轴跳转到某个帧。
- 设置层文本：利用指定的内容替换页面中已有层的内容及格式。
- 在后面的上机实践中，我们将通过一个具体实例详细介绍时间轴的用法。

4.3 使用行为制作交互式网页

行为是 Dreamweaver 中重要的一个部分，通过行为可以在网页上制作出一些简单的交互效果。行为由两个部分组成，即事件和动作，通过事件的响应执行对应的动作。

4.3.1 运用行为

为便于读者理解行为的特点和用法，下面以一个将鼠标移动到图片上时显示相应说明文字的例子来看一下行为的具体运用。

（1）在页面上插入一个层，设置其背景色为红色，然后在其中输入相应文字，并将其移至图像处，如图 4-13 所示。

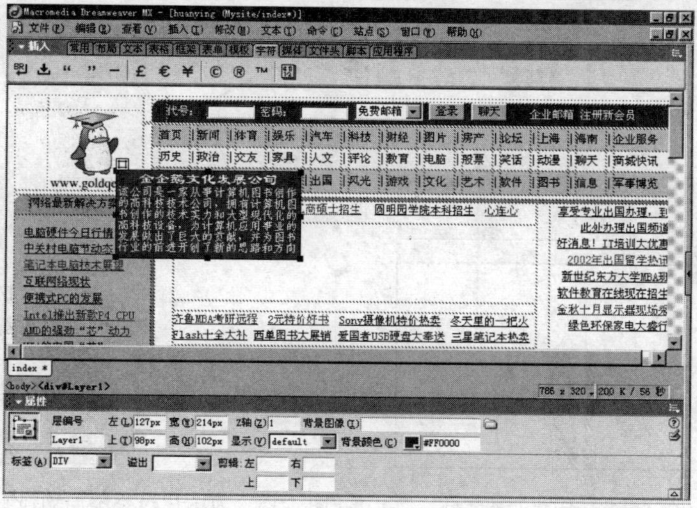

图 4-13　创建层并输入文字

（2）选择“窗口”|“其他”|“层”命令，打开“层”控制面板，在文字层前面的眼睛列单击，使其显示闭合的眼睛图标，将层的属性设置为不可见，如图 4-14 所示。

（3）单击选中图片，选择“窗口”|“行为”命令，打开“行为”控制面板。单击面板上的[+]按钮，从弹出的菜单中选择“显示-隐藏层”命令，为图片对象添加一个动作，如图 4-15 所示。

（4）在系统弹出的“显示-隐藏层”对话框中单击“显示”按钮，显示 Layer1 层窗口，如图 4-16 所示。

（5）单击“确定”按钮，则“显示-隐藏层”行为即被添加到行为列表中，如图 4-17 所示。同时，由图 4-17 可以看出，现在的事件为 onMouseOver，其意义为鼠标经过，即表示当鼠标经过图片时显示被隐藏的层。

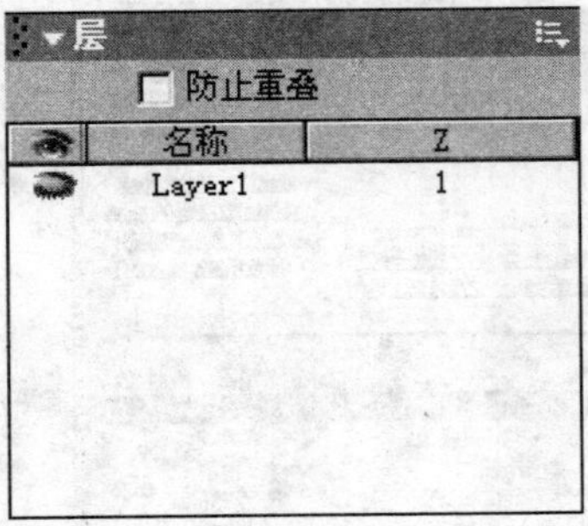

图 4-14　关闭文字层

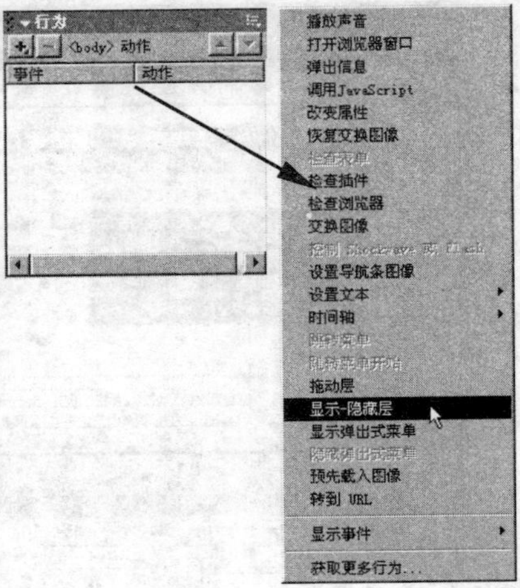

图 4-15　为图片对象添加动作

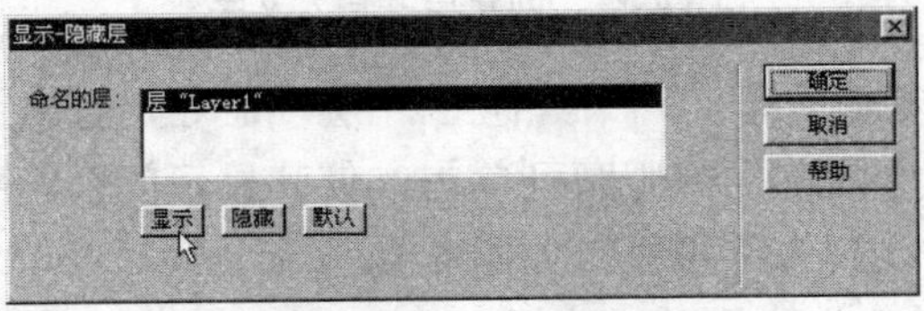

图 4-16　设置“显示-隐藏层”行为参数

（6）由于我们希望在鼠标离开图片时应关闭显示的层，因此，还必须为图片增加该行为。为此，可再次单击“行为”面板上的 按钮，从弹出的菜单中选择“显示-隐藏层”命令，为图片对象添加一个动作。

（7）在打开的“显示-隐藏层”对话框中单击“隐藏”按钮，表示隐藏层。

（8）在“行为”面板的“事件”列设置该行为的事件为 onMouseOut。表示当鼠标指针移动到图片外时执行动作，行为为隐藏该层，如图 4-18 所示。

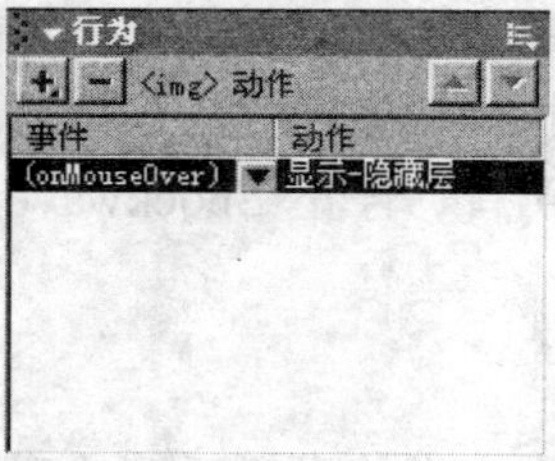

图 4-17　添加“显示-隐藏层”行为

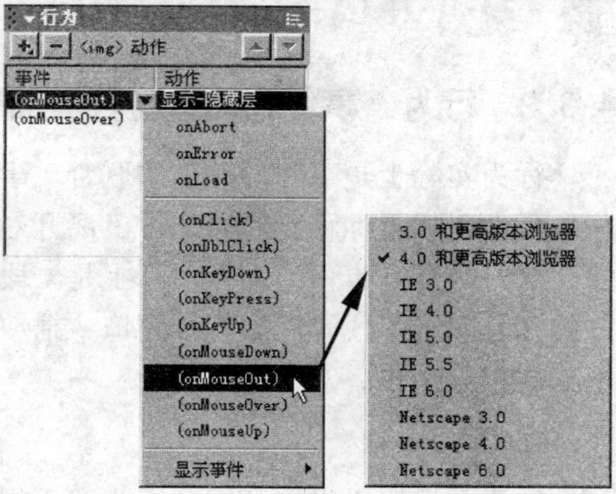

图 4-18　为行为选择事件

提示　图 4-18 中出现的事件列表与在“显示事件”菜单中选定的浏览器版本有关。如选定的是“3.0 和更高版本浏览器选项”，则事件列表中只有（onMouseOver）一项。

（9）经过上述操作后，按 F12 键预览网页，则鼠标移动到图片上时出现文字说明，移到图片外文字说明消失，如图 4-19 所示。

图 4-19　行为的运用效果

通过上面的例子可以了解到行为的真正含义，就是当事件满足时执行动作。Dreamweaver 提供了大量的事件和动作供用户选择。

4.3.2 行为、事件、动作与行为面板

行为实际上是事件与动作的联合，事件用于指明执行某项动作的条件，如鼠标移到对象上方、离开对象、单击对象、双击对象、定时等都是事件；动作实际上是一段执行特定任务的预先写好的 JavaScript 代码，如打开窗口、播放声音、停止 Shockwave 电影等都是动作。

1. 行为面板

行为面板用于设置和编辑行为。正如大家在前面所看到的那样，利用行为面板可为选定对象增加行为（单击[+]按钮）、删除行为（单击[-]按钮），调整行为的顺序（单击[▲]、[▼]按钮），选定所使用的浏览器版本（利用“事件”下拉列表框）。

在为选定对象增加了行为后，可利用行为的事件列选择触发该行为的事件。

2. 主要的事件

事件由浏览器定义、产生与执行，例如，onMouseOut、onMouseOver、onClick 在大多数浏览器中都用于与某个链接关联，而 onLoad 则用于与图片及文档的 body 关联。下面列出了一些主要事件，其中，NS 代表 Netscape 浏览器，IE 代表 Internet Explorer 浏览器，后面的数值为版本号。

- onAbort（NS3、NS4、IE4）：在完全装载一幅图片时，如果停止浏览器（单击浏览器的“停止”按钮）触发该事件。
- onAfterUpdate（IE4）：当页面中捆绑的数据元素完成了数据源更新后触发该事件。
- onBeforeUpdate（IE4）：当页面中捆绑数据元素被修改并且将失去焦点时触发该事件。

- onBlur（NS3、NS4、IE3、IE4）：与 onFocus 相反。当特定元素停止作为用户交互的焦点时触发该事件。例如，当用户在单击文本框后，在该文本框区域以外单击，则系统将产生该事件。
- onBounce（IE4）：当文本框（Marquee）元素的内容到达其边界时将触发该事件。
- onChange（NS3、NS4、IE3、IE4）：改变页面中数值时将触发该事件。例如，当用户在菜单中选择了一个项目，或者修改了文本区中的数值，然后在页面任意位置单击均可触发该事件。
- onClick（NS3、NS3、IE3、IE4）：单击选定元素（如超链接、图片、图片影像、按钮）将触发该事件。
- onDblClick（NS4、IE4）：双击选定元素将触发该事件。
- onError（NS3、NS4、IE4）：在页面或图片发生装载错误时，将触发该事件。
- onFinish（IE4）：当选取框内容已经完成了一个循环后将触发该事件。
- onFocus（NS3、NS4、IE3、IE4）：当指定元素成为焦点时将触发该事件。例如，单击表单中的文本框将触发该事件。
- onHelp（IE4）：当用户单击浏览器的帮助按钮或从菜单中选择帮助时将触发该事件。
- onKeyDown（NS4、IE4）：当用户按下任何键时即触发该事件。
- onKeyPress（NS4、IE4）：当用户按下并释放任意键时触发该事件。它相当于 onKeyDown 与 onKeyUp 事件的联合。
- onKeyUp（NS4、IE4）：按下键后释放该键时触发该事件。
- onLoad（NS3、NS4、IE3、IE4）：当图片或页面完成装载后触发该事件。

- onMouseDown（NS4、IE4）：当用户按下鼠标键（不必释放鼠标键）时触发该事件。
- onMouseMove（IE3、IE4）：当鼠标指针停留在对象边界内时触发该事件。
- onMouseOut（NS3、NS4、IE4）：当鼠标指针离开对象边界时触发该事件。
- onMouseOver（NS3、NS4、IE3、IE4）：当鼠标首次移动指向特定对象时触发该事件。该事件通常用于链接。
- onMouseUp（NS4、IE4）：当按下的鼠标键被释放时触发该事件。
- onMove（NS4）：移动窗口或框架时将触发该事件。
- onReadyStateChange（IE4）：当指定元素的状态改变时触发该事件。
- onReset（NS3、NS4、IE3、IE4）：当表单被复位到其默认值时触发该事件。
- onResize（NS4、IE4）：当用户调整浏览器窗口或框架的尺寸时触发该事件。
- onRowEnter（IE4）：当捆绑数据源的当前记录指针改变时触发该事件。
- onRowExit（IE4）：当捆绑数据源的当前记录指针改变后触发该事件。
- onScroll（IE4）：当用户上、下滚动时触发该事件。
- onSelect（NS3、NS4、IE3、IE4）：在文本区域选定文本时触发该事件。
- onStart（IE4）：当文本框中的内容开始循环时触发该事件。
- onSubmit（NS3、NS4、IE3、IE4）：确认表单时触发该事件。
- onUnload（NS3、NS4、IE3、IE4）：离开页面时触发该事

件。

3. 主要的动作

下面列出了NS 4.0、IE 4.0及以后版本支持的动作。不过，NS 3.0及IE 3.0也支持其中的大部分动作。如果该动作不被NS 3.0或IE 3.0支持，但不会产生错误，将以NS 3.0 F或IE 3.0 F标记。

- 调用JavaScript：执行JavaScript代码。
- 改变属性：改变对象属性值。
- 检查浏览器：利用该动作可根据访问者所使用的浏览器版本，发送给其不同的页面。
- 检查插件：利用该动作可根据访问者所安装的插件，发送给其不同的页面。例如，可根据访问者的计算机中是否安装了Shockwave，而发送给其不同的网页。
- 控制Shockwave或Flash（IE 3.0 F）：利用该动作可播放、停止、重播或转到Shockwave或Flash电影的指定帧。
- 拖动层（NS 3.0 F、IE 3.0 F）：利用该动作可允许用户拖动层。
- 转到URL：在当前窗口或指定框架打开一个新页面。
- 跳转菜单（IE 3.0 F）：当用户通过选择“插入”|“表单对象”|“跳转菜单”命令创建了一个跳转菜单时，Dreamweaver将创建一个菜单对象，并为其附加行为。在“行为”面板中双击跳转菜单动作可编辑跳转菜单。
- 打开浏览器窗口（IE 3.0 F）：在新窗口中打开URL，并可设置新窗口的尺寸等属性。
- 播放声音（IE 3.0 F）：播放音乐文件。
- 弹出信息：显示带指定信息的JavaScript警告。用户可在文本中嵌入任何有效的JavaScript功能如调用、属性、全局变量或表达式（需用“{}”括起来）。例如，“本页面的

URL 为 {window.location}，今天是{new Date（）}.”。

- 预先载入图像（IE 3.0 F）：装入图片，但该图片在页面进入浏览器缓冲区之后不立即显示。它主要用于时间线、行为等，从而防止因下载引起的延迟。
- 设置导航条图像（IE 3.0 F）：将图片加入导航条或改变导航条图片显示。
- 设置框架文本：动态设置框架文本，以指定内容替换框架内容及格式。
- 设置层文本（NS 3.0 F、IE 3.0 F）：利用指定内容取代现存层中的内容及格式。
- 设置状态条文本：在浏览器左下角的状态条中显示信息。
- 设置文本域文本：利用指定内容取代表单文本框中的内容。
- 显示-隐藏层（NS 3.0 F、IE 3.0 F）：显示、隐藏一个或多个层窗口，或者恢复其默认属性。
- 交换图像（IE 3.0 F）：通过改变 IMG 标记的 SRC 属性，改变图像。利用该动作可创建活动按钮或其他图像效果。
- 恢复交换图像（IE 3.0 F）：恢复交换图像至原图。
- 转到事件轴帧（IE 3.0 F）：转至指定帧。
- 播放时间轴和停止时间轴（NS 3.0 F、IE 3.0 F）：播放或停止时间线动画。
- 检查表单：检查文本框内容，以确保用户输入的数据格式正确无误。

4.3.3 使用行为创建弹出消息框和打开浏览器窗口

在了解了行为的特点和用法后，下面就通过创建弹出消息框和打开浏览器窗口的例子，来进一步掌握行为的使用。

1. 创建弹出消息框

弹出消息动作可使用指定消息弹出 JavaScript 警告框。因为 JavaScript 警告框只有一个按钮（即“确定”），因此，使用此动作只能向用户提供信息而不能使用户做出选择。

创建弹出消息框的操作步骤如下。

（1）在页面上选择一个对象（如图片），如图 4-20 所示。

图 4-20　选择页面元素

（2）选择“窗口”|“行为”命令打开“行为”面板。

（3）单击“行为”面板中的 + 按钮，在下拉菜单中选择“弹出消息”命令，如图 4-21 所示。

（4）在打开的“弹出消息”对话框中输入所要弹出的消息，然后单击“确定”按钮，如图 4-22 所示。

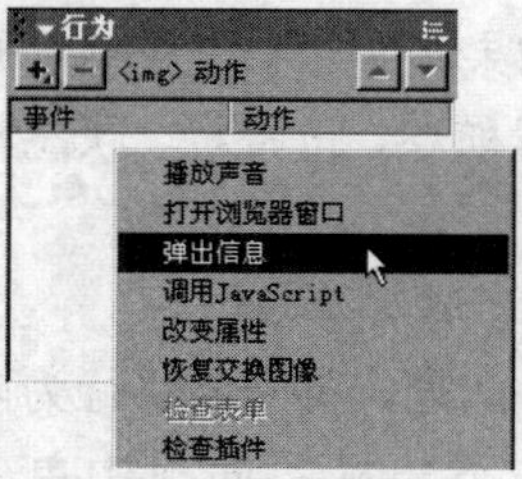

图 4-21　选择“弹出消息”动作　　　　图 4-22　“弹出消息”对话框

（5）此时，“弹出信息”动作被添加到“行为”列表中。下面我们设置单击图片时，弹出该消息框，为此，在“事件”下拉列表框中选择（onClick）选项，如图 4-23 所示。

（6）保存文档，按 F12 快捷键在浏览器中打开文件，则在图片上单击时，立即弹出预先设置好的消息框，如图 4-24 所示。

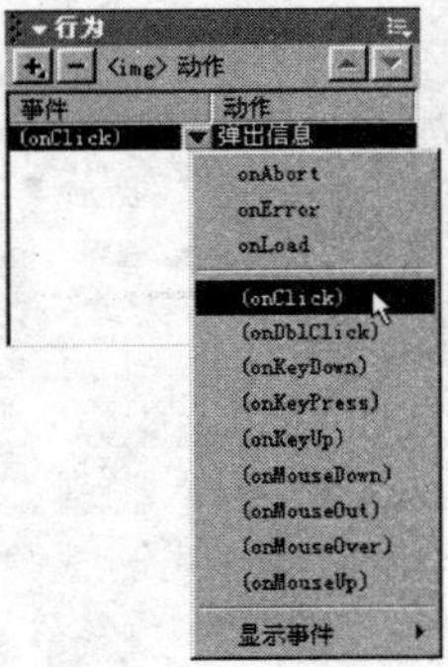

图 4-23　为行为选择事件

图 4-24　所弹出的消息框

2. 打开浏览器窗口

使用“打开浏览器窗口”动作可在新窗口中打开一个 URL。许多站点都使用这种方法来弹出重要的通知、广告信息等页面。

用户可以指定所打开的浏览器窗口的大小和属性（如是否可调整大小、是否有导航栏和菜单栏等）。如果指定窗口无属性，则它可能会以 640×480 像素打开，并带有导航栏、位置栏、状态栏和菜单栏。

创建“打开浏览器窗口”行为的操作步骤如下。

（1）在页面中选择行为附加的对象。此处，我们要将行为附加给整个页面，为此，可在文档窗口左下角标签面板中单击<body>标签，使之以粗体显示。

（2）打开“行为”面板。

（3）在“行为”面板中选择要添加的动作为“打开浏览器窗口”。

（4）在弹出的如图 4-25 所示的“打开浏览器窗口”对话框中设置所打开窗口的属性，然后单击“确定”按钮。

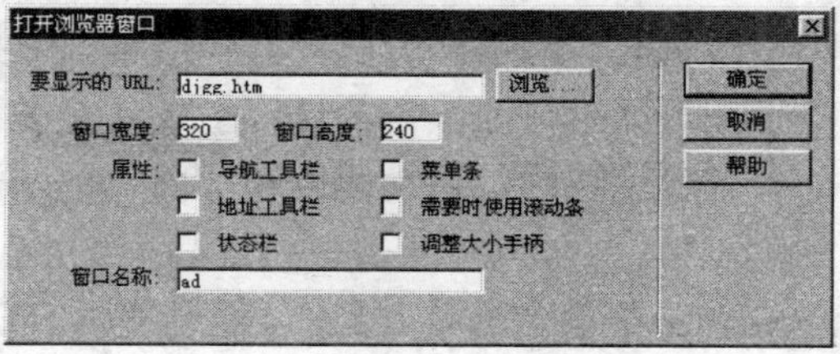

图 4-25　设置打开窗口的属性

（5）确认“打开浏览器窗口”动作的默认事件为（onLoad）。

（6）保存文件。按 F12 键预览效果，则可以看到浏览器在载入整个页面后，会弹出一个小窗口，如图 4-26 所示。

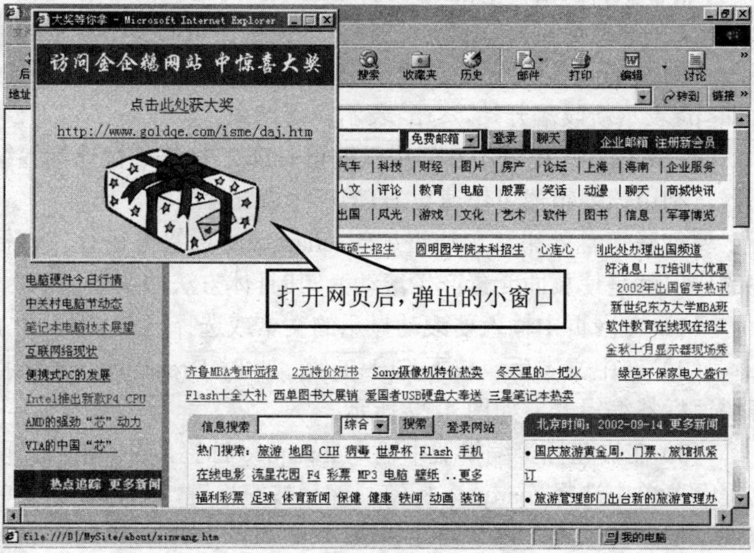

图 4-26　所打开的浏览器窗口

4.4 创建滚动字幕

我们在浏览网页时，经常会看到一些“字幕”效果，也就是一行或多行文字在页面上按照一定的速度上下或左右移动。字幕可以有自己的背景颜色属性、移动速度和方向属性以及高度和宽度属性等。

在 Dreamweaver 中创建字幕效果，可通过编辑 HTML 源文件中的标签来实现。HTML 标签通常是英文词汇或缩略语（例如，p 代表 Paragraph，表示段落；b 代表 Bold，表示文字加粗），但它们与一般文本有区别，因为它们被放在小三角符号中。所以，Paragraph 的标签是<p>。有些标签说明如何设置页面格式（例如，<p>开始一个新段落），其他则说明这些网页内容如何显示（例如，<b>使文字加粗显示）。还有一些标签则提供在页面上不显示的信息——例如 Title（标题）。一般来说，HTML 标签是成对出现的。例如<p>表示新段落开始，</p>表示段落结束。

Dreamweaver 提供了专门用于编辑 HTML 标签的快速标签编辑器，利用该编辑器可快速对 HTML 标签进行编辑。

要创建字幕效果，可通过编辑<marquee>标签来进行（该标签的作用就是使页面元素产生滚动），其具体方法如下。

（1）在网页中输入要滚动显示的文本或选择已有文本。

（2）选中文本后，按下 Ctrl+T 键，此时 Dreamweaver 将打开快速标签编辑器，如图 4-27 所示。

（3）在快速标签编辑器中输入 marquee 标签，或在稍后出现的提示菜单中选择 marquee 标签，然后按空格键，等待提示菜单出现，根据提示输入以下属性和值：

```
<marquee bgcolor="red" direction="left" width="120">
```

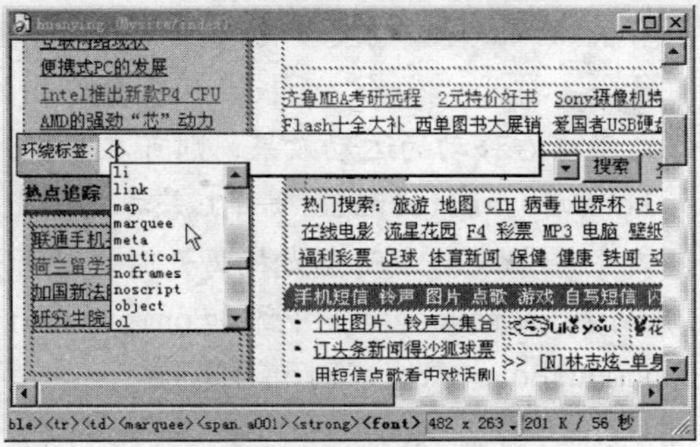

图 4-27　打开快速标签编辑器

如图 4-28 所示。

其中，bgcolor="red"表示背景颜色为灰色，direction="left"表示文字的移动方向为向左，width="120"则定义了字幕的宽度。

（4）保存文件，然后按 F12 键，则可看到文字向左移动。

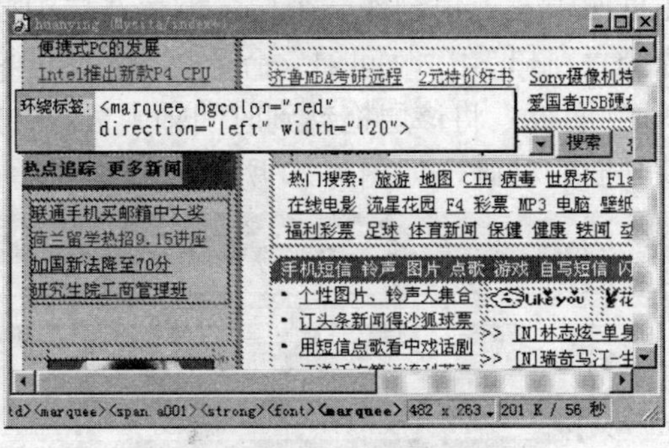

图 4-28　编辑<marquee>标签

提示　若要创建多行文字向上移动的字幕效果，则可将 direction="left"修改为 direction="up"，同时增加字幕的 height（高度）属性。若要控制字幕的移动速度，可为<marquee>标签添加 scrolldelay 属性。例如 scrolldelay=100。

若要了解有关 HTML 标签的更多信息，可选择“窗口”|“参考”命令，打开“参考”面板，从中查看相关内容。若要制作文字左右移动的运动效果，则可在<marquee>标签中添加 behavior=alternate 项目。若要制作光标移至文字时，文字停止滚动，而当光标离开时，又开始滚动的效果，则可在<marquee>标签中添加 onmouseout=this.start(),onmouseover=this.stop()属性。

4.5 上机实践——创建动态网页的方法

4.5.1 利用时间轴创建动画

在对时间轴有了一个比较全面的了解后，下面我们通过制作一个围绕文档窗口四周运动的图片为例，具体说明时间轴的用法。

（1）在页面中左上角制作一个层，然后在层中插入图片。

（2）选择“窗口”|“时间轴”命令，或按 Shift+F9 组合键打开“时间轴”面板，将该层拖动到时间轴中去。在时间轴中形成一段 15 帧画面的动画，如图 4-29 所示。

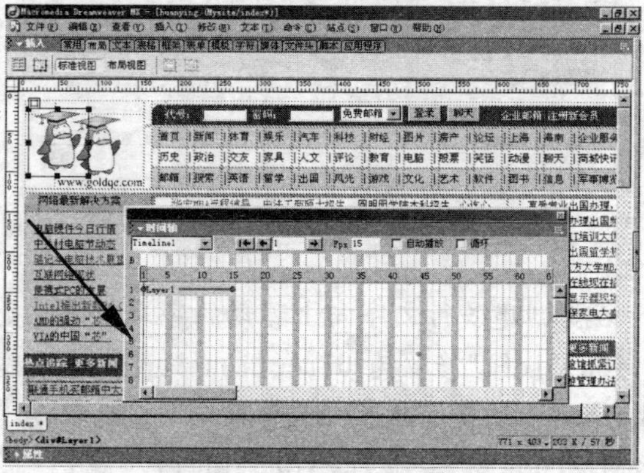

图 4-29 将层拖动到时间轴窗口

（3）在第 15 帧处单击，并将其拖动到第 20 帧，将动画拉长，如图 4-30 所示。

图 4-30　拉长动画帧

（4）单击选中第 1 帧，将图片的起始位置作为第一帧画面。

（5）单击选中第 5 帧，并右击鼠标，在弹出的快捷菜单中选择“增加关键帧”命令，在第 5 帧处添加关键帧。

（6）将层拖动到页面的左下角，创建第 5 帧画面，如图 4-31 所示。

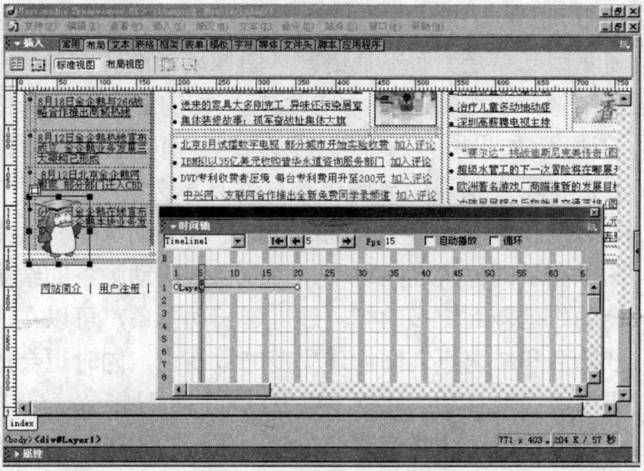

图 4-31　添加关键帧画面

（7）参照同样的方法，在第 10 帧和第 15 帧处添加关键帧，并分别将层拖至页面的右下角和右上角处。

提示 为使图片沿直线运动，我们可以选择“查看”|“标尺”|“显示”和“查看”|“网格”|“显示网格”命令，在文档窗口中显示标尺和网格，然后在“时间轴”面板中多添加几个关键帧，并使这些关键帧画面的位置对齐到网格。

（8）单击第 20 帧，拖动层到其初始的左上角位置，使第 20 帧的画面位置与第 1 帧的画面位置重合，得到一个矩形的运动路径。

（9）选中“时间轴”面板中的“自动播放”和“循环”复选框。

（10）保存页面后，选择菜单“文件”|“在浏览器中预览”|iexplore 命令，就可以看到图片不断围绕页面四周运动。

为了提高动画的性能并使动画更易于创建，在创建时间轴动画时，我们可以采用下述的小技巧。

- 显示或隐藏层，而不是更改多图像动画的源文件。由于新的图像必须进行下载，所以切换图像的源文件会降低动画的速度。如果所有图像都在动画运行前在隐藏层中同时下载，将不会出现明显的停顿，并且不会缺少图像。
- 扩展动画条以创建更顺畅的动作。如果动画断断续续并且图像在不同位置之间跳动，可拖动该层动画条的结束帧，使动作延伸到更多的帧。通过延长动画条，可以在运动的开始点和结束点之间创建更多的数据点，同时也会使对象更为缓慢地移动。此外，可尝试增加每秒帧数（fps）以提高速度，但应注意在普通系统上运行的大多数浏览器都不能支持超过 15 fps 的动画速度，此时，可在不同的系统上用不同的浏览器对动画进行测试，以找到最佳的设置。

- 不要制作大型位图的动画。制作大型图像的动画会导致动画速度减慢。相反，应创建合成图像，并移动图像中较小的部分。例如，可以通过仅制作汽车轮胎的动画来显示汽车的运动。
- 创建简单的动画。不要创建对当前浏览器要求过高的动画。即使在系统或 Internet 性能降低时，浏览器始终会播放时间轴动画中的每一帧。

4.5.2 在网页中插入 GIF 动画

Dreamweaver 允许用户在网页中使用外部媒体元素，如使用 Fireworks 制作的按钮和导航栏、使用 Flash 动画等，以利于网页的编辑和生成生动活泼的页面。在下面的几个上机实践中，我们将对这方面的内容进行介绍。

我们在浏览网页时，会看到许多连续变换的动态图像，这些动态图像就称为 GIF 动画。GIF 动画实际上是一系列静止图像，它们连续显示即形成了动画效果。用户可以利用 Fireworks 方便地创建动画 GIF。在网页中插入 GIF 动画的具体方法如下。

（1）在页面上需插入 GIF 动画的位置单击，确定插入点，如图 4-32 所示。

（2）选择“插入”|“图像”命令，在所打开的“选择图像源”对话框中选择由 Fireworks 所导出的 GIF 动画文件（扩展名为.GIF）。

（3）选择 GIF 动画文件后，单击“确认”按钮将其插入到页面中，如图 4-33 所示。

（4）保存文件，按 F12 键浏览网页，则所插入的 GIF 动画开始播放。

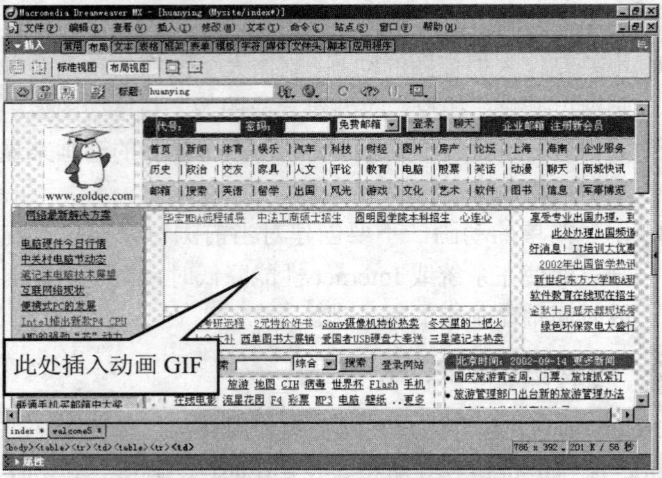

图 4-32　确定插入动画 GIF 的位置

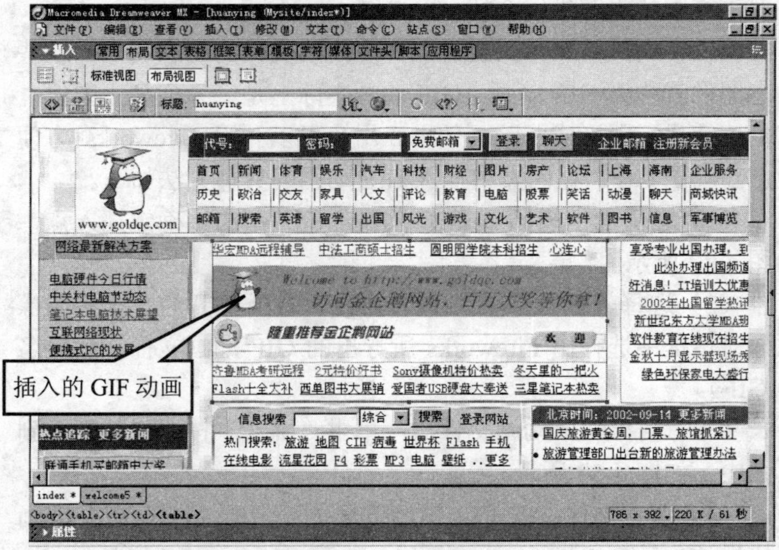

图 4-33　插入 GIF 动画到页面中

4.5.3 使用 Fireworks 制作的按钮和导航栏

利用 Fireworks，我们可以非常方便地制作按钮和导航栏。将这些按钮和导航栏插入到 Dreamweaver 中，可大大方便网页的编辑。

在 Dreamweaver 中使用 Fireworks 制作的按钮和导航栏的操作步骤如下。

（1）在 Fireworks 应用程序中制作按钮和导航栏。

（2）在 Fireworks 中选择“文件”|“导出”命令，将所制作的按钮或导航栏保存到 Dreamweaver 的站点文件夹中，保存类型为“HTML 和图像”。

（3）切换到 Dreamweaver 应用程序，在网页中确定需要插入按钮或导航栏的位置。

（4）选择“插入”|“交互式图像”|Fireworks HTML 命令，或单击“插入”面板“常用”选项卡中的 Fireworks HTML 按钮，打开如图 4-34 所示的“插入 Fireworks HTML”对话框，定位并选择步骤（2）中导出的 HTML 文件，然后选择“确定”按钮。

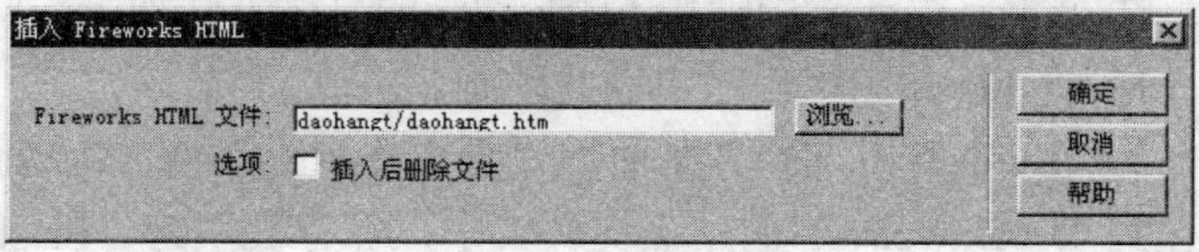

图 4-34 “插入 Fireworks HTML”对话框

提示 如果要在插入 HTML 文件之后删除该文件，则可以选中“插入后删除文件”复选框。

（5）经过上述操作后，由 Fireworks 制作的按钮和导航栏即被插入到网页中，其预览效果如图 4-35 所示。

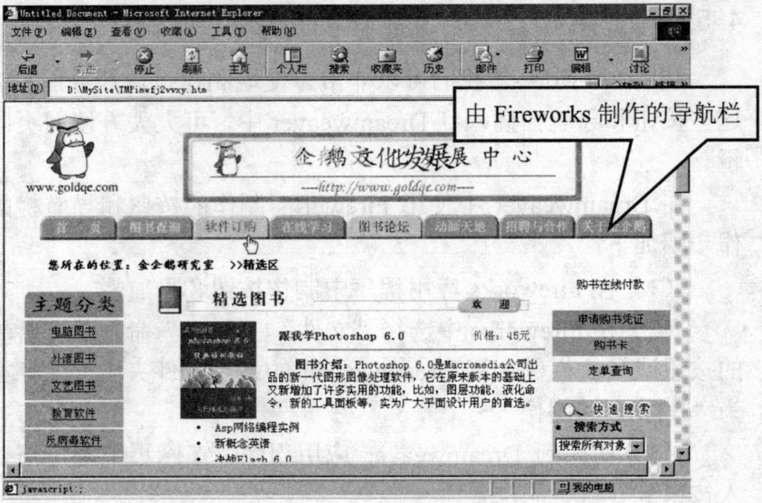

图 4-35　插入由 Fireworks 制作的导航栏

4.5.4　在网页中插入 Flash 动画

利用 Flash，我们可以方便地制作网页动画，使网页更加生动活泼。在 Dreamweaver 中使用 Flash 动画的具体方法如下。

（1）在 Flash 应用程序中创建动画。

（2）在 Flash 中选择“文件”|“导出影片”命令，将动画文件保存到 Dreamweaver 的站点文件夹中，保存类型为“Flash 影片（.SWF）”。

（3）切换到 Dreamweaver 应用程序，在网页中确定需插入 Flash 动画的位置。

（4）选择“插入”|“媒体”|Flash 命令，或在“插入”面板的“常用”选项卡中单击 Flash 按钮（也可在“媒体”选项卡中单击 Flash 按钮），打开“选择文件”对话框，如图 4-36 所示。

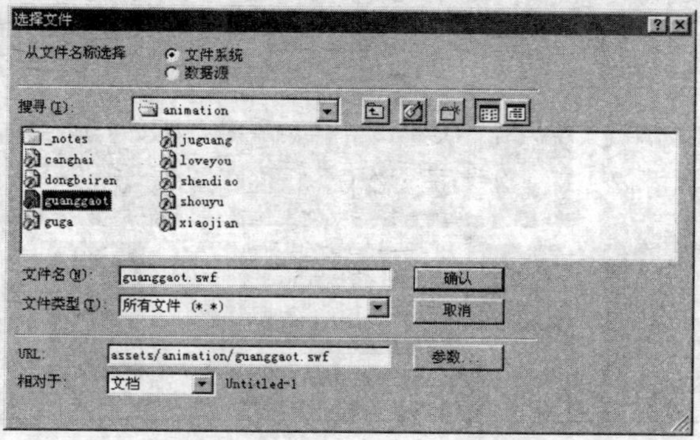

图 4-36 “选择文件”对话框

（5）在“选择文件”对话框中，选择要插入到网页中的动画文件，然后单击“确认”按钮。此时，Flash 占位符随即出现在文档窗口中，如图 4-37 所示。

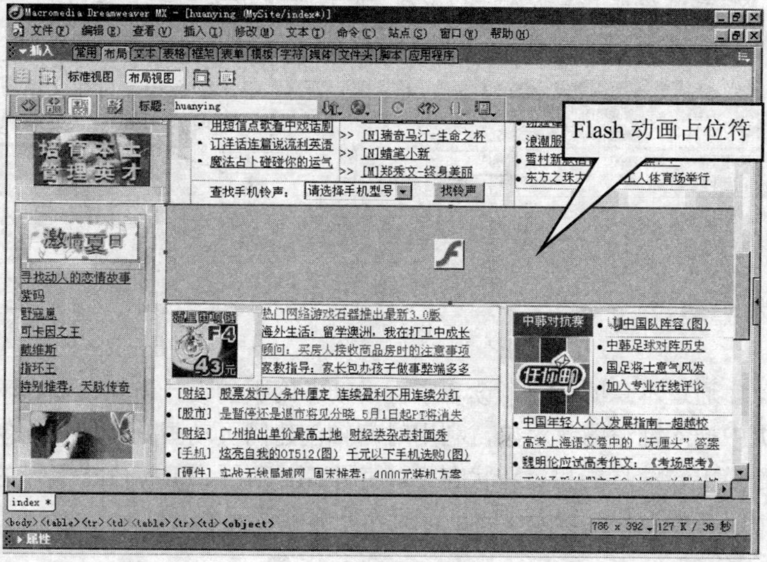

图 4-37 插入 Flash 动画后，占位符出现在文档中

（6）按 F12 快捷键，在浏览器中观看动画效果，如图 4-38 所示。

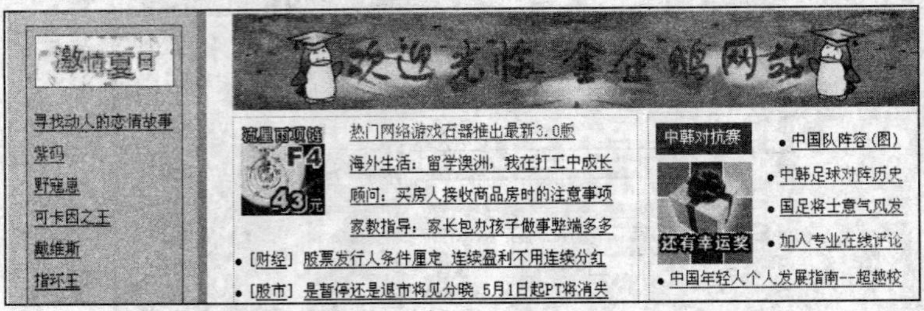

图 4-38　播放动画效果

提示　插入 Flash 动画后，用户可以利用“属性”面板设置动画的属性，如宽和高、品质、是否循环及品质等，如图 4-39 所示。单击其中的“编辑”按钮则可启动 Flash 应用程序，对动画进行编辑。用户可根据页面布局情况，随意调整动画画面的大小。

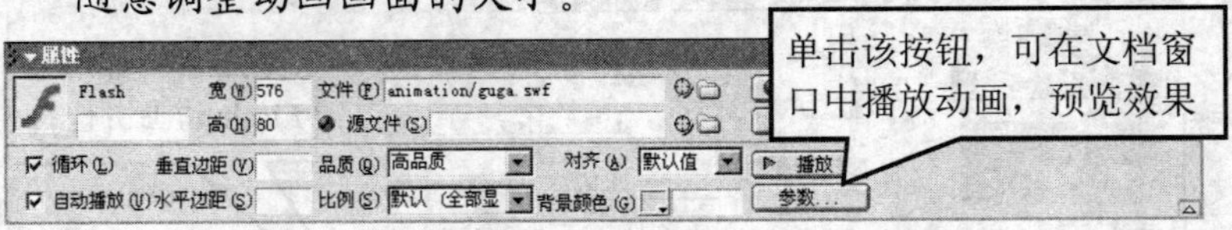

图 4-39　动画“属性”面板

本章小结

通过本章的学习，读者掌握了动态网页的设计方法，如在网页中插入翻滚图片对象，利用时间轴创建网页动画，使用行为创建弹出式消息框和更新状态栏，使用 GIF 动画、Fireworks 制作的按钮与导航栏，以及 Flash 动画等外部媒体元素。

练习与指导

4.1　在网页中插入翻滚图片对象时，所插入的两幅图片的____应该相同。

4.2　利用图片影像可将图片划分为若干区域，这些区域被称为____。

4.3　制作时间轴动画的小技巧有：____、____、____、____。

4.4　行为由两部分组成，即____和____，通过____的响应进而执行对应的____。事件用于指明____，动作实际上是____。

4.5　Dreamweaver 中用于图像的行为有____、____和____。

4.6　设计动态网页时，常采用的方法有哪些？

4.7　Dreamweaver 中的时间轴的作用是什么？

4.8　行为、事件、动作与行为面板之间的关系是什么？

4.9　利用时间轴制作如图 4-40 所示的猴子跳跃的简单动画。

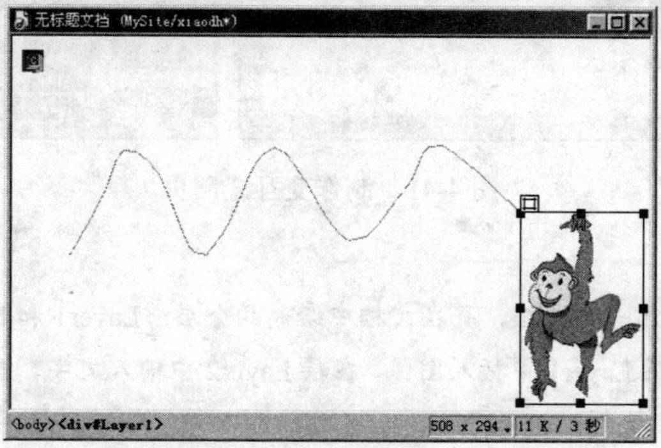

图 4-40　时间轴动画

提示

（1）选择“文件”|“新建”命令新建一个文档。

（2）在文档中新建一层，并插入小猴子的图片。

（3）选择“窗口”|“其他”|“时间轴”命令，打开“时间轴”面板，

并将当前帧置于第 1 帧。

（4）选中文档中的层，选择“修改”|“时间轴”|“录制层路径”命令。

（5）拖动层并绘制如图 4-40 中所示的路径，然后释放鼠标。

（6）在“时间轴”面板中选择“自动播放”和“循环”复选框。

（7）保存文档，按下 F12 键，预览动画效果。

4.10 制作如图 4-41 所示的交互式网页，使光标移至图像上时，显示说明性文字；点击图像时，出现消息框。

图 4-41 制作交互式网页

提示

（1）新建一个文档，并在文档中绘制两个层：Layer1 和 Layer2。

（2）在层 Layer1 中插入图像，在层 Layer2 中输入文字，并利用“属性”面板设置文字格式。

（3）选择“窗口”|“其他”|“层”命令，打开“层”面板，在层 Layer2 前的眼睛列单击，隐藏该层。

（4）选中图片，选择“窗口”|“行为”命令，打开“行为”面板，单击其中的 按钮，从弹出的菜单中选择“显示-隐藏层”命令，为图片对象添加一个动作。

（5）在系统弹出的“显示-隐藏层”对话框列表中选择层 Layer2，然后单击“显示”按钮，显示 Layer2 层窗口，如图 4-42 所示。

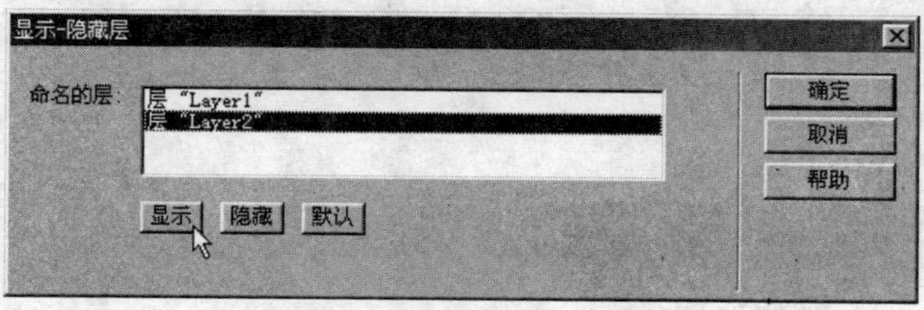

图 4-42　使 Layer2 窗口可见

（6）确认“显示-隐藏层”行为的事件为 onMouseOver（光标移至图片时，显示层 Layer2）。

（7）采用同样的方法，为图片再添加一个“显示-隐藏层”动作，事件为 onMouseOut（光标离开图片时，隐藏层 Layer2）。

（8）同样，为图片添加一个“弹出信息”动作，并设置图 4-42 中所示的信息，事件为 onClick（点击图片时，弹出信息框）。

（9）保存文件，按 F12 键预览交互效果。

第 5 章　网站管理与维护

本 章 要 点

- ❖ 网站管理
- ❖ 模板和库的使用

5.1　网站管理

如前所述，在开始制作站内的页面之前，应首先定义一个站点。站点实际上就是硬盘上的一个目录，站内的文件存放在该目录之中。网站的管理主要涉及网站内文件和文件夹的管理，网页链接的管理，以及文件的上传与下载等。

5.1.1　管理网站

网站建成后，我们便可以利用站点面板来管理网站了，如打开、复制、删除与重定义网站等。这些管理操作都是非常简单的，具体如下。

1. 打开站点

要打开一个已经定义的网站，可在启动 Dreamweaver 后，选择“站点”|“站点文件”或“站点地图”命令，打开“站点”面板，从其工具栏中的“站点”下拉列表框中选择所要打开的站点即可，如图 5-1 所示。

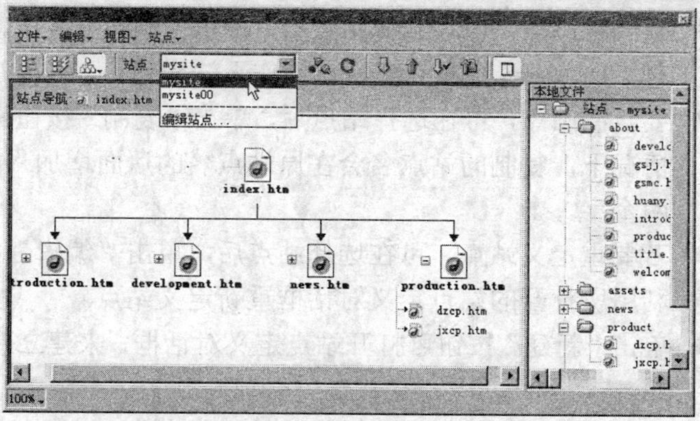

图 5-1　选择需要打开的站点

打开站点后，我们就可以查看整个站点结构了，如站点文件、文件夹以及页面链接情况等。

2. 删除、复制及重定义站点

要删除、复制或重定义站点，可选择“站点”|“编辑站点”命令，打开如图 5-2 所示的“编辑站点”对话框，利用该对话框执行相应操作。

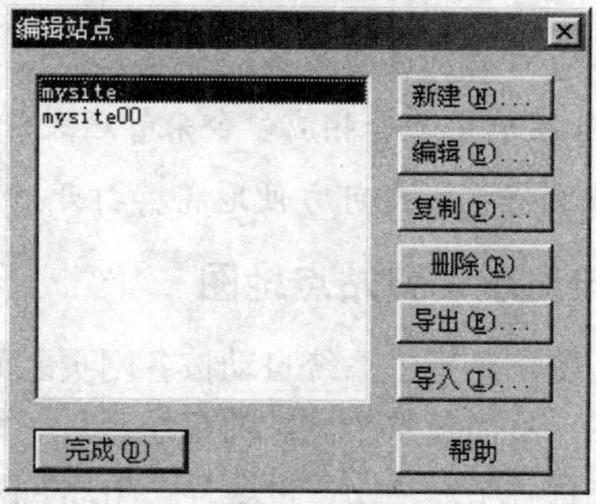

图 5-2　定义网站对话框

- 要删除站点，可在选择站点后，单击“删除”按钮。删除时，Dreamweaver 会提示该操作无法撤销。
- 要复制站点，可在选择站点后，单击“复制”按钮。默认情况下，复制的站点名会在原站点名的后面增加“拷贝”两个字。
- 若要重定义站点，可在选择站点后，单击“编辑”按钮，利用所打开的站点定义对话框重新定义站点。
- 单击“新建”按钮可打开站点定义对话框，来建立新的网站。
- 单击“导出”按钮可将导出的站点保存为 XML 文件。
- 单击“导入”按钮可选择要导入的站点的 XML 文件。

5.1.2 管理文件和文件夹

利用“站点”面板，用户可非常方便地管理站点中的文件和文件夹，如新建、打开、删除、重命名文件和文件夹等，只需在“站点”面板的“本地文件”列表窗格（右窗格）中选择文件或文件夹后右击鼠标，从弹出的快捷菜单中选择相应命令即可，如图 5-3 所示。

提示 用户也可在选择文件或文件夹后，从“站点”面板的“文件”菜单中选择相应命令来管理文件和文件夹。

双击文件或文件夹，也可方便地将其打开。

5.1.3 打开与显示调整站点地图

所谓站点地图，是指由系统自动按各网页之间的链接关系生成的一个示意图，从而使整个网站的组织一目了然，如图 5-1 左侧窗格所示。要查看站点地图，可选择“站点”|“站点地图”命令，或单击“站点”面板工具栏中的“站点地图”按钮（也可选择“视图”|“站点地图”命令）。

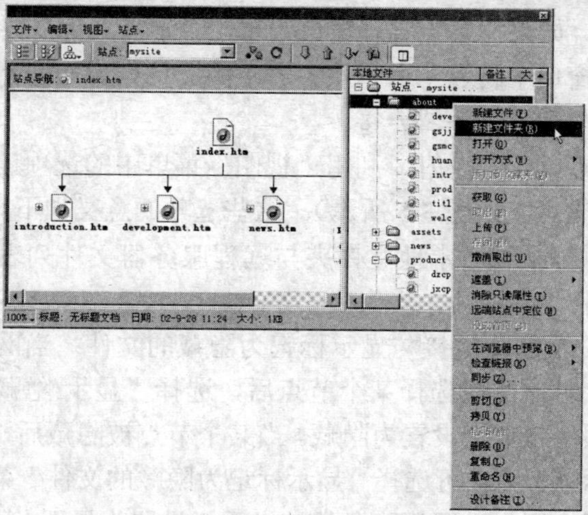

图 5-3　选择相应命令管理文件夹

如果站点地图中某个节点页面的左侧显示了一个⊞，则说明该页面下面还有链接页面，单击该符号可打开这些链接。

如果希望按页面标题(页面标题将出现在浏览器的标题栏中，用户可利用“页面属性”对话框定义页面属性）显示站点地图，可在“站点”面板中选择“视图”|“显示网页标题”命令，此时将在各节点处显示各页面的标题，如图 5-4 所示。

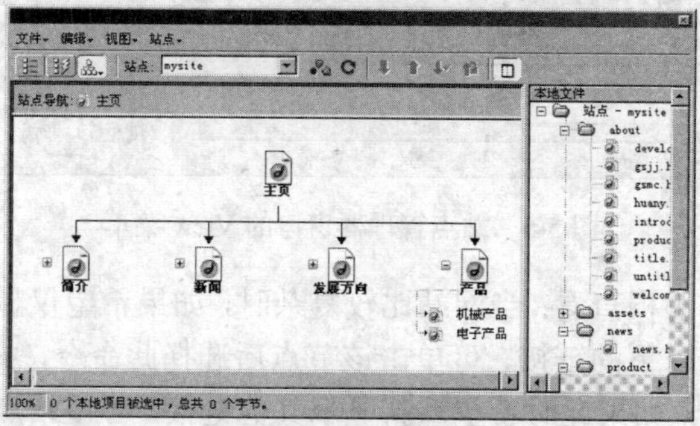

图 5-4　按页面标题显示站点地图

此外，如果在站点管理窗口中单击“站点文件”按钮 ☰，则站点地图窗口中将显示远程服务器中的文件列表。当然，前提是用户正在与远程服务器连接。

当站点比较复杂时，利用“视图”菜单中的选项还可调整站点地图的显示（如图 5-5 所示）。这些选项的意义如下。

- 刷新：刷新本地文件夹与远程服务器文件列表及站点地图。
- 显示/隐藏链接与显示标记为隐藏的文件：当网站非常庞大时，可在选择某个节点后，选择“显示/隐藏链接”选项将该节点设置为隐藏。当某个节点被隐藏后，要重新显示该节点，可选择“显示标记为隐藏的文件”菜单。此时要将原来设置为隐藏的节点重新设置为显示，可再次选择“显示/隐藏链接”命令。

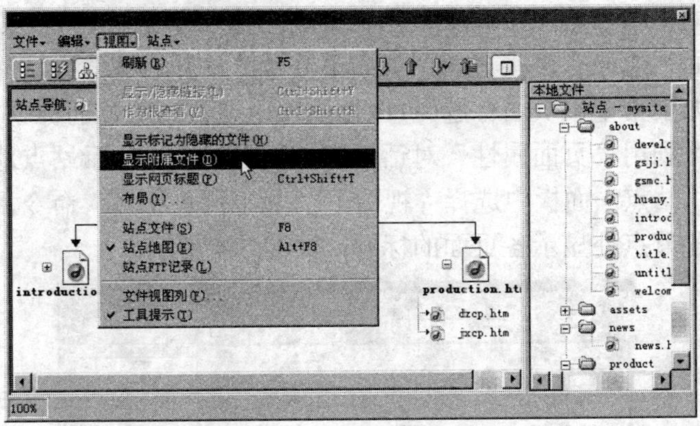

图 5-5　站点管理器窗口的 View 菜单

- 作为根查看：当网站比较复杂时，如果希望仅显示某个节点以下的链接，可单击该节点后选择此命令，如图 5-6 所示。如果此时希望重新显示其他链接，可在站点地图窗口中的“站点导航”栏中单击其上层链接。

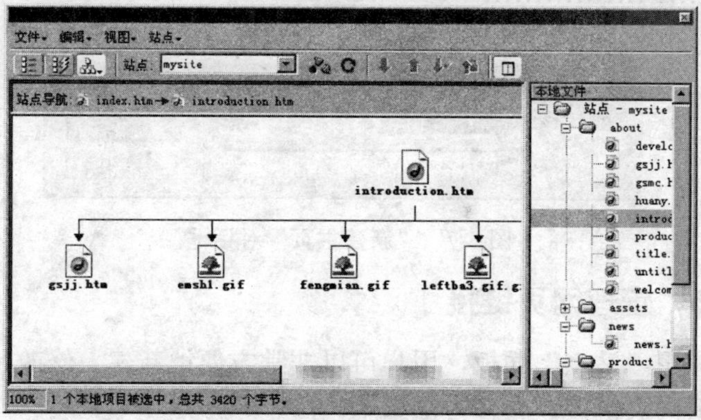

图 5-6　将选定节点显示为根

- 显示附属文件：表示不仅显示链接网页，还显示各网页中使用的图片。
- 布局：选择该命令，可以打开站点定义对话框，用户可在其中进行一些高级设置。

5.1.4　设置与新建首页

首页就是网站所默认的页面。在浏览网站时，如果直接在地址栏中输入网站地址，而不输入任何文档名称，就会打开首页。

在“本地文件”列表窗格中，可以创建作为首页的文档，也可将某个现有的文档指定为首页，站点中所有文档的链接关系都可以通过首页来创建。

要创建首页，可选择“站点”|“新建首页”命令，打开如图 5-7 所示的“新建主页”对话框，在其中输入首页文件名称和标题后，单击“确定”按钮。此时，在“本地文件”列表窗格中，就会新建一个文档，该文档就是首页。

如果要将现有的文档设置为首页，可以在选择文档后右击该文档，从弹出的快捷菜单中选择“设成首页”命令，或选择“站

点”|“设成首页”命令。

图 5-7 “新建主页”对话框

5.1.5 管理网页链接

利用“站点”面板，用户可以非常方便地新建、修改、删除与更新网页链接，具体方法如下。

要新建一个与某节点链接的新网页，可在站点地图中选中该节点后，选择“站点”|“链接到新文件”命令，打开如图 5-8 所示的“链接到新文件”对话框，在其中输入文件名称、标题和链接文本后，单击“确定”按钮。此时，在该节点所对应的网页中会自动加入要与其链接的文件名称，并将其设置为指向该文件的超链接。

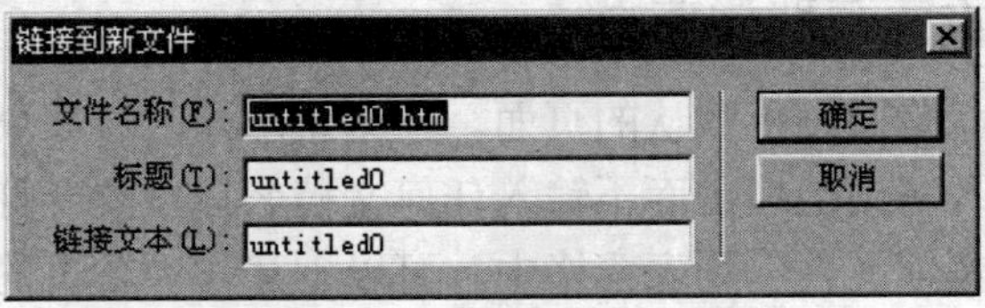

图 5-8 “链接到新文件”对话框

若要将一个已存在的网页链接到某网页，则可在站点地图中选中该节点后，选择“站点”|“链接到已有文件”命令，在打开的“选择 HTML”对话框中选择已存在的网页后，单击“确认”按钮。

此外，选择“站点”|“改变链接”或“移除链接”命令，还可改变、删除链接等。改变或删除链接后，网页中的链接设置将

被相应改变。

选择“站点”|“选择链接源”命令，系统将打开其上层链接网页。

如果选择“站点”|“改变站点范围的链接”命令，系统将打开如图 5-9 所示的对话框。用户可利用该对话框将所有原来指向某个页面的链接修改为指向其他页面的链接。例如，假定用户原来在多个网页中都设置了邮件链接，现在邮件地址改变了，则利用该对话框即可统一修改邮件地址。

图 5-9　更改整个站点链接

5.1.6　上传、下载与同步更新文件

要上传、下载或同步更新文件，应首先将本计算机与服务器连接。为此，可单击“站点”面板工具栏上的“连接到远端主机”按钮，单击该按钮后，如果与服务器的连接成功，该按钮左侧的绿灯会被点亮，若此时单击该按钮，将断开与服务器的连接。

1. 上传与下载文件

与服务器连接成功后，可首先选择文件，然后单击工具栏上的“获取文件”按钮下载文件，单击“上传文件”按钮上传文件。

提示　用户也可通过在右击文件所弹出的快捷菜单中选择相应命令，或选择“站点”命令中的相应命令来上传与下载文件。

2. 同步更新文件

若要同步更新文件，用户可执行下述步骤操作。

（1）选择“站点”|“同步”命令，打开如图 5-10 所示“同步文件”对话框。

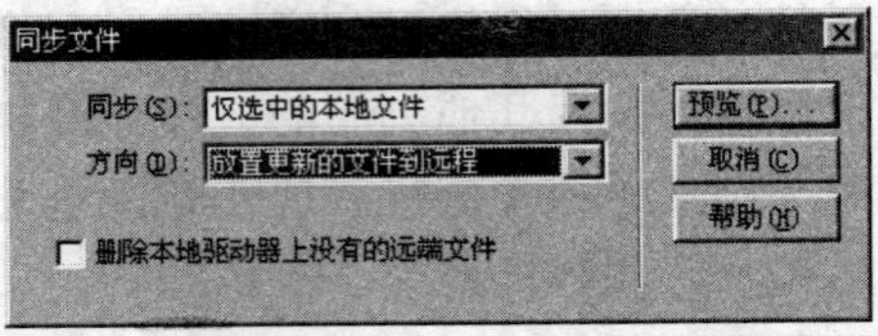

图 5-10 “同步文件”对话框

（2）在“同步”下拉列表框中选择同步的内容：

- 若要同步整个站点，则选择“整个‘站点名称’站点”选项。
- 若要只同步选定的文件，则选择“仅选中的本地文件”选项。

（3）“方向”下拉列表框用于选择拷贝文件的方向：

- 选择“放置更新的文件到远程”选项，则上传修改日期新于其远程副本的所有本地文件。
- 选择“从远程获得更新的文件”选项，则下载修改日期新于其本地副本的所有远程文件。
- 选择“获取和放置更新的文件”选项，则将所有文件的最新版本放置在本地和远程站点上。

（4）如果选中“删除本地驱动器上没有的远端文件”复选框，表示在对照本地文件与远程服务器上的文件后，将删除远程服务器上没有相应本地文件的所有文件。

（5）设置完成后，单击“预览”按钮，此时，如果每个选定文件的最新版本都已位于本地和远程站点并且不需要删除任何文件，将显示一个警告，通知用户不需要进行任何同步。

（6）在同步文件预览中，用户可确认要删除、放置及获取的文件。单击“确定”按钮后， Dreamweaver 将自动进行传输（并根据需要进行删除）。

5.2　模板和库的使用

在制作大型网站时，很多页面会用到同样的图片、文字和排版格式。为了避免一次次地重复劳动，我们可以使用 Dreamweaver 提供的模板和库的功能。相同的版面结构可以制作成模板，相同的元素（如新闻标题栏）可以放在库中随时调用。下面来说明模板和库的简单操作。

5.2.1　使用模板

模板最强大的用途之一在于一次更新多个页面。从模板创建的文档与该模板保持连接状态（除非以后分离该文档），用户可以修改模板并立即更新所有基于该模板的文档中的设计。

创建模板时，必须指明哪些部分是可编辑的（如需要经常变更的文本），哪些部分是固定不变的（如在线杂志的报头），并以不同的颜色来标识这两种区域。更新模板后，使用该模板创建的文档的非编辑区将被更新。

用户既可从新建的空文档中创建模板，也可将现有文档保存为模板。有关模板的详细创建与使用方法，请参见稍后的上机实践。

5.2.2　使用库

库用于存放页面元素，如图像、文本或其他对象等。这些元素通常广泛应用于整个站点，并能够被重复使用或更新。这些元素被称为库项目。

1. 创建库项目

创建项目库的具体操作步骤如下。

（1）在文档窗口中，选择需要保存为库项目的对象。

（2）选择“修改”|“库”|“增加对象到库”命令，将所选对象添加到库中，并输入库项目的名称即可，如图 5-11 所示。

提示 用户也可在“资源”面板中单击“库”按钮，并将页面中的元素拖动到库窗口中的方法来创建库项目。

库项目文件的扩展名为.lbi。

每个库项目被保存在一个文件中，且库文件的默认放置文件夹为“站点文件夹\Libary”。

2. 在文档中插入库项目

将库项目插入到文档中的操作非常简单，只需在“资源”面板的库窗口中将库项目拖入到文档中的适当位置即可，如图 5-12 所示。

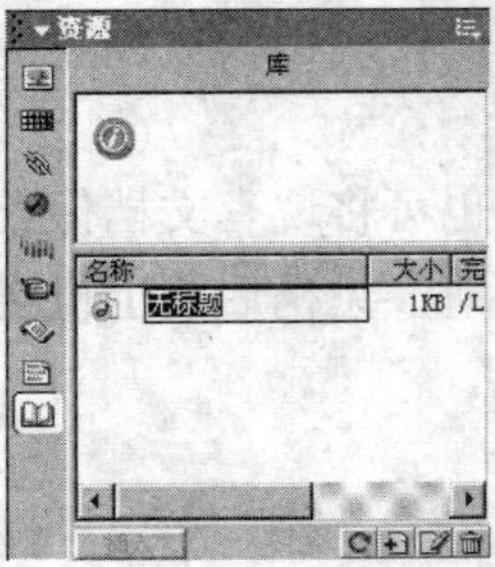

图 5-11 添加对象到库

图 5-12 将库项目拖动到文档中

提示 用户也可将光标定位在需插入库项目的位置，然后在“资源”面板中选择库项目，并单击左下角的“插入”按钮将库项目插入到文档中。

3. 编辑库项目

若要编辑库项目，可在“资源”面板中双击库项目，此时，系统将打开一个新文档窗口，并显示库项目，用户可在该文档窗口中对库项目进行编辑，如图 5-13 所示。编辑库项目后，保存库项目即可。

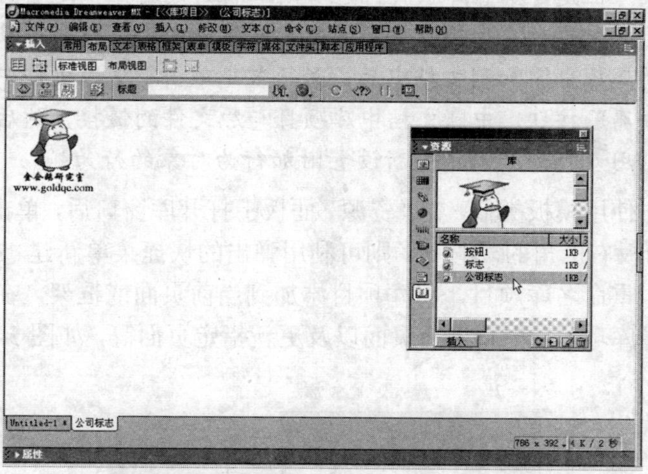

图 5-13　在新文档窗口中编辑库项目

如果要用修改后的库项目更新当前页面，可在单击“资源”面板右上角的按钮所弹出的菜单中选择“更新当前页”命令。

在文档中单击库项目，系统将显示库项目的“属性”面板，如图 5-14 所示。用户可单击其中的“打开”按钮打开库项目的源文件进行编辑（单击“打开”按钮）；单击“从源文件中分离”按钮断开所选库项目及其源文件之间的链接，使之成为文档的普通对象；单击“重新创建”按钮用当前选定内容改写原始库项目（可以在丢失或意外删除原始库项目时重新创建库项目）。

图 5-14　库项目的“属性”面板

提示　库项目可包含行为，但不能包含时间线与样式表。但是，尽管库项目可包含附加行为的对象，这些行为并未存放在库项目中。因此，在将包含附加行为对象的库项目添加到文档中后，必须首先单击“从源文件中分离”按钮，中断文档中库项目与原文件的链接，然后利用“行为”面板重新设置附加行为对象的行为。

与使用模板类似，在“资源”面板中打开库窗口后，单击“资源”面板右上角的按钮，则可利用弹出的快捷菜单新建、打开、删除、重命名库项目，将库项目添加到当前页面或框架，在站点中选择库项目，更新当前页面以及更新指定页面等，如图 5-15 所示。

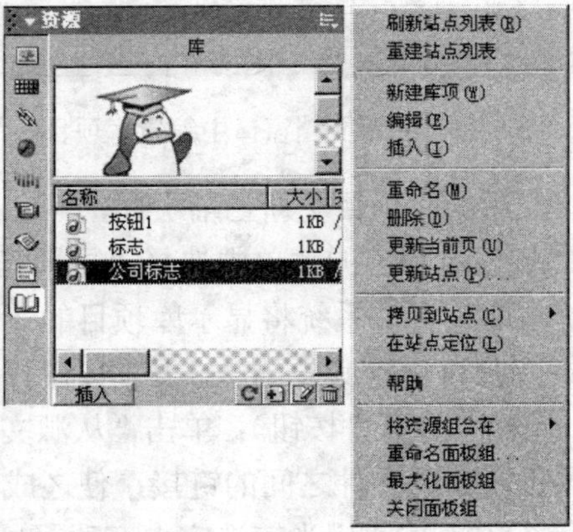

图 5-15　利用“资源”面板可观察、新建、打开、删除、重命名库项目或执行其他操作

5.3 上机实践——使用模板

5.3.1 创建模板

创建模板的具体操作步骤如下。

（1）在 Dreamweaver 中选择“文件”|“新建”命令，打开“新建文档”对话框，如图 5-16 所示。

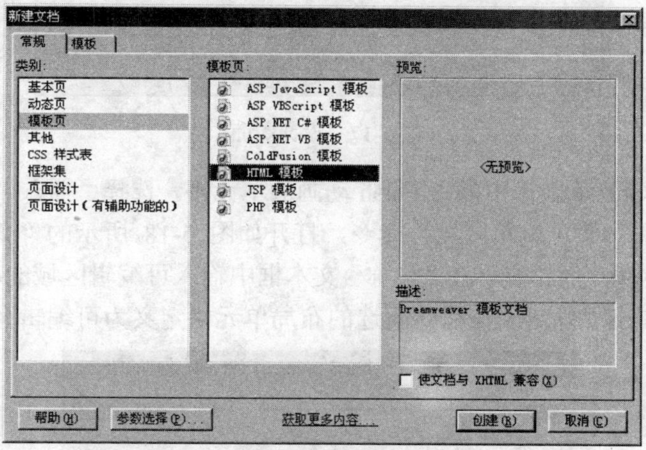

图 5-16 “新建文档”对话框

（2）在“常规”选项卡的“类别”列表中选择“模板页”项，在“模板页”列表中选择“HTML 模板”项，然后单击“创建”按钮，创建一个空白模板。

（3）接下来就可以编辑模板了。模板的编辑操作和 HTML 文档的编辑操作基本一致，用户可根据具体需要设计版面，如图 5-17 所示。

版面设计完成后，接下来就需要在模板中设置可编辑区域了。此处以将图 5-17 上方插入 Flash 动画的单元格设置为可编辑区域为例，说明设置可编辑区域的方法。

图 5-17　设计版面

（4）单击选中插入 Flash 动画的单元格，选择“插入”|“模板对象”|“可编辑区域”命令，打开如图 5-18 所示的“新建可编辑区域”对话框，在“名称”文本框中输入可编辑区域的名称，然后单击“确定”按钮将所选的布局单元格定义为可编辑区域。

图 5-18　“新建可编辑区域”对话框

参照同样的方法设置其他的可编辑区域。

提示　模板中具有可编辑区域，该模板才有意义。

可编辑区域在模板中由高亮显示的矩形边框围绕。

在模板中，定义可编辑区域后，在利用该模板创建文档时，只有可编辑区域允许用户编辑，而其他区域则是被锁定的。

（5）模板创建完成后，选择“文件”|“保存”命令，打开“另存模板”对话框。在该对话框的“另存为”文本框中输入模板名称，然后单击“保存”按钮保存模板，如图 5-19 所示。

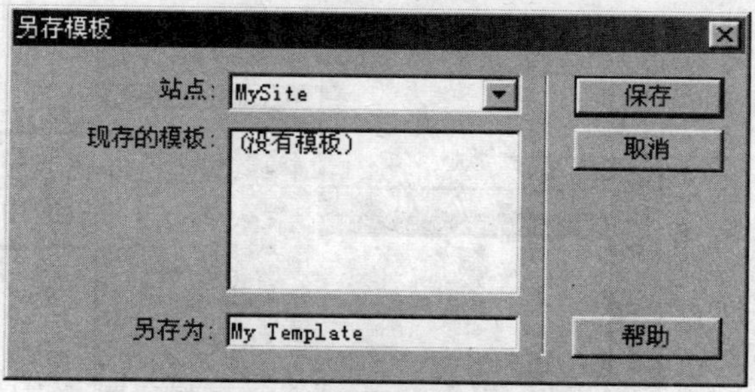

图 5-19　“另存模板”对话框

提示　用户也可单击“插入”面板的“模板”选项卡中的“创建模板”按钮和“可编辑区域”按钮来创建模板和设置可编辑区域。

用户也可利用“资源”面板来创建模板。选择“窗口”|“资源”命令打开“资源”面板后，在面板左侧列表中单击“模板”按钮，然后单击面板右上角的符号，并从弹出的下拉菜单中选择“新建模板”命令即可，如图 5-20 所示。利用该下拉菜单中的其他相应命令，还可编辑、重命名及删除模板。

若要将当前所编辑的文档创建为模板，只需选择“文件”|“另存为模板”命令，或选择“另存为”命令，指定文档的保存类型为“模板文件（*.dwt）”即可。

5.3.2　基于模板创建文档

创建模板后，我们就可以创建基于模板的文档了，其具体方法如下。

（1）选择“文件”|“新建”命令，打开“新建文档”对话框，并打开“模板”选项卡，此时，该对话框的标题文字会变为“从模板新建”，如图 5-21 所示。

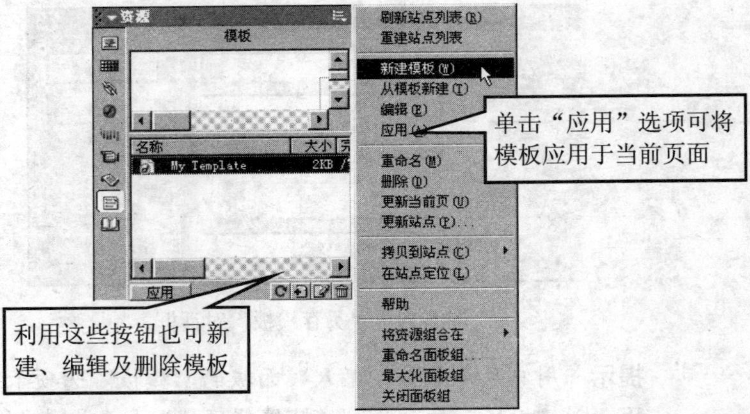

图 5-20　利用“资源”面板创建模板

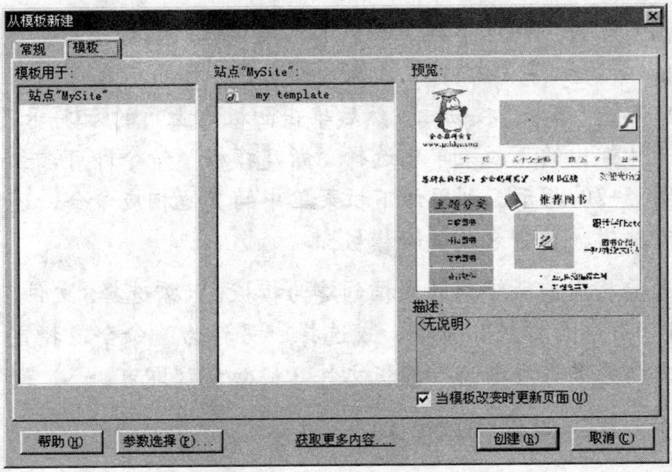

图 5-21　从模板创建文档

（2）在“模板用于”列表中选择适当站点，在“站点‘所选站点’”列表中选择要使用的模板，然后单击“创建”按钮创建一个基于模板的文档。

（3）根据需要在文档的可编辑区域编辑文档，然后保存文档即可。

提示 默认情况下，更改模板时，所有附着的文档都将进行更新以反映模板的更改。如果在创建新文档时取消“从模板新建”对话框中的“当模板改变时更新页面”复选框，则对模板所作的更改不会应用到新文档中。

用户也可以在“资源”面板中右击模板，并从弹出的快捷菜单中选择“从模板新建”命令来创建基于模板的文档。

若要编辑基于模板的文档的锁定区域，必须将文档从模板中分离，只需选择“修改”|“模板”|“从模板中分离”命令即可。

本章小结

通过本章的学习，读者对网站进行管理，如管理文件和文件夹，打开与显示调整站点地图，管理网页链接，上传、下载与同步更新文件等有了一定了解。此外，读者还应了掌握如何使用模板和库，以简化在制作大型网站时所做的重复性工作。

练习与指导

5.1 在 Dreamweaver 中，对网站的管理是通过____来进行的。

5.2 首页是____。在浏览网站时，直接在地址栏中输入____，就会打开首页。

5.3 若要编辑基于模板的文档的锁定区域，必须执行____操作。为此，可选择____命令。

5.4 创建模板后，还应在模板中创建____，这样，所创建的模板才具有意义。

5.5 模板和库的用途分别是什么？

5.6 创建一个模板，然后创建基于该模板的文档，并将其中的一些元素创建为库项目。

提示

（1）选择“文件”|“新建”命令，利用“新建文档”对话框的“常规”选项卡新建一个模板。

（2）对模板进行编辑。

（3）选择要设置为可编辑区域的对象，然后选择“插入”|“模板对象”|“可编辑区域”命令，将该对象设置为可编辑区域。

（4）选择“文件”|“保存”命令，保存模板。

（5）选择“文件”|“新建”命令，利用“新建文档”对话框的“模板”选项卡新建一个基于模板的文档。

（6）在可编辑区域编辑文档内容，然后保存文档。

（7）选择“窗口”|“资源”命令，打开“资源”面板，并打开其中的库窗口。

（8）选择文档中需创建为库项目的对象，并将其拖动到库窗口中创建库项目。

第 2 部分

Fireworks MX 精解

Fireworks MX 是目前最为优秀的 Web 图像制作软件，利用该软件可方便地绘制与编辑矢量图形，为其设置填充图案、边线形式及效果。利用该软件还可同时处理位图对象，例如用户可以在位图编辑状态下选择、移动、删除和填充区域；为选区设置羽化效果，擦除、复制图像；对图像或选区进行变形，调整位图对象的颜色，模糊、锐化图像等。

更为重要的是，它还具有诸多专门用于处理 Web 图像的特性。例如，用户可方便地切割图像，制作翻转图像、按钮、导航条与热点，可以制作简单的动画，并提供了丰富的优化输出设置选项。

第 6 章 Fireworks MX 基本操作

本 章 要 点

- Fireworks MX 入门
- 路径的绘制与编辑
- 文本的创建与编辑
- 编辑位图对象
- 对象操作
- 使用图层和蒙版
- 调整画布与图像尺寸

6.1 Fireworks MX 入门

本节我们先来介绍一下 Fireworks MX 的功能，并熟悉其工作环境、对象的类型与编辑模式、画面的显示调整以及标尺、网格和引导线的使用等知识，以使读者对 Fireworks MX 有一个初步的认识。

6.1.1 Fireworks MX 功能概览

作为一款优秀的 Web 图形设计软件，Fireworks MX 提供了下述常用功能。

1. 位图编辑

Macromedia Fireworks 提供了编辑和操作位图图像的环境，并支持数码像机与扫描仪。在 Firework 中，每个图像都是一个独立的对象，从而确保了其完全可编辑性。

Fireworks 包括了所有常用的专业位图工具与效果，如魔术棒、套索、钢笔、线条、橡皮擦工具，以及渐变、模糊、锐化与钝化蒙版效果。

2. 向量编辑

利用与分辨率无关的向量，可快速创建按钮与对象。使用向量的好处是，当用户调整其尺寸时而不会损失质量。当用户在应用程序之间复制与粘贴向量或输入 Freehand 与 Illustrator 文件时，图层将被保留，并且可在 Fireworks 中对向量进行编辑。

路径操作允许用户执行更为复杂的向量编辑任务，如简化和扩展描边路径，调整填充区域效果（硬边、反锯齿与羽化），对两个或多个路径执行结合/分离、联合、求交、打孔和裁剪等。

3. 文本处理

Fireworks 通过提供包括颜色设置在内的所有文本属性，可在字符级创建与编辑文本。字体预览允许用户在选择字体前观察字体，“丢失字体”对话框允许用户选择替换字体，新的反锯齿控制可较好地处理小字体。

4. 制作动画

Fireworks MX 允许用户直接在屏幕上创建和编辑简单动画，这些动画通过在多帧移动、缩放、旋转或淡入（出）对象来实现。

在选择希望制作动画的对象后，可直接为其设置动画属性。一旦设置了动画，可通过拖动动画控制标记或利用“属性”面板改变设置来调整动画。

5. 单步按钮制作程序

单步按钮制作程序和链接向导可辅助用户轻松创建按钮，并允许熟练用户创建可重用以及能够与其他设计人员共享的按钮。

利用链接向导可设置图像优化、链接、目标与切片文件名。从库中拖动按钮到当前窗口，然后在页面中移动，其属性（包括切片、链接等）将会一起移动。

6. 创建弹出式菜单

弹出式菜单在导航式 Web 页中非常流行。利用 Fireworks MX 的弹出式菜单创建程序，即使初学者能不书写一行代码，也可以创建出复杂、多层次的弹出式菜单。Fireworks MX 提供了一个单步可视化环境，用户只需在此环境中定义弹出式菜单的内容及外观即可创建弹出式菜单。然后，只要简单地输出必要的 JavaScript 代码，就可制作能够在浏览器中工作的弹出式菜单了。

7. 利用拖放方法创建翻转图片

在 Fireworks MX 中，用户可使用拖放方法轻松创建按钮或非关联翻转图片。用户只需在工作区选择一个按钮或切片，然后拖动按钮或切片中心的目标图符到另一处按钮或切片，然后释放鼠标即可。此时系统会自动打开一个对话框，用户可从中选择交换图像所在的目标帧（或一幅新图像文件）。

事实上，此时实际上是创建了一个 Mouse-over 动作。以后在浏览器中，当鼠标经过源切片时，目标切片将显示此处设置的交换图像。

8. 切片制作、设置与应用

在 Fireworks MX 中，用户可直接根据选定对象创建切片，或利用切片工具绘制矩形或多边形切片。选择切片后，利用“属性”面板可为其设置链接、文件名与优化参数。Fireworks 可使用混合压缩类型输出图像，例如，可将图像中的照片区以 JPG 格式输出，而将文本和色彩单调的区域以 GIF 格式输出。通过使用行为面板为切片指定动作，用户可将翻转图像合并到任何切片图像中。此外，用户可输出选定的单个切片，并可以显示/隐藏切片。

9. 图像优化

在 Fireworks MX 中，用户可利用优化控制面板设置图像的优化参数。通过快速比较 JPG 与 GIF 图形，可以以最少步骤创建最小尺寸与高质量图形。使用新的有损 GIF（Lossy GIF）压缩，可获得比以往 GIF 更小的尺寸。

6.1.2 对象的类型与编辑模式

总的来说，Fireworks 中包含了两类对象，一类是向量对象（包含路径、文字、切片等），一类为位图对象。例如，在如图 6-1 所示的画面中就包含了 3 个对象，它们分别是路径、文字与位图。

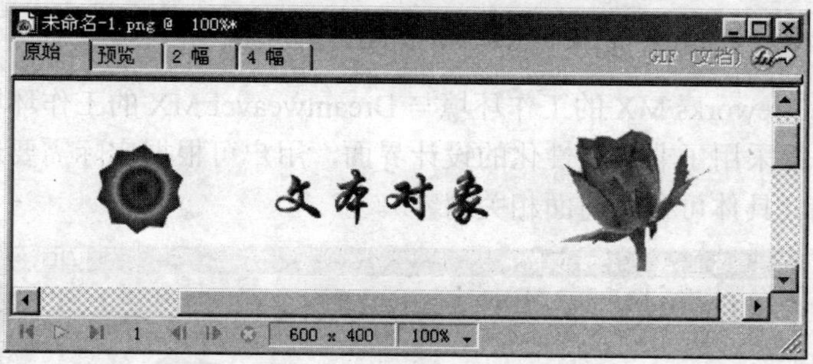

图 6-1　不同类型的对象

要绘制路径对象与文字对象，直接选用工具箱中的相应工具即可。要创建位图对象，也有多种方法，例如，用户可通过选择“文件”|“导入”命令输入位图文件，利用剪贴板粘贴位图对象，利用选区制作工具制作选区然后在选区内进行绘画，或者将路径对象转换为位图对象等。此外，当用户打开一幅位图图像文件时，此时的图像将被作为一个位图对象。

对于不同类型的对象，所能执行的操作是不同的。例如，只能对路径对象使用“自由变形”工具进行自由变形操作，而不能对文字与位图对象执行该操作。又如，用户可为路径与文字对象设置边线与填充类型，而对位图对象则不行。但是，它们也有一些共同之处，例如它们都支持效果设置，可以对其执行缩放、倾斜与扭曲等。

总的来说，路径与文字对象区别不大。但是，它们与位图对象区别就大多了。路径对象属于图形，用户可在绘制路径后随时调整其形状，而位图对象属于点阵图。因此，系统提供了两种编辑模式，这就是对象编辑模式与位图编辑模式。

通常情况下，系统都处于对象编辑模式。要进入位图编辑模式，直接从“工具”面板的“位图”工具区中选择位图编辑工具即可。此时，用户便可对位图进行编辑，如图 6-2 所示。

6.1.3 熟悉 Fireworks MX 的工作环境

Fireworks MX 的工作环境与 Dreamweaver MX 的工作环境相似，都采用了非常人性化的设计界面，用户可根据实际需要进行设定（具体可参考前面相关内容）。

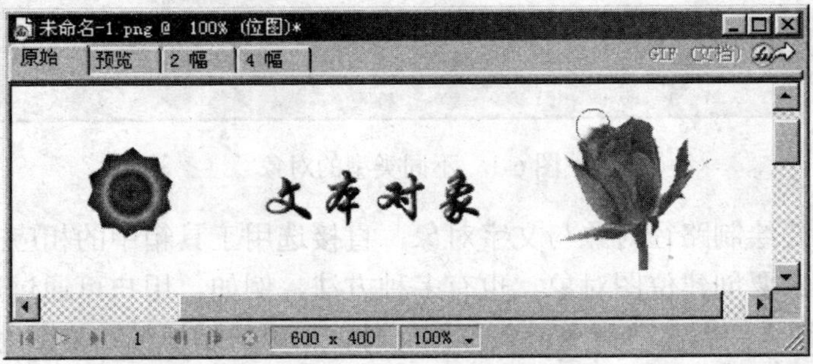

图 6-2 位图编辑模式

Fireworks MX 的工作环境如图 6-3 所示，其中包括文档编辑窗口、菜单栏、工具栏、可随意调整位置的“工具”面板、“属性”面板及其他面板等。

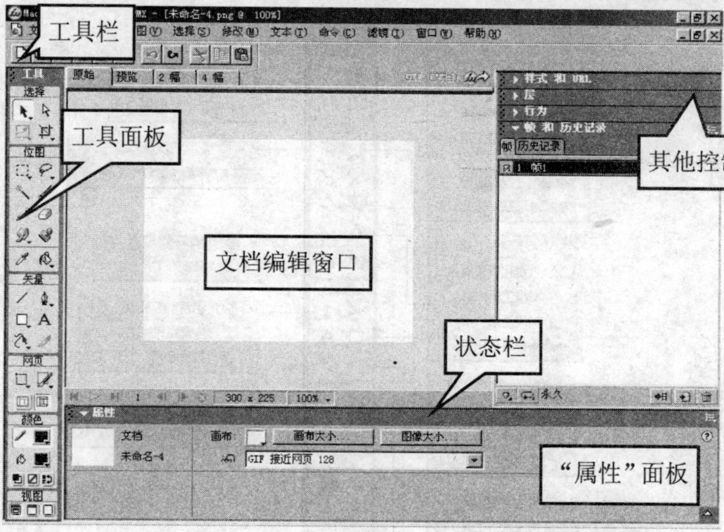

图 6-3　Fireworks MX 的工作环境

1. “工具”面板

默认状态下，“工具”面板位于工作界面左侧，其中的工具被组织成 6 个类别：选择、位图、矢量、网页、颜色和视图。其中，如果某个工具的右下角有一个小黑三角符号（如、），表明单击并按住鼠标按钮不放将打开该工具的同位工具组，如图 6-4 所示。

用户还可利用“属性”面板调整各工具的属性。例如，当用户选中“橡皮擦”工具时，可使用“属性”面板调整其大小、形状（圆形或方形）、边缘柔化程度及不透明度等，如图 6-5 所示。要设置工具属性，只需单击该工具即可。

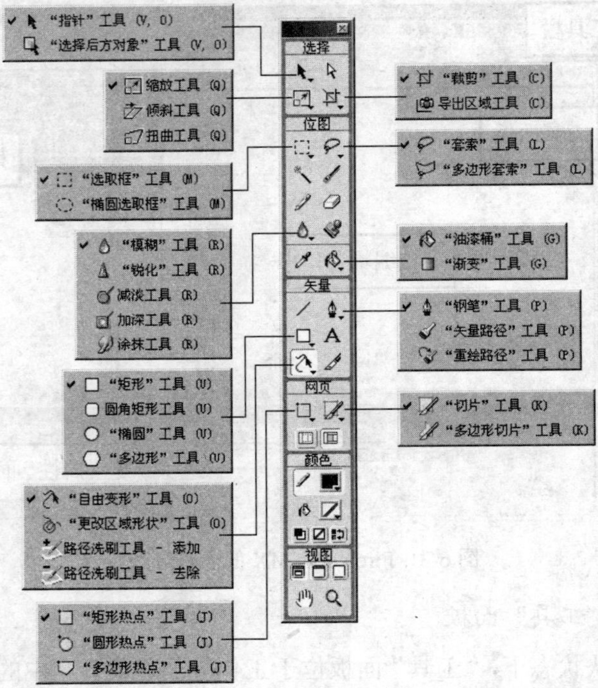

图 6-4 Fireworks MX 的工具面板

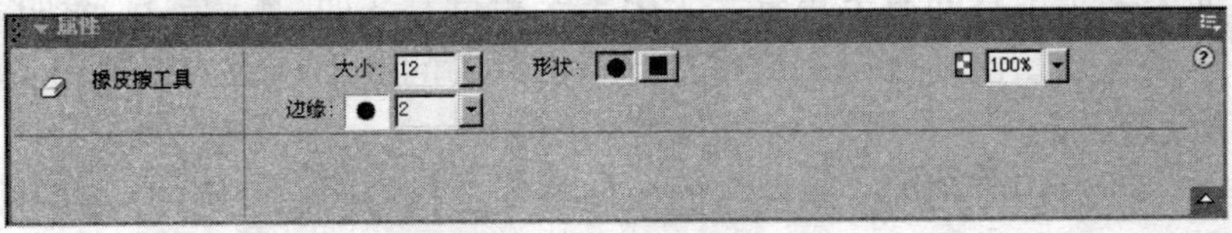

图 6-5 "橡皮擦"工具的"属性"面板

2. "属性"面板

"属性"面板（参见图 6-5 所示）是一个上下文关联面板，它显示当前选区的属性、当前工具选项或文档属性。默认情况下，"属性"面板停放在工作区的底部。

提示　若要折叠属性面板或使其以半高方式打开（只显示两行属性），可分别单击面板左上角的按钮和右下角的按钮。

3. 其他控制面板

在 Fireworks 中，很多控制都是通过面板实现的。例如，调整对象的描边、填充效果、管理图层和设置优化参数等。对于任一面板而言，单击其右上角的按钮，可弹出控制面板的快捷菜单（如图 6-6 所示），用户可通过选择相应命令执行各种操作。

要复位面板到默认位置，可选择“命令”|“面板布局设置”菜单中的 800×600 或其他命令。要保存当前面板布局，可选择其中的“保存面板布局”命令。

Fireworks MX 提供的各面板的主要功能如下：

- “混色器”和“样本”面板用于管理当前文档的调色板。
- “层”和“帧”面板用于组织文档的结构，并且包含用于创建、删除和操作层和帧的选项。“帧”面板包括创建动画的选项。

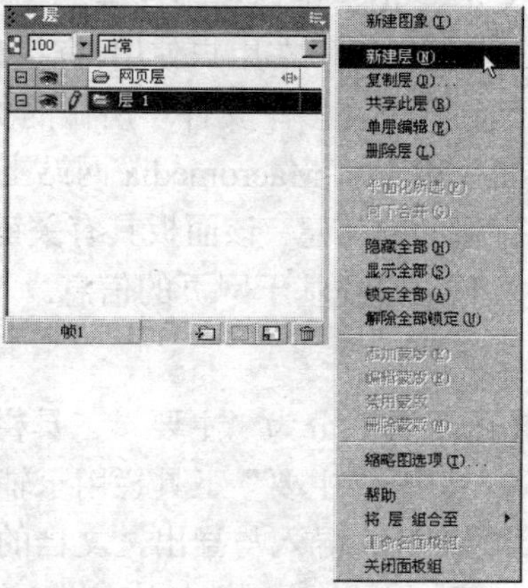

图 6-6　控制面板弹出菜单

- “信息”面板用于提供所选对象的尺寸和在画布上移动指针时指针的精确坐标。
- “行为”面板用于管理行为，而行为决定热点和切片对鼠标移动所做出的响应。
- “历史记录”面板用于列出最近使用过的命令，以便用户能够快速撤销和重复操作。另外，用户可以选择多个动作，然后将其作为命令保存和重新使用。
- “库”面板包含了图形元件、按钮元件和动画元件。用户可以很容易地将这些元件的实例从“库”面板拖到文档中，也可以通过仅修改该元件，对全部实例进行全局更改。
- “优化”面板使用户可以管理用于控制对象大小和文件类型的设置，以及处理要导出的文件或切片的调色板。
- “样式”面板可使用户储存和重新使用对象的组合特性或者选择一个常用样式。
- url 面板使用户可以创建包含经常使用的 url 的库。
- “查找和替换”面板用于在一个或多个文档中查找和替换元素，如文本、url、字体和颜色等。
- “工程记录”面板用于在用户使用“查找和替换”或进行批处理时跟踪和控制在多个文件中所做的更改。
- “答案”面板用于从 Macromedia 网站上动态下载内容丰富而且很有帮助的信息。该面板具有关键字搜索功能，用于从各种来源中查找基于网页的信息。

4. 工具栏

Fierworks MX 的工具栏分为“主要”工具栏和“修改”工具栏，如图 6-7 所示。其中，“主要”工具栏用于辅助用户执行一些常用操作，如文档的打开、导入与导出，文档的保存与打印，文档的剪切、复制和粘贴，操作的撤销与恢复等。“修改”工具栏则用于组合、合并、对齐、翻转和旋转对象及调整对象前后顺序等。

提示　若要显示或隐藏工具栏，可选择“窗口”|“工具栏”|“主要”或“修改”命令。

图 6-7　Fierworks MX 的工具栏

5. 文档编辑窗口

顾名思义，文档编辑窗口主要用于文档编辑。但是，与大多数软件不同的是，Fireworks 的文档编辑窗口包含了多个选项卡，如“原始”、“预览”、“2 幅”、“4 幅”选项卡。其中，“原始”选项卡用于图形编辑，而其他几个选项卡则用于观察图像优化输出时的效果。

我们知道，Fireworks 软件应该说是一个专门用于设计 Web 图像的软件。因此，利用该软件制作的图像大多应按照优化设置输出成可供网页使用的图像格式。其中，用户可使用“优化”面板设置优化参数（例如，输出的图像格式、颜色数等），而利用绘图窗口的“预览”、“2 幅”和“4 幅”选项卡则可预览输出效果。

6.1.4　画面显示调整

为了辅助用户进行绘图，Fireworks MX 也提供了画面的缩放与平移功能。与这些功能相关的命令主要位于“视图”菜单中，如图 6-8 所示。

在“视图”菜单中，与显示调整相关的命令主要包括。

- 放大：将当前画面放大一倍显示。

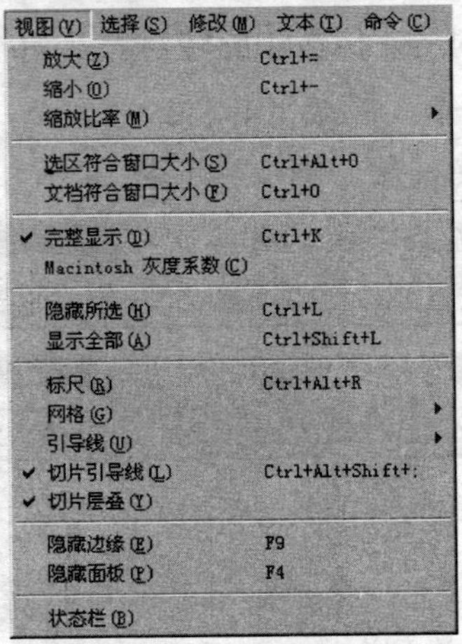

图 6-8 “视图”菜单及绘图窗口显示

- 缩小：将当前画面缩小一半显示。
- 缩放比率：按选定比例显示文档。
- 选区符合窗口大小：在当前窗口中最大程度上显示选定对象。
- 文档符合窗口大小：在当前窗口中最大程度上显示全部文档。
- 完整显示：打开或关闭对象真实效果显示。当文档比较复杂时，可关闭该开关，此时将只显示对象的框架。
- Macintosh 灰度系数：以 Macintosh 平台效果显示文档。
- 隐藏所选：隐藏选定对象。
- 显示全部：显示全部对象。
- 隐藏边缘：打开/隐藏对象边界，即绘画时的蓝色线条。
- 隐藏面板：打开/隐藏全部面板。
- 状态栏：打开/隐藏状态条。

提示 当图像无法在当前窗口中完全显示时，单击工具箱中的手形工具，然后在绘图区单击并拖动可移动图像位置（此时光标为手形），从而改变图像在窗口中显示的区域，如图 6-9 所示。

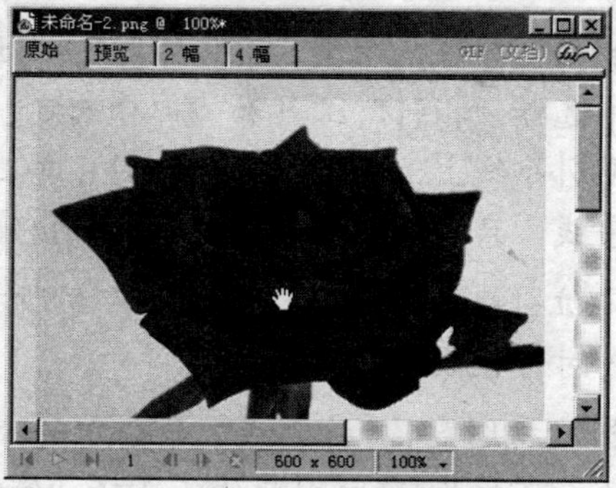

图 6-9 利用手形工具平移图像

选择工具箱中的缩放（Zoom）工具后，直接在绘图区单击，可放大当前显示；按下 Alt 键并单击，可缩小显示。在绘图区单击并拖动，可将选定区域放大显示。

此外，用户还可通过单击工具箱中的、工具或在层窗口中打开、关闭网页层及打开、关闭切片与热点显示。要打开或关闭切片引导线显示，可选择“视图”|“切片引导线”命令。

6.1.5 使用标尺、网格与引导线

为便于用户编辑文档中的元素，Fireworks MX 提供了标尺、网格和引导线。选择“视图”|“标尺”命令和“视图”|“网格”|“显示网格”命令可分别打开标尺和网格，如图 6-10 所示。

提示 要调整网格的疏密、网格线的颜色等，可选择“视图”|“网格”|“编辑网格”命令。此时，系统将打开“编辑网格”对话框。用户可利用该对话框打开/关闭

网格显示和对齐网格、设置网格线的间距和颜色等。

打开标尺后，将光标移至水平标尺或垂直标尺上单击并拖动，可创建水平或垂直引导线，如图 6-11 所示。

提示 要移动引导线的位置，可以在“工具”面板的“选择”选区中选择“指针”工具和“部分选定”工具后，将光标移至引导线上，待光标变为时，单击并拖动；要删除引导线，只需单击引导线并将其拖出窗口即可。

若要精确定位引导线，可双击引导线，利用所打开的“移动引导线”对话框设置其位置。

此外，选择“视图”|“引导线”命令中的“显示引导线”复选项，可打开/隐藏引导线；选择“锁定引导线”复选项，可锁定/解锁引导线（引导线被锁定后，用户将不能再移动其位置）；选择“对齐引导线”命令，可打开/关闭引导线捕捉。如果选择“编辑引导线”命令，用户可利用所打开的“引导线”对话框设置引导线与切片的颜色，控制引导线的显示与关闭、锁定与解锁、捕捉以及切片引导线的显示与关闭等。

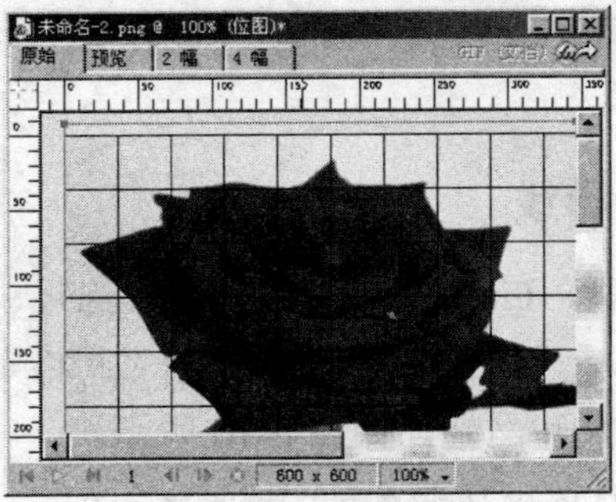

图 6-10 打开标尺和网格

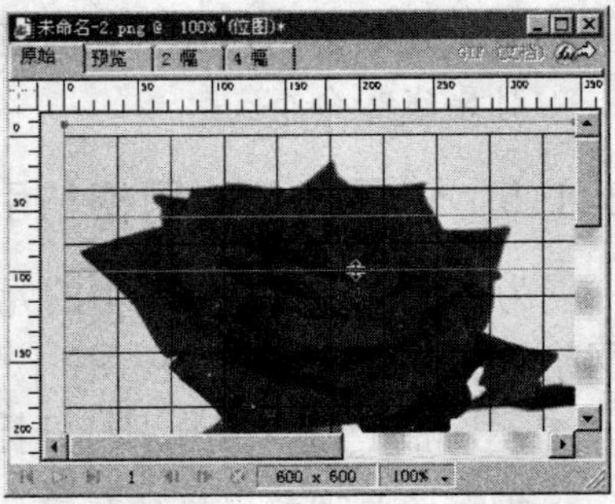

图 6-11 制作引导线

网格和引导线的作用主要是辅助绘图。如果希望在绘图时能

够借助网格精确定位光标位置，可选择“视图”|“网格”|“对齐网格”复选项。打开该开关后，将光标移至网格点附近时单击鼠标，系统会自动将节点定位在网格点上，从而绘制一些精确图形，如图 6-12 所示。

同样，要借助引导线精确绘制图形，也必须打开引导线捕捉，以便精确定位光标位置，如图 6-13 所示则是我们借助引导线绘制的切片。

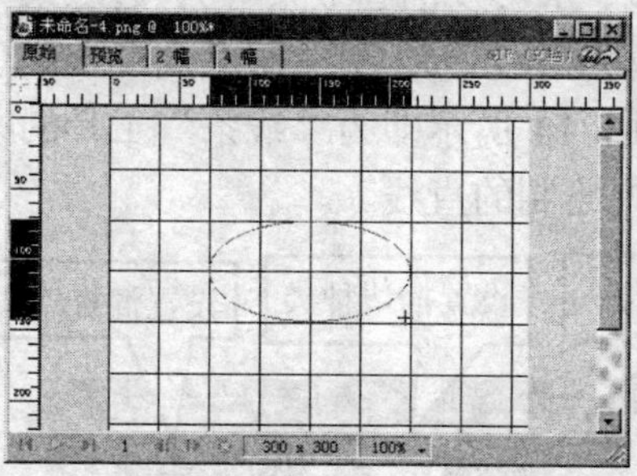

图 6-12　通过捕捉网格绘制精确图形

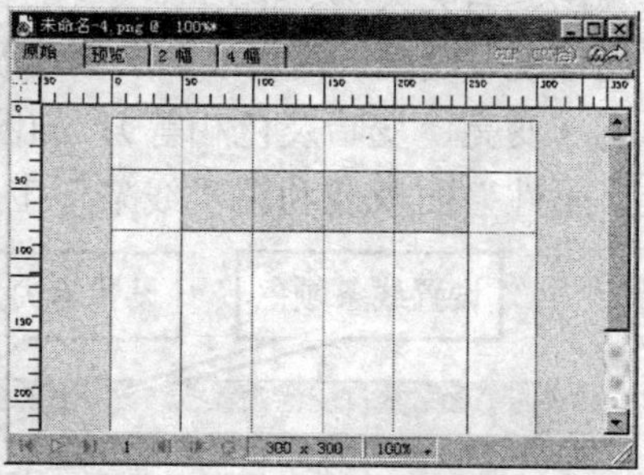

图 6-13　借助引导线精确制作切片

6.2　路径的绘制与编辑

在 Fireworks 中，用户可以创建及编辑多种对象，如路径对象、文本对象与位图对象等。在本节中，我们向读者介绍一下路径的编辑与绘制。

6.2.1　路径绘制工具简介

在 Fireworks MX 中，路径绘制工具都位于“工具”面板的“矢量”选区中。用户可使用以下工具绘制路径：

- 使用“线条”、“矩形”、“圆角矩形”、“椭圆”及“多边形”等基本形状工具。
- 使用“钢笔”工具绘制任意形状的线段路径。

- 使用“矢量路径”工具绘制任意形状的曲线路径。

1. “线条”工具

“线条”工具用于绘制直线，选择该工具后，在文档窗口中单击并拖动即可进行绘制。其中，按住 Shift 键单击并拖动可绘制水平、垂直及 45° 直线。

选择“线条”工具后，用户可利用“属性”面板设置线条的颜色、笔尖大小、描边种类（喷枪、水彩及油画效果等）、边缘柔化程度、纹理（垂直线、水平线及网格线等）、不透明度及混合模式（变亮、变暗及色相等），如图 6-14 所示即为“线条”工具的“属性”面板及利用“线条”工具绘制的直线。

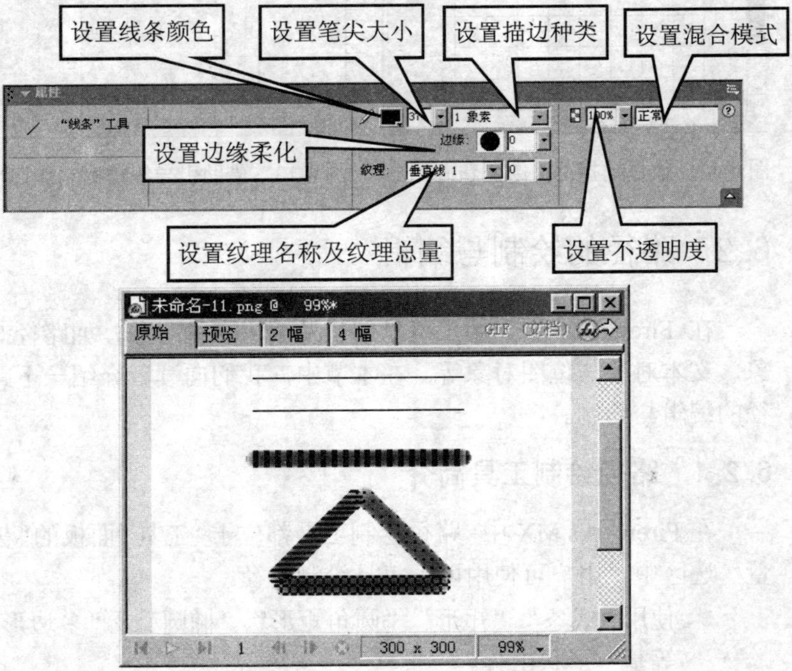

图 6-14 “线条”工具“属性”面板及线条效果

2. “矩形”、“圆角矩形”、“椭圆”及“多边形”工具、、和

、及工具分别用于绘制矩形、圆角矩形和椭圆，如果按住 Shift 键单击并拖动，则可绘制正方形、圆角正方形和正圆。按住 Alt 键单击并拖动可绘制中心对称图形。按住 Shift+Alt 组合键单击并拖动，可从中心点绘制正方形、圆角矩形和圆。

选择上述基本形状工具后，利用“属性”面板除了可以设置各形状的线条属性外，还可以设置各形状的填充颜色和填充类别（实心或图案等），。对于“圆角矩形”工具而言，还可设置矩形圆度，如图 6-15 所示即为设置了填充颜色后，所绘制的各种形状。

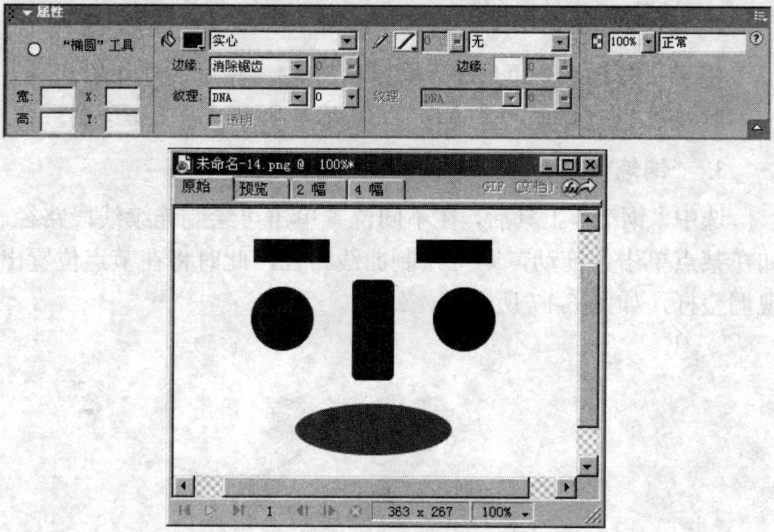

图 6-15 所绘制的基本形状

对于多边形工具而言，用户可利用“属性”面板设置绘图形状（多边形或星形）和边数，并且可在绘制星型时设置夹角，如图 6-16 所示。

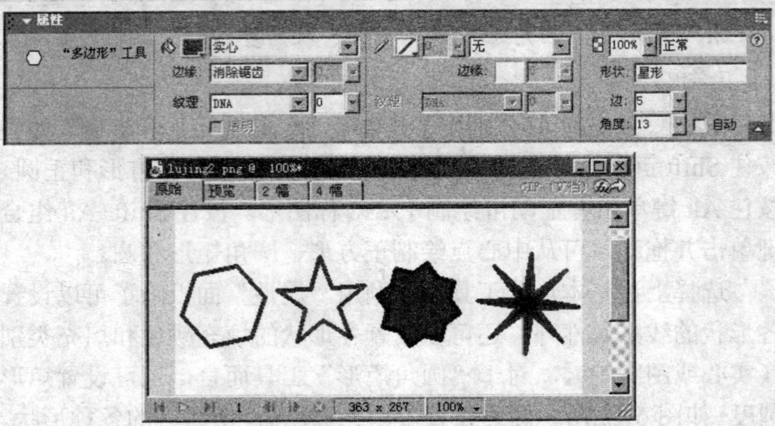

图 6-16　绘制多边形与星形

提示　若要将多边形的方向限制为 45° 增量，可在绘制时按住 Shift 键。“多边形”工具总是从中心点开始绘制。

3. “钢笔”工具

选中“钢笔”工具后，在不同位置单击可绘制连续线段路径。如在某点单击并拖动，则可绘制曲线路径，此时将在节点位置出现调整杆，如图 6-17 所示。

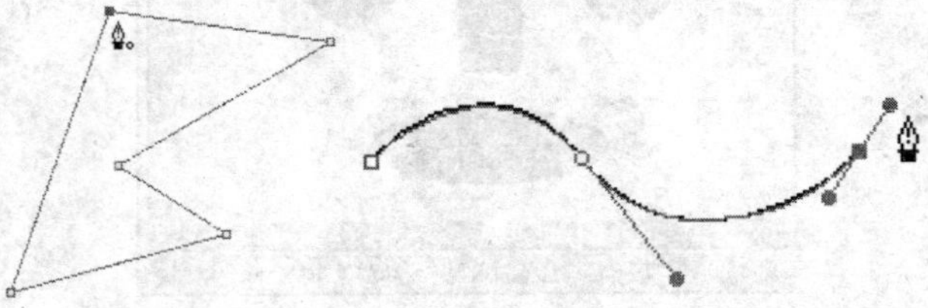

图 6-17　使用钢笔工具绘制连续线段路径和平滑曲线路径

提示　若要结束路径绘制并使其成为断开路径，可双击最后一个节点；若要封闭路径，则可单击所绘制的第一个点。

用户可同样利用"钢笔"工具的"属性"面板来设置所绘路径的各属性。

4."矢量路径"工具

"矢量路径"工具位于"钢笔"工具组中，它用来绘制自由变形路径。选择该工具后，在文档窗口中单击并随意拖动即可进行绘制，如图 6-18 所示即为使用该工具，并利用"属性"面板设置路径的描边种类和颜色后，所绘制的人物头像效果。

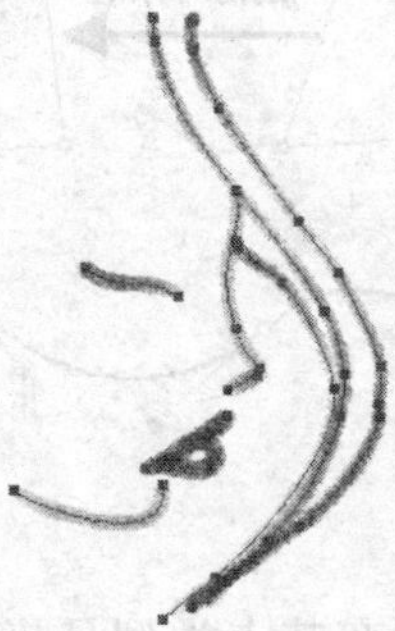

图 6-18　利用"矢量路径"工具绘制路径

6.2.2　路径对象的编辑

在 Fireworks MX 中，利用绘图工具绘制路径只是创建 Web 图形的第一步。通常情况下，用户还必须对所绘图形进行各种编辑。要编辑图形，首先应选择图形，然后将其变形为自己想要的形状即可。

1. 通过编辑节点变形路径

对于 Fireworks 的路径对象来说，节点决定了路径的形状。因此，要编辑路径的形状，我们可以通过编辑节点来进行，如删除节点、移动节点位置、拖动调整杆及改变节点类型等。

- 要删除节点，可首先利用"工具"面板"选择"选区中的"部分选定"工具单击选中节点（配合 Shift 键可选择多个节点），然后按 Delete 键。
- 若要移动节点，可利用"部分选定"工具选中节点后，单击并拖动节点。

● 若要通过拖动调整杆编辑路径，可首先利用“部分选定”工具选中带有调整杆的节点，然后单击并拖动调整杆。

如图 6-19 列出了利用上述 3 种方法对路径进行变形的结果。

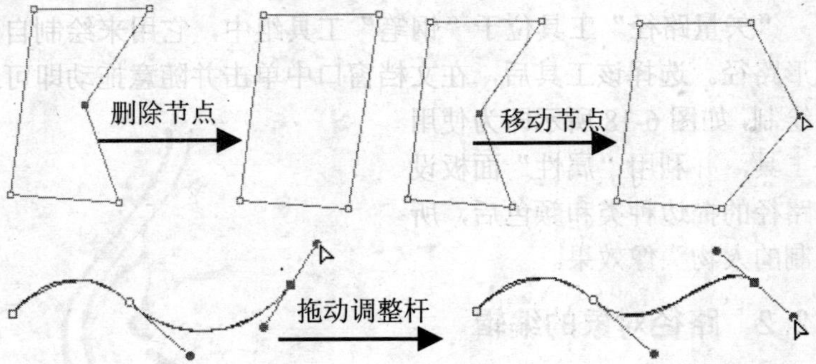

图 6-19　编辑路径

改变节点类型是指曲线节点与拐角节点之间的相互转换，曲线节点表明其邻接线段为曲线，拐角节点表明其邻接线段中至少有一条是直线。

要将一个曲线节点转换为拐角节点，应首先利用“部分选定”工具单击选中路径，然后选择钢笔工具，单击选择曲线节点进行转换。要将一个拐角节点转换为曲线节点，应在选择钢笔工具后，单击选中拐角节点并拖动，如图 6-20 所示。

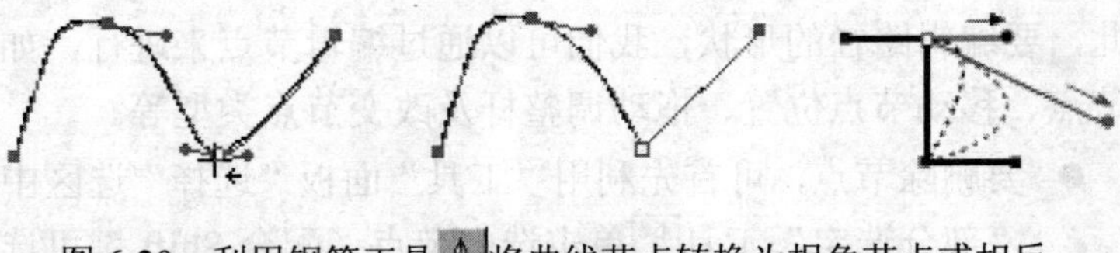

图 6-20　利用钢笔工具将曲线节点转换为拐角节点或相反

如果希望仅弯曲选定节点一侧的线段，可在利用 Subselection 工具选定该点后，按住 Alt 键单击并拖动，如图 6-21 所示。

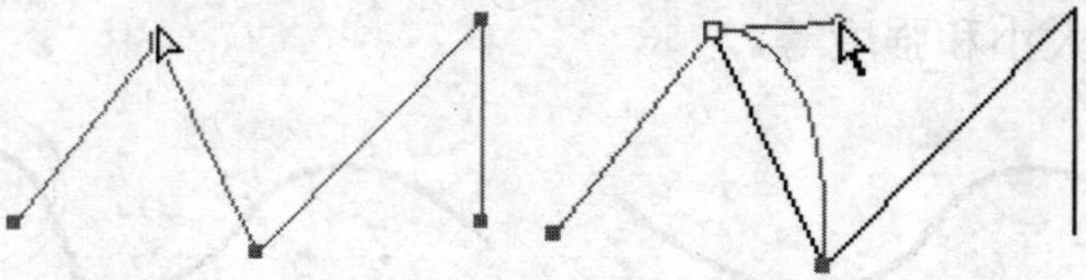

图 6-21 选定节点后配合 Alt 键调整节点一侧线段的弯曲度

2. 使用变形工具变形路径

用户除了可通过编辑节点来变形路径之外，还可利用“自由变形”工具、“更改区域形状”工具、“路径洗刷”工具——添加、“路径洗刷”工具——去除、“重绘路径”工具及“刀子”工具等来变形路径。

弯曲路径：利用“自由变形”工具不必修改节点便可弯曲路径。用户可以利用该工具推拉路径的任意部分，系统将自动增加、移动或删除路径上的点，如图 6-22 左图所示。

当光标靠近路径时，如果光标箭头的右下角显示了一个 s，此时单击并拖动可调整路径的弯曲程度。如果光标离路径稍远，光标箭头的右下角显示为 o，此时单击可为路径增加一段圆弧。如果单击并拖动，则可制作粗管道形状，如图 6-22 右图所示。

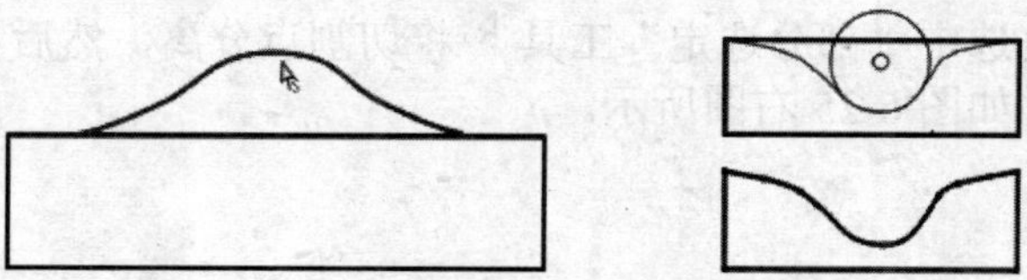

图 6-22 利用“自由变形”工具弯曲路径

使用“自由变形”工具时，利用“属性”面板还可调整“自由变形”工具的变形半径和压力大小。

推拉路径：利用“更改区域形状”工具，可推拉路径，其效果如图 6-23 所示。利用该工具的“属性”面板可设置半径大小及压力的大小和强度等。

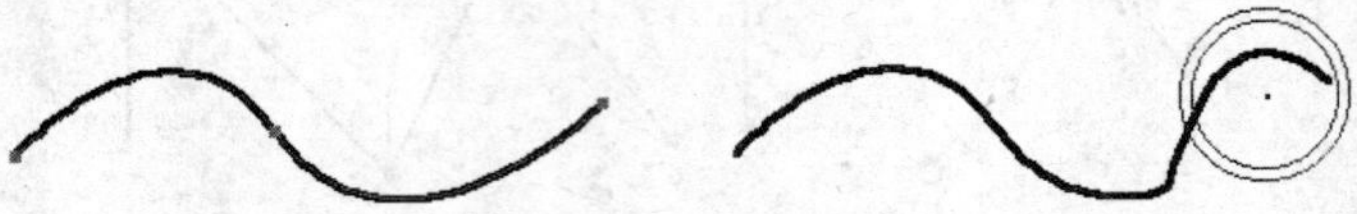

图 6-23　利用“更改区域形状”工具推拉路径

重画路径局部线段：利用“重绘路径”工具，用户可重画路径的局部。使用该工具时应注意，一定要使光标位于被重画路径的上方，如图 6-24 所示。否则，将绘制新路径。

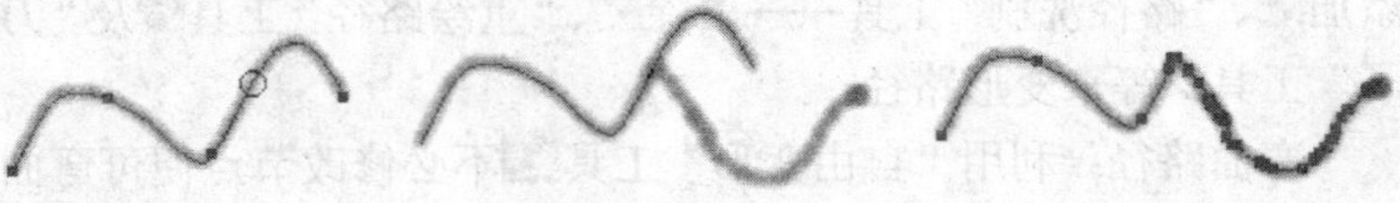

图 6-24　重画路径的局部线段

分割路径：选择“刀子”工具后，在绘图区单击并拖动可绘制分割线，释放鼠标后即可以分割路径，如图 6-25 左图与中图所示。但是，由于切割路径后，两条路径的端点是重合的，因此，Fireworks 仍将其看作一条路径。因此，要想单独移动一条路径，必须首先选中“部分选定”工具将切割点分离，然后再分别移动路径，如图 6-25 右图所示。

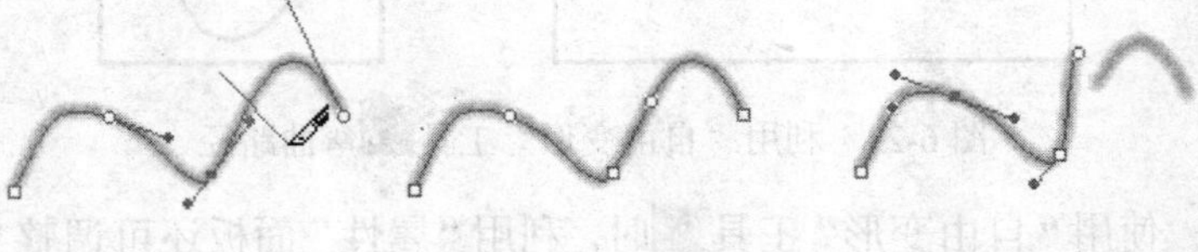

图 6-25　分割路径

3．使用路径操作命令变形路径

使用路径操作命令，可通过对多条路径或单个路径执行运算来创建新路径。利用路径操作还可删除影响路径的压力和速度信息。对于某些路径操作而言，选定路径的堆栈顺序可定义如何执行操作。

路径混合：通过求取路径的并集、交集等，可以方便地制作各种图案。与路径混合相关的命令包括“修改”|“组合路径”命令中的“合并”、“拆分”、“联合”、“相交”、“打孔”及“裁剪”命令，各效果如图 6-26 所示。

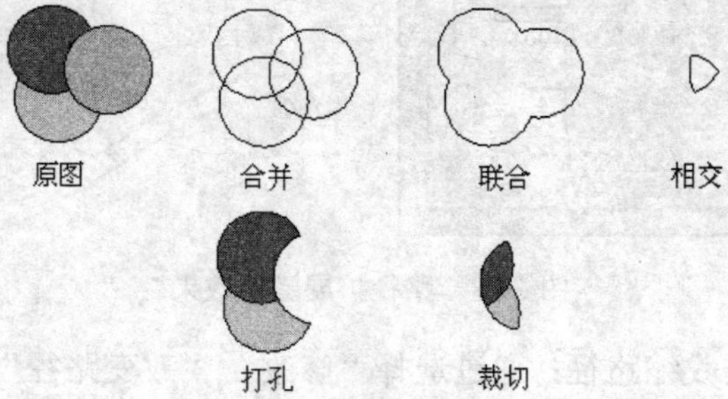

图 6-26 路径的混合操作

路径简化：通过选择“修改”|“改变路径”|“简化”命令，可以简化路径，从而使路径看起来更平滑。其实质是通过删除距离较近的节点，从而达到拉直路径的目的。执行此命令时，系统将打开“简化”对话框，用户可利用该对话框设置简化数量，如图 6-27 所示。

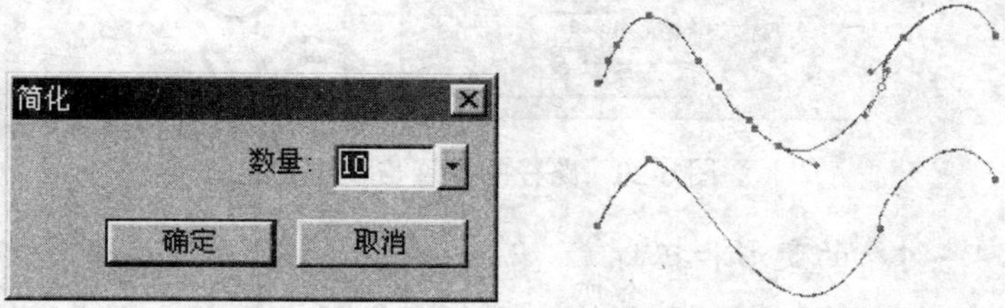

图 6-27 路径简化效果

扩展笔触：通过选择“修改”|“改变路径”|“扩展笔触”命令，可以将一条开放路径变为封闭路径，此时系统将打开“扩展笔触”对话框。用户可利用该对话框设置扩展笔触的宽度、节点处理方式和封闭路径的形状等，其效果如图 6-28 所示。

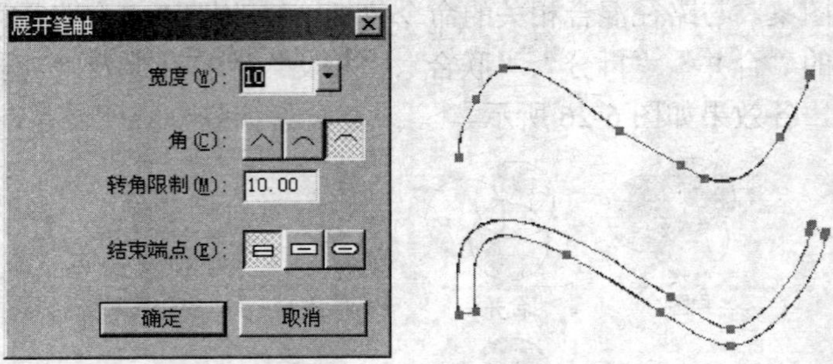

图 6-28　路径扩展笔触效果

扩展与收缩路径：通过选择“修改”|“改变路径”|“伸缩路径”命令，可以扩展或收缩路径。同样，此时系统将打开“伸缩路径”对话框。用户可利用该对话框设置伸缩方向（内部或外部）、伸缩宽度、角度及转角限制等。其效果如图 6-29 所示。

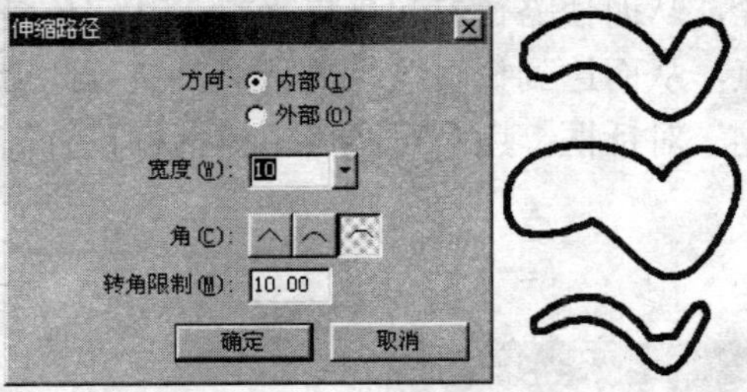

图 6-29　路径的扩展与收缩

4. 对象的变形和扭曲

用户可缩放、旋转、翻转、扭曲或倾斜对象，还可对文本、位图图像、热点区和切片区进行变形。

用于变形与扭曲的工具位于“工具”面板的“选择”选区中，包括“缩放”工具、“倾斜”工具和“扭曲”工具，其对应菜单为“修改”|“变形”菜单中的相应命令。从工具示意图即可了解各工具的作用。在对对象进行变形和扭曲时，主要依赖对象的中心点及控制点。例如，用户可通过改变中心点位置，调整旋转轴点位置，如图 6-30 所示。

提示　要旋转图像、水平或垂直翻转对象，除了选择“修改”|“变形”菜单中的相应命令后，还可以利用“修改”工具栏中的相应按钮。

使用以上几个变形工具时请注意，将光标移至不同的控制点，或变形框的内部、外部、附近等不同位置，光标的形状将会发生变化。因此，此时单击并拖动可获得不同的变形效果。

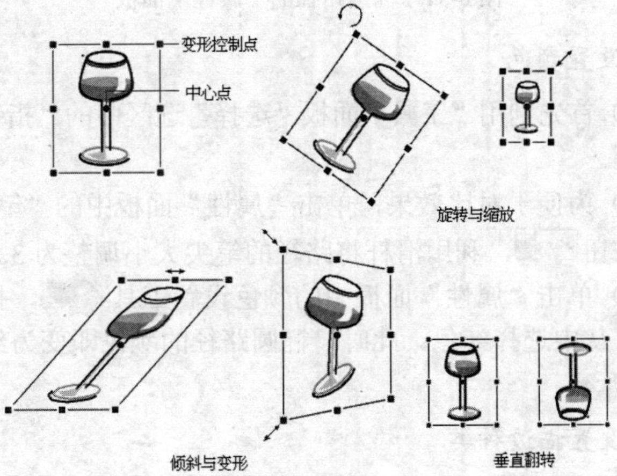

图 6-30　对象变形效果

6.2.3 为路径对象设置描边、填充、不透明度及效果

前面我们曾提到过，在选择路径绘制工具时，我们可以利用“属性”面板设置要绘制路径的描边种类和填充类别。在绘制路径后，我们仍然可以利用“属性”面板或“工具”面板“颜色”选区中的工具，对整个路径设置描边种类、填充类别和纹理、不透明度及特殊效果等。

下面我们就以对一个椭圆路径设置描边种类、填充类别、不透明度及效果为例，介绍一下为路径对象设置上述各属性的方法。椭圆路径的“属性”面板如图 6-31 所示。

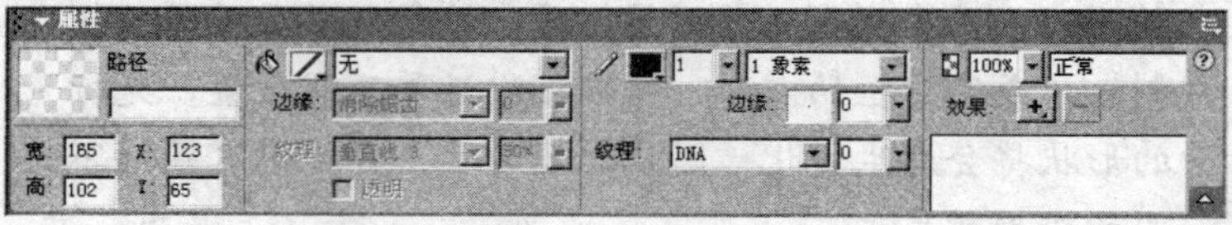

图 6-31　椭圆路径的“属性”面板

1. 设置颜色

（1）首先利用“工具”面板“选择”选区中的“指针”工具选择椭圆。

（2）为便于对比效果，单击“属性”面板中的“笔尖大小”下三角按钮，利用滑杆将路径的笔尖大小调整为 3。

（3）单击“属性”面板中的颜色设置工具，打开颜色选取框，从中选择红色。此时，椭圆路径的颜色即变为红色，如图 6-32 所示。

2. 设置描边种类

（1）选中椭圆，打开“属性”面板中的“描边种类”下拉列表框，在列表中选择“毛笔”|“缎带”命令，设置椭圆的描边种类为“缎带”，效果如图 6-33 所示。

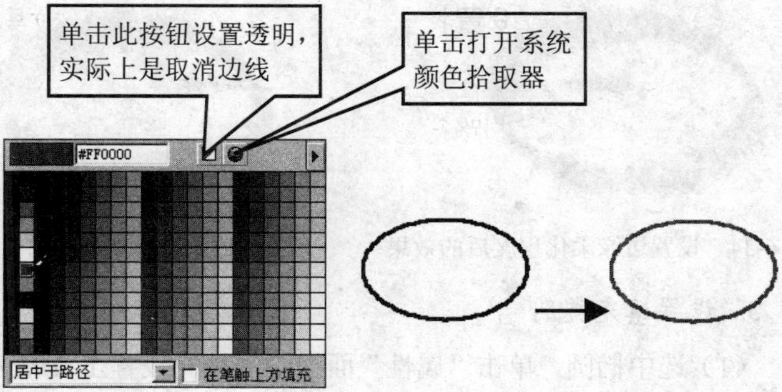

图 6-32 设置路径颜色

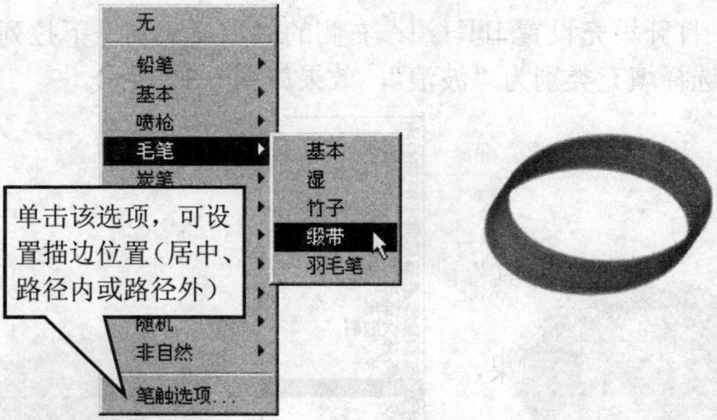

图 6-33 为路径设置描边种类

（2）用户可根据需要，利用“描边种类”下方的“边缘”下三角按钮设置边缘柔化程度，效果如图 6-34 所示。

（3）用户还可利用“纹理”下拉列表框设置路径的描边纹理效果及纹理总量，如图 6-35 所示为将纹理设置为“交叉阴影线 2”，纹理总量为 60%时的效果。

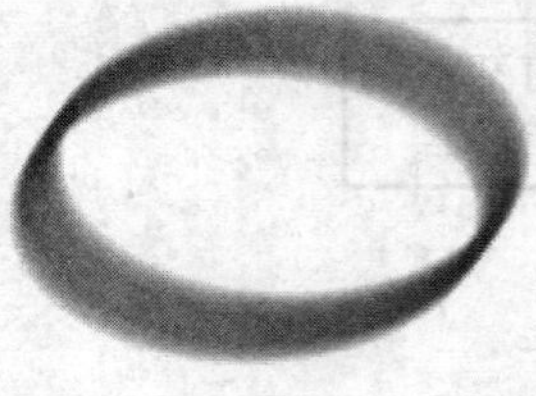

图 6-34　设置边缘柔化程度后的效果

图 6-35　设置纹理后的效果

3. 设置填充类别

（1）选中椭圆，单击“属性”面板中的填充设置工具，从弹出的颜色选取框中选择填充颜色，如图 6-36 所示为将填充颜色设置为浅绿色后的效果。

（2）打开填充设置工具右侧的“填充类别”下拉列表框，从中选择填充类别为“波浪”，效果如图 6-37 所示。

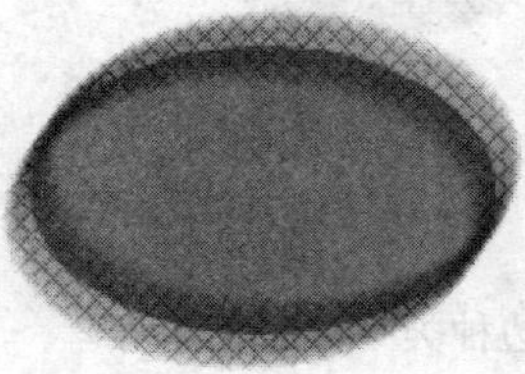

图 6-36　设置填充颜色后的效果

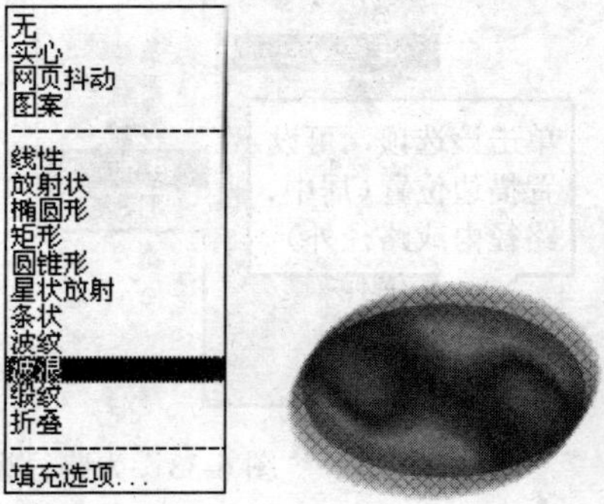

图 6-37　设置填充类别后的效果

（3）设置填充类别后，重新单击填充设置工具，则可打开渐变编辑窗口。利用该窗口，用户可根据需要编辑渐变样式，如图 6-38 所示为“红、绿”渐变样式效果。

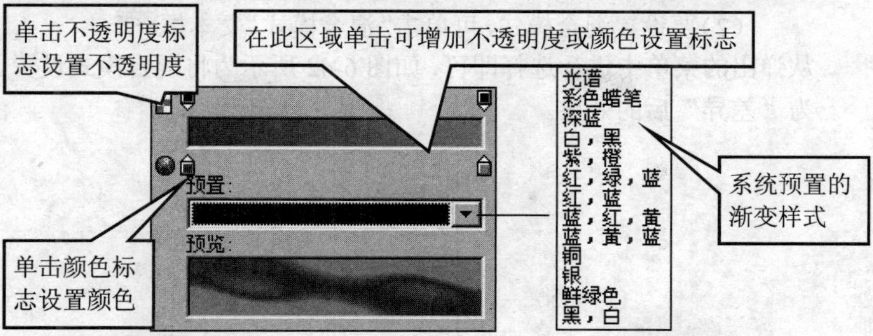

图 6-38　编辑渐变样式

（4）利用下方的“边缘”下拉列表框设置填充的边缘效果为“羽化”，并设置羽化总量为 10。

（5）利用下方的“纹理”下拉列表框设置填充纹理为“金属”，并设置纹理总量为 60%，得到如图 6-39 所示的效果。

提示　设置填充纹理时，用户可利用“指针”工具单击路径，并拖动所出现的调整柄调整纹理填充，如图 6-40 所示。

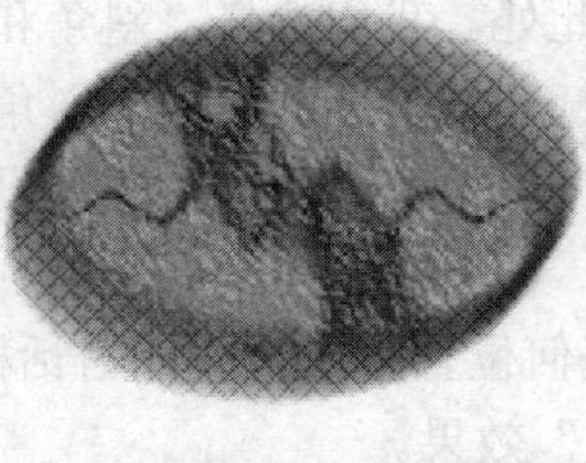

图 6-39　设置填充纹理后的效果

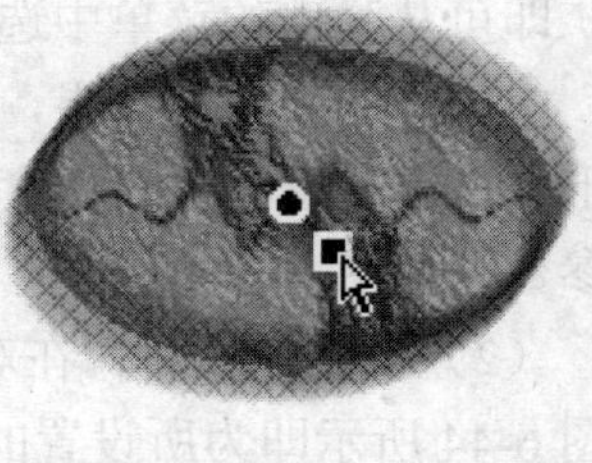

图 6-40　调整纹理填充半径

4．设置不透明度和混合模式

（1）选择路径后，单击“属性”面板中的“不透明度”下拉按钮，利用滑杆即可设置不透明度，如图 6-41 所示为将不透明度设置为 70 时的效果。

（2）要设置混合模式，可单击“混合模式”文本框 变暗 ，从弹出的菜单中进行选择即可，如图 6-42 所示为将混合模式设置为“差异”后的效果。

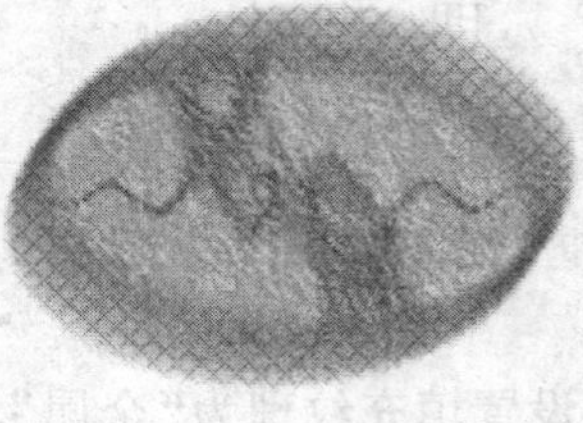

图 6-41　设置不透明度后的效果

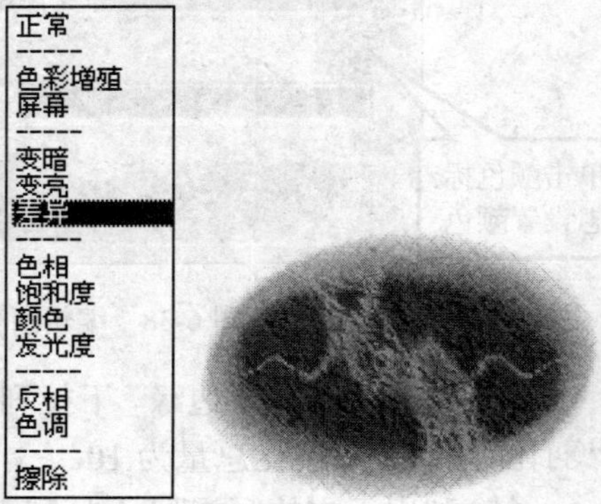

图 6-42　将“混合模式”设置为“差异”的效果

5. 设置效果

（1）选择路径后，单击“属性”面板“效果”选项中的 + 按钮，即可从弹出的菜单中选择效果。此处，我们选择“斜角和浮雕”中的“内斜角”效果，并利用所打开的对话框设置“斜角边缘形状”、“宽度”、“对比度”、“柔化”、“角度”及“按钮预设”等参数，如图 6-43 所示。

（2）设置完成后，在对话框外任何位置单击，关闭对话框，如图 6-44 所示即为所设置的“内斜角”效果。

提示　设置效果时，用户可在文档窗口中预览当前设置效果。

若要删除所设置的效果，可在效果列表中选择效果后单击列表上方的 - 按钮。

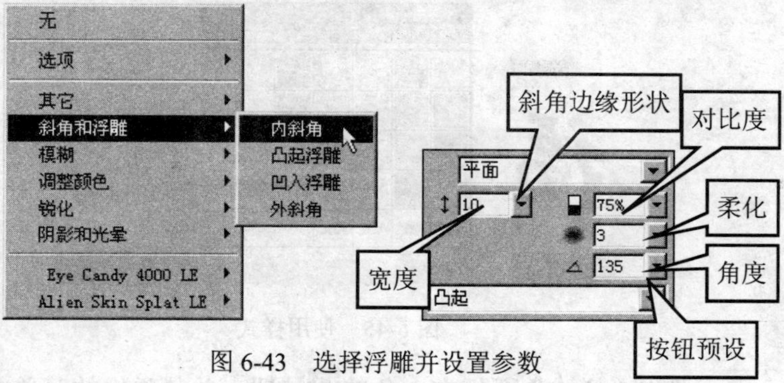

图 6-43　选择浮雕并设置参数

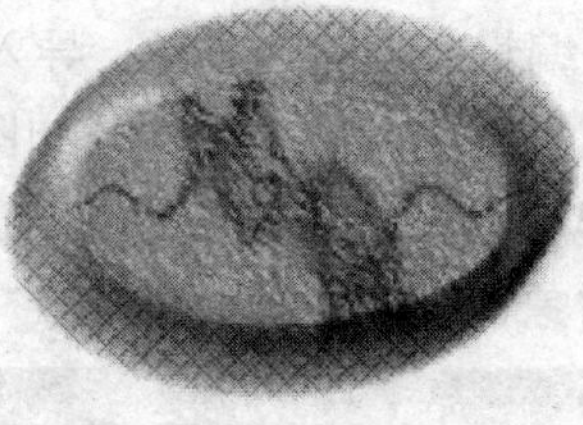

图 6-44　设置“内斜角”后的效果

6.2.4　使用样式

样式实际上是描边、填充和效果设置的综合运用。选定对象后，只需简单地在“样式”面板中单击选定某个样式，即可将这些设置用于选定对象，从而快速制作按钮与特效字等。

更为方便的是，为对象选用某个样式后，用户还可通过调整对象的描边、填充和效果等各项设置，获得不同的效果。

对对象设置样式的具体操作步骤如下。

（1）在文档窗口中选择要设置样式的对象。

（2）选择“窗口”|“样式”命令，打开“样式”面板。

（3）在样式列表中单击选择所需样式即可，如图 6-45 所示。

图 6-45　使用样式

单击“样式”面板右上角的按钮，并从弹出的菜单中选择相应选项，可新建、编辑、删除、重设、导入和导出样式。其中，如果选择“编辑样式”命令，系统将打开如图 6-46 所示的“编辑样式”对话框，用户可通过该对话框设置样式名称及属性，即将哪些属性用于选定对象。

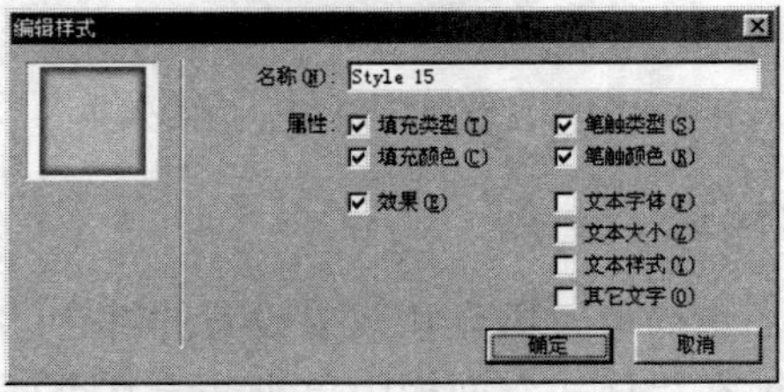

图 6-46　“编辑样式”对话框

6.3　文本的创建与编辑

利用 Fireworks MX 所提供的“文本”工具，用户可以方便地在文档中输入文本，并可设置文本的字体、尺寸、颜色、间距和基线偏移等。通过使用 Fireworks 的文本编辑特性，如描边、填充、效果和样式等，可增强文本的效果。

此外，Fireworks 还提供了按路径改变文本的排列方式、变形文本及将文本转换为路径的功能。

6.3.1 输入与编辑文本

要输入文本，只需选择“工具”面板“矢量”选区中的“文本”工具，并利用“属性”面板设置字体、尺寸、颜色、字间距、排列方向及段落对齐特性等参数，然后在文档中适当位置单击进行输入即可，如图 6-47 所示。

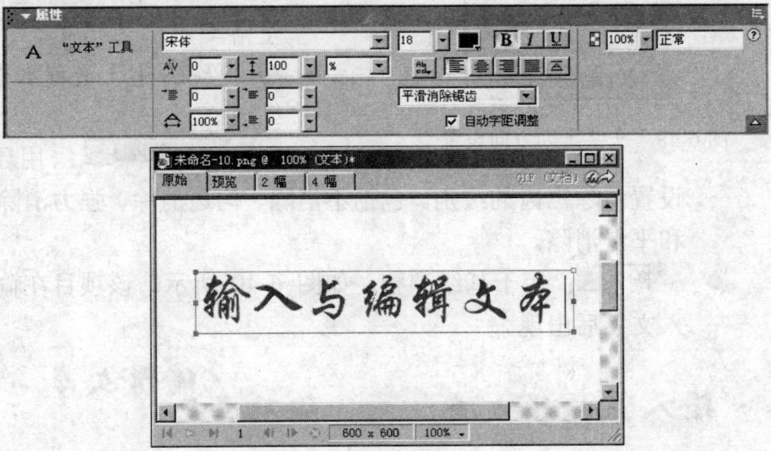

图 6-47 输入文本

其中，文本“属性”面板中各项目意义如下。

- ：用于设置字体。
- ：用于设置文本尺寸。
- ：用于设置文本颜色。
- ：用于设置文本为粗体、斜体及带下划线。
- 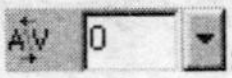：用于设置字间距。
- ：用于设置字顶距。其后面的用于设置字顶距的单位为百分比或像素。

- ：用于设置文本的排列方向，如图 6-48 所示。
- ：用于设置文本为左对齐、右对齐、居中对齐、齐行或伸展对齐。
- ：用于设置段落缩进。
- ：用于设置段前空格。
- ：用于设置段后空格。
- ：用于设置水平缩放。
- 平滑消除锯齿：用于设置消除锯齿的级别。包括不消除、匀边消除、强力消除和平滑消除。

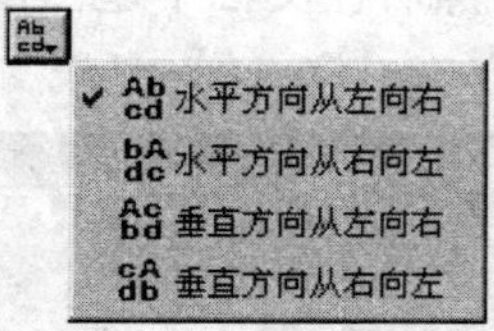

图 6-48　文字排列方向设置

- ：用于基线调整，如图 6-49 所示。该项目在输入文字后出现。

图 6-49　对文本进行基线调整

要编辑文本，只需用“指针”工具单击选中整个文本（利用“文本”工具单击并拖动可选中部分文本），然后利用“属性”面板进行编辑即可。

6.3.2　对文本设置描边、填充、效果和样式

在 Fireworks MX 中，用户可像操作其他路径对象一样，对文本设置描边、填充、效果和样式，如图 6-50 所示。

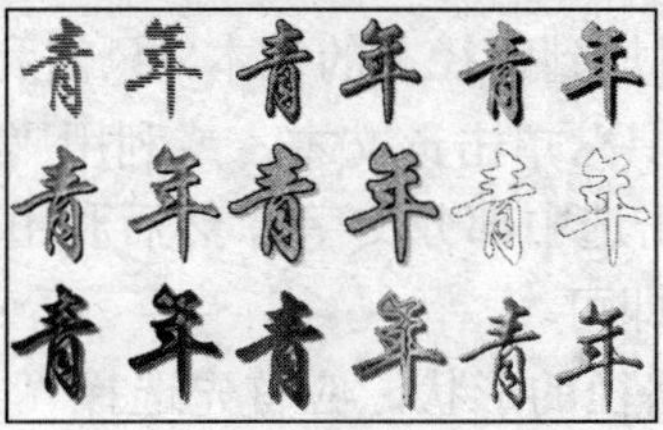

图 6-50　设置文本的描边、填充属性及效果

6.3.3 按路径改变文本的排列方式

默认情况下，文本都是以矩形文本块形式显示的。但是，用户可绘制一条路径，然后将文本附加到该路径上，使文本按路径形状进行排列。此时，路径将暂时失去其描边、填充和效果属性。

当文本被附加到某个路径之后，所有的描边、填充和效果属性都将用于文本，而非路径。但是，一旦将文本与路径剥离，路径将恢复其原有属性。

按路径改变文本排列方式的操作步骤如下。

（1）选中文本和路径。

（2）选择“文本”|“附加到路径”命令。

（3）选择“文本”|“方向”菜单中的适当命令，还可改变文本的方向（例如，文本是否围绕路径旋转、垂直倾斜和水平倾斜等），如图 6-51 所示。

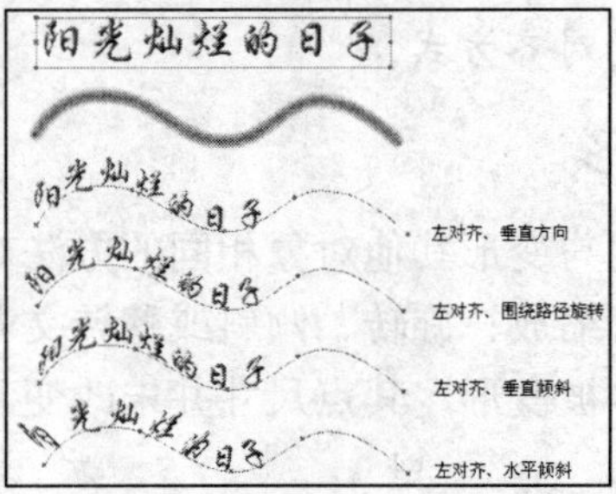

图 6-51　将文本按路径排列并改变文本方向

（4）要编辑附加到路径上的文本，只需利用“指针”工具或“部分选定”工具单击该文本，或利用“文本”工具双击选中该文本（或单击选中部分文字），然后利用“属性”面板或“样式”面板进行编辑即可。

（5）要编辑路径的形状，应首先选择“文本”|“从路径脱离”命令，然后编辑路径。路径编辑结束后，再次选择文本和路径，并选择“文本”|“附加到路径”命令。

（6）要移动附加到路径上的文本的始点，只需在选择文本后，在“属性”面板的“文本偏移”文本框中键入适当的值即可。

提示　绘制路径时的顺序决定了附加在该路径上的文本的方向。例如，如果自右至左绘制路径，则附加的文本会反向颠倒显示，如图 6-52 所示。

图 6-52　附加的文本反向颠倒显示

此外，将文本附加到路径后，选择“文本”|“倒转方向”命令，也可将附加的文本反向颠倒显示。

利用“文本”|“对齐”菜单中的适当命令，可调整文本在路径上的对齐方式。

6.3.4　文本变形

用户可以使用与变形其他对象相同的方法对文本块执行各种变形操作，例如可缩放、旋转、倾斜或翻转文本。不过，值得注意的是，即使文本被变形，其点尺寸并未改变，如图 6-53 所示。

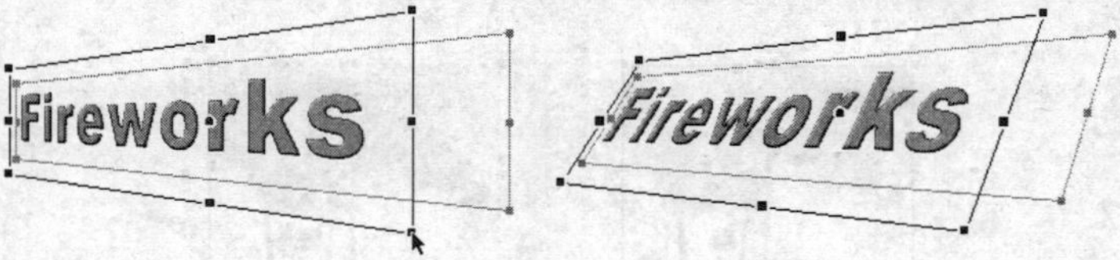

图 6-53 变形文本

6.3.5 将文本转换为路径

Fireworks MX 提供了将文本转换为路径的功能。但是一旦执行了该项操作，文本将不再是可编辑的。将文本转换为路径的好处是，可以创建计算机中没有安装的一些字体，如图 6-54 所示。

图 6-54 通过将文本转换为路径制作标志

要将文本转换为路径，只需在选定文本后，选择“文本”|“转换为路径”命令即可。将文本转换为路径后，通常还需要选择“修改”|“取消组合”命令来打散文字组，以便利用“部分选定”工具拖动路径节点来制作一些特殊文字效果。

6.4 编辑位图对象

我们在前面详细介绍了路径与文本的编辑，同样，用户也可对位图对象执行选择、移动、复制和变形（包括缩放、倾斜、透视、旋转和翻转等）操作，以及利用“属性”面板为其设置效果等，如图 6-55 所示。

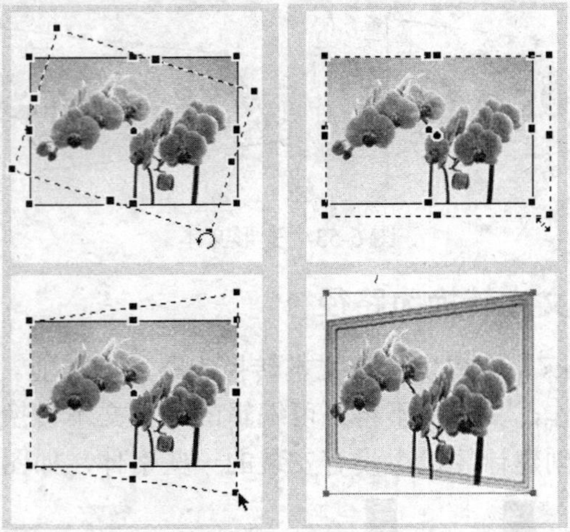

图 6-55 编辑位图对象

在本节中，我们将主要介绍编辑位图的方法。在 Fireworks MX 中，用户可编辑位图图像中的单个像素或像素区，这些编辑操作包括利用传统的位图图像工具来绘图、改变像素颜色，利用滤镜增强图像效果，利用橡皮图章工具复制图像选定区域，羽化图像边缘，用户甚至可以利用 Photoshop 的滤镜。

6.4.1 创建位图对象的方法

概括起来，创建位图对象的方法主要有以下几种：

- 选择“文件”|“导入”命令导入一幅位图图像，或直接打开一幅图像。
- 选择“编辑”|“粘贴”命令或按 Ctrl+V 组合键，将剪贴板中的图像粘贴到文档中。
- 通过选择“修改”|“平面化所选”命令，或从“层”面板的快捷菜单中选择“平面化所选”命令，将选定的路径、文本等矢量对象转换为单个位图对象。

- 直接选取“工具”面板“位图”选区中的“刷子”工具或“铅笔”工具等绘制图像。
- 选择“编辑”|“插入”|“空位图”命令，创建空位图对象，然后在空位图上绘制图像。

提示 与 Fireworks 的早期版本不同，在 Fireworks MX 中，用户不需要特意在位图模式和矢量模式之间切换，但仍可以使用位图、矢量对象和文本。切换到适当的模式就像从“工具”面板中选择矢量或位图工具一样简单。

在 Fireworks 的早期版本中，当处于位图编辑模式时，文档窗口中会出现一条纹边框。若希望在 Fireworks MX 中也能够看到该条纹边框，可选择“编辑”|“参数选择”命令，在打开的“参数选择”对话框中打开“编辑”选项卡，并选中“位图选项”选区中的“显示条纹边框”复选框即可。

导入位图时，在选择要导入的位图后，需在文档窗口中单击并拖动插入指针以确定位图的大小和位置。

6.4.2 选区制作与调整

要对位图进行编辑，制作选区便成为首要的任务。因此，我们在本小节首先介绍一下这方面的情况。

1. 制作选区

要制作选区，必须使用相应的位图选区制作工具。这些工具包括制作矩形选区的“选取框”工具、制作椭圆形选区的“椭圆选取框”工具、制作任意形状选区的“套索”工具、制作多边形选区的“多边形套索”工具与通过分析颜色制作选区的“魔术棒”工具。

- 若要制作矩形、椭圆形或任意形状的选区，只需选择相应工具后，在文档窗口中单击并拖动即可。

- 若要制作多边形选区，则在选择“多边形套索”工具后，在文档窗口中多次单击即可，每单击一下即可确定多边形选区的一个顶点。若要结束绘制，可在第一个顶点处单击，封闭选区，或在最后一个顶点处双击，让选区自行封闭。
- 若要根据相近的颜色制作选区（如选取蓝色天空背景中的白色云彩），可在选择“魔术棒“工具后，单击需选取的颜色即可。此时，系统会自动对该点周围的区域进行分析，并选中与单击位置颜色相近的区域。

如图 6-56 所示即为使用上述选区制作工具作制作的选区。

图 6-56　所制作的各种选区

在制作选区时，用户可以利用选区制作工具的“属性”面板对选区进行更多的设置。各选区制作工具的“属性”面板基本相同，如图 6-57 所示。

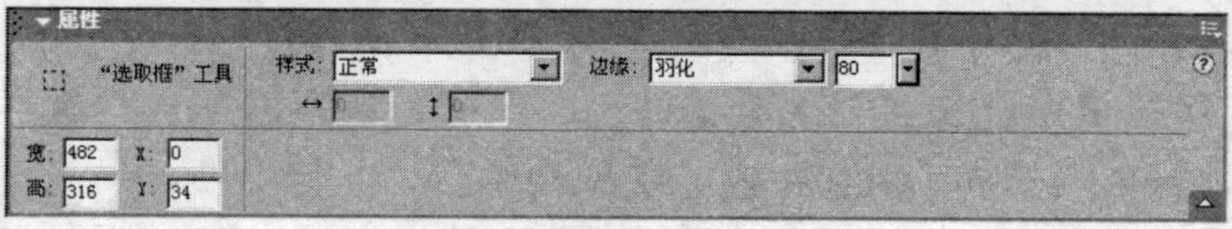

图 6-57 选区制作工具的“属性”面板

该属性面板中的各项目意义如下。

- 样式：用于指定要制作的选区样式。有“正常”、“固定比例”和“固定大小”3 个选项。当选择“固定比例”和“固定大小”选项时，可利用下方的↔ 1 和↕ 2 文本框设置宽高比例和大小。
- 边缘：用于设置选区的边线类型。有“实边”、“消除锯齿”和“羽化”3 个选项。当选择“羽化”选项时，可利用其右侧的下三角按钮设置羽化半径。但是，即使设置了羽化边线类型，用户此时也不能直接看出羽化效果。只有当移动、复制或删除选区时，才能看到羽化效果，如图 6-58 所示。

图 6-58 选区羽化效果

提示 如果已经制作了选区，此时希望为选区增加羽化效果，可选择“选择”|“羽化”命令。

对于“魔术棒”工具而言，用户还可利用其“属性”面板设置颜色容差。其数值越大，所选的范围就越大；数值越小，所选范围就越小或越精确。

若要取消选区，可以选择“选择”|“取消选择”命令或按Ctrl+D组合键。也可按下Esc键或选择“选取框”工具后在文档窗口中单击。

2. 调整选区

在利用前面介绍的工具或方法初步制作选区后，用户还可编辑选区，例如增大或减小选区、扩展或收缩选区、平滑选区边界及全选位图等。

- 增加选区。按Shift键并选择像素即可。
- 缩小选区。按Alt键并选择像素即可。
- 按 Alt+Shift 组合键，可制作新的选区。释放鼠标后，选区结果将是已有选区和新选区的交集。
- 扩展选区。选择“选择”|“扩展选取框”命令，并指定扩展范围即可。
- 收缩选区。选择“选择”|“收缩选取框”命令，并指定收缩范围即可。
- 平滑选区边界。选择“选择”|“使选取框平滑”命令，并指定“取样半径”即可。
- 制作边界选区。选择“选择”|“边框选取框”命令，并指定宽度即可。
- 反选选区，选择“选择”|“反选”命令即可。
- 全选位图。选择“选择”|“选择全部”命令。
- 选择与已有选区颜色相近的区域。可在初步选定某个区域后选择“选择”|“选择相似颜色”命令。
- 保存与恢复选区。当用户制作了一个形状复杂的选区时，

可能希望将其保存起来，以便后面使用。为此，可选择“选择”|“保存位图所选”命令。要想恢复保存的选区，可选择“选择”|“恢复位图所选”命令。

图 6-59 为对选区进行调整的效果。

我们在前面详细介绍了在位图编辑模式下制作选区的方法。下面，我们将详细介绍在位图编辑模式下编辑位图的方法。

原选区

按下 Shift 键，增加选区

扩展选区

收缩选区

平滑选区边界

制作边界选区

图 6-59　选区调整效果

6.4.3　绘制位图对象

在“工具”面板的“位图”选区中提供了两个用于绘制位图对象的工具：“刷子”工具和“铅笔”工具。利用这两个工具，我们可以非常方便地绘制位图对象。

1. 使用“铅笔”工具绘制位图对象

使用“铅笔”工具可以绘制单像素自由直线或受约束的直线，只需在选择“铅笔”工具后，利用“属性”面板设置笔触颜色等选项，接下来在文档窗口中单击并拖动即可，如图 6-60 所示。其中，按住 Shift 键并拖动可以将线条限制为水平、竖直或 45° 倾斜线。

图 6-60　利用“铅笔”工具绘制位图

“铅笔”工具“属性”面板（如图 6-61 所示）中的各项意义如下。

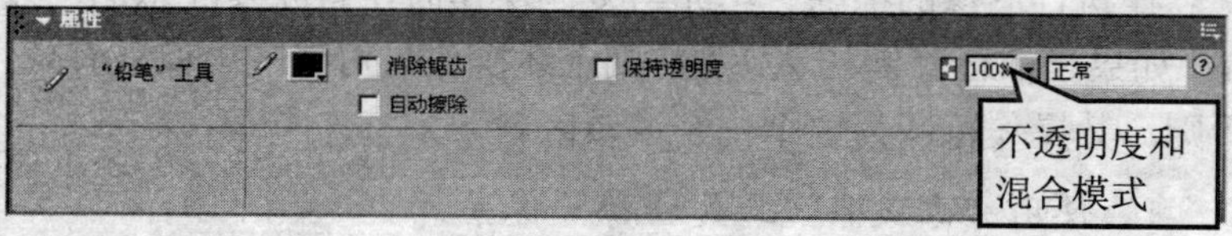

图 6-61　“铅笔”工具的“属性”面板

- 消除锯齿：平滑所绘制的直线的边缘。
- 自动擦除：使“铅笔”工具在笔触颜色上单击时使用填充色。
- 保持透明度：限制“铅笔”工具只绘制到现有像素中，而不绘制到图像的透明区域中。

2. 使用“刷子”工具绘画位图对象

利用“刷子”工具绘画位图对象时，用户可利用“属性”工具设置笔触颜色、描边种类、纹理及不透明度等属性。图 6-62 即为利用“刷子”工具绘画的位图对象。

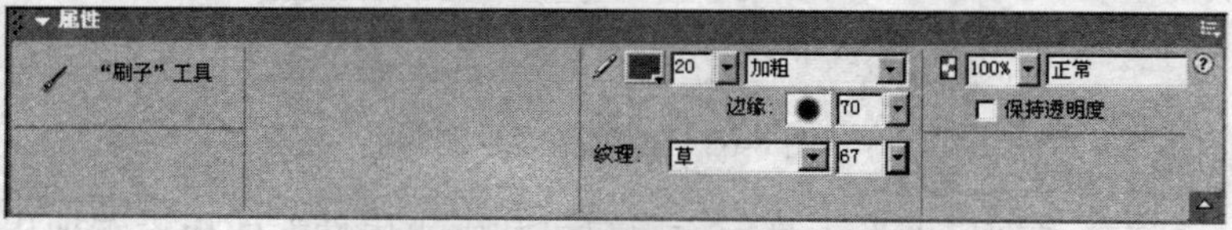

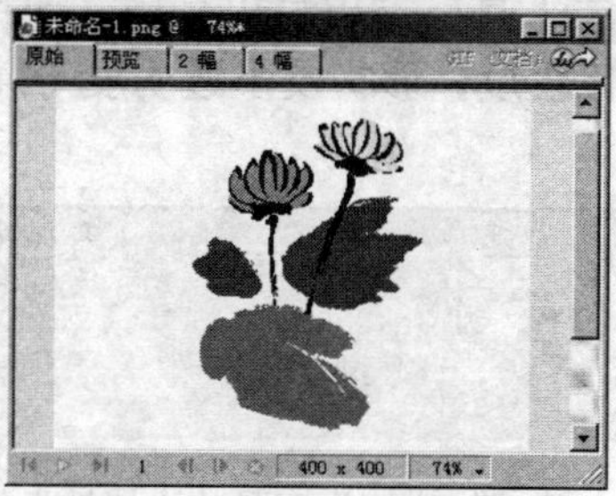

图 6-62　利用“刷子”工具绘画的位图

6.4.4 图像的擦除、填充、复制与修饰

在执行图像的擦除、填充与复制操作时，首先要注意的一点是，如果当前已经制作了选区，则上述操作只对选区内像素有效；否则，其操作范围为整个位图编辑区。

1. 使用“橡皮擦”工具擦除像素

使用“橡皮擦”工具擦除像素时，只需在选择“橡皮擦”工具后，在需擦除的区域单击并拖动即可。如果在擦除时按下 Shift 键，则可沿垂直或水平方向进行擦除，如图 6-63 所示。

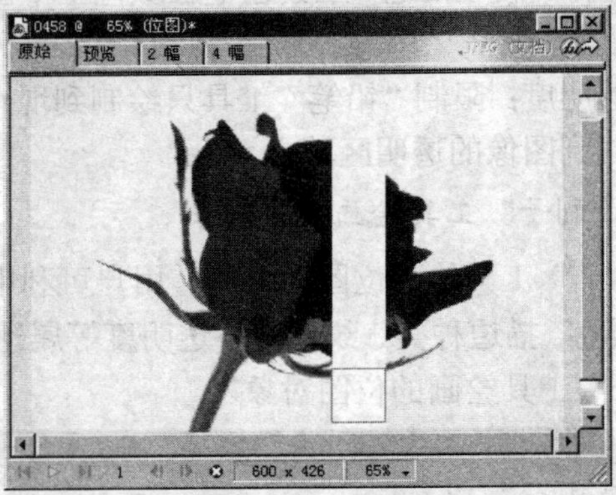

图 6-63 擦除像素示例

选择“橡皮擦”工具后，用户可利用“属性”面板设置橡皮擦的大小、边缘柔化程度、形状及不透明度等属性，如图 6-64 所示。

图 6-64 “橡皮擦”工具的“属性”面板

2. 利用油漆桶工具和渐变工具填充像素

利用油漆桶工具可以当前设置的填充图案或渐变样式填充位图或选区中颜色相近的区域，如图 6-65 所示。

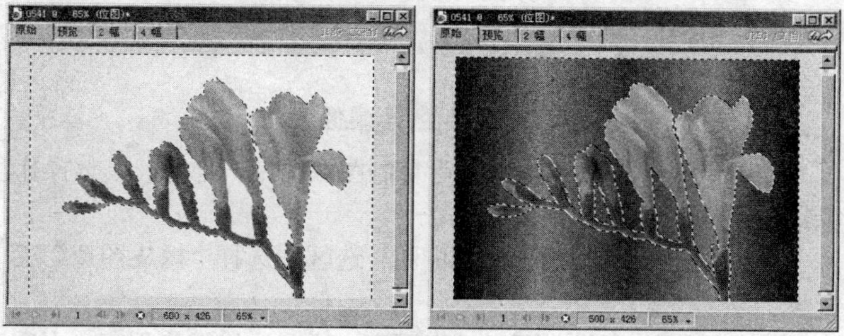

图 6-65　区域填充示例

“油漆桶”工具的“属性”面板如图 6-66 所示。利用该面板，用户可设置填充类别、边缘处理方式、填充纹理、容差、不透明度和混合模式等参数。若选中“填充选区”复选框，则可对整个选区进行填充，若选中该复选框而未设置选区，则填充整个位图对象。若选中“保持透明度”复选框，则不填充透明区域。

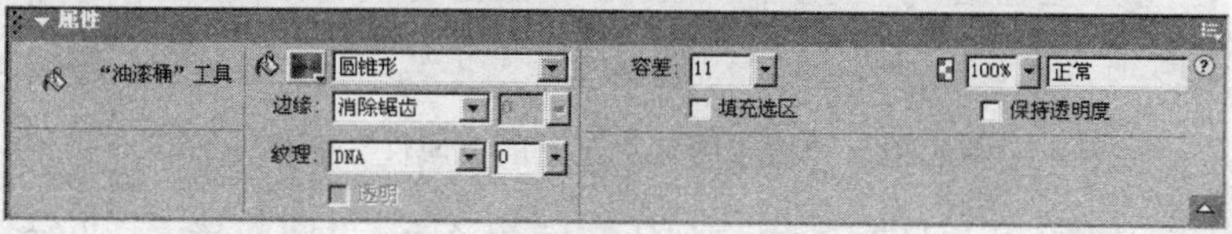

图 6-66　“油漆桶”工具的“属性”面板

“渐变”工具的用法与“油漆桶”工具的用法相同。

提示　“油漆桶”和“渐变”工具也可以填充选定的矢量对象。

图 6-67　利用前述各工具绘制的图像

填充像素时，如果制作的选区本身已设置了羽化效果，此时即使未设置羽化效果，所填充的图案仍会带有羽化效果。

图 6-67 即为使用“铅笔”、“刷子”、“油漆桶”及“渐变”等工具绘制出的图像。

3. 使用“橡皮图章“工具复制像素

使用“橡皮图章“工具可复制图像的某一部分，具体操作步骤如下。

（1）在“工具”面板的“位图”选区中选择“橡皮图章”工具。

（2）利用“属性”面板设置图章大小、边缘柔化程度、不透明度和混合模式等，如图 6-68 所示。其中，若选中“按源对齐”复选框，则可使取样指针和复制指针始终对齐。若选中“使用整个文档”复选框，则从所有层上的所有对象中取样，若取消此项，则只从活动对象中取样。

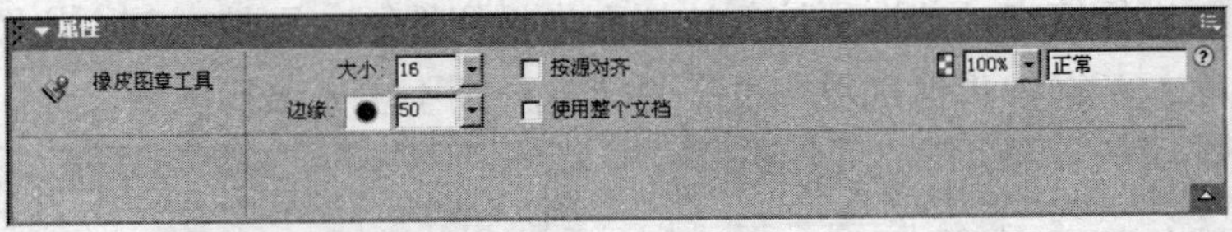

图 6-68　“橡皮图章”工具的“属性”面板

（3）移动指针到希望复制的区域并单击，设置取样点。此时，取样指针变成十字型指针。

（4）移动指针到新区域单击并拖动进行复制，如图 6-69 所示。

4. 利用“模糊”、“锐化”、“减淡”、“加深”和“涂抹”工具修饰图像

Fireworks MX 提供了一组用于修饰位图的上述工具，这些工具位于“模糊”工具组中，选择不同的工具，可使位图得到不同

的修饰效果。要使用这些工具，只需在选择这些工具后，单击并在位图上需修饰部分拖动即可。

同样，使用这些工具时，用户可利用“属性”面板设置各参数，例如，笔触大小、边缘柔化强度、笔触形状（圆形或方形）、作用范围及压力等（这些参数根据所选工具的不同而有所不同）。

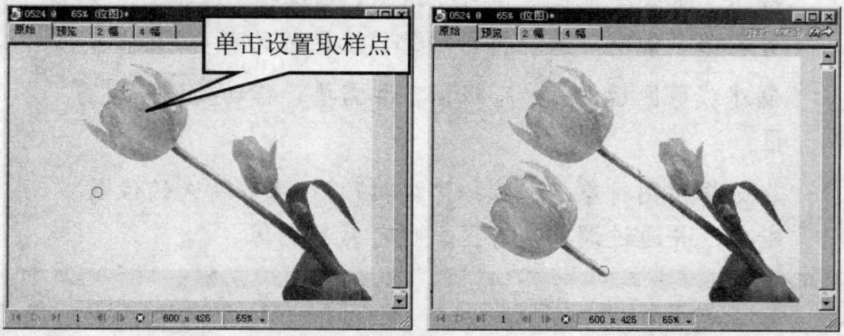

图 6-69　利用橡皮图章工具复制像素

图 6-70 为利用“涂抹”工具的“属性”面板及对位图的涂抹效果。

图 6-70　“涂抹”工具的“属性”面板及对位图的涂抹效果

6.4.5 裁剪位图

要裁剪图像，可以首先在“工具”面板的“选择”选区中选择“裁剪”工具，然后在图像上单击并拖动创建裁剪区域，接下来按回车键或双击裁剪区域确认即可，如图 6-71 所示。

提示 如果当前已经制作了选区，则选择“编辑”|“修剪文档”命令，系统将自动把该选区作为裁剪区。

创建裁剪区后，用户可根据实际需要，移动或调整裁剪区。

在选择位图对象后，选择“编辑”|“修剪所选的位图”命令，并通过调整裁剪区，也可裁剪图像。

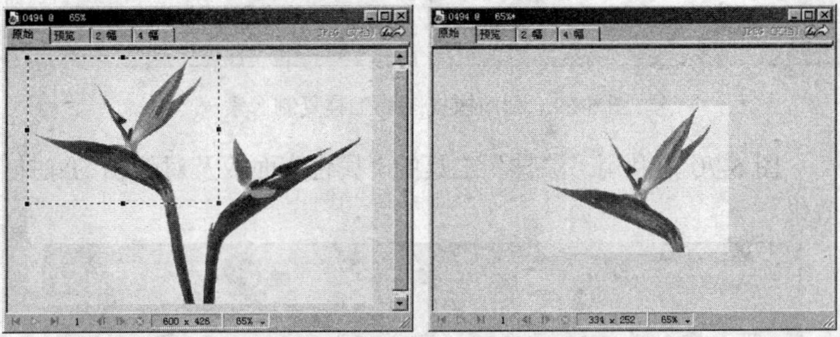

图 6-71 裁剪位图

6.4.6 选区的变形

我们在前面曾经介绍了利用工具变形路径对象的方法。同样，利用这几个工具也可以变形整个位图或选区内的位图像素，6-72 为对位图选区变形的前后效果对比。

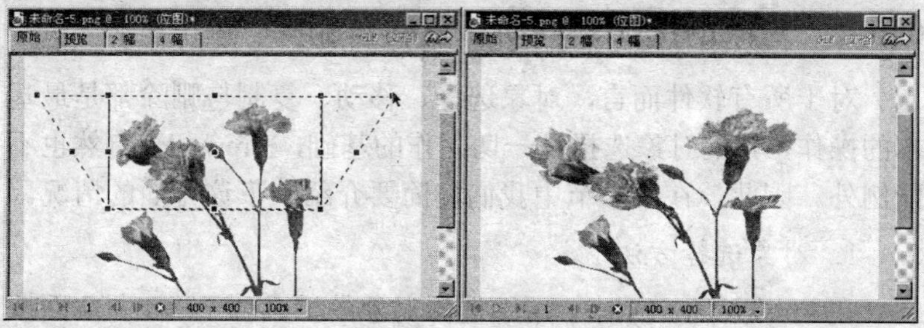

图 6-72　变形位图选区效果

6.4.7　使用滤镜和插件

位于“滤镜”菜单中的滤镜可用于改善和增强图像效果，如调整图像的对比度、亮度、色调和饱和度，模糊或锐化及反转颜色等。此外，用户还可以将 Photoshop 插件增加到“滤镜”菜单中。

尽管“滤镜”菜单中的滤镜主要用于位图图像，但是用户也可将它们用于路径对象。不过，一旦对路径对象执行滤镜操作，路径对象将被转换为位图对象。

提示　“滤镜”菜单中所列出的滤镜也都可以在为对象设置效果时在“属性”面板的“效果”下拉列表框中找到。

6.5　对象操作

本节我们介绍一下有关对象操作方面的知识，如对象的选择、移动、复制与删除，对象层次的安排、成组和对齐以及操作的撤销和重复等，以使读者能够在编辑文档时，更好地操控位图和矢量对象。

6.5.1　对象的选择、移动、复制与删除

对于所有软件而言，对象选择、移动、复制与删除都是最基本的操作，其中对象选择是一切工作的基础，Fireworks 自然也不能例外。因此，在本小节中我们将简要介绍一下这方面的情况。

1. 对象选择方法

在 Fireworks MX 中，用于选择对象的工具位于“工具”面板的“选择”选区中，有“指针”工具、“选择后方对象”工具和“部分选定”工具。此外，用户也可借助“层”面板来选择对象，此时只需简单地单击相应行即可，如图 6-73 所示。

利用“指针”工具选择对象时，只需单击该对象即可。如果希望选择多个对象，可在选定第 1 个对象后，按下 Shift 键后单击选中其他对象。此外，也可在绘图区单击并拖动，利用选择框选中多个对象。

“选择后方对象”工具用于选择下层对象，比如要选中位于切片下的文字对象，则应选择该工具，然后在切片区单击进行循环选择，如图 6-74 所示。

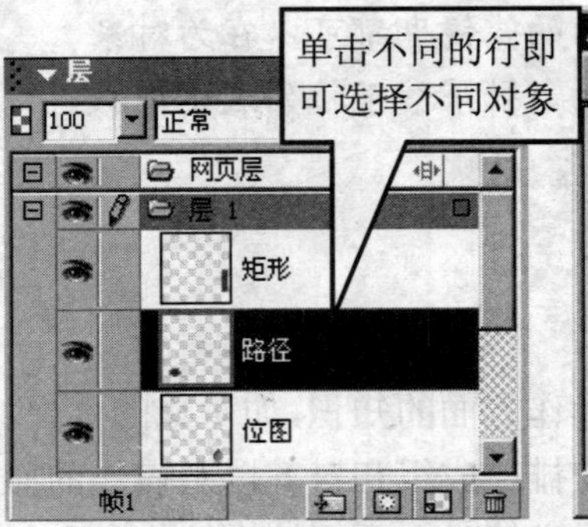

图 6-73　借助“层”面板选择对象

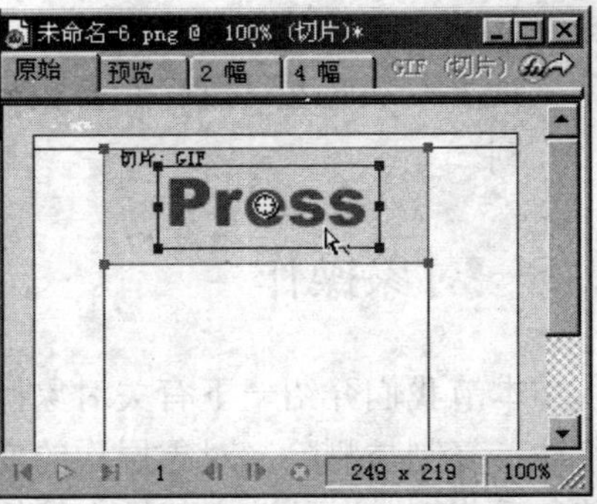

图 6-74　利用“选择后方对象”工具选择下层对象

“部分选定”工具用于选中矢量对象节点，并通过调整节点位置，或拖动节点两侧的调整杆来调整路径的形状。

若要选择文档中的所有对象，则可选择“选择”|“全部选择”命令。选择“选择”|“取消选择”命令可取消对象选择。

6.5.2 移动、复制与删除对象

要移动对象，只需使用“指针”工具或“部分选定”工具选中对象后，将光标移至选定对象区域单击并拖动即可。

如果希望移动位图对象的局部，则应首先利用选区制作工具选定要移动的区域，然后利用“指针”工具单击并拖动选定区域即可。

要复制对象，可在选中对象后使用以下几种方法：

- 选择“编辑”|“重复”命令，或按 Ctrl+Alt+D 组合键，进行偏移复制，即新对象与原对象错开一定距离。
- 选择“编辑”|“克隆”命令，或按 Ctrl+Shift+C 组合键复制对象。此时新复制的对象位于原对象上方，因此复制对象后必须将新对象移开，才能看到复制效果。
- 使用剪贴板复制对象。“编辑”菜单中与此相关的命令主要包括：

  复制　将对象复制到剪贴板。

  复制路径轮廓　将选定路径复制到 FreeHand、Photoshop、Illustrator、CorelDRAW 等软件中。

  复制 HTML 代码　如果文档中包含了切片、按钮和导航条等对象，则在优化输出时将生成 HTML 文件，以及若干优化图像文件。因此，选择该菜单项将把 HTML 代码复制到剪贴板中。

  粘贴　粘贴剪贴板中内容到当前文档中。

  粘贴为蒙版　将剪贴板中的内容作为当前选定对象的蒙

版（有关蒙版的知识我们将在后面介绍）。

贴入内部　将剪贴板中的内容粘贴到选定对象内部，即将当前对象作为蒙版，而用剪贴板内容替换当前对象。

粘贴属性　将剪贴板中对象的属性复制给当前选定对象。因此，该命令主要用于传递属性。

- 若要复制某一区域，可在制作选区后，利用“编辑”|“复制”和“粘贴”命令，或利用“部分选定”工具单击并拖动选区。

要删除对象，可在选定对象后直接按 Delete 键或选择“编辑”|“清除”命令。此外，选择“编辑”|“剪切”命令，将把选定对象复制到剪贴板中，并同时删除对象。

6.5.3　对象层次安排、成组与对齐

当图形中的对象较多时，用户可适当组织对象，以方便操作。这些方法包括调整对象层次、使对象成组及对齐对象等。

1. 调整对象层次

默认情况下，绘制图形时系统会自动安排图形的排列顺序，即后画的图形在上层，先画的图形在下层。选定对象后，通过选择“修改”|“排列”菜单中的“移到最前”、“向前移动”、“向后移动”和“移到最后”命令，可以将对象移到最前或最后、上移或下移一层，如图 6-75 所示。

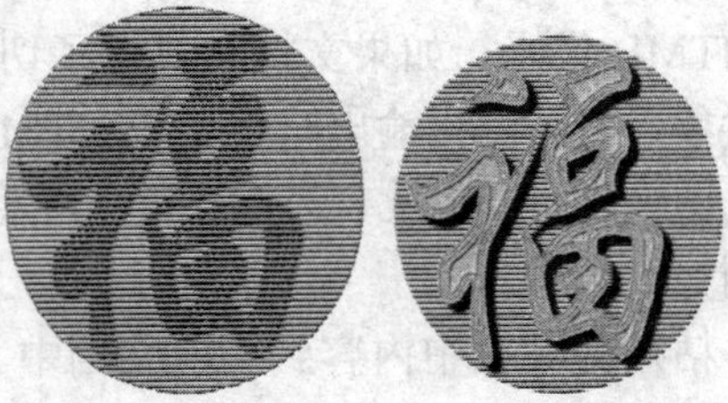

图 6-75　调整对象的层次

提示 以上各命令是针对同一层上的对象而言的，如果这些对象位于不同的图层，则上面的命令将不再起作用。有关图层的知识，将在后面介绍。

2. 对象成组

为了便于同时对多个对象进行统一处理（例如，设置其属性或进行变形等），可在选定这些对象后选择“修改”|“组合”命令，将这些对象定义为一个组对象（在统一设置对象属性之前，各对象仍保持自身属性）。

以后只要单击其中任何对象，均可选中组。要选定组中的单个对象，可使用“部分选定”工具；如果已经选中了某个组中的对象，要选择该对象所在组，可选择“选择”|“选择全部”命令。要打散对象，可在选定组对象后选择“修改”|“取消组合”命令。

3. 对齐对象

要对齐多个对象，可在选中这些对象后，选择“修改”|“对齐”菜单中的适当命令。如左对齐、右对齐、顶对齐、底对齐、垂直居中和水平居中等。若选择其中的“均分宽度”命令，则可以在所选对象最左侧与最右侧边线之间均匀分布所选对象；若选择“均分高度”命令，则可以在所选对象最上面与最下面边线之间均匀分布所选对象。

提示 上述操作同样可以通过“修改”工具栏来完成。

6.5.4 操作的撤销与恢复

在 Fireworks 中，利用“编辑”菜单中的“撤销”命令和“重做”命令可撤销和重做前面执行的操作，而利用“历史记录”面板可一次撤销和重复执行多步操作，如图 6-76 所示。

当用户对一个对象执行了一系列操作后，还可利用“历史记录”面板重复这些操作步骤，具体方法如下。

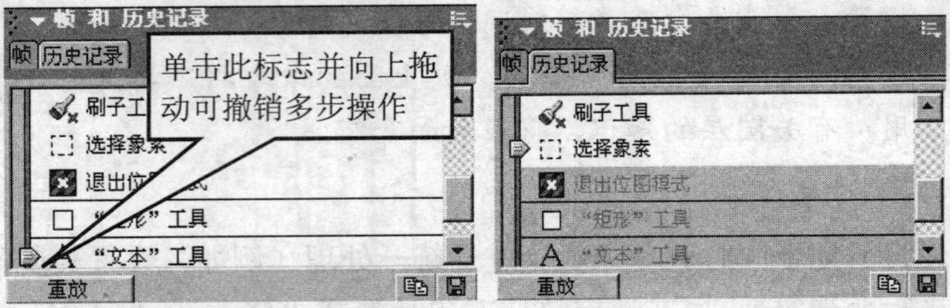

图 6-76　利用"历史记录"面板可以一次撤销多步操作

（1）在"历史记录"面板中选定要重复执行的步骤。可在选中第一条希望重复的命令后，按下 Ctrl 键选中一组非连续步骤，按下 Shift 键选中一组连续步骤。

（2）选定要执行所选操作的对象，然后单击"历史记录"面板中的"重放"按钮。如果单击按钮，则可将选定动作复制到剪贴板中，从而可将这些动作用于其他文档中的选定对象。如果单击按钮，可将选定动作保存为一个命令，使其放置在"命令"菜单中，从而便于以后使用。

（3）如果希望清除历史面板，可单击该面板右上角的按钮，在弹出的快捷菜单中选择"清除历史记录"命令。

6.6　使用图层和蒙版

Fireworks 的"层"面板可使用户方便地调整对象的叠加顺序，显示或隐藏对象，为对象设置透明度与颜色混合模式，以及管理蒙版等。

所谓蒙版实际上是一幅 256 色灰度图像，它必须与图层的基本内容配合才能发挥作用。其中，蒙版中的白色区域为透明区（即完全显示基本内容），黑色区域为非透明区（即该区域显示为白色），而灰色为半透明区。因此，用户在操作带蒙版的对象时，必须清楚当前对象是蒙版还是基本内容。

6.6.1 “层”面板组成

在 Fireworks MX 中，要设置、创建、复制、删除和调整图层顺序等，可使用“层”面板。例如，在如图 6-77 所示画面中，文字位于上面的“层 2”图层，而矩形位于下面的“层 1”图层，因此，文字始终位于矩形上方。图 6-78 显示了“层”面板的组成。

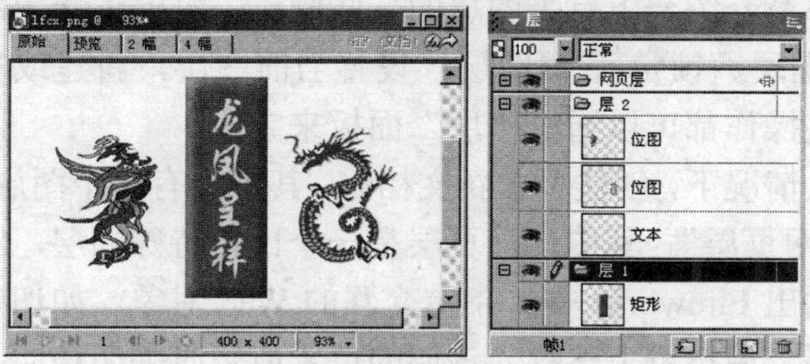

图 6-77 “层”面板及其效果

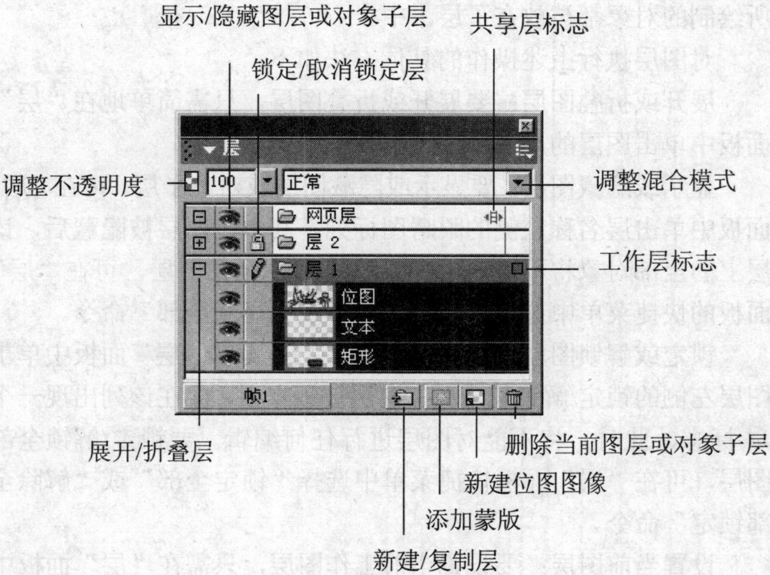

图 6-78 “层”面板的组成

提示 如果文档中包含了多帧的话，层面板中显示的是当前帧中所有层的状态。

用户总是在当前帧的当前层上绘制对象。

6.6.2 图层操作

本小节介绍一下有关图层的一些操作，如折叠/展开图层、显示/隐藏图层、锁定/解锁图层，设置当前图层，新建或复制图层等，这些操作都可以通过“层”面板来完成。

默认情况下，创建一个新文档时，其中只有两个图层，即“层1”和“网页层”。其中，网页层是一个比较特殊的层，它包含了用于为输出 Fireworks 文档指定交互的 Web 对象，如切片等都位于该图层。用户可上下移动该层的位置或暂时关闭该层，但不能删除它，并且该层总是共享层，即出现在所有帧中。因此，用户所绘制的对象都被放在了层 1 中。

对图层执行上述操作的具体方法如下。

展开或折叠图层：要展开或折叠图层，只需简单地在“层”面板中单击图层的展开/折叠标志即可。

显示或隐藏图层：要显示或隐藏图层或对象子层，可在“层”面板中单击层名称左侧的眼睛图标列。其中，图层被隐藏后，该层上的全部对象将不被输出。要隐藏/显示全部图层，可在“层”面板的快捷菜单中选择“隐藏全部”或“显示全部”命令。

锁定或解锁图层：要锁定/解锁图层，可在“层”面板中单击图层左侧的锁定/解锁标志列。图层被锁定后，会在该列出现一个标志，此时，将不能对图层进行任何编辑。要锁定/解锁全部图层，可在“层”面板快捷菜单中选择“锁定全部”或“解除全部锁定”命令。

设置当前图层：要设置当前工作图层，只需在“层”面板中单击层或对象子层即可。

新建图层：要新建图层，只需简单地单击“层”面板右下角的“新建/复制层”按钮即可。此外，在“层”面板的快捷菜单中选择“新建层”命令也可以创建新图层。

复制图层：要复制图层或对象子层，只需在“层”面板中单击并拖动图层或对象子层到“新建/复制层”按钮即可。

重命名图层：要重命名图层或对象子层，可双击相应的层列表项，然后在打开的文本框或对话框中进行设置即可。

删除图层：要删除图层或对象子层，可在单击选中相应的图层或对象子层后，将其拖至“删除所选”按钮。

调整图层顺序：要调整图层顺序，只需在“层”面板中单击选定相应层后上下拖动即可。位于层列表区上面图层中的对象在文档中也处于上层。

移动图层：要将某个对象由当前所在图层移动到其他图层上，只需简单地在层面板中单击选中该对象子层并将其拖至目标图层中的适当位置即可。

提示 在“命令”|“文档”菜单中，系统还提供了一组与图层操作相关的命令。其意义如下。

- 分散到各层：将选定的多个对象分别放置在不同的图层中。
- 隐藏其他层：隐藏除当前图层以外的其他图层。
- 锁定其他层：锁定除当前图层以外的其他图层。

6.6.3 设置对象子层的不透明度和颜色混合模式

利用“层”面板上方的两个下拉列表框，用户还可调整对象的不透明度，以及选择颜色混合模式，如图 6-79 所示。

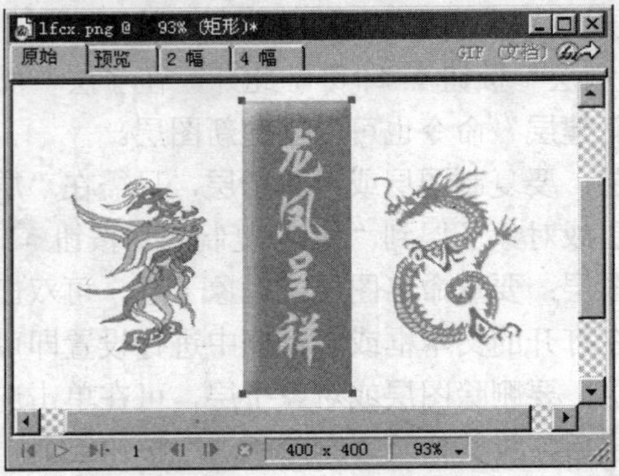

图 6-79　设置对象子层的不透明度与颜色混合模式

6.6.4　使用蒙版

在前面已经介绍了蒙版的作用。下面将详细介绍一下蒙版的创建与编辑方法。

1. 创建蒙版组

这里首先看一个例子，在图 6-80 左图中，首先打开了一幅图片，然后绘制了一个椭圆，并适当调整了其边线与填充色，此时 Layers 面板如图 6-80 右图所示。

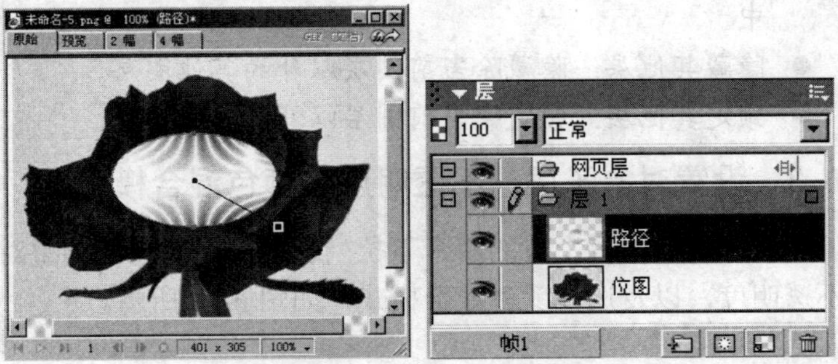

图 6-80　创建蒙版前画面

接下来按下 Ctrl+A 组合键选择全部对象，然后选择“修改”|“蒙版”|“组合为蒙版”命令，则所得效果和“层”面板将如图 6-81 所示。由该图可以看出，此时下层对象将被作为蒙版内容，而上层对象被作为了蒙版。

在合并后的图形的中心位置有一个蓝色的星型，它是蒙版控制点，单击该点并拖动可调整对象的位置，从而调整该对象显示在蒙版中的部分。

创建蒙版组后，要撤销蒙版，可选择“修改”|“取消组合”命令，此时将恢复各对象的初始状态。

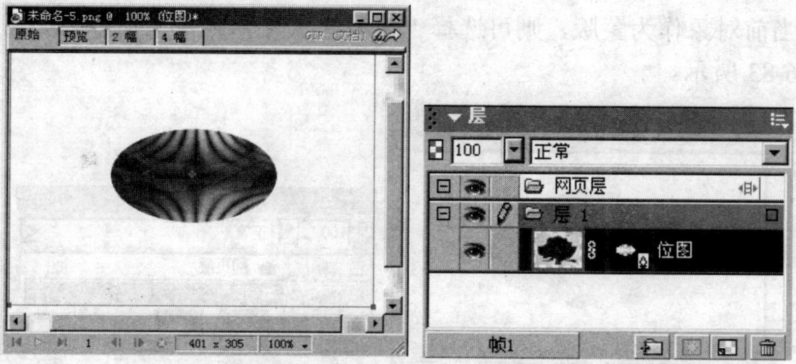

图 6-81 创建蒙版组后的画面

2. 通过粘贴方法创建蒙版

在下面的例子中，我们首先绘制了一个椭圆，并适当调整了其描边与填充属性，然后在其他软件（如 Photoshop、ACDSee、画图等）中将一幅图片复制到了剪贴板中。则选定对象后，如果希望将当前剪贴板中内容作为蒙版，可选择“编辑”|“粘贴为蒙版”命令，其效果如图 6-82 所示。

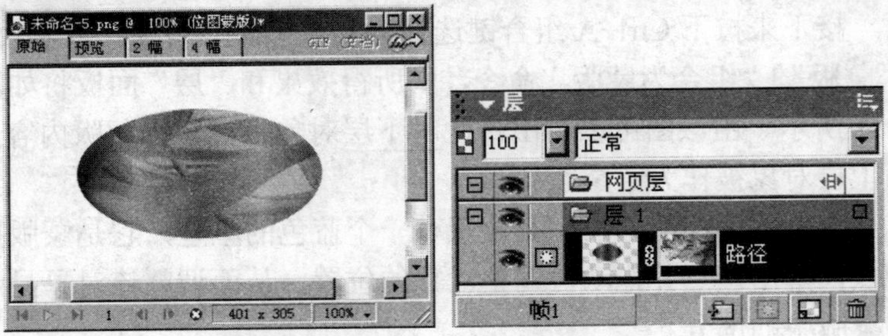

图 6-82 “粘贴为蒙版”效果

选定对象后，如果希望将当前剪贴板中内容作为对象，而将当前对象作为蒙版，则可选择“编辑”|“贴入内部”命令，如图 6-83 所示。

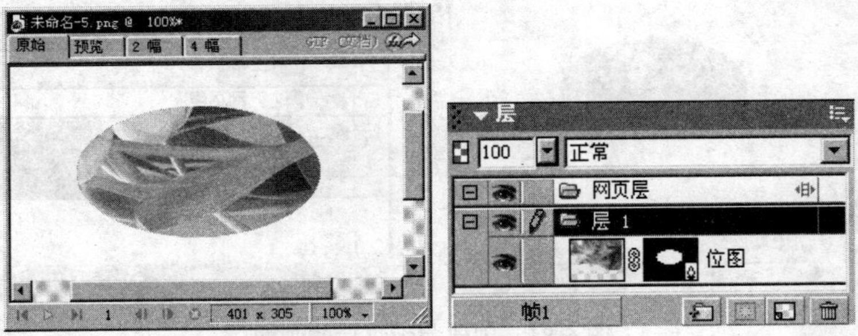

图 6-83 “贴入内部”效果

3. 创建空白蒙版

在“层”面板中选定对象后，如果希望为该对象创建一个空白蒙版，可直接在“层”面板中单击“添加蒙版”按钮。创建空白蒙版后，用户以后可以通过编辑蒙版来修改其内容。

4. 蒙版的禁用与删除

为对象创建蒙版后，如果希望禁止蒙版起作用，可暂时禁用蒙版。为此，可在 Layers 面板中单击选中带蒙版的对象子层后选

择“修改”|“蒙版”|“禁用蒙版”命令，此时蒙版上将显示一个红色叉号，表示处于禁用状态。

要解除蒙版的禁用状态，可选择“修改”|“蒙版”|“启用蒙版”命令，或直接在“层”面板中单击蒙版缩图。

要删除蒙版，可在“层”面板中单击选中带蒙版的对象子层后选择“修改”|“蒙版”|“删除蒙版”命令。此外，用户也可在“层”面板中单击选中蒙版缩图，然后单击“删除所选”按钮。此时，系统将打开如图 6-84 所示的询问对话框。如果单击“应用”按钮，则当前路径对象将被转换为位图对象（位图对象不变），并保留蒙版效果。否则，如果单击“放弃”按钮，表示丢弃蒙版。

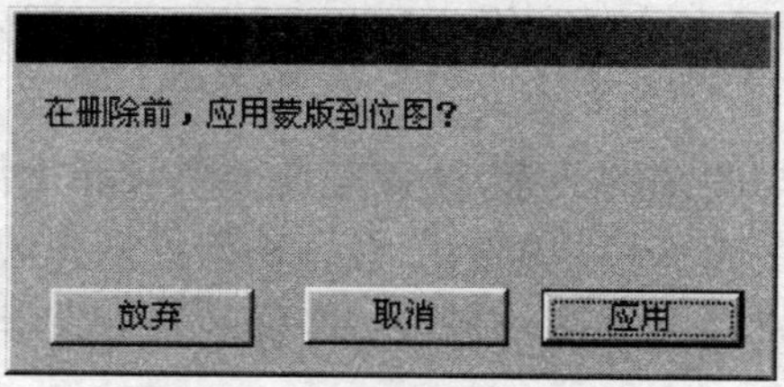

图 6-84　删除蒙版时的询问对话框

5. 对象与蒙版的链接

默认情况下，为对象创建蒙版后，对象与蒙版之间将存在一种链接关系，此时在“层”面板中的对象与蒙版缩图之间出现链接符号。

当对象与蒙版之间存在链接关系时，如果移动、缩放、扭曲、倾斜对象，蒙版内容将会相应地进行变化，反之亦然。

要解除对象与蒙版之间的链接关系，只需简单地在“层”面板中单击链接符号即可，此时链接符号消失。要重新创建对象与蒙版之间的链接关系，可再次在该位置单击，此时链接符号重新出现。

6. 编辑蒙版

要编辑蒙版，可以首先在“层”面板中单击蒙版缩图选中蒙版，接下来用户就可像编辑普通位图或路径对象一样编辑蒙版了。

在 Fireworks MX 中，蒙版的类型有两种，一种是位图蒙版，一种是路径蒙版(此时在蒙版缩图的右下角有一个钢笔符号)。大多数情况下，用户创建的蒙版都是位图蒙版。如果希望创建路径蒙版，可在选中路径对象后选择“编辑”|“贴入内部”命令。但是，对于路径蒙版而言，用户只能调整路径形状，而不能在其中绘制新路径。

6.7 调整画布与图像尺寸

对于画布与图像的关系，就像是在一块画布上绘制了一幅画，两者合起来才成为一幅完整的图像。当用户新建或打开一幅图像后，可以根据实际需求调整画布与图像的尺寸，并可对画布进行旋转和裁剪。

6.7.1 调整画布尺寸

调整画布与图像尺寸以及旋转和裁剪画布，都可通过选择“修改”|“画布”命令中的相应选项来完成。

要调整画布尺寸，只需选择“修改”|“画布”|“画布大小”命令，利用所打开的如图 6-85 所示的“画布大小”对话框进行设置即可。

增大画布尺寸后，相当于在原图像上增加了一块空白区，如图 6-86 所示即为以图像右下方为参考点，增大画布的宽和高后的效果。

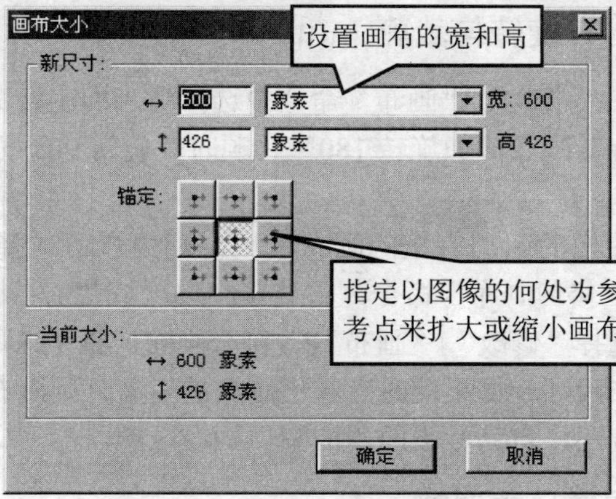

图 6-85 “画布大小”对话框

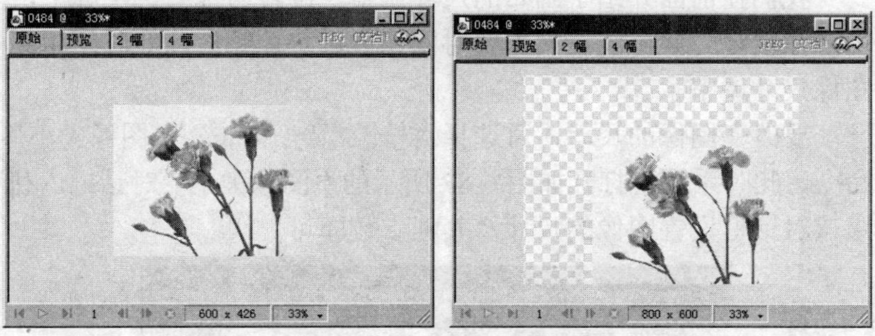

图 6-86 增大画布尺寸并调整图像位置

提示 用户还可以重新设置画布的颜色，只需选择“修改”|“画布”|“画布颜色”命令，利用所打开的“画布颜色”对话框进行设置即可。可设置的颜色有白色、透明色和其他自定义颜色。此外，用户也可在选择“文件”|“新建”命令新建文档时设置画布的大小和颜色。

当画布尺寸小于当前图像尺寸时，则图像被裁剪。

6.7.2　画布旋转与裁剪

通过在“修改”|“画布”命令中选择适当的旋转命令，用户可方便地旋转画布，如旋转 180°、顺时针旋转 90° 及逆时针旋转 90° 等。

如果图像的四周有空的画布区域，则用户可选择“修改”|“画布”|“修剪画布”命令，将这些空白区域裁剪掉。

如果选择“修改”|“画布”|“符合画布”命令，则系统将自动调整画布尺寸。如果此时有超出画布的对象，则画布被扩展。同时，系统还将自动裁去四周的空白画布区域。

6.7.3　图像尺寸调整

我们在前面介绍了画布的尺寸调整、旋转与裁剪。实际上，用户在很多时候可能经常需要对图像进行整体缩放，此时便用到图像尺寸调整了。

要改变图像的尺寸，可选择“修改”|“画布”|“图像大小”命令，此时系统将打开如图 6-87 所示的“图像大小”对话框，利用该对话框设置图像的尺寸及其他参数即可。

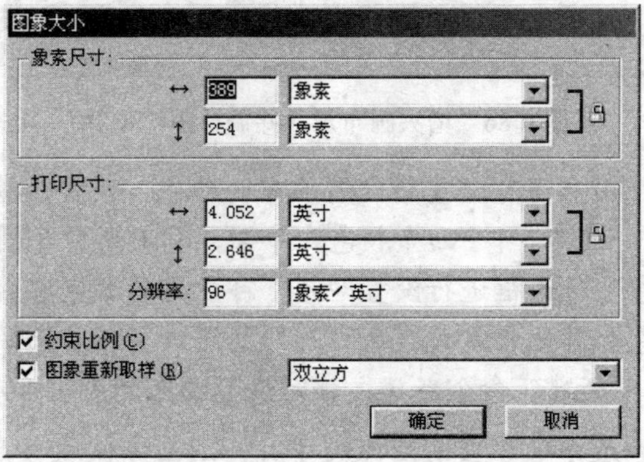

图 6-87　“图像大小”对话框

调整图像尺寸时，通过选中或取消“约束比例”复选框，可设置是否按比例缩放（在垂直与水平方向），通过选中或取消“图像重新取样”复选框可设置是否重新采样。如果重新采样，则改变图像的尺寸时，图像的分辨率不变；否则，分辨率将被调整。

利用图像尺寸对话框还可调整打印尺寸。很多人始终都搞不清楚打印尺寸和显示的关系。实际上，图像在文档窗口的显示效果是由其像素数决定的，而输出文档、打印文档或将文档加入到其他文件时，它的尺寸则是由其打印尺寸决定的。此外，打印尺寸×打印分辨率=图像的像素。

6.8 上机实践——图像编辑

6.8.1 利用 Fireworks 制作公司标志

（1）启动 Fireworks，单击“主要”工具栏中的“新建”按钮，打开“创建文档”对话框。参照图 6-88 创建一个尺寸为 70×45 像素，画布颜色为白色的新文档（用来制作标志）。

（2）在工具箱中单击 A 按钮，参照图 6-89，利用属性面板设置字体、尺寸，并输入“东林”两个字。制作的文字效果如图 6-90 所示。

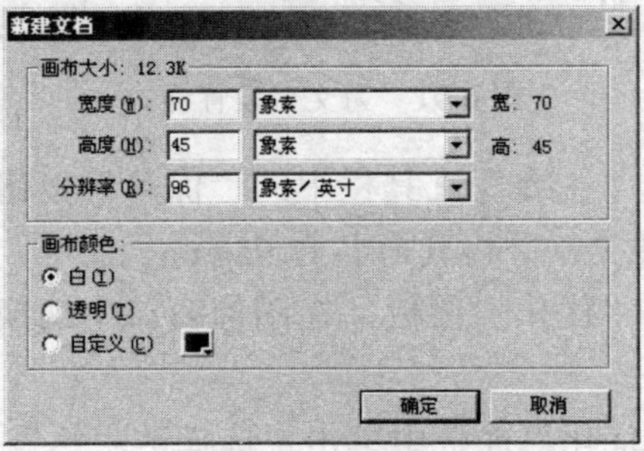

图 6-88 创建文档

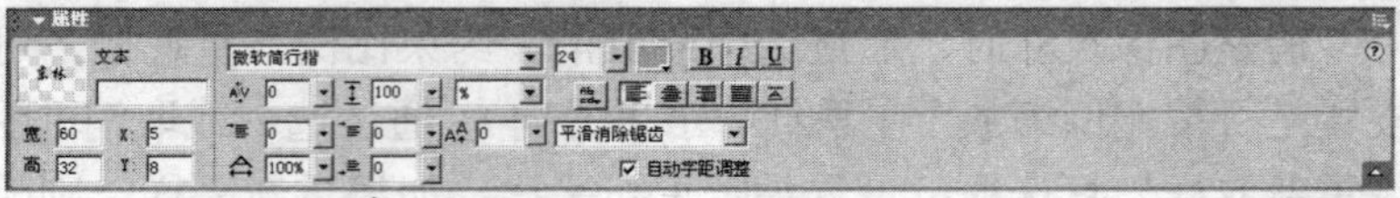

图 6-89　设置文字属性

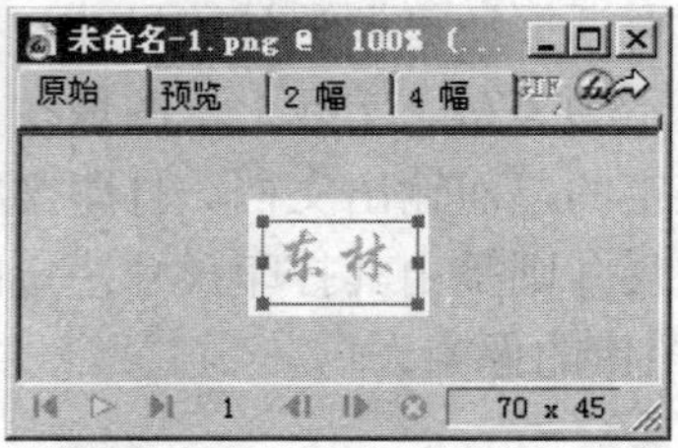

图 6-90　创建的文字

（3）确认文字仍被选中，打开“样式”面板，从中选择某种样式，结果如图 6-91 所示。

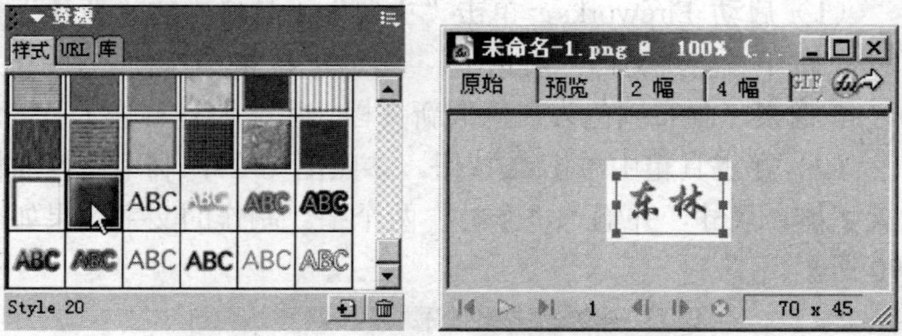

图 6-91　为文字设置样式

（4）单击“主要”工具栏中的“保存”按钮，保存文档到 webdata 文件夹，并将其命名为 flag.png。

（5）打开“优化”面板，在图像窗口中切换到“预览”选项卡。

（6）在“优化”面板中单击“选择透明色”按钮，然后在预览窗口四周的白色区域单击，将该区域设置为透明区，结果如图 6-92 所示。

（7）选择“文件”|“导出”命令，将该文档输出为 flag.gif，并将其放置在指定的文件夹中。

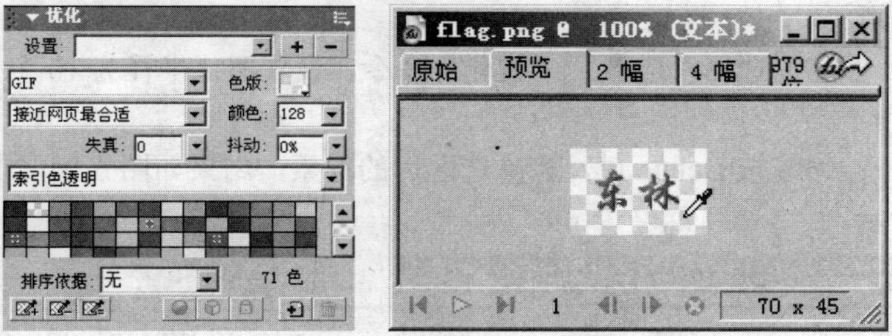

图 6-92　优化输出文字

（8）再次保存文档，然后选择“文件”|“关闭”命令，关闭文档。

6.8.2　利用 Fireworks 处理图片

相比之下，图片处理起来就简单得多了。用户只需要调整一下它们的尺寸，并给其增加羽化效果即可。

（1）单击工具栏中的“新建”按钮，打开“新建文档”对话框。新建一个宽度为 220 像素，高度为 260 像素，背景为白色的新文档。

（2）选择“文件”|“导入”命令，导入一幅选定的图片，结果如图 6-93 所示。

图 6-93　导入图片

（3）在工具箱中单击选中椭

圆选取框工具，然后在编辑区单击并拖动，制作一个椭圆选区，如图 6-94 左图所示。

（4）选择“选择”|“反选”命令，反转选区，如图 6-94 中图所示。

（5）选择“选择”|“羽化”命令，设置羽化半径为 10 个像素。

（6）按 Delete 键，删除选区内的像素，结果如图 6-94 右图所示。

图 6-94　制作椭圆选区

（7）在工具箱中单击选中文字工具，在属性面板中选择合适的字体，设置合适的尺寸，并单击段落居中按钮，然后制作两行文本，如图 6-95 所示。

（8）单击选中文字，在工具箱中单击边框颜色设置按钮，打开边框颜色设置面板，从“笔触相对于路径的位置”下拉列表框中选择“路径外”选项，然后单击黄色（#FFFF66），为文字增加黄色边框，如图 6-96 所示。

图 6-95 制作文本

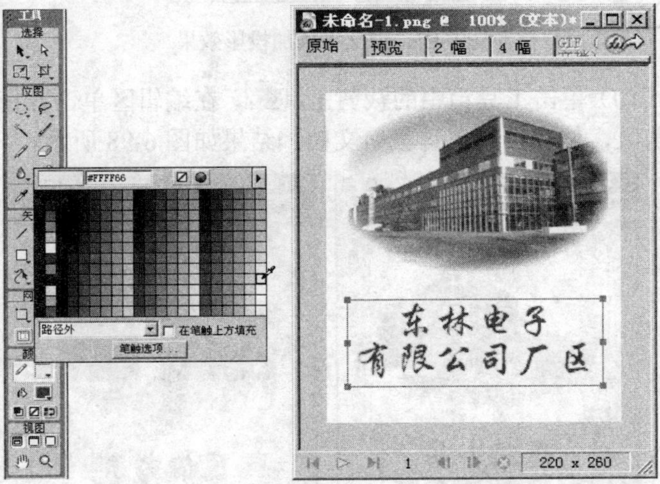

图 6-96 为文字增加边框

（9）在属性面板中单击“效果”按钮+，从弹出的菜单中选择“阴影和光晕”|“投影”命令，然后适当调整投影参数，为文字添加投影效果，如图 6-97 所示。

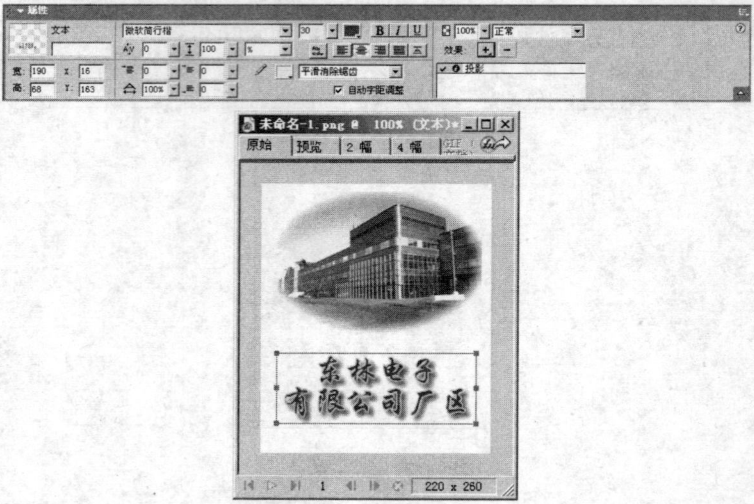

图 6-97　为文字增加投影效果

（10）单击工具箱中的裁剪工具，在编辑区单击并拖动设置裁剪区，然后按回车键裁剪文档，结果如图 6-98 所示。

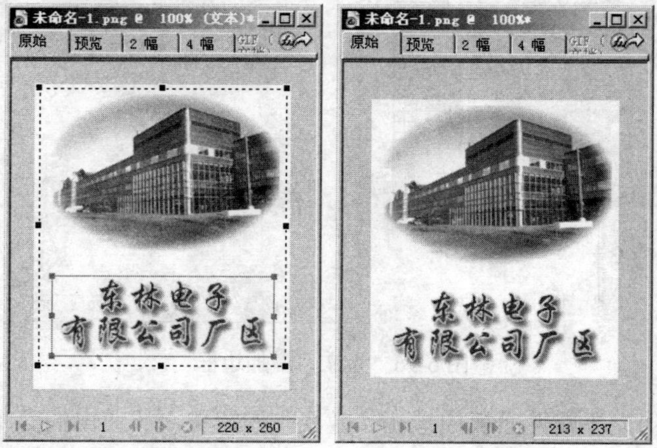

图 6-98　裁剪文档

（11）转至文档预览窗口，利用“优化”面板将文档输出格式设置为 JPEG（大多数情况下，其效果要优于 GIF 格式，但此时无法设置透明颜色），如图 6-99 所示。

（12）选择“文件”|“保存”命令，将文档保存为 pic1.png。

（13）选择“文件”|“导出”命令，输出优化图片文件 pic1.jpg。

（14）关闭文档窗口。

对于其他产品图，可首先打开原图片，然后按原尺寸输出一种大尺寸 JPG 格式图片，分别命名为 pic21.jpg、pic31.jpg、pic41.jpg、pic51.jpg、pic61.jpg、pic71.jpg。接下来选择“修改”|“画布”|“图像大小”命令，调整图片尺寸，输出一种小尺寸的 JPG 格式图片（放在网页中），并分别命名为 pic2.jpg、pic3.jpg、pic4.jpg、pic5.jpg、pic6.jpg、pic7.jpg。

提示　将来我们准备在网页中为每个小图片创建到大图片的链接。也就是说，当用户在主页中单击小产品图片时，将打开一个新的显示大图片的窗口。

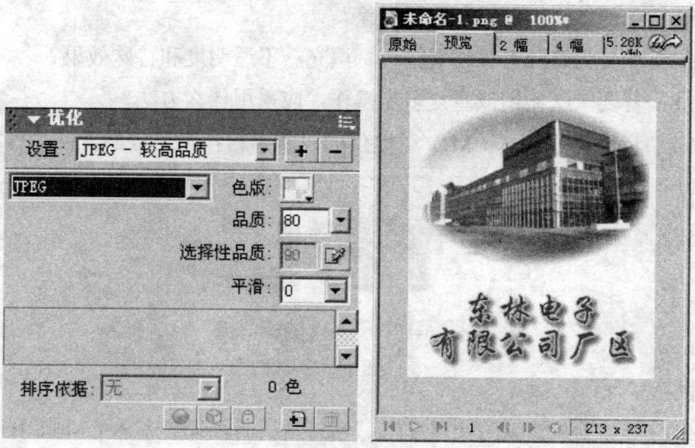

图 6-99　输出优化图像

本章小结

通过本章的学习，读者了解了 Fireworks MX 的功能和工作环境，并掌握路径的绘制和编辑、创建和编辑文本、编辑位图对象、操作对象、使用图层和蒙版、以及调整画布和图像的尺寸等。

练习与指导

6.1 Fireworks MX 的功能主要有____、____、____、____、____和____。

6.2 为便于绘图，我们可以利用 Fireworks MX 提供的____和____功能。

6.3 在 Fireworks MX 中，路径的绘制方法主要有____、____和____。路径对象的编辑方法主要有____、____、____和____。

6.4 Fireworks MX 所提供的创建位图对象的方法主要有____、____、____、____和____。

6.5 Fireworks MX 所提供的创建蒙版的方法有____、____和____。

6.6 如何选择、复制和删除对象？

6.7 如何为路径对象设置描边、填充、不透明度和特殊效果？

6.8 若要一次撤销或重复多步操作，应采用什么方法？

6.9 利用 Fireworks MX 所提供的将文本转换为路径的方法制作如图 6-100 所示标志。

图 6-100　制作的标志

提示

（1）新建文档，输入文字 TEL，利用属性面板设置字体（Airal Black）、大小和颜色。

（2）选择“文本”|“转换为路径”命令，将文本转换为路径。

（3）选择“修改”|“取消组合”命令，将文字组打散。

（4）利用“部分选定”工具单击选中 T 字，然后选中并向左拖动其左上角的路径节点，将其变形，如图 6-101 所示。

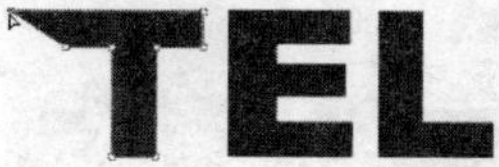

图 6-101　拖动路径节点变形文字

（5）采用同样的方法，分别对 E 字和 L 字变形。

（6）选择“选择”|“选择全部”，选择所有文字路径。

（7）单击“属性”面板中的“效果”下拉列表框，从中选择“斜角和浮雕”|“内斜角”命令，对文字路径执行“内斜角”效果。

6.10　绘制如图 6-102 所示 VIA 公司标志。

图 6-102　VIA 公司标志

提示

（1）用“钢笔”工具绘制路径。

（2）利用“属性”面板设置填充色为白色，并设置效果为内斜角和内侧阴影即可。

6.11　利用“铅笔”工具和“刷子”工具，并利用“属性”面板设置笔触属性，绘制如图 6-103 所示的位图。

图 6-103　绘制的位图

第 7 章　热点、切片、按钮和导航条

本 章 要 点

- ❖ 创建热点
- ❖ 创建图像切片
- ❖ 为切片或热点附加行为
- ❖ 创建按钮与导航条
- ❖ 创建简单 GIF 动画

7.1　创建热点

所谓热点又称图像映像，是出现在 Web 页面上的一个图形或一组图形。当指针经过热点时，指针变为一只手。默认情况下，单击该热点将打开相关的链接网页。

其中，Web 页面的 HTML 文件定义了每个热点的尺寸和位置。在 Fireworks 中制作热点的操作步骤通常为：

（1）在 Fireworks .png 文档中创建热点。

（2）输出图像和 HTML 文件。

（3）将热点 HTML 放置在站点中合适的位置或放置在其他 HTML 文件中。

7.1.1　选择热点源图像

源图像是创建热点的基础，它可以是带有明显区域特征的图像、标签按钮或者主题列表，如图 7-1 所示。

图 7-1　用于制作热点的源图像

7.1.2　创建与设置热点

在 Fireworks MX 中，用户可直接绘制热点或根据选定对象创建热点。用户在源图形中创建热点后，可为其分配 URL 链接，以及设置提示信息等。其中，创建矩形或圆形热点的操作步骤如下：

（1）打开源图像。

（2）在“工具”面板的“网页”选区中选择“矩形热点”工具、“圆形热点”工具或“多边形热点”工具。

（3）拖动热点工具绘制热点。此时若按下 Alt 键，可绘制正方形或圆形热点。通过选择工具，可创建多边形热点。如果已经选定了某个对象，则还可选择“编辑”|“插入”|“热点”命令创建与选定对象形状相同的热点，如图 7-2 所示。

为热点指定 URL 的操作步骤如下：

（1）在 Web 页面中单击选择热点。

（2）利用“属性”面板为热点指定 URL、替代文本、打开链接网页的浏览器窗口（_blank、_self、_parent 或_top）和热点名称等，如图 7-3 所示。输入替代文本后，从网页中下载图像时，替换文本将出现在图像占位符上，替换文本还替换未能下载的图形。

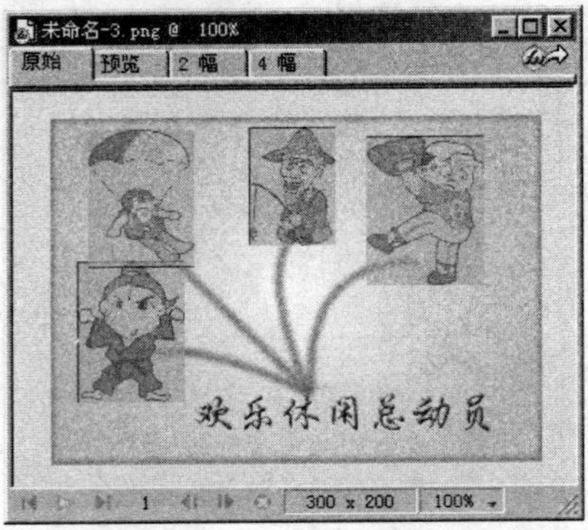

图 7-2　热点示例

7.1.3　编辑热点

热点与路径对象类似，因此可利用“指针”工具、“部分选定”工具及变形工具编辑它。但是，其他编辑工具（如“自由变形”工具和“更改区域形状”工具等）不能用来编辑热点。

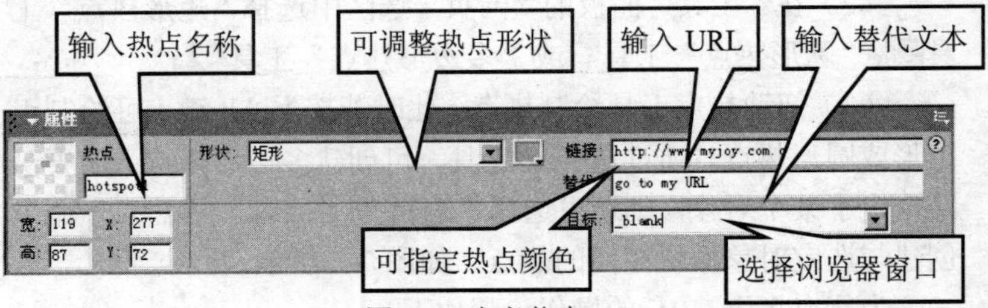

图 7-3　定义热点

7.1.4　利用拖放行为配置热点

在 Fireworks MX 中，用户可利用拖动行为来配置热点，以触发翻转效果。例如，在图 7-4 中，我们首先在画面的左侧创建了 4 个热点，在画面的右侧创建了一个切片。

如果希望在网页中，当浏览者将光标移至不同的人名时，在个人简历区显示相应的简历，即可利用拖放行为来配置热点。具体方法如下：

（1）单击第一个人名所在热点的控制标志，将其拖至右侧切片所在区域，此时系统将打开如图 7-5 所示的“交换图像”对话框。

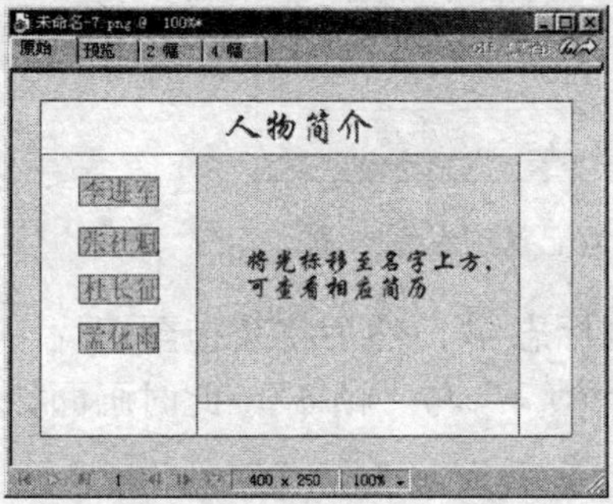

图 7-4　利用拖放行为配置热点

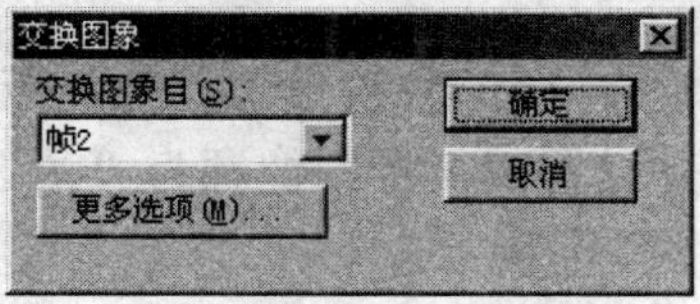

图 7-5　设置交换图像

（2）如果切片所在位置的图像来自某个帧，则可直接在“交换图像”下拉列表框中进行选择。否则，如果希望交换图像源自某个图像文件，则可单击“更多选项”按钮，进行相关设置。

（3）假定在本例中选择交换图像来自“帧 2”，则单击“确定”按钮后，画面如图 7-6 所示。

（4）选择“窗口”|“帧”命令，打开“帧”面板，并在其右下角单击“新建/复制帧”按钮，为文档增加新帧“帧 2”，然后在简历区输入第一个人的简历，如图 7-7 所示。

（5）在“帧”面板中单击 3 次“新建/复制帧”按钮，为文档增加 3 个新帧“帧 3”“帧 4”与“帧 5”，然后分别在简历区输入其他人的简历。

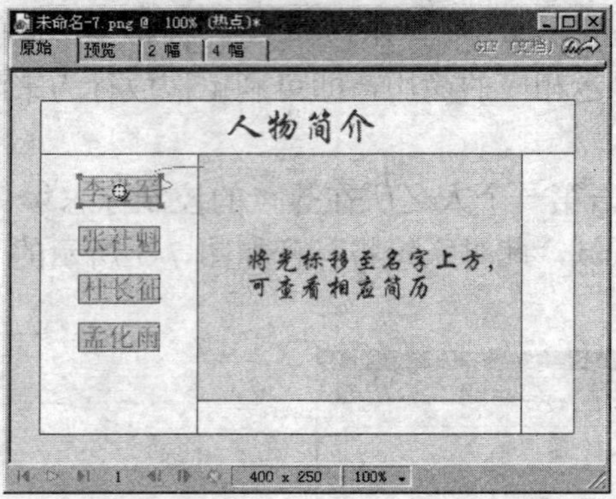

图 7-6　利用拖放行为配置热点后画面

（6）分别单击其他热点控制标志，然后将其拖至切片，并设置其交换图像源为“帧 3”、“帧 4”与“帧 5”，此时画面如图 7-8 所示。

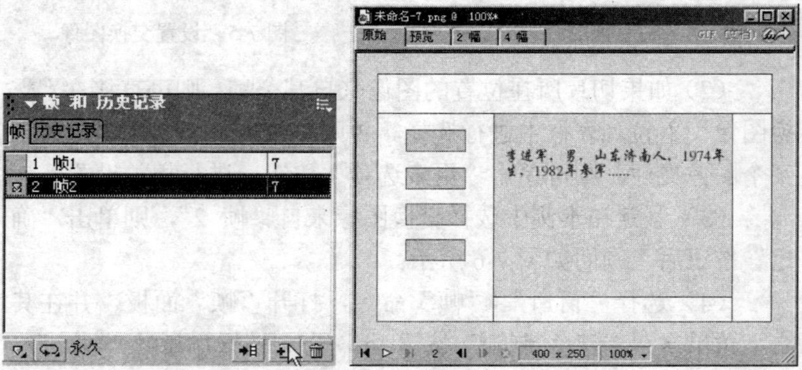

图 7-7　增加新帧并对其进行编辑

提示　输入个人简历后，在“层”面板中单击“网页层”，便可方便地选择热点控制标志。

值得一提的是，在 Fireworks MX 中使用拖放行为配置热点时，热点只能作为触发源，而不能作为目标。这和切片不同，切片既可作为触发源，又可作为目标。

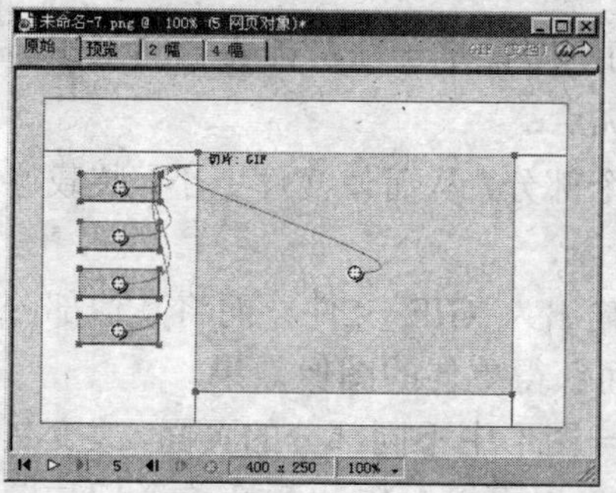

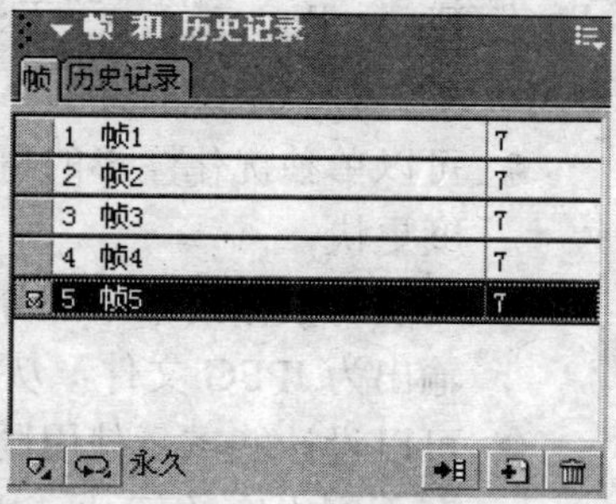

图 7-8　配置全部热点后画面

7.1.5　输出热点

在 Fireworks .png 文档中创建热点后，用户在将其作为 Web 浏览器中的热点之前必须首先输出热点。Fireworks MX 可输出客户端图像映像，其中包含了图像文件，以及包含热点信息和相关 URL 链接的 HTML 文件。

输出热点的操作步骤如下（具体参见第 8 章介绍）：

（1）利用“优化”面板设置优化选项。

（2）选择“文件”|“导出”命令打开“导出”对话框。

（3）选定要放置图形文件的文件夹，并命名文件。

（4）选择保存类型为“HTML 和图像”。

（5）单击“保存”按钮输出 HTML 文件与图像文件。

（6）若要将包含热点的图像应用到网页中，则可在 Dreamweaver 中选择“插入”|“交互式图像”|Fireworks HTML 命令，并选择步骤（5）中所导出的 HTML 文件。

7.2 创建图像切片

在 Fireworks 之前，手工切割图像是一项费神费力的工作。Fireworks 中的图像切割有以下优点：

- 可以单独优化图形的每个部分，从而使文件更小，装载速度更快。
- 可以将图像的某个部分输出为 GIF 文件，而将其他部分输出为 JPEG 文件，从而获得更佳的图像效果。
- 可以设计能重复使用同一图形中不同部分的页面，改变具有不同内容的切片。用户也可以编辑和替换单个切片图形，而不必卸载一幅图像中的所有切片。
- 可以利用切片创建滚动图像。

7.2.1 创建与命名切片

切割图形就像绘制矩形一样容易，Fireworks MX 有两个工具用于切割图形，即“切片”工具和“多边形切片”工具。

用户所绘制的对象被称为切片对象，来自切片对象的突出的红色线条是切片引导线，它决定了 Fireworks 切割图像的位置（即图像被切成了几部分）。在 Fireworks MX 中，用户可以通过拖动切片引导线来调整切片的大小。

1. 创建矩形切片

绘制矩形切片对象的操作步骤如下：

（1）在“工具”面板的“网页”选区中选择切片工具。

（2）拖动绘制切片对象，则切片对象和切片辅助线将显示在网页层中，如图 7-9 所示。换句话说，可通过关闭“网页层”图层关闭切片显示。

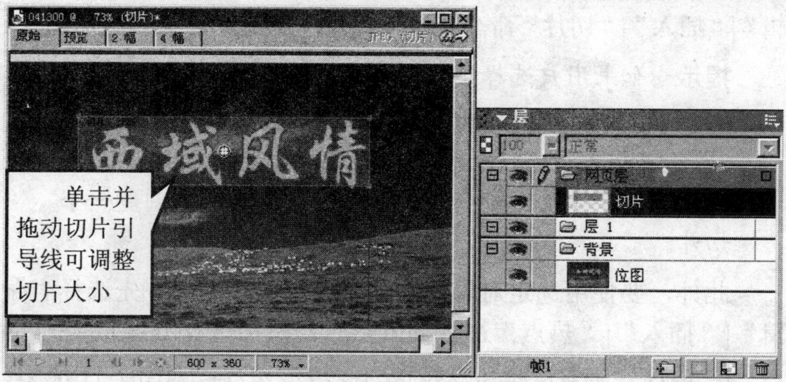

图 7-9　制作的矩形切片

2. 创建多边形切片

利用多边形切片可以帮助用户避免切片重叠，如图 7-10 所示。

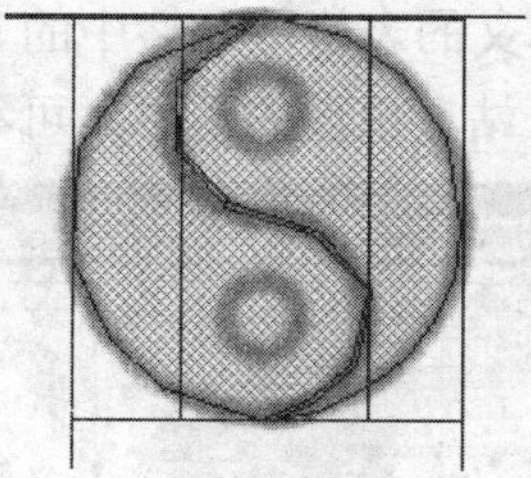

图 7-10　多边形切片

创建多边形切片的操作步骤如下：

（1）选择多边形切片工具 。

（2）单击放置多边形角点。

（3）如果需要的话，单击起点封闭多边形。

提示　创建多边形切片时，应注意不要使它们相互叠加。应特别注意不要过度使用多边形切片，因为它们比相同的矩形切片使用更多的 JavaScript 代码。如果多边形切片太多，将影响 Web 浏览器的处理时间。

3. 基于对象创建切片

用户也可以基于选定对象插入切片。选择对象后，选择“编

辑”|“插入”|“切片”命令，即可创建包含选定对象的矩形切片。

提示 如果用户选择了多个对象，将出现一个对话框。用户可以通过该对话框确定如何创建切片。如果选择“单一”命令，表示创建一个覆盖所有已选对象的单独切片；如果选择“多重”命令，表示为每个已选对象创建一个切片。

此外，要使用选定对象来创建多边形切片，应首先选择“编辑”|“插入”|“热点”命令插入热点，然后选择“编辑”|“插入”|“切片”命令，将热点转换为多边形切片，如图 7-11 所示。

4. 创建 HTML 切片

HTML 切片指定浏览器中出现普通 HTML 文本的切片图像区域。HTML 切片不导出任何像素图像数据，它导出出现在由切片定义的表格单元格中的 HTML 文本。如果用户希望快速更新在 Web 站点出现的消息，可不必创建新图形，而使用 HTML 切片。

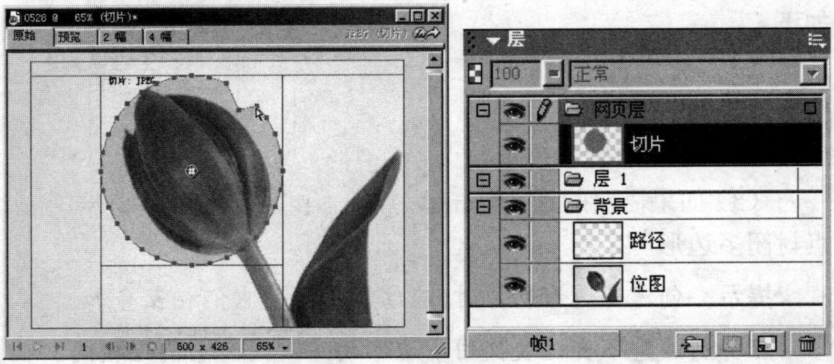

图 7-11 基于对象创建多边形切片

创建 HTML 切片的操作步骤如下：

（1）创建切片对象。

（2）在“属性”面板中，从“类型”下拉列表框中选择 HTML。

（3）单击“编辑”按钮，在打开的“编辑 HTML 切片”窗口中输入文本，然后单击“确定”按钮，如图 7-12 所示。

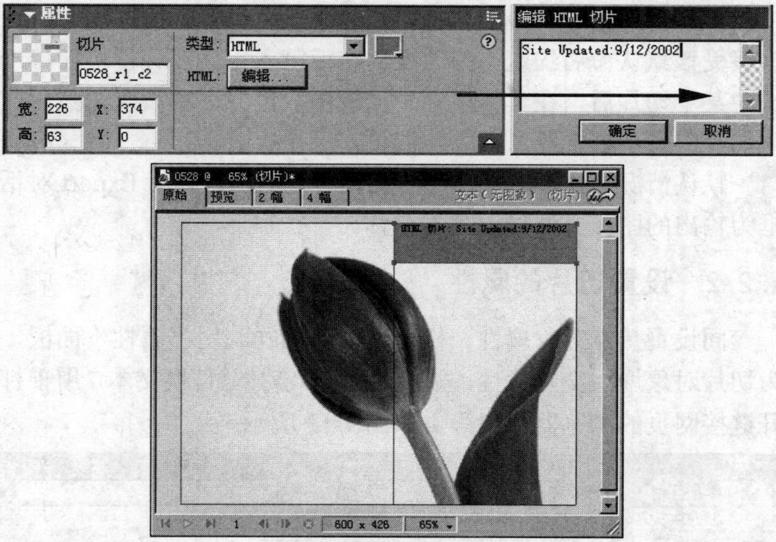

图 7-12　创建文本切片

（4）如果需要，可在输入文本时，通过添加 HTML 文本格式设置标记来设置文本的格式。或者在使用文本编辑器或 HTML 编辑器导出 HTML 后，将 HTML 文本格式设置标记添加到 HTML。

提示　HTML 切片中的文本不会出现在 Fireworks .png 文档中，但会出现在 Web 浏览器中。

以这种方式创建的文本在不同的浏览器或操作系统中，可能会显示不同的外观。

5. 命名切片

在将图片切割为切片时，图像被分成了多块，每一块都被输出为一个单独的文件，并且每个文件都必须有一个名字。进一步讲，如果图片有多帧，则每帧中的每一片都是一个单独的文件，并要求惟一的名称。

默认情况下，Fireworks 会自动命名切片文件，因此用户可直接接受该默认命名约定。要改变约定或键入定制名称，可在单击选中某个切片后，在其“属性”面板中取消原名称设置，然后在“切片”文本框中输入新名称即可。

默认情况下，输出带切片的文件时，用户可利用 Export 对话框为输出的图像文件设置基本名称。

7.2.2 设置切片的属性

同设置热点对象属性一样，用户可同样利用“属性”面板，为切片对象增加交互特性，如设置 URL 链接、替换文本、用于打开链接网页的浏览器窗口等，如图 7-13 所示。

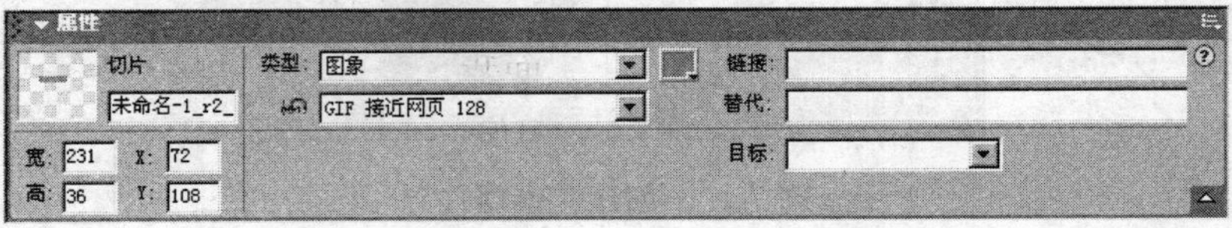

图 7-13 为切片设置属性

7.2.3 利用拖放行为配置切片

同样，用户可以利用拖放行为配置切片，从而方便地制作非连接翻转图像。有关这方面的详细情况，请参见前面介绍的利用拖放行为配置热点的方法。

7.2.4 输出带切片的文件

输出带切片的文档时，将生成多幅图像文件与一个 HTML 文件。因此，使用切片的最大优点是，可以将一幅大图片切割为多个小图片，从而加快网页的下载。

此外，用户在设置优化参数时，还可为切片区与非切片区设置不同的优化参数。例如，可将切片区图像以 jpg 格式输出，而将非切片区图像以.gif 格式输出。

同样，在网页中插入由 Fireworks 所导出的带有切片的图像时，也需要插入所生成的 HTML 文件。

7.3 为切片或热点附加行为

我们在第 4 章曾介绍过有关行为的一些基本知识。在 Fireworks 4 中，用户也可为切片或热点附加行为，本节就来介绍这方面的情况。

7.3.1 行为运用示例

在以前，许多网页设计者都使用行为来创建 JavaScript 翻转图像、按钮和导航条，这种在 Fireworks 1.0 和 Fireworks 2.0 使用的技术仍然适用于 Fireworks MX。下面我们通过一个实例来说明如何使用行为来制作 JavaScript 翻转图像。

（1）绘制一矩形，利用“样式”面板设置其样式，并在其上输入文字“行为运用示例”。

（2）选中文字，选择“编辑”|“插入”|“切片”命令，根据文字对象创建切片，如图 7-14 所示。

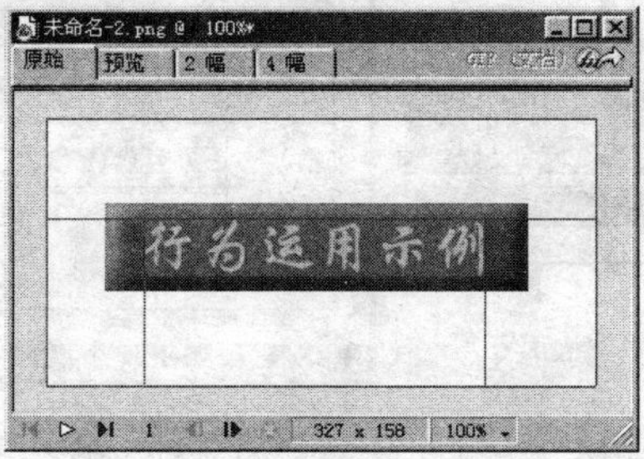

图 7-14 根据文字创建切片

（3）在“行为”面板中单击按钮，从弹出的行为列表中选择“简单变换图像”选项，如图 7-15 所示。

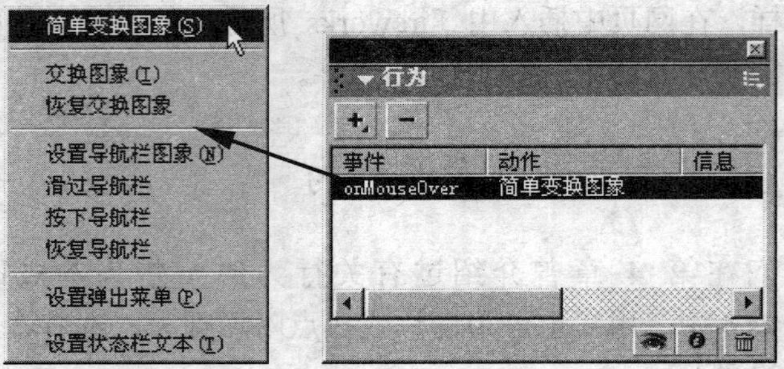

图 7-15　选择行为

（4）为切片增加“简单变换图像”行为，要求图像至少要有两帧。其中，第一帧显示了切片的基本状态，第 2 帧显示了光标经过切片时所显示的状态。因此，可首先打开“帧”控制面板，单击其中的增加帧按钮，为文档增加一个“帧 2”，如图 7-16 所示。

（5）在“帧”面板中单击“帧 2”，打开该帧编辑画面，然后输入文字 Fireworks MX，如图 7-17 所示。

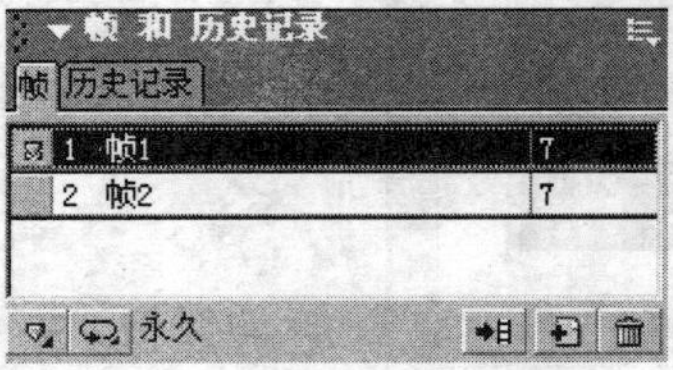

图 7-16　增加帧

图 7-17　编辑“帧 2”内容

（6）在编辑窗口切换到“预览”选项卡，将光标移至切片区，测试行为并观察效果。正常情况下，当用户将光标移至文字区时，其内容将会变化，如图 7-18 所示。

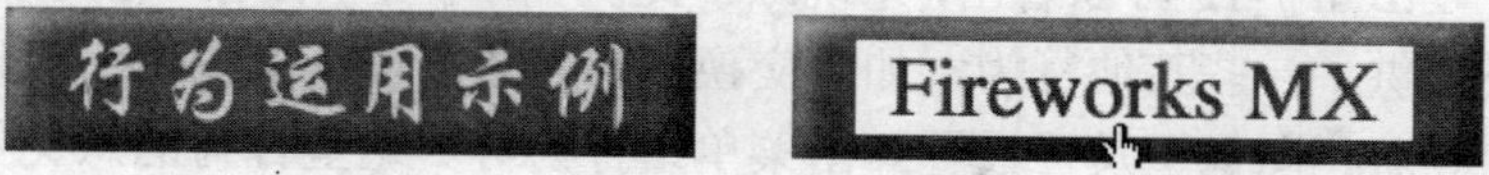

图 7-18 预览行为

从图 7-18 中可以看出，当文字改变时，切片区域的底色变成了白色。下面我们通过将底图所在层设置为共享层的方法，来实现文字改变时，切片区域的底色仍为底图颜色的目的。

（7）在“层”面板中单击“新建/复制层”按钮，创建一个新层“层 2”，并将其拖至图层列表的最下方。

（8）单击底图所在对象子层，然后将其拖至层 2 中。

（9）在“层”面板中单击其右上角的按钮，在弹出的面板菜单中选择“共享此层”命令，将层 2 设置为共享图层，如图 7-19 所示。

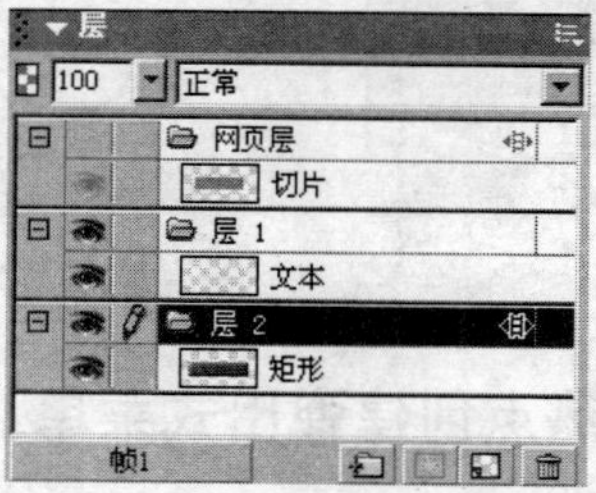

图 7-19 将 Layer 2 图层设置为共享图层

（10）再次切换到“预览”选项卡，测试并观察行为。

（11）利用“优化”面板设置优化参数，选择“文件”|“导出”命令输出优化图像文件及 html 文件。

最后，值得指出的是，按钮编辑器更适于制作 JavaScript 翻转图片、按钮和导航条。有关这方面的情况，请参看后面章节的内容。

7.3.2 行为与事件

由图 7-15 可以看出，系统除了提供“简单变换图像”行为外，还提供了一些其他行为，如“交换图像”、“恢复交换图像”、“设置导航栏图像”及“设置弹出菜单”行为等。这些行为的意义如下：

当用户设置行为后，系统默认地为该行为设置了一种事件。例如，当用户为切片或热点设置了“交换图像”行为后，其默认事件为 onMouseOver，表示当鼠标光标经过切片或热点上方时执行交换图像的动作。要选择其他事件，可在增加行为后直接在“行为”面板的事件下拉列表框中进行选择，如图 7-20 所示。这些事件的意义可参看第 4 章所述。

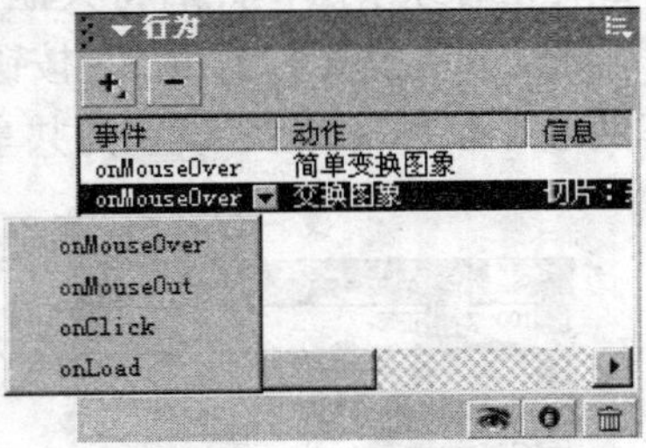

图 7-20 选择事件

7.3.3 为切片或热点创建弹出式菜单

弹出菜单是指为响应指针滑过触发网页对象（如切片或热点），或单击这些对象的操作而在浏览器中显示的菜单。弹出菜单项可以附加 URL 链接以便于导航。在 Fireworks MX 中，用户可以通过为选定的切片或热点增加“设置弹出菜单”行为创建弹出式菜单。

下面我们通过一个实例来说明弹出式菜单的创建与设置方法。

（1）制作如图 7-21 所示带有 3 个切片的文档。

（2）单击选中左侧切片，然后在“行为”面板中单击增加行为按钮 ，并在打开的行为列表中选择“设置弹出菜单”行为，此时系统将打开如图 7-22 所示的“弹出菜单编辑器”对话框。

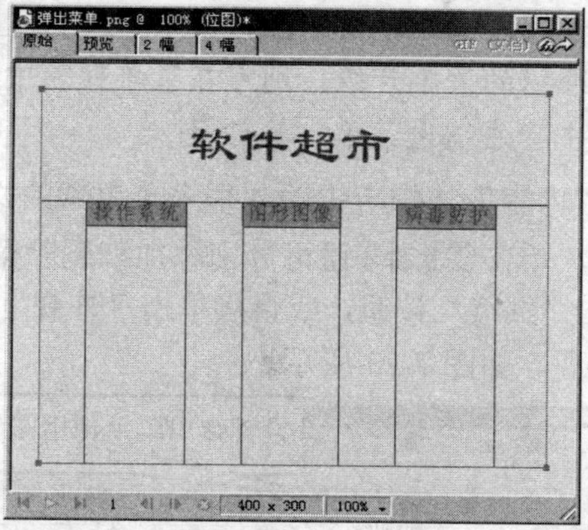

图 7-21　制作带切片的文档

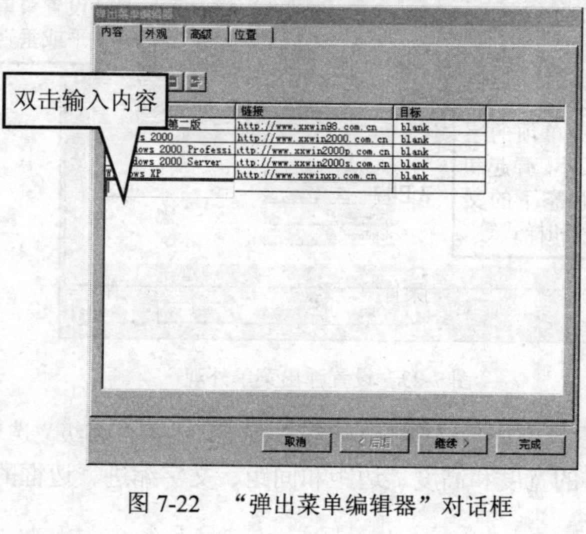

图 7-22　“弹出菜单编辑器”对话框

提示 用户也可以单击切片控制标志，从弹出的菜单中选择“添加弹出菜单”命令，或选择“修改”|“弹出菜单”|“添加弹出菜单”命令打开弹出菜单编辑器。

要将某个菜单项降级(即作为下一级菜单)，可在菜单列表中选中该菜单项后单击“缩进菜单”按钮。反之，要将一个降级的菜单升级，则可在菜单列表中选中该菜单项后单击“左缩进菜单”按钮。

（3）在“内容”选项卡中输入每个菜单项的文本、URL 链接和目标选项。单击按钮可分别添加和删除菜单项。

（4）单击“继续”按钮，或直接单击“外观”选项卡，设置弹出菜单的外观，如图 7-23 所示。

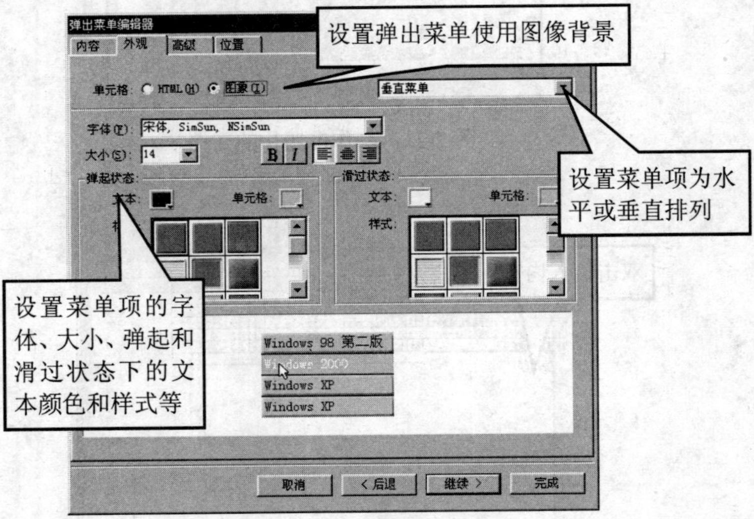

图 7-23 设置弹出菜单外观

（5）设置完成后，单击“继续”按钮，进入“高级”选项卡，设置单元格的宽度和高度、边距和间距、文字缩进、边框的宽度和颜色以及阴影颜色等，如图 7-24 所示。

（6）单击“继续”按钮，进入“位置”选项卡，设置弹出菜单的位置及子菜单位置，如图 7-25 所示。

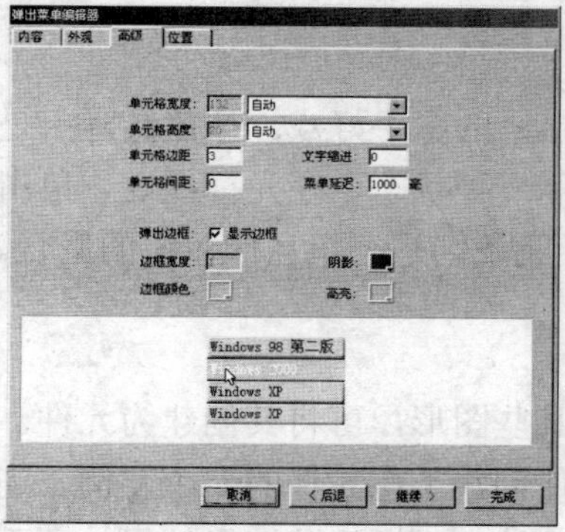

图 7-24　单元格高级选项设置

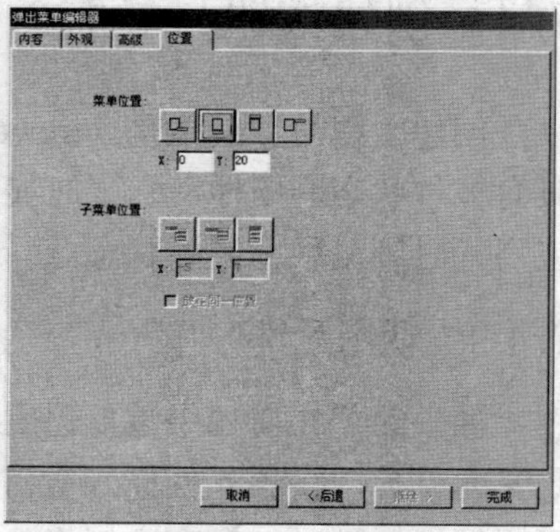

图 7-25　设置菜单位置

（7）设置完成后，单击“完成”按钮，结束弹出菜单的创建。

（8）依据上述步骤，添加其他切片或热点添加弹出式菜单。

（9）由于用户无法在预览窗口中看到弹出菜单，因此必须借助浏览器来观察弹出菜单设置情况。为此，可选择“文件”|“在浏览器中预览”|“在 iexlore.exe 中预览”命令或按 F12 键，在 IE 浏览器中预览弹出菜单效果，如图 7-26 所示。

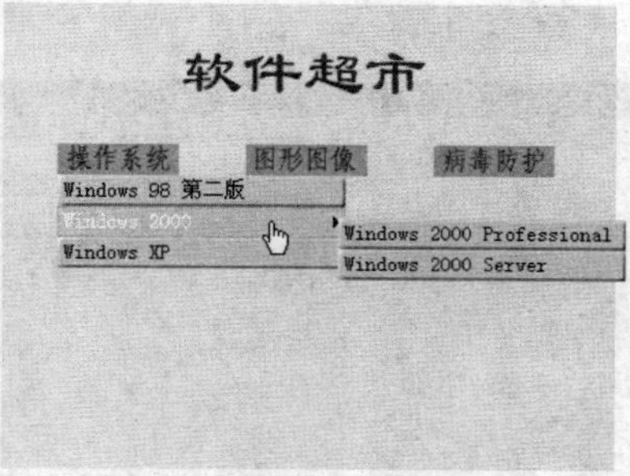

图 7-26　所制作的弹出菜单

（10）利用“优化”面板设置优化参数，选择“文件”|“导出”命令导出优化图像文件及 HTML 文件。

7.4 创建按钮与导航条

创建按钮与导航条是 Fireworks 的拿手好戏。按钮实际上是具有多种状态的图像，它平时显示一种状态，在光标经过、单击或离开时则呈现不同的状态，而导航条则是一组互斥按钮的集合。

7.4.1 使用元件

如果希望在文档中重复使用某些图形，可将其创建为元件。定义元件后，将该元件拖入文档便创建了该元件的一个实例。当用户编辑元件时，所有实例将自动改变，以反映编辑结果，而不管它们在文档的什么地方。

下面我们通过一个实例来具体说明元件的定义、使用与编辑方法。

（1）选择“编辑”|“插入”|“新建元件”命令，打开“元件属性”对话框。

（2）在“名称”文本框中输入“元件 1”，作为元件名，并在“类型”设置区选择“图形”单选钮，表示创建图形元件，如图 7-27 所示。

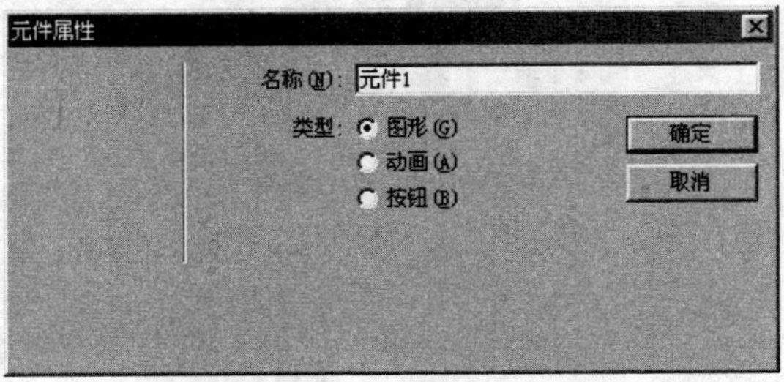

图 7-27　设置元件名称与类型

（3）单击“确定”按钮，系统将打开如图 7-28 所示的元件编辑窗口。

（4）利用“多边形”工具在元件编辑窗口绘制一个五角星，并利用“属性”面板设置填充属性和效果，如图 7-29 所示。

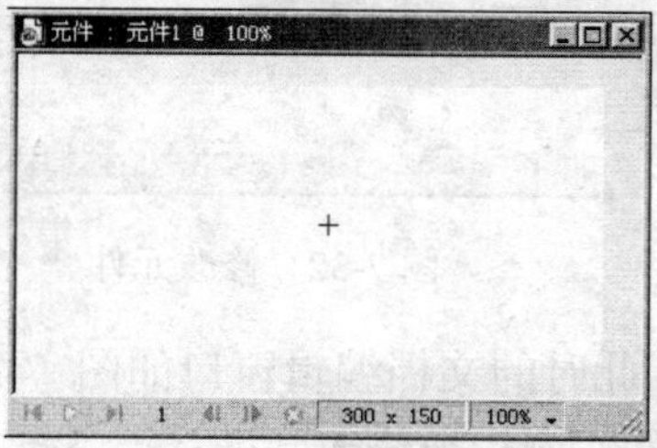

图 7-28　元件编辑窗口

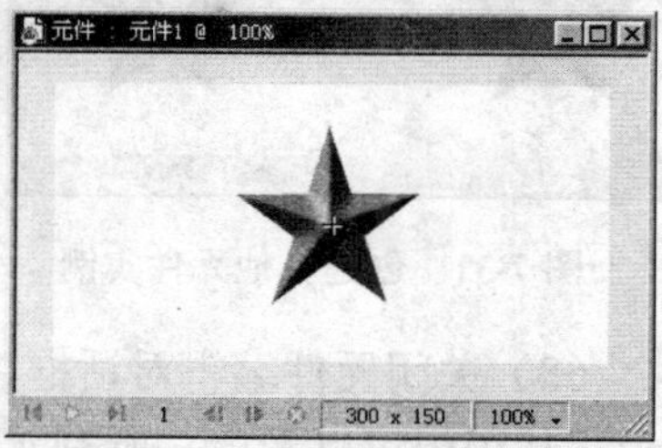

图 7-29　编辑元件

（5）关闭元件编辑窗口，此时文档编辑窗口与“库”面板如图 7-30 所示。由该图可以看出，此时系统自动在文档编辑窗口增加了一个元件实例。

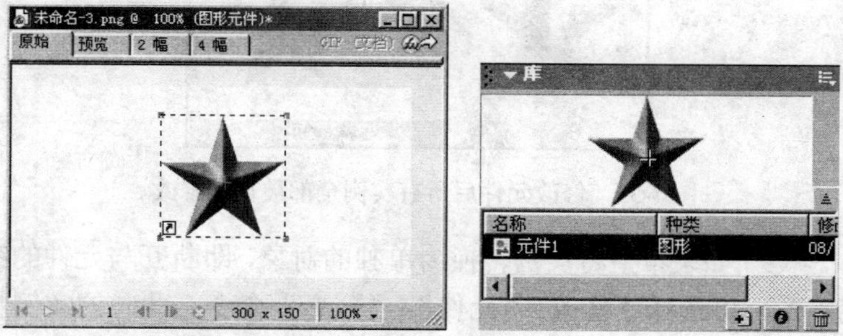

图 7-30　定义元件后的文档编辑窗口与“库”面板

（6）适当移动实例位置，然后再从“库”面板中向编辑区拖入两个元件，此时画面如图 7-31 所示。

（7）双击任何一个元件实例，打开元件编辑对话框，将五角星元件的描边颜色设置为绿色，如图 7-32 所示。

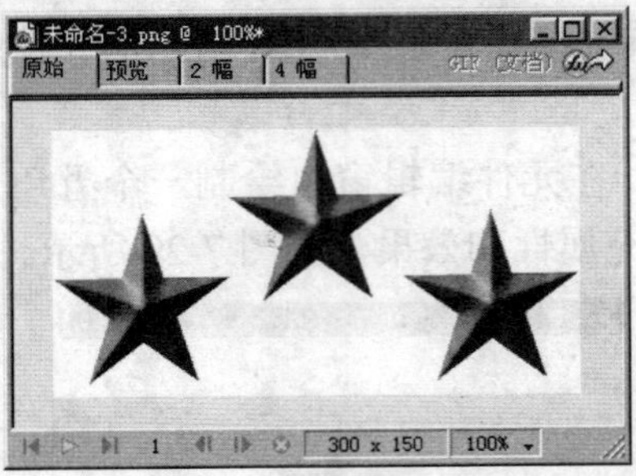

图 7-31　创建其他元件实例

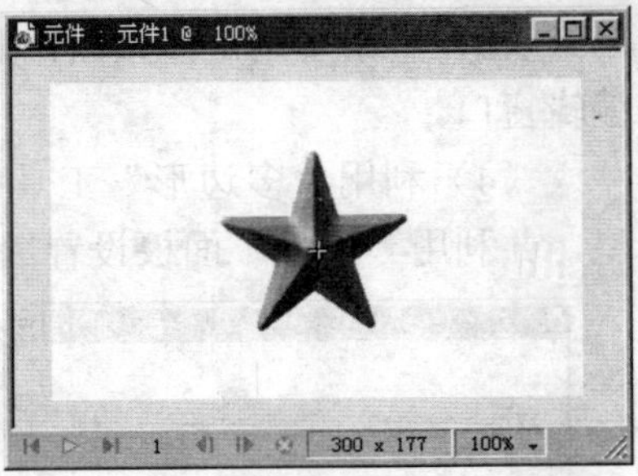

图 7-32　修改元件

（8）关闭元件编辑对话框，此时的文档编辑窗口如图 7-33 所示，从图中可以看出，所有元件实例均被修改。

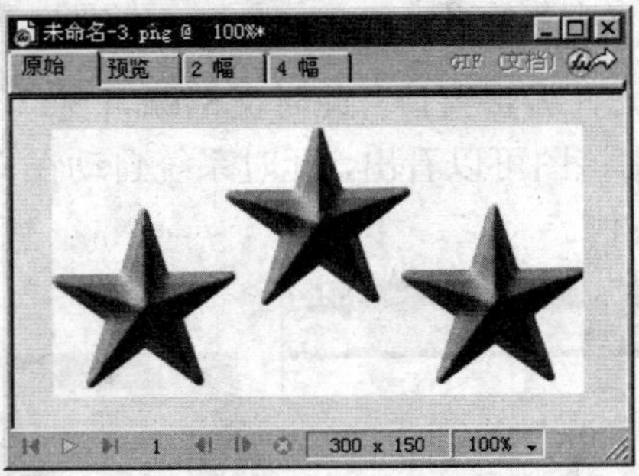

图 7-33　修改元件后所有实例全部被自动修改

（9）如果希望将实例转换为单独的对象，即断开与元件的链接关系，可选择“修改”“元件”|“分离”命令，此时的实例将成为一个或多个单独的图形对象，用户可随意编辑它了。

7.4.2　创建和编辑按钮

在 Fireworks 中，按钮就是一个包含了按钮所有可能外观的翻转图片，它们分别代表了各种使用状态。Fireworks 的按钮编辑器可以引导用户创建按钮，并自动完成许多任务。用户如果想快速复制按钮，以创建导航条，只需简单地改变按钮文本即可。

每一个按钮都有最多4种外观或状态，每个状态对应了一种鼠标动作。

- “释放”状态：即一般状态，是按钮的默认外观，当指针不在该按钮位置时显示此状态。
- “滑过”状态：当指针在 Web 浏览器中经过按钮时按钮的显示外观。
- “按下”状态：单击按钮时所显示的状态。
- “按下时滑过”状态：当鼠标指针经过处于“按下”状态的按钮时按钮的显示外观。

大部分按钮都至少有两种状态：“释放”与“滑过”。由于“滑过”状态通常用于提示用户单击此按钮时将执行的动作，因此该状态使用最为频繁。

与常规 JavaScript 翻转图片相比，使用按钮编辑器创建的按钮具有以下特点：

- 按钮是一种特殊类型的元件，用户可从库中拖动该元件到文档中。
- 按钮是一种封装对象。在文档中移动按钮时，将同时移动与该按钮关联的所有组件及状态。
- 按钮非常容易编辑，双击该按钮即可打开按钮编辑器。
- 利用“属性”面板可以修改按钮文本。
- 与元件类似，在按钮编辑器中创建的按钮也具有一个控制点。

1. 创建按钮

在 Fireworks 中，用户既可以直接创建新按钮，也可以将已有对象的翻转图片转换为按钮。下面通过一个实例来说明使用按钮编辑器创建按钮的方法。

（1）选择“编辑”|“插入”|“新建按钮”命令，打开如图 7-34 所示的按钮编辑器窗口。此时，“释放”选项卡处于选择状态。

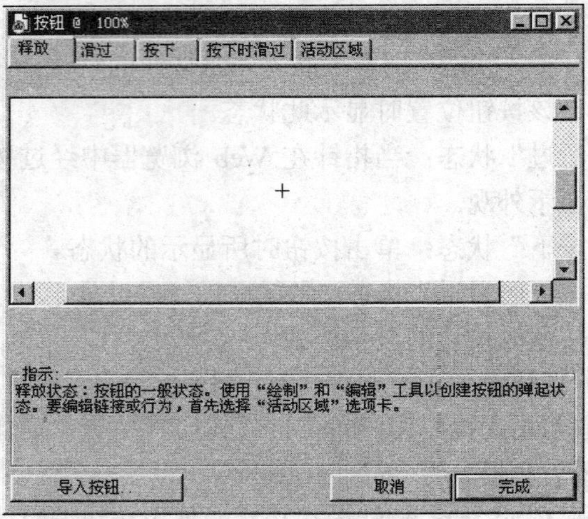

图 7-34　按钮编辑器

（2）在按钮编辑器的工作区，编辑按钮在“释放”状态下显示的图形。其中，用户既可使用绘图和编辑工具来创建图形，也可将已绘图形拖入按钮编辑器，甚至可以从 Fireworks 按钮库中输入按钮。

如图 7-35 所示的按钮样式是我们利用“矩形”工具和“圆角矩形”工具分别绘制两个图形后，适当调整其位置，然后选择这两个图形，并选择“修改”|“组合”命令将其组合，接下来设置其颜色和内斜角效果，并输入文字而得到的。

（3）打开“滑过”选项卡，创建按钮的“滑过”状态。若单击“复制弹起时的图形”按钮，可将“释放”状态按钮的一个副本复制到“滑过”状态的编辑窗口中，然后对其进行编辑以更改它的外观。如图 7-36 所示的效果为我们更改了图形和文本颜色所得到的。

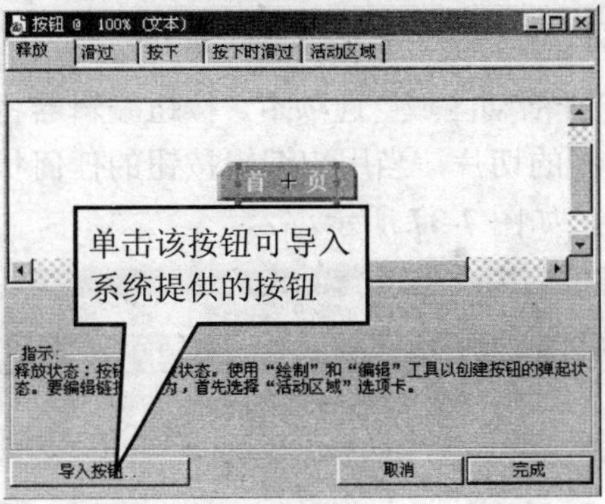

图 7-35　编辑按钮的“释放”状态图像

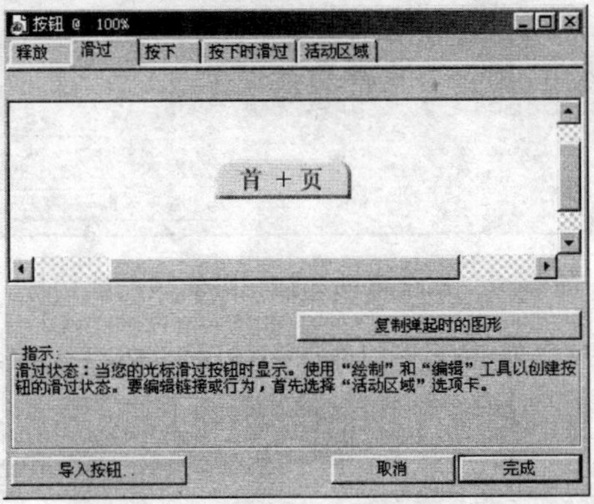

图 7-36　编辑按钮的“滑过”状态图像

（4）使用类似的方法（如设置图形和文本的颜色，设置特殊效果等），编辑按钮的“按下”与“按下时滑过”状态图像。如果不希望创建这两个状态的图像，就跳过它们。

提示　在为“按下”状态和“按下时滑过”状态插入或创建图形时，系统会自动选中“包括导航栏按下状态”复选框和“包括导航栏按下后滑过状态”复选框，以便使此按钮状态适用于导航栏中的按钮。

（5）打开“活动区域”选项卡。按钮编辑器将自动创建与按钮元件尺寸相同的切片，当用户编辑按钮的任何状态图形时，该切片自动更新，如图 7-37 所示。

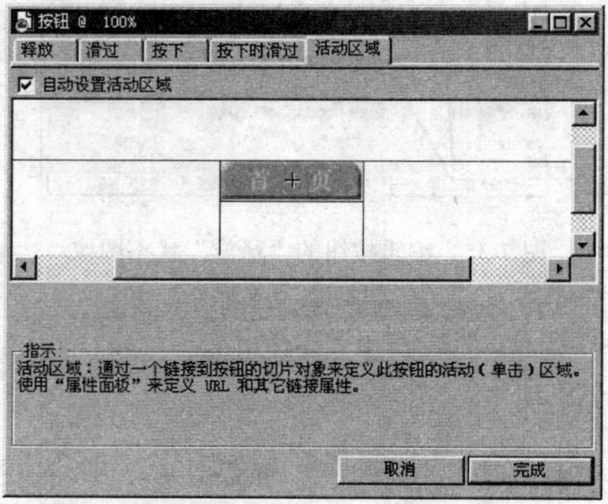

图 7-37 系统自动为按钮编辑区创建切片

（6）关闭按钮编辑器，则所创建的按钮会出现在库中，并且按钮实例出现在文档窗口中，如图 7-38 所示。

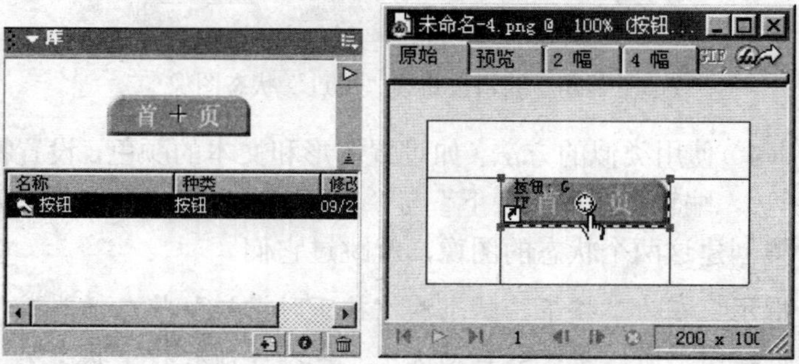

图 7-38 创建的新按钮

（7）单击选中按钮实例，利用“属性”面板，设置按钮的 URL 链接、替换文本、目标窗口、不透明度、混合模式等。若需改变按钮文本，可在“文本”文本框中输入新文本。若需为按钮添加其他效果，可单击“添加效果”按钮，如图 7-39 所示。

（8）切换到“预览”选项卡，测试按钮效果。

（9）若要得到一个纯粹的按钮，可以裁切掉文档周围的空白空间，得到如图 7-40 所示的结果。

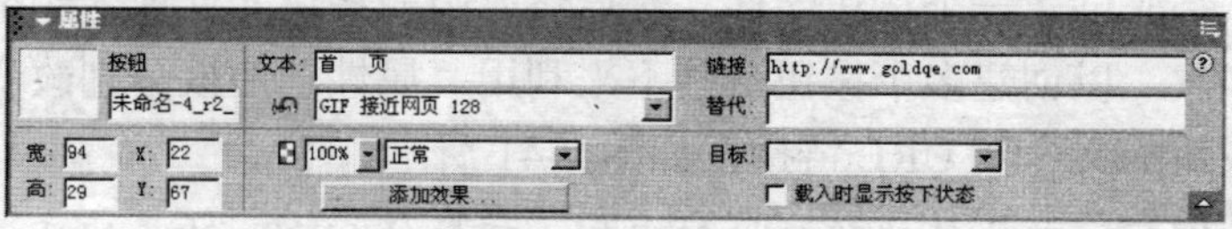

图 7-39　设置按钮属性

（10）创建按钮后，为将其插入到网页中，还需将其导出为 HTML 文件和图像，然后才能像应用带热点或切片的图像那样将其应用到网页中。

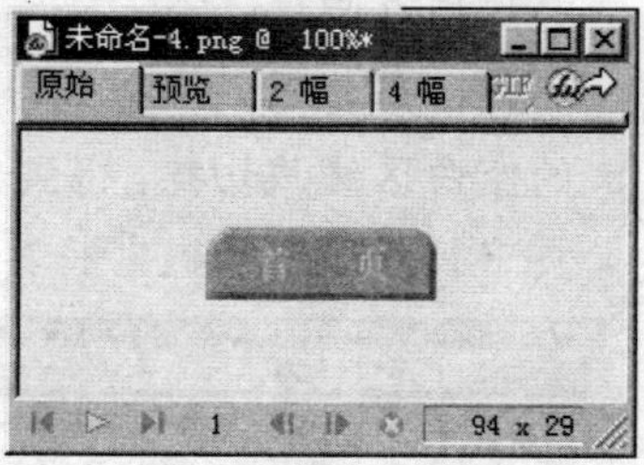

图 7-40　裁切按钮

2. 编辑按钮

创建按钮后，用户还可以编辑按钮元件与按钮实例。其中，要使用按钮编辑器编辑按钮元件，可以双击文档中的任何按钮实例，或在“库”面板中双击按钮元件，或者在选择按钮后选择“修改”|“元件”|“编辑元件”命令。修改按钮元件后，修改结果将会反映到所有按钮实例中。

此外，如果希望修改按钮实例的文本对象或链接等属性，可利用“属性”面板来进行。这些属性的更改不会影响关联元件或该元件的任何其他实例的属性。

提示 通过选择“修改”|“元件”|“转换为元件”命令，用户可将在Fireworks中创建的翻转图片（包括使用Fireworks以前版本）转换为按钮，并使用新的按钮特性。

7.4.3 创建导航条

导航条实际上是一组互斥按钮，因此快速创建导航条的最好方法是先创建一个按钮元件，然后将库中的按钮元件拖入到编辑区多次，以创建多个按钮，接下来利用“属性”面板分别改变每个按钮的文本及URL链接，如图7-41所示。

提示 若要精确移动按钮实例，可按住Shift键，然后按方向键来调整按钮实例的位置。若要进行微调，可以只使用方向键。

同样，若要得到一个纯粹的导航条，则可以将文档周围的空白区域裁切掉，得到如图7-42所示结果。若要在网页中插入导航条，需将其导出为HTML文件和图像。

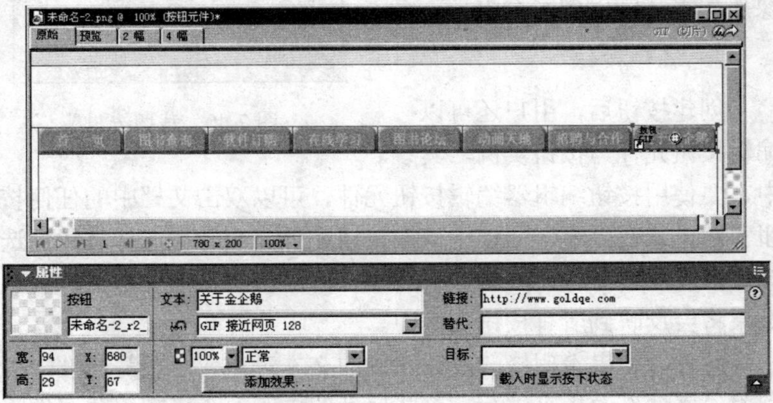

图7-41 创建的导航条

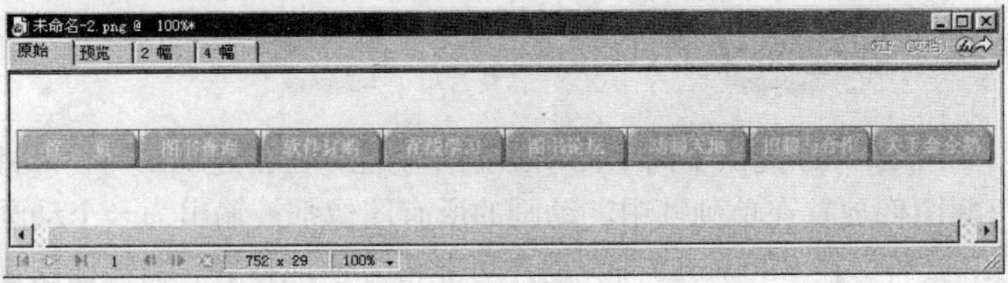

图 7-42 创建的导航条

7.4.4 使用系统提供的元件与按钮

在 Fireworks 中，系统为用户提供了丰富的元件与按钮。要使用这些元件与按钮，可选择“编辑”|“库”命令中的适当选项（有“主题”、“动画”、“按钮”及“项目符号”等），图 7-43 为选择“按钮”选项所打开的“导入元件：按钮”对话框。

在该对话框中单击选中一个或多个按钮，然后单击“导入”按钮，即可将所选按钮添加到“库”面板中，如图 7-44 所示。其中，要选中多个元件，可首先按下 Ctrl 键或 Shift 键，然后单击选择元件。

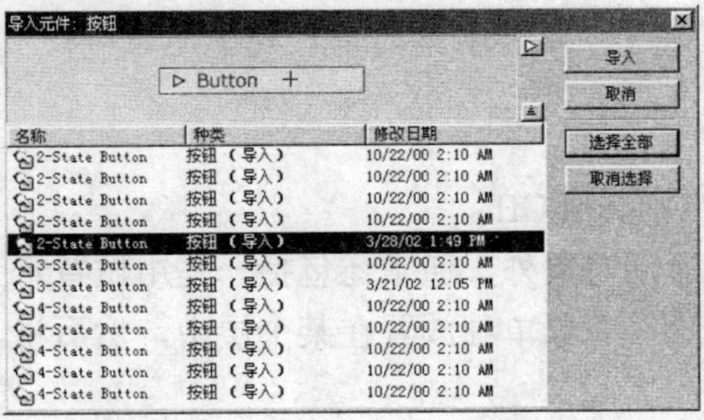

图 7-43 “导入元件：按钮”对话框

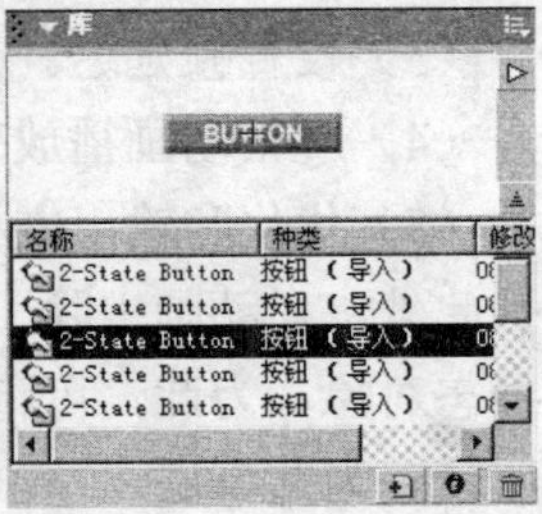

图 7-44 将系统提供的元件添加到“库”面板

中

7.5 创建简单 GIF 动画

Fireworks 提供了简单的动画制作功能，在创建动画时，可将每幅图像放置在单独帧中，动画的所有图像都被输出为一个动画 GIF 文件。在 Fireworks 中，用户可非常方便地打开、编辑已创建的动画 GIF 文件或创建新的动画 GIF 文件。

在 Fireworks 4 中，创建动画的方法有多种，其中，最简单的方法就是通过编辑各帧内容创建动画。其次，系统还提供了一些辅助功能，例如，用户可借助选择“修改”|“动画”|“选择动画”命令和“修改”|“元件”|“补间动画”命令制作过渡动画。

7.5.1 创建动画的准备工作

当用户创建动画时，最好进行一定的准备工作。一般来讲，动画制作大致包括如下几个步骤：

（1）创建新文档。

（2）创建简单的“帧-帧”动画，或利用系统提供的辅助手段创建过渡动画。

（3）设置帧延迟。

（4）观察动画播放效果。

（5）优化和输出文档为动画 GIF。

此外，在动画中除了运动对象外，通常还包括一些用做背景的静态对象。为此，可将这些对象单独放置在某个层中，然后将该层设置为共享层。

7.5.2 帧-帧 GIF 动画示例

我们在浏览网页时，会看到许多帧-帧 GIF 动画，利用 Fireworks 创建这样的动画是非常简单的，下面我们就通过一个小例子说明其具体操作步骤。

（1）选择“文件”|“新建”命令，新建一个文档。

（2）选择“窗口”|“帧”命令，打开“帧”面板，此时，“帧”面板中会自动出现“帧 1”。

（3）利用前面所介绍的知识，使用各种工具在文档中绘制图像，制作帧 1 的画面，如图 7-45 所示。

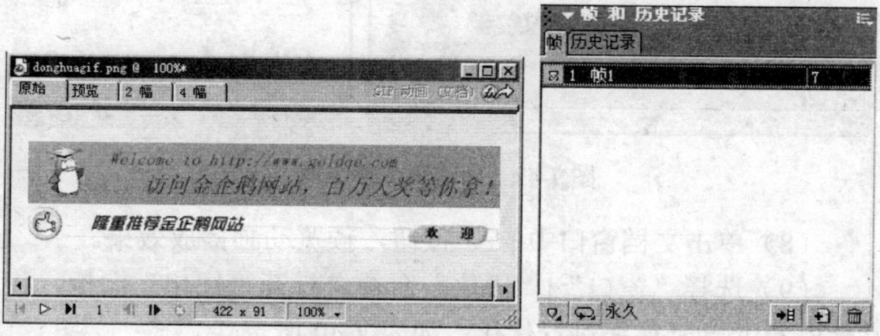

图 7-45　创建第 1 帧画面

（4）单击“帧”面板中的  按钮，添加新帧“帧 2”，然后在文档窗口中创建第 2 帧的画面，如图 7-46 所示。

图 7-46　创建第 2 帧画面

（5）按照同样的方法创建第 3 帧画面，如图 7-47 所示。

（6）若需要的话，用户可继续创建其他帧画面。

（7）双击“帧”面板中帧名称右侧的帧延迟时间文本框，输入帧延迟数值，如图 7-48 所示。

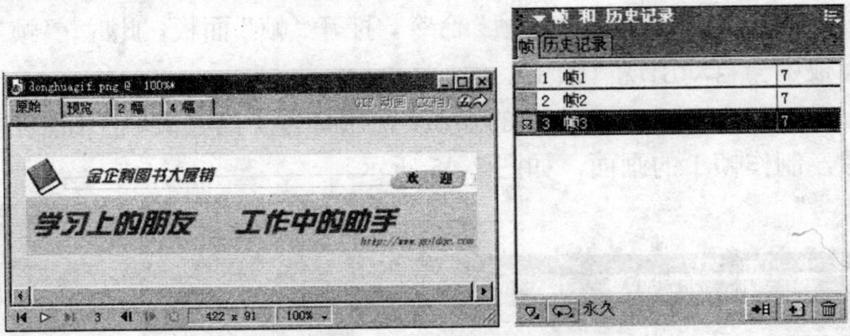

图 7-47　创建第 3 帧画面

（8）单击文档窗口中的 ▷ 按钮，预览动画播放效果。

（9）选择“窗口”|“优化”命令，打开“优化”面板，将文件以 GIF 动画格式进行优化，如图 7-49 所示。

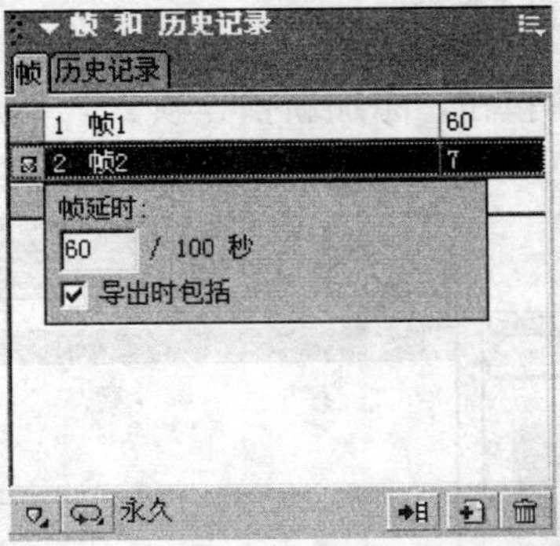

图 7-48　设置帧频

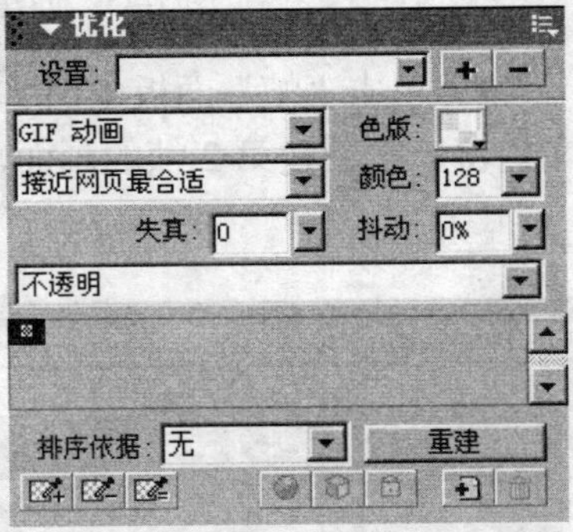

图 7-49　优化 GIF 动画

（10）选择“文件”|“导出”命令，打开“导出”对话框，设置“保存类型”为“仅图像”，将 GIF 动画导出为扩展名为.GIF 的图像，如图 7-50 所示。

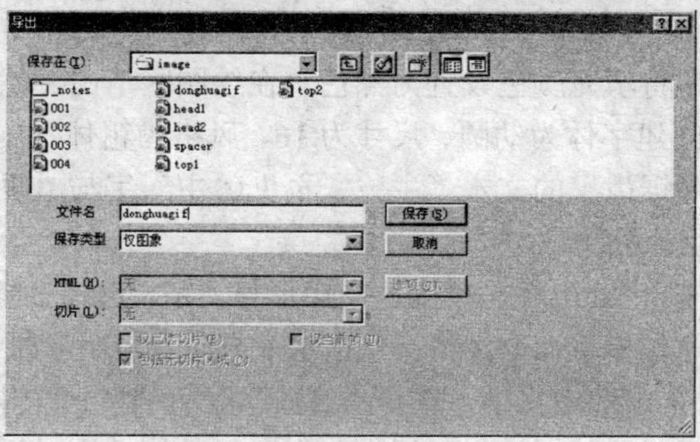

图 7-50 导出 GIF 动画

7.6 上机实践——制作导航条与动画

7.6.1 利用 Fireworks 制作导航条

导航条实际上是一组互斥按钮，因此，我们只要创建一个按钮，然后将其复制，并适当修改其文字提示及链接就可以了。

（1）单击工具栏中的“新建”按钮，打开“创建文档”对话框，创建一个尺寸为 700×20 像素，画布颜色为白色的新文档。

（2）在工具箱的“颜色”区单击边线颜色按钮，在打开的颜色选择面板中单击“透明颜色”按钮，将边线颜色设置为透明色（即不要边线）。

（3）在工具箱的“颜色”区单击填充颜色按钮，在打开的颜色选择面板中单击选择红色，将填充颜色设置为实心红色（#FF0000）。

（4）单击工具箱中的画矩形按钮，在绘图区单击并拖动创建一个矩形，如图 7-51 所示。

图 7-51 绘制矩形

（5）在工具箱中单击选中A工具，利用工具箱中的填充颜色设置按钮将填充颜色设置为黑色。在绘图区单击，然后参照图 7-52 所示创建字体为幼圆、尺寸为 16、风格为粗体、反锯齿类型为“不消除锯齿”的文本“主　　页”（“主”字与“页”字之间空 4 个英文空格）。

（6）按下 Shift 键，单击选中矩形与文字，选择“修改”|“对齐”|“水平居中”命令，将文字在水平方向上与矩形居中对齐。

（7）单击选中文字，选择“修改”|“元件”|“转换为元件”命令，打开“元件属性”对话框。在“元件属性”对话框中将元件命名为“元件 1”，单击 “按钮”单选钮，然后单击“确定”按钮，将选定对象转换为按钮，如图 7-53 所示。

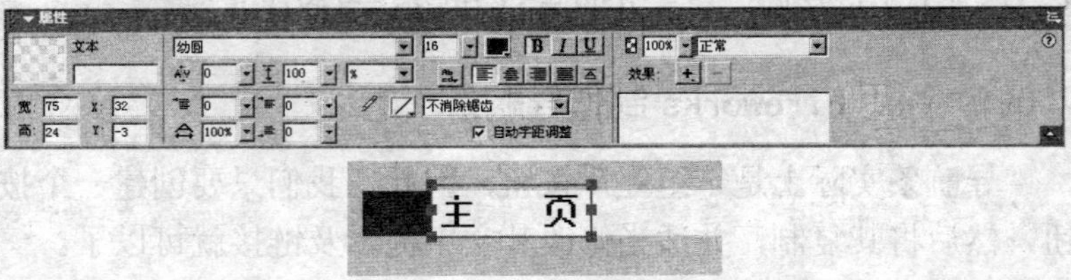

图 7-52　制作文字

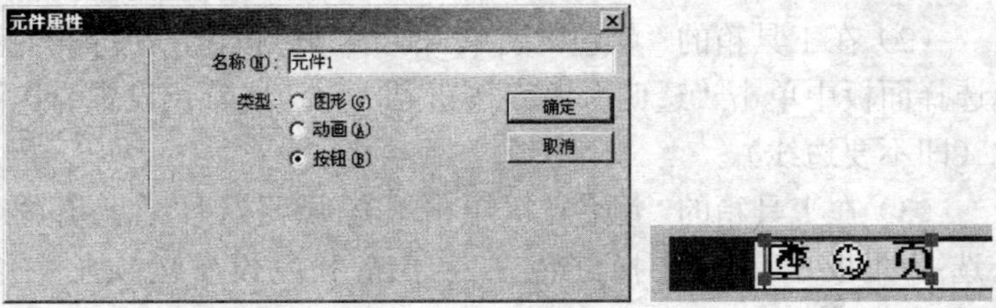

图 7-53　将选定对象转换为按钮

（8）双击按钮，打开元件编辑窗口。打开“滑过”选项卡，单击“复制弹起时的图形”按钮，复制“释放”状态图形，如图 7-54 所示。

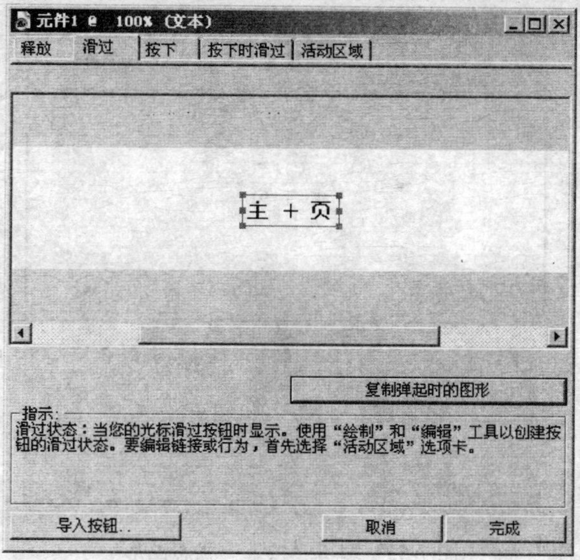

图 7-54　将“释放”状态图形复制到“滑过”状态

(9) 单击选择工具箱中的填充颜色设置按钮，将文字颜色设置为红色，即当鼠标经过按钮时，文字颜色由黑色变为红色。

(10) 打开“按下”选项卡，单击“复制滑过时的图形”按钮，复制“滑过”状态中的图形。

(11) 利用工具箱将填充颜色设置为透明色，将边框颜色设置为桔黄色（#FF9933）。单击工具箱中的□按钮，在绘图区单击并拖动创建一个矩形框（表示单击按钮时，将在按钮四周出现一个桔黄色矩形框），如图 7-55 所示。

(12) 单击“完成”按钮，关闭元件编辑窗口。切换到绘图窗口的“预览”选项卡，测试按钮情况。

(13) 选择工具箱中的指针工具，按住 Alt 键不放，单击红色矩形并向右拖至文字的右侧，然后将其填充颜色修改为蓝色，如图 7-56 所示。

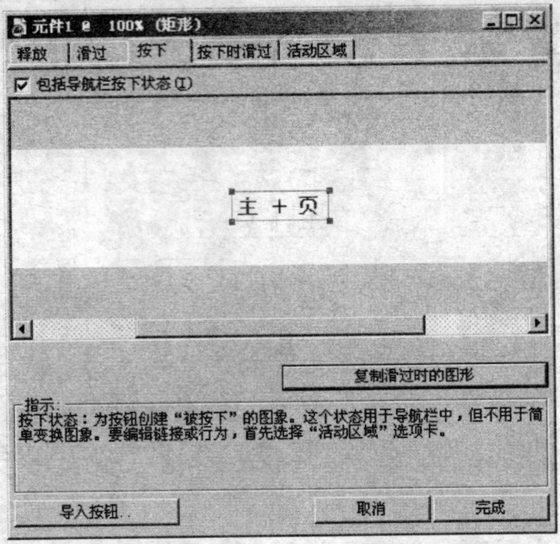

图 7-55 编辑“按下”状态图形

图 7-56 绘制作为按钮间隔的矩形

（14）选择“窗口”|“库”命令，打开“库”面板。在“库”面板的预览区单击，拖动光标至绘图区，创建按钮的新实例。然后将新按钮与矩形对齐，此时画面将如图 7-57 所示。

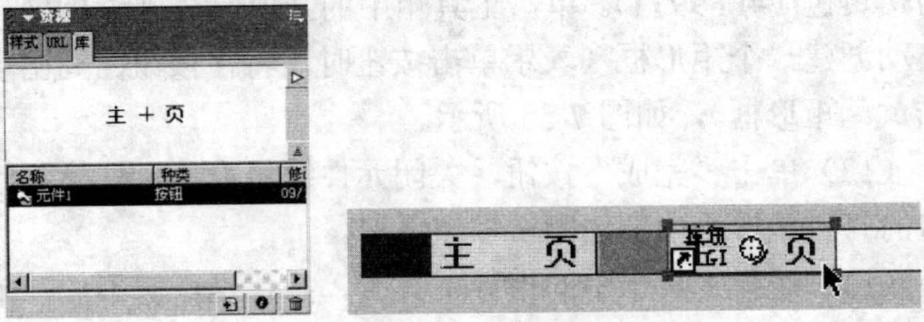

图 7-57 创建新的按钮实例

（15）在属性面板的“文本”文本框中输入“总裁致辞”，按回车键，此时画面如图 7-58 所示。

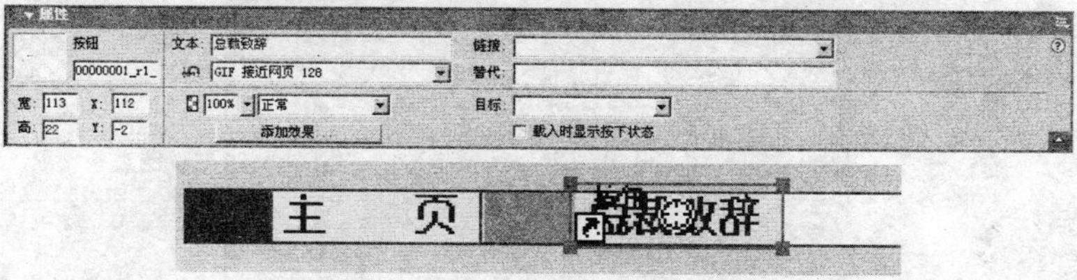

图 7-58　修改按钮实例文本

（16）依据类似方法，复制矩形并修改颜色，创建其他元件实例，并修改其文字，结果如图 7-59 所示。

图 7-59　创建其他按钮实例

提示　如果前面所定尺寸不合适的话，可通过修改元件中文本的尺寸及元件尺寸，来统一修改该元件所有实例的文本尺寸和实例尺寸。

最后，我们希望给整个按钮组衬以一个略带阴影的方框，为此，可执行如下操作步骤。

（17）选择“修改”|“画布”|“画布大小”命令，打开“画布大小”对话框。

（18）将画布宽度修改为 710 像素，高度修改为 30 像素，并在“锚定”设置区单击按钮，将画布在垂直方向上均匀延伸，在水平方向上向左延伸，如图 7-60 所示。

（19）由于更改画布尺寸后，按钮的位置被移动，因此，用户此时需再次微调按钮位置，使它们能严格对齐，结果如图 7-61 所示。

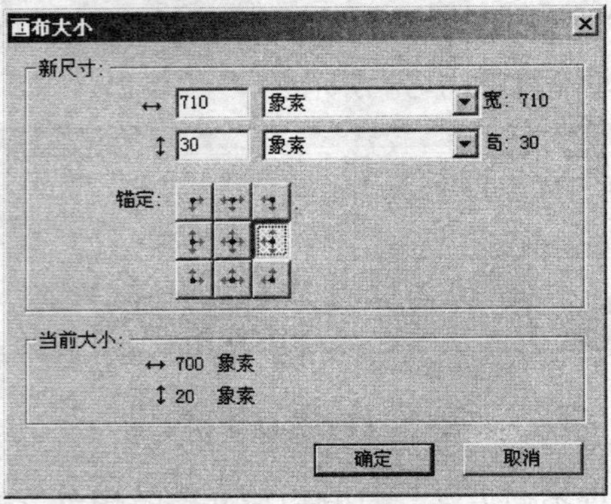

图 7-60　修改画布尺寸

图 7-61　对齐按钮

（20）打开“层”面板，单击“新建/复制层”按钮，新建一个“层 2”，然后单击该层，并将其拖动到“层 1”的下方，如图 7-62 所示。

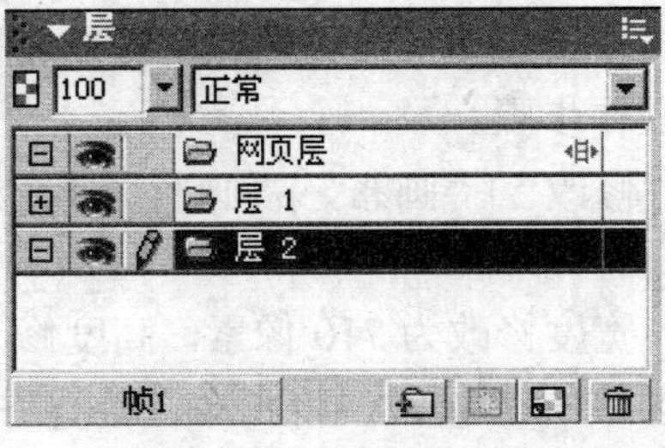

图 7-62　创建新层“层 2”并调整其位置

（21）选择“视图”|“引导线”|“对齐引导线”命令，关闭“对齐引导线”开关。

（22）选择工具箱中的矩形工具，在工具箱中将边线颜色设置为黑色，将填充颜色设置成淡黄色（#FFFFCC），然后绘制一个矩形，如图 7-63 所示。

图 7-63　绘制作为底图的矩形

（23）在属性面板中单击“添加效果”按钮，从弹出的菜单中选择“阴影和光晕”|“投影”命令，此时页面如图 7-64 所示。

（24）在属性面板中将阴影“距离”设置为两个像素，将阴影“柔化”设置为 1 个像素，如图 7-65 所示。

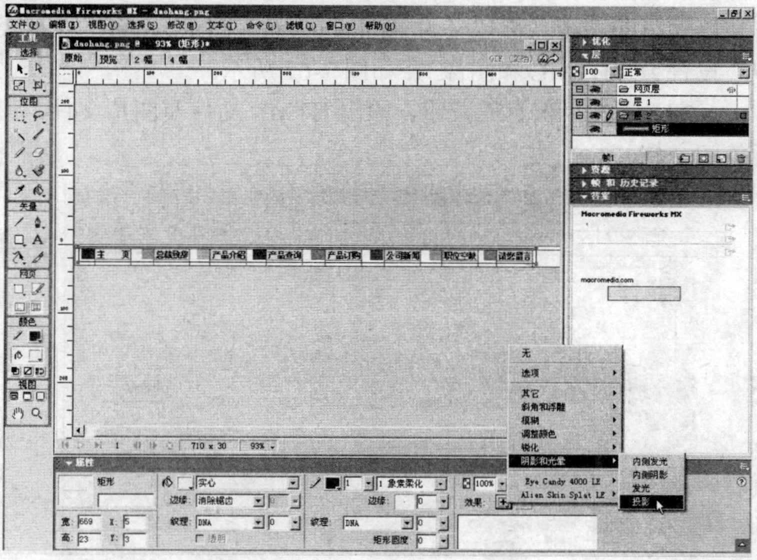

图 7-64　为矩形增加投影效果

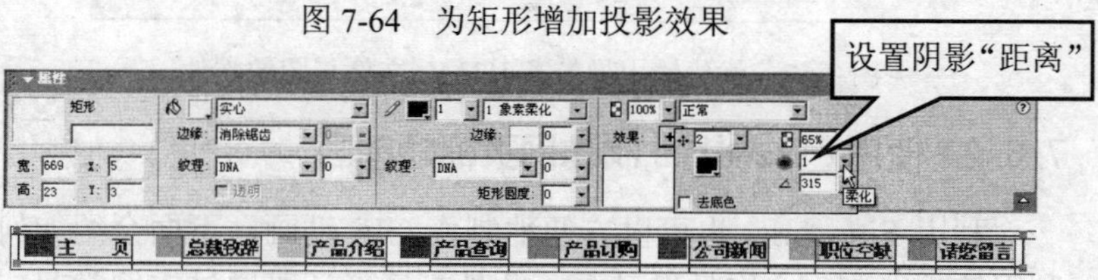

图 7-65　调整投影效果参数

（25）按 F12 键，在浏览器中预览导航条效果，其结果如图 7-66 所示。

图 7-66　导航条预览效果

（26）单击“主要”工具栏中的“保存”按钮，将文档保存到指定文件夹中，并命名为 daohang.png。

（27）选择“文件”|“导出”命令，打开“导出”对话框。将文档输出的基本名称定义为 daohang.htm（默认），将“保存类型”设置为“HTML 和图像”，如图 7-67 所示。

（28）单击“保存”按钮，输出 HTML 文件及图片文件，最后关闭文档。

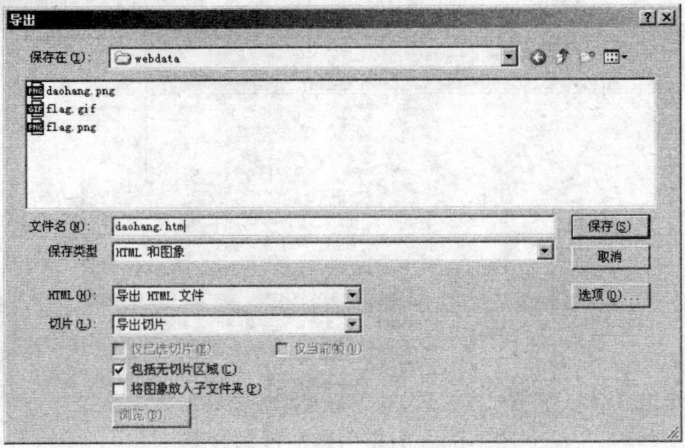

图 7-67　优化输出导航条 HTML 文件与图像文件

7.6.2　使用 Fireworks 制作网页标题动画

利用 Fireworks 也可以方便地制作 GIF 动画，下面介绍如何利用该功能制作主页标题动画。此外，读者还可通过本例学习一些使用 Fireworks 处理位图的功能。

（1）单击“主要”工具栏中的“新建”按钮，打开“新建文档”对话框。新建一个宽度为380像素，高度为40像素，背景为白色的新文档。

（2）单击工具箱中的画矩形按钮，在编辑区单击并拖动绘制一个与边界大小一致的矩形，如图7-68所示。

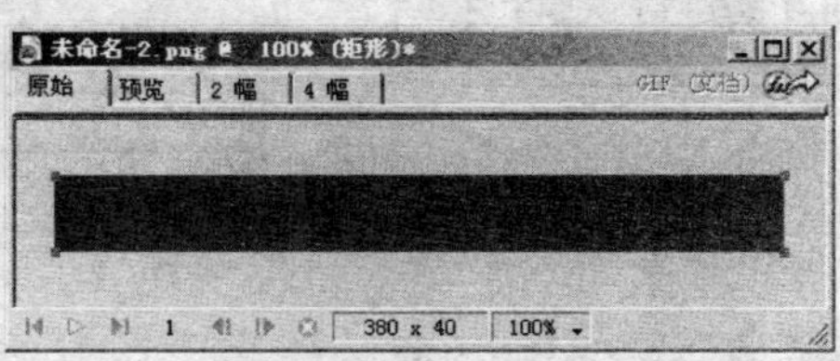

图7-68　绘制矩形

（3）选择“命令”|“创意”|“添加图片框”命令，打开“添加图片框”对话框。在“选择一种图案”下拉列表框中选择Illusion 1选项，在“框大小”文本框中输入10，如图7-69所示。

（4）在“添加图片框”对话框中单击“确定”按钮，为图片创建一个宽度为10像素的边框，结果如图7-70所示。

（5）单击选中矩形，在工具箱中单击填充颜色按钮，打开填充颜色设置面板。单击“填充选项”按钮，在“填充类别”下拉列表框中选择“线性”选项，在“预设渐变颜色设置”下拉列表框中选择“铜”选项，在“纹理”下拉列表框中选择“丝褶”选项，面板和效果如图7-71所示。

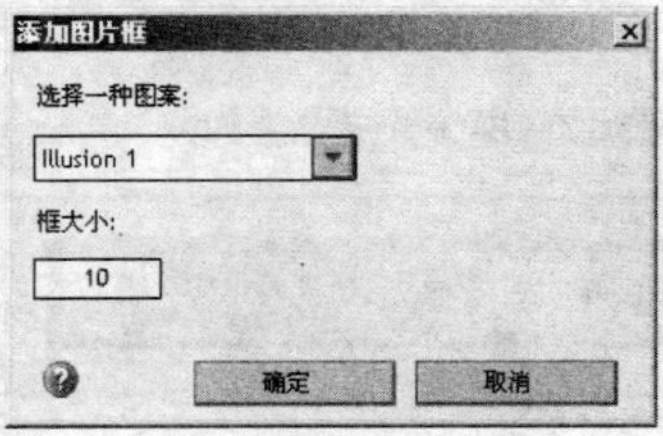

图7-69　设置图片框参数

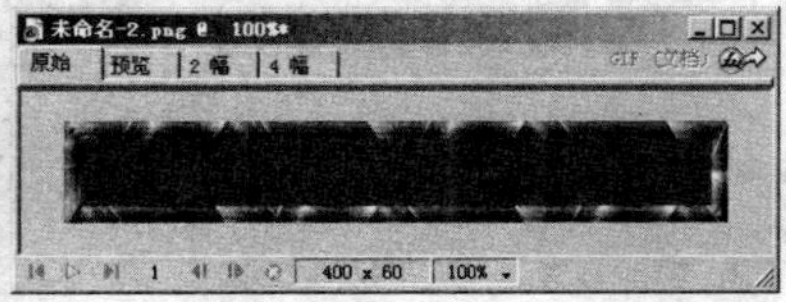

图7-70　为图形增加图片框

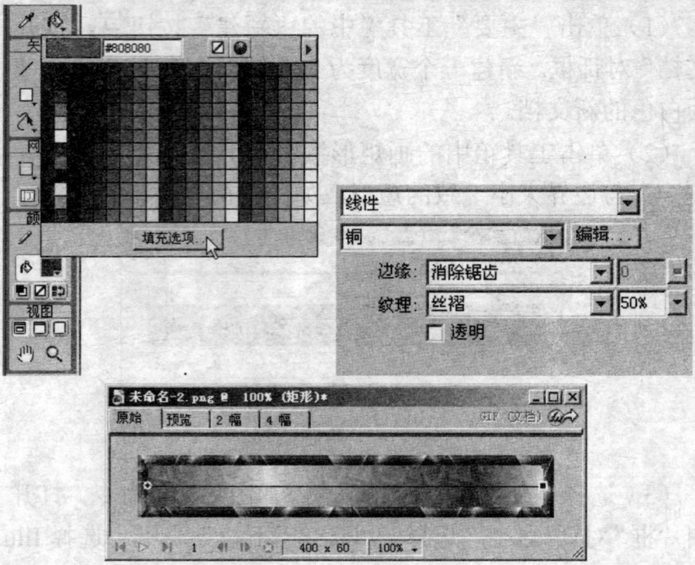

图 7-71　为矩形增加纹理

（6）打开“层”面板，单击其下方的“新建/复制层”按钮，创建一个“层 2”，如图 7-72 所示。

（7）分别选中工具箱中的钢笔工具及文本工具，在绘图区绘制并输入如图 7-73 所示的路径及文本。

图 7-72　创建新层“层 2”

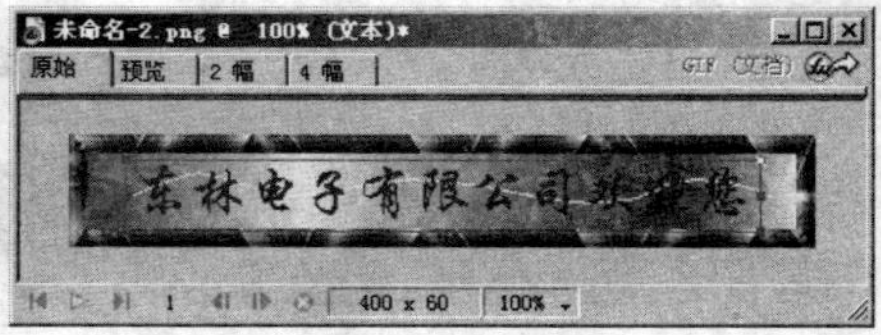

图 7-73　创建路径与文本

（8）选择工具箱中的指针工具，按下 Shift 键，依次单击选中文本与路径，然后选择“文本”|“附加到路径”命令，则文本将按路径排列（两者将组合为一个对象）。适当向下移动新组合对象，此时画面将如图 7-74 所示。

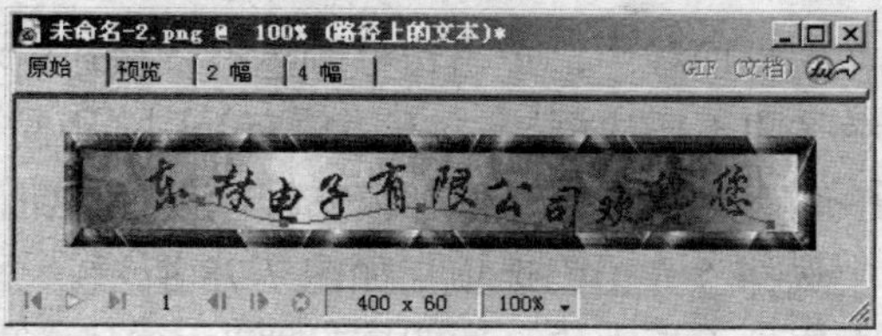

图 7-74　将文本附加到路径上

（9）单击选中文字，参照前面介绍的方法，为文字设置某种颜色的边线，并利用属性面板为文字增加投影效果，结果如图 7-75 所示。

（10）再次打开“层”面板，单击其下方的“新建/复制层”按钮，创建一个“层 3”，如图 7-76 所示。

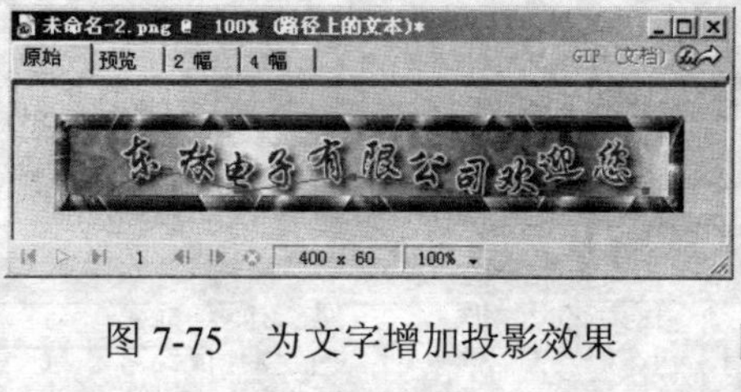

图 7-75　为文字增加投影效果

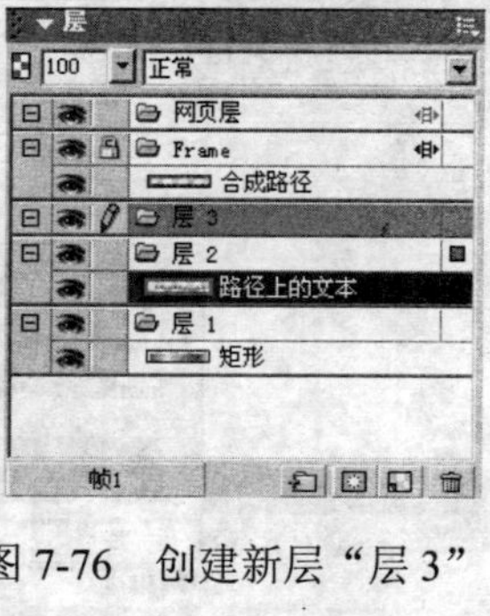

图 7-76　创建新层“层 3”

（11）单击选择工具箱中的多边形工具，在打开的属性面板中将“形状”设置为“星形”，将“边”数设置为 5，如图 7-77 所示。

图 7-77　设置多变形参数

（12）在属性面板中，单击边框颜色设置按钮，将边框颜色设置为透明色（即不要边框）。打开“填充类别”下拉列表框，将“填充类别”设置为“线性”。打开填充颜色设置按钮，从“预置”下拉列表框中选择“光谱”选项，如图 7-78 所示。

（13）在属性面板中将不透明度设置为 60%，然后在图形编辑区单击并拖动，绘制一个五角星，如图 7-79 所示。

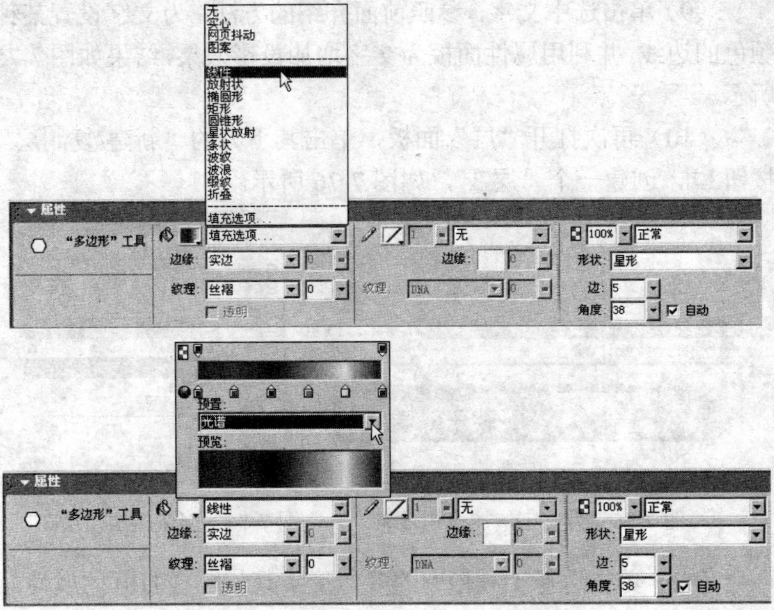

图 7-78　为多边形设置边缘、填充与颜色特性

图 7-79　绘制五角星

（14）选择两次或多次“视图”|“放大”命令，放大图形显示，然后适当调整窗口尺寸。

（15）单击选择工具箱中的“部分选定”工具，单击并移动星形外圈节点的位置。然后按下 Alt 键单击并拖动节点，为节点增加切线信息，结果如图 7-80 所示。

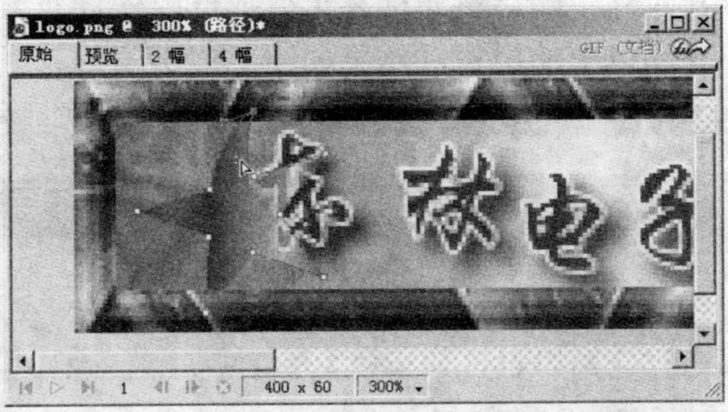

图 7-80　调整五角星外观

（16）依据相同的方法，对星形的其他外圈节点进行调整，结果如图 7-81 所示。由该图可以看出，此时五角星被调整成了风车形状。

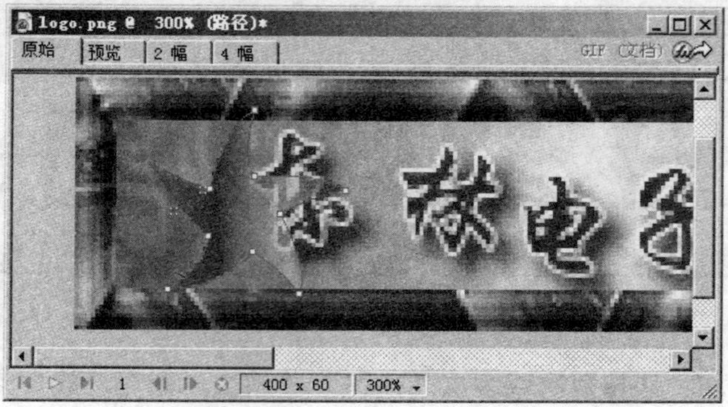

图 7-81 将五角星调整成风车形状

（17）选择工具箱中的缩放工具，此时将在风车周围出现一个变形框。按住 Shift 键不放，单击并拖动风车变形框的角点，按比例缩小其尺寸。随后将光标移至变形框内任意非节点位置单击并拖动，移动风车的位置，结果如图 7-82 所示。

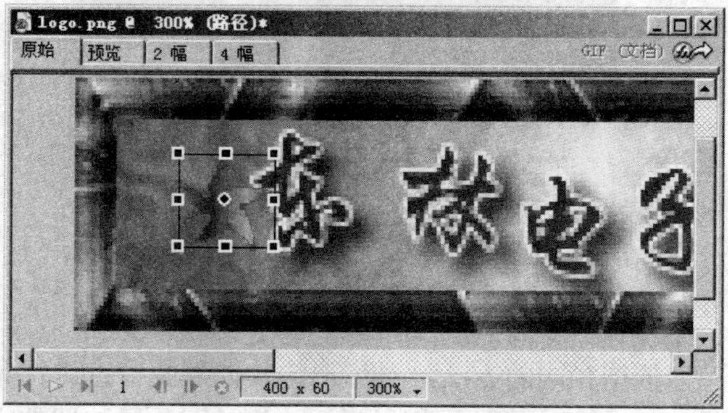

图 7-82 缩小风车并移动其位置

（18）选择“视图”|“文档符合窗口大小”命令，调整图形显示。

（19）选择工具箱中的指针工具，单击选中风车。选择“修改”|“元件”|“转换为元件”命令，在打开的“元件属性”对话

框中命名元件为“元件 1”，并将元件类型设置为“图形”，然后单击“确定”按钮，如图 7-83 所示。

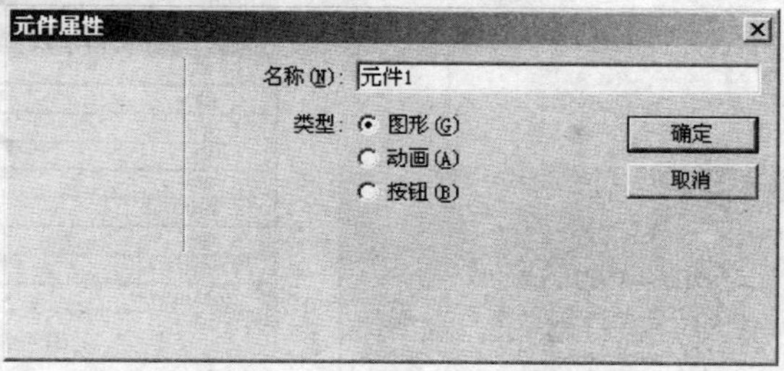

图 7-83　将风车转换为图形元件

（20）打开“库”面板，单击选中“元件 1”，并将其拖至图形编辑区，创建第 2 个元件实例，结果如图 7-84 所示。

（21）打开“帧”面板，双击“帧 1”行中的帧延迟数值，在弹出的小窗口中将帧延迟设置为 40，如图 7-85 所示。

图 7-84　创建第 2 个元件实例

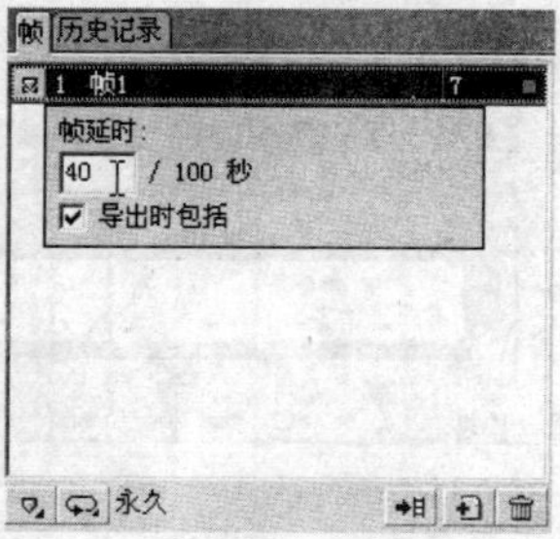

图 7-85　设置帧延迟

（22）选择工具箱中的指针工具，按下 Shift 键，同时单击选中两个元件实例。

（23）选择“修改”|“元件”|“补间实例”命令，打开“补间实例”对话框。在其中将“步骤”数设置为 9，并选中“分散到帧”复选框，如图 7-86 所示。

（24）单击“确定”按钮，则系统将自动创建一个 11 帧动画，如图 7-87 所示。

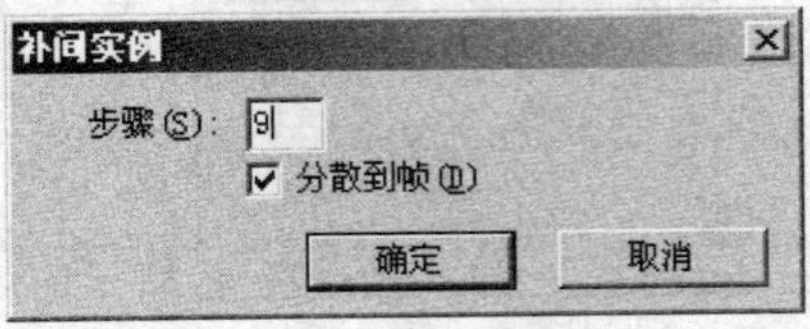

图 7-86　设置补间实例参数

图 7-87　创建的动画帧

（25）单击编辑窗口下方的动画播放按钮，观察动画效果，如图 7-88 所示。

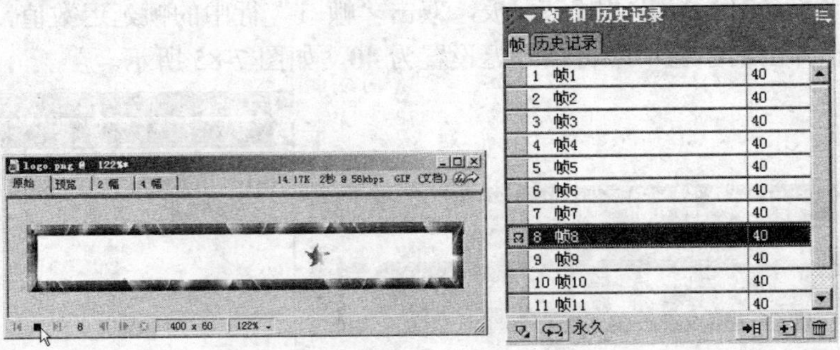

图 7-88　播放动画

（26）打开“层”面板，单击面板下方的帧指示按钮，将“帧 1”设置为当前帧。在层列表中单击“层 2”，单击面板右上角的按钮，从弹出的面板控制菜单中选择“共享此层”（使该层在全部帧中显示）命令，如图 7-89 所示。

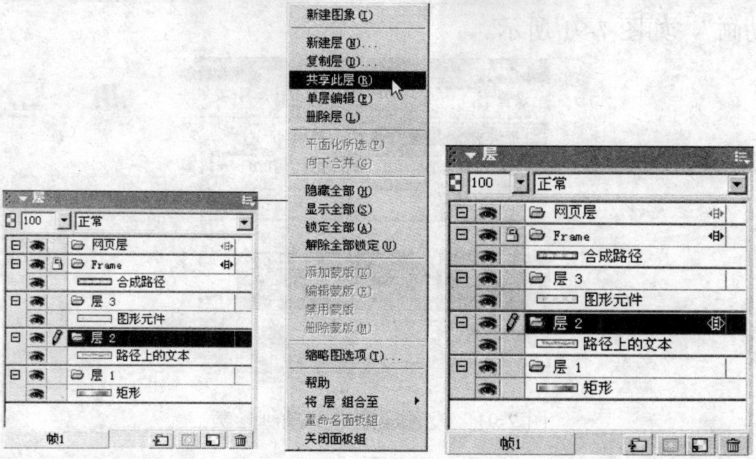

图 7-89　设置共享层

(27) 依据类似方法，将“层 1”也设置为共享层。

(28) 再次单击编辑窗口下方的动画播放按钮▷，观察动画效果。

(29) 单击“层”面板下方的帧指示按钮，分别将帧 2、帧 3、帧 4……帧 10 等设置为当前帧，然后单击选中风车将其移至各文字位置，如图 7-90 所示。

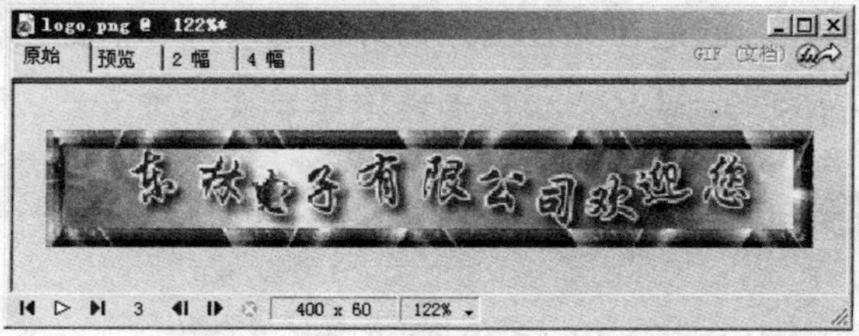

图 7-90　在各帧移动风车位置

(30) 选择“文件”|“保存”命令，将文档保存为 logo.png.

(31) 打开“优化”面板，将“导出文件格式”设置为“GIF

动画”，如图 7-91 所示。

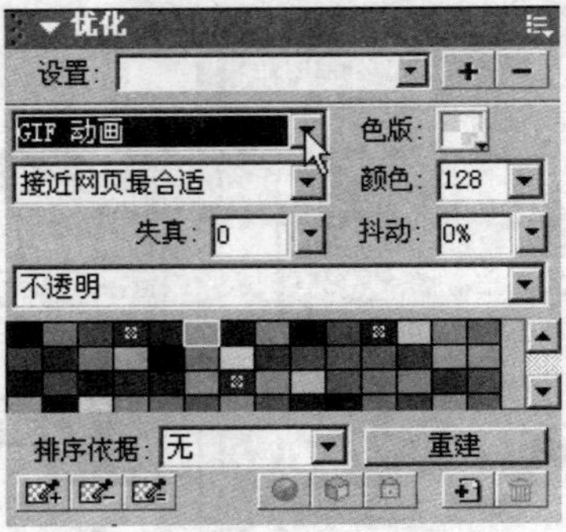

图 7-91 设置导出 GIF 动画参数

（32）选择“文件”|“导出”命令，输出 logo.gif 动画文件，并再次保存文档。

至此，主页中用到的所有素材已经制作完毕，接下来我们将其分别添加到主页中。

本章小结

通过本章的学习，读者应能够创建与设置热点，并利用拖放行为配置热点，创建与配置图像切片，为切片和热点附加行为，创建弹出式菜单，以及创建和编辑按钮与导航条等。

练习与指导

7.1 在 Fireworks MX 中，输出热点的操作步骤为：

（1）利用____面板设置____选项。

（2）选择____菜单打开“导出”对话框。

（3）选定要放置图形文件的文件夹，并命名文件。

（4）选择保存类型为____。

（5）单击“保存”按钮输出 HTML 文件与图像文件。

7.2　利用 Fireworks MX 创建的按钮实际上是____，它平时显示一种状态，在光标____、____和____时则呈现不同的状态，而导航条则是____。

7.3　快速创建导航条的最好方法是先____，然后____，以创建多个按钮，接下来利用“属性”面板分别改变每个按钮的____和____。

7.4　如何创建和编辑热点及切片？

7.5　利用拖放行为配置热点，创建如图 7-92 所示的将光标移至上方小图时，在下方浏览大图的效果。

提示

（1）新建一个文档，并输入文字及导入上方的 4 幅小图片。

（2）对 4 幅小图片创建热点，并在文档窗口下方创建一切片，如图 7-93 所示。

图 7-92　热点示例

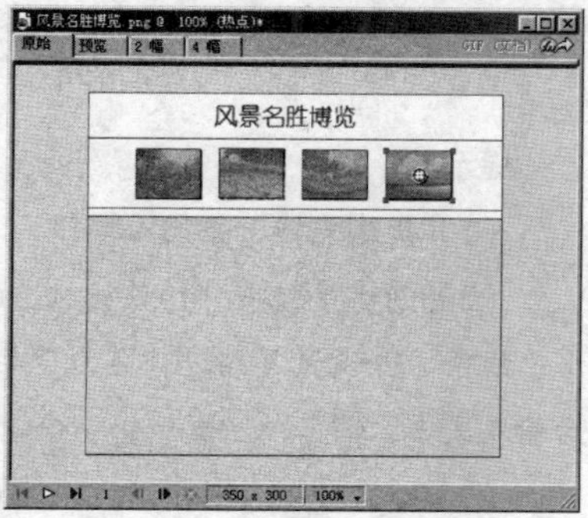

图 7-93　创建热点和切片

（3）拖动第 1 个热点标志到切片上，并在打开的“交换图像”对话框中选择交换图像来自于帧 2。

（4）在“帧”面板中新建帧 2，选择帧 2 后，将第 1 幅小图片的大图导入到切片区域。

（5）依照相同的方法使第 2、第 3 和第 4 个热点的交换图像分别来自于帧 3、帧 4 和帧 5，并在相应帧中导入各小幅图片的大图。

（6）将文档的保存类型设置为“HTML 和图像”，导出文档。

（7）在浏览器中打开 HTML 文件，查看效果。

7.6 参照 7.3 节所述内容创建如图 7-94 所示的弹出菜单。

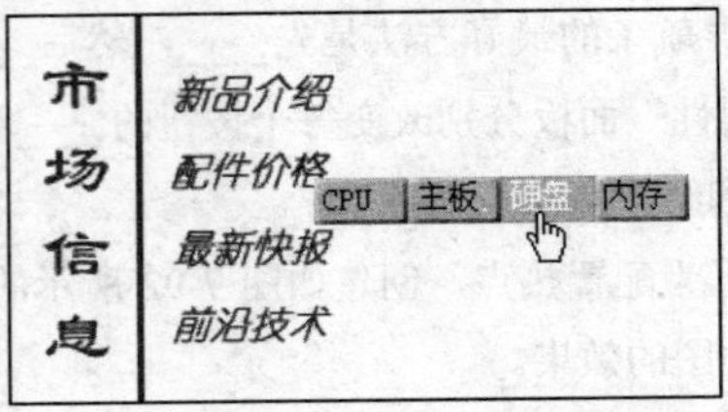

图 7-94　创建的弹出式菜单

7.7 参照 7.4 节所述内容创建如图 7-95 所示导航条。

图 7-95　创建的导航条

提示

（1）新建文档，并插入按钮。

（2）创建导航条“释放”状态的图片时，可利用“线条”工具绘制一水平线条，并设置其描边种类为“非自然”|“牙膏”，描边颜色为红色，然后输入文本。

（3）创建导航条“滑过”状态的图片时，可将“释放”状态的图片复制过来，并设置线条的描边颜色为蓝色。

（4）创建“按下”和“按下时滑过”状态的图片时，可为线条设置斜面和浮雕效果或改变按钮文本颜色。

（5）从“库”面板中拖动多个按钮元件到文档中，并排列其位置。

（6）利用“属性”面板分别修改每个按钮的文本和链接 URL。

（7）将文档以“HTML 和图像”类型导出。

第 8 章　图像优化与导出

本章要点

- ❖ 图像优化
- ❖ 图像导出

8.1　图像优化

Web 图像设计的最终目标是希望获得尽可能高的清晰度与尽可能小的尺寸，从而使图像的下载速度达到最快。为此，必须对图像进行优化。

在 Fireworks 中，优化设置仅用于导出图像。因此，用户可自由地对图像进行优化并调整其优化设置，而不必担心会损坏原图。在 Fireworks 中，用户可利用优化面板调整所有优化控制，也可使用“导出预览”对话框来优化图像。

要导出优化图像，最直接的方法便是使用“优化”面板。使用“优化”面板设置优化图像参数的操作步骤如下。

（1）在图像编辑窗口打开“预览”选项卡或“2 幅”（“4 幅”）选项卡。

（2）选择“窗口”|“优化”命令打开“优化”面板，在如图 8-1 所示的“优化”面板中选择文件的优化导出格式。

在选择优化导出格式时，应根据文件类型选择不同的文件格式。例如，如果图像中重复颜色区域较多的话，则适于使用 GIF 格式。对于照片而言，使用 JPEG 格式可能更好一些。PNG（Portable

Network Graphic，可移植网络图形）格式目前是一种质量最好的图像格式，它支持 32 位颜色，可包含透明区。但是，如果不使用插件的话，并非所有浏览器都能充分支持该格式的各种特性。

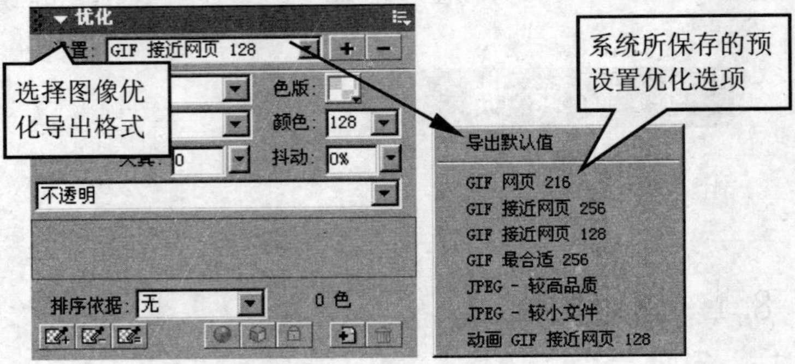

图 8-1　“优化”面板

（3）设置格式选项（不同的图像格式有不同的选项）。例如，对于 GIF 格式而言，使用“抖动”特性可以补偿因减少颜色而造成的图像质量下降。对于 JPEG 格式而言，可以使用“平滑”特性使图像稍稍模糊一点，使用“品质”特性降低图像品质，从而减少图像尺寸。

（4）通过减小色阶、删除未使用的颜色等减少文件中使用的颜色数，从而使图像的尺寸变小，如图 8-2 所示。不过，由于减少颜色数将降低图像质量，因此用户必须测试一下使用各种调色板的效果，以便在图像尺寸与质量之间求得平衡。

（5）如果使用 GIF 或 PNG 格式的话，还应设置图像的透明颜色。其中，单击“选择透明色”按钮，然后在预览区单击可设置透明颜色（如图 8-3 所示）；单击“添加颜色到透明效果中”按钮，然后在预览区单击可增加透明颜色；单击“从透明效果中删除颜色”按钮，然后在预览区单击可减少透明颜色。

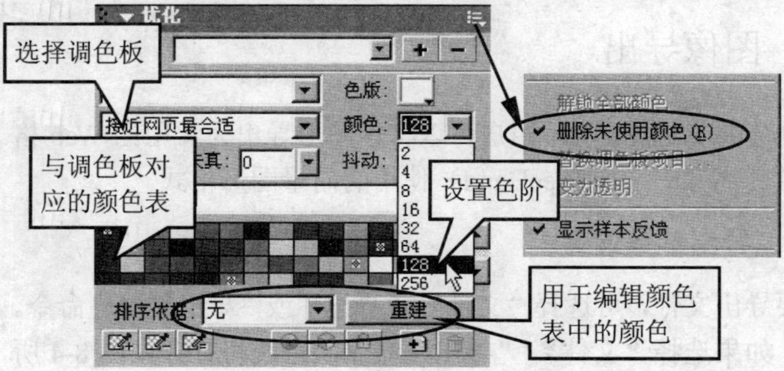

图 8-2　设置色阶及删除未使用的颜色

图 8-3　为 GIF 图像设置透明颜色

（6）设置完优化参数后，用户可以利用预览窗口观察优化导出的图像效果，并可以测试行为设置和翻转效果。

提示　用户可以通过预览窗口右上角所显示的信息了解文件尺寸及预计下载时间。其中，预计下载时间仅供参考，因为它与网络的硬件设备、运行状态密切相关。

此外，通过选择“文件”|“导出预览”或“导出向导”命令，也可以优化设置图像优化参数并导出图像。有关这方面的情况，请参见上机实践部分。

8.2 图像导出

创建并优化图形后，用户可以将该图形导出为常用的 Web 格式及供其他程序（如 FreeHand）使用的向量图形格式。

8.2.1 导出参数设置

要导出文件，可选择“文件”|“导出”或“导出预览”命令。其中，如果选择“文件”|“导出”命令，系统将打开如图 8-4 所示的“导出”对话框。下面具体介绍一下各设置项的意义。

图 8-4 “导出”对话框

1. 设置导出文件的名称

用户可利用“文件名”文本框设置优化导出文件的基本名称。默认情况下，该名称为文档名称（不含扩展名）。

2. 设置保存类型

利用“保存类型”下拉列表框可选择导出文件的类型，默认为“HTML 和图像”（即 HTML 文件与图像）。例如，如果用户只希望导出图像，则可在“保存类型”下拉列表框中选择“仅图像”，而如果希望导出为可供 Photoshop 使用的文件格式，则可在“保存类型”下拉列表框中选择 Photoshop PSD 选项。

提示 上述各设置项仅在文档中包含了诸如切片、热点等对象时有效。同时，也只有当文档中包含了切片或热点时，才有必要导出 HTML 代码。

3. 设置 HTML 代码的导出方法

在 HTML 下拉列表框中有两个选项，一是“导出 HTML 文件”选项，选择该项时表示将导出 HTML 文件；二是“复制到剪贴板”选项，表示将 HTML 代码复制到剪贴板。

如果希望改变导出的 HTML 代码规范，可单击“选项”按钮，利用所打开的“HTML 设置”对话框进行更多的设置。

4. 设置切片导出方法

在“导出”对话框中，用户可使用“切片”下拉列表框选择切片导出方法。其中有下述 3 个选项。

- “无”表示导出时禁止切割图像。
- “导出切片”表示导出由切片对象定义的切片。
- “沿引导线切片”表示导出由引导线定义的切片。

5. 其他设置

如果当前选中了某个切片，则在“导出”对话框中选中“仅已选切片”复选框，表示仅导出选定切片。如果当前文档包含了多帧，则选中“仅当前帧”复选框，表示仅导出当前帧。

默认情况下，“包含无切片区域”复选框被选中，表示同时导出不含切片的区域。如果选中“将图像放入子文件夹”复选框，表示导出时将图像文件放置在子文件夹中，此时“浏览”按钮可用，单击可以指定存放图像文件的文件夹。

6. 导出文件

设置结束后，单击“保存”按钮即可导出文件了。导出时，Fireworks 将产生在 Web 页面上重新创建该图像的所有文件，具体包括

- HTML 文件：其中包含了用于重新装配切片图像或创建翻转功能的必要的 JavaScript 与表。此外，该文件总是包含了到导出图像的链接，并且图形的 Canvas 颜色或 Matte 颜色被设置为了 Web 页面的背景颜色。
- 根据文档中的切片数量、按钮与翻转图片的状态产生一个或多个图像文件。
- 如果必要的话，还将产生一个称为 Spacer.gif 的文件，该文件为透明的 1×1 像素 GIF 文件。当切片图像在 HTML 表中重新装配时，Fireworks 使用该文件来修复出现的间距问题。

提示 单击预览窗口右上角的按钮，可以快速将文件导出为 Dreamweaver、Flash、Freehand 或 Director 等应用程序的文件格式。

8.2.2 导出选定区域的方法

用户还可只导出图像中的某个区域，其具体操作步骤如下。

(1) 在工具箱中选择“导出区域”工具，然后在绘图区单击并拖动指定导出区域，如图 8-5 所示。

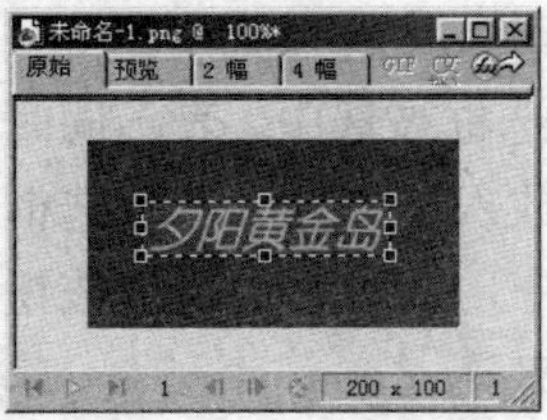

图 8-5 定义并调整导出区域

提示 设置导出区域后，将光标移至四周控制点处单击并拖动还可对导出区域进行

调整。要取消导出区域操作，可按Esc键。

（2）在所设区域内双击打开“导出预览”对话框，利用该对话框设置导出文件的格式及各种优化设置。

（3）设置结束后，单击“导出”按钮即可导出优化图像文件。

8.2.3 在Dreamweaver中使用Fireworks文档

将 Fireworks 文档插入到由 Dreamweaver 制作的网页中的方式大致分为以下几种：

- 如果 Fireworks 文档中没有包含切片、热点和行为等代码，则可以首先将 Fireworks 图像导出为 Web 格式的 GIF、JPG 或 PNG 文件，然后在 Dreamweaver 中像插入其他图片一样直接插入该图像文件即可。
- 如果文档中包含了切片和热点等代码，则可首先将 Fireworks 文档导出为若干图片及 HTML 文档，然后在 Dreamweaver 中选择“插入”|“交互式图像”|“Fireworks HTML”命令插入前面生成的 HTML 文档即可。
- 在 Fireworks 中选择“编辑”|“复制 HTML 代码”命令，按照向导将 HTML 代码复制到剪贴板中，并导出图像文件到指定文件夹，然后在目标网页编辑器中粘贴剪贴板中的代码到指定位置。
- 在 Dreamweaver 中，通过选择“命令”|“在 Fireworks 中优化图像”命令，使用 Fireworks 优化已插入网页中的图像。

8.3 上机实践——导出图像

8.3.1 使用“导出预览”导出图像

在 Fireworks 中，通过选择“文件”|“导出预览”命令可以

方便地优化并导出图像，其操作步骤如下：

（1）选择“文件”|“导出预览”命令，打开如图 8-6 所示“导出预览”窗口。

图 8-6 “导出预览”对话框

该对话框包含了两个区域，左侧区域为参数设置区，右侧区域为导出预览区。其中，利用右侧区域可调整导出显示，定义导出区域（选择“导出区域”工具），观看动画播放效果（此时必须将导出格式设置为“动画 GIF”）。

左侧区域包含了 3 个选项卡，其中，利用“选项”选项卡可以设置优化导出的文件格式与参数，利用“文件”选项卡可以设置导出比例与导出区域，利用“动画”选项卡可以设置导出动画时的相应参数（如播放次数、每帧的延迟时间等）。

（2）设置结束后，单击“确定”按钮可结束导出预览设置并关闭“导出”对话框。如果单击“导出”按钮，则系统将打开“导出”对话框。

8.3.2 使用“导出向导”导出图像

通过选择“文件”|“导出向导”命令，用户还可以利用系统提供的导出向导导出优化图像，其操作步骤如下：

（1）选择“文件”|“导出向导”命令，系统将打开如图8-7所示的“导出向导”对话框。

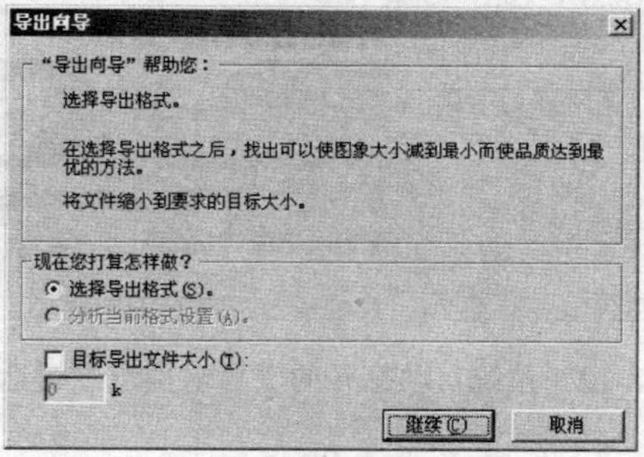

图8-7　设置导出目的

（2）如果单击“选择导出格式”单选钮，再单击“继续”按钮，系统将打开如图8-8所示对话框，用户可以在此选择导出目标。

（3）单击“继续”按钮，系统将打开如图8-9所示对话框，系统在此给出了一些导出设置建议。

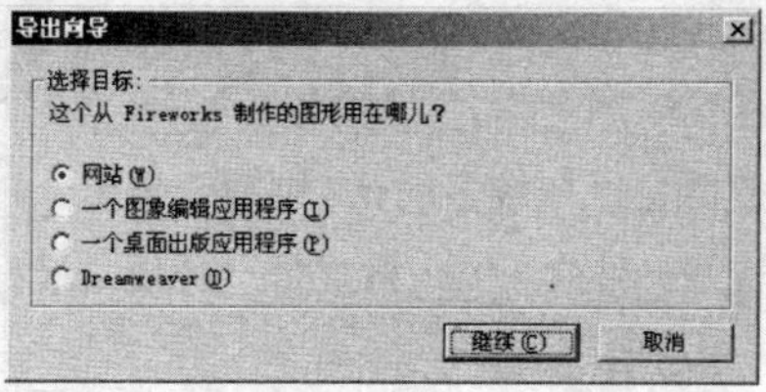

图8-8　选择导出目标

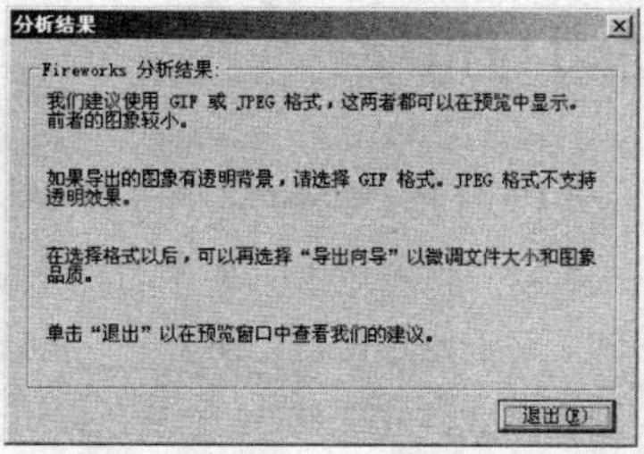

图8-9　Fireworks分析结果

（4）单击“退出”按钮，系统将自动打开“导出预览”对话框，其中的优化参数均为系统推荐选用的参数。

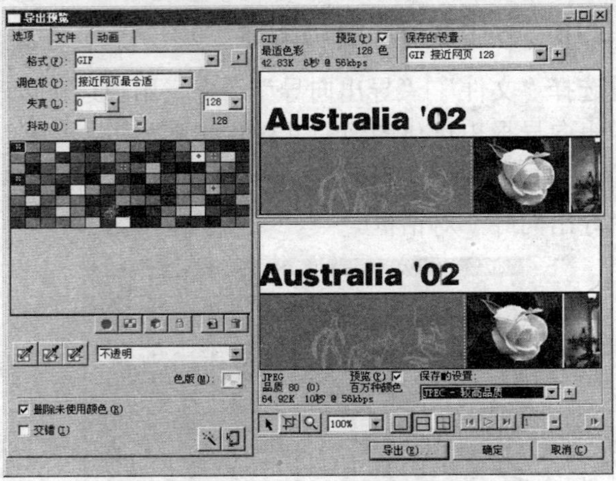

图 8-10 系统自动打开的"导出预览"对话框

本章小结

通过本章的学习，读者了解了使用"优化"面板优化图像参数的方法，学会使用导出预览与导出向导，并能够设置图像的导出参数及导出图像中的选定区域。

练习与指导

8.1 优化 Fireworks 图像的方法有________、________与________。

8.2 优化图像时，如果图像中重复颜色区域较多的话，则适于使用____格式。对于照片而言，使用____格式较好。目前，____格式是一种质量最好的图像格式，它支持 32 位颜色，可包含透明区。

8.3 如果 Fireworks 文档中包含了切片和热点等代码，则导出该文档时，应将其保存类型设置为____，然后再将其插入到 Dreamweaver 中。

8.4 绘制一幅图像，并对其进行优化，然后将其导出。

第 3 部分

Flash MX 精解

Flash MX 是 Macromedia 公司推出的一种优秀的矢量动画编辑软件，它采用了网络流式媒体技术，突破了网络带宽的限制，可以在网络上更快速地播放动画。利用该软件制作的动画文件尺寸要较位图动画文件（如 GIF 动画片）尺寸小得多。

用户除了可以利用 Flash MX 制作普通动画外，还可以在动画中加入背景音乐。更重要的是，用户可以利用它制作交互动画及创建动态网页素材。

第 9 章　Flash MX 入门

本 章 要 点

- 使用 Flash MX 的背景知识
- 熟悉 Flash MX 的工作环境
- Flash MX 基本操作

9.1　使用 Flash MX 的背景知识

为了便于读者更好地理解后面的内容，我们在本节向读者介绍一些使用 Flash MX 的背景知识。例如，Flash 动画的特点，Flash 中的应用程序开发等。

9.1.1　Flash 影片的特点

Flash 影片主要由矢量图形组成，但也可以包括输入的视频、位图图形与声音。Flash 影片可以包含交互功能，以便与浏览者进行交流。此外，用户也可以创建能够与其他 Web 应用程序交互的非线性影片。

利用 Flash 可以创建导航控件，动画标识，带有同步声音的动画，甚至可创建具有完备功能的 Web 站点。由于 Flash 影片使用紧凑的矢量图形，因此，其下载速度很快，且可根据浏览者的屏幕尺寸自由缩放。

要想播放 Flash 动画，必须使用 Flash Player。该播放器既可以在浏览器中播放 Flash 动画，也可以在独立的窗口中播放 Flash 动画。

Flash 文档的扩展名为.fla，但它不能使用 Flash 播放器播放。用户必须将其发布为.swf 格式的影片，才可以使用 Flash 播放器进行播放。

9.1.2 Flash 影片中的素材

Flash 提供了多种方法来创建动画素材，用户既可以利用 Flash 提供的绘画与编辑工具直接绘制对象，也可输入由其他程序创建的矢量图形、位图图像、视频、声音等，并可以在 Flash 中修改输入的图形。

9.1.3 Flash 影片的创建方法

利用 Flash，用户可以使对象在舞台上改变其形状、颜色、不透明度，或者进行旋转，从而制作动画。用户既可创建所谓的“帧-帧”动画，此时可以分别为每帧创建单独的图像；也可以通过创建动画的第一帧和最后一帧，然后设置创建中间帧的方法来创建渐变动画。

此外，Flash 动画还具有如下一些特点：

- 动画的设置是以图层为单位进行的，因此，用户在使用 Flash 创建动画时通常要创建大量的图层，以便对动画的不同元素进行控制。
- 如果动画比较复杂，还可以将动画划分为不同的场景。
- 为了能够重复使用某些动画片段，还可以创建影片剪辑。
- 为了能够让浏览者对影片进行某些控制，可以为影片创建按钮并为关键帧、影片剪辑实例、按钮实例等书写 ActionScript（一种面向对象的程序设计语言）脚本。
- 为了创建能够与服务器交互的影片、网页等，可以在文档中添加组件（实际上是带有预定义参数的影片剪辑）并编写脚本。

9.2 熟悉Flash MX的工作环境

要创建Flash动画，用户必须首先熟悉Flash的工作环境，并熟悉一些基本概念，如场景、图层、帧与关键帧等。本节就来介绍一下这方面的情况。

运行Flash MX应用程序后，其工作界面如图9-1所示。从图中可以看到，Flash MX的工作界面采用了同Dreamweaver MX和Fireworks MX相同的风格，它包括菜单栏、工具栏、“工具”面板、场景、“时间轴”控制面板、其他控制面板、“属性”控制面板、标尺和网格线等几个部分。

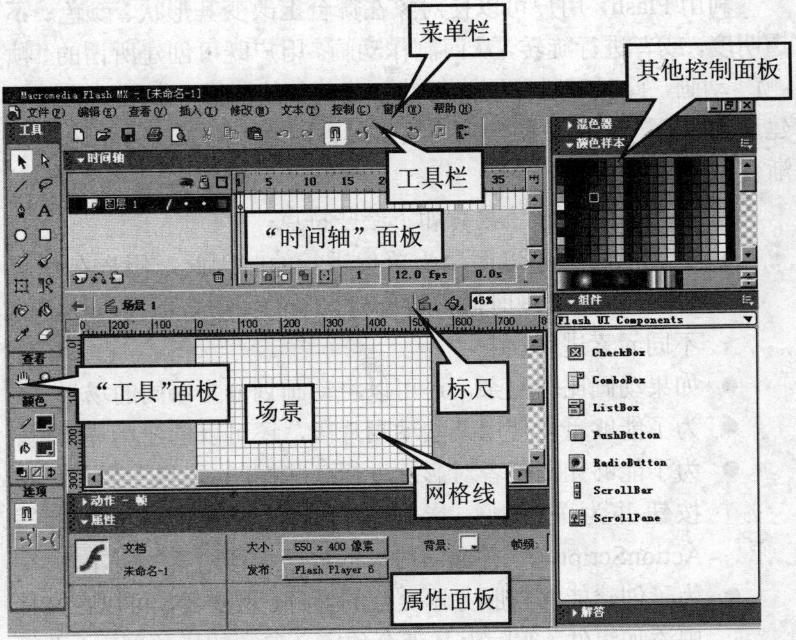

图9-1　Flash MX应用程序窗口

9.2.1 场景和场景控制面板

Flash 制作影片的工作区域称为“场景”，它是对影片中各对象进行编辑、修改的场所。如果希望制作一个比较复杂的动画，还可能需要采用多个场景来安排，这样做的好处是便于制作和修改动画。

在场景的右上角有一个“编辑场景”按钮，单击该按钮可以在多个场景中切换。此外，选择“窗口”|“场景”命令，将显示“场景”控制面板，如图 9-2 所示。

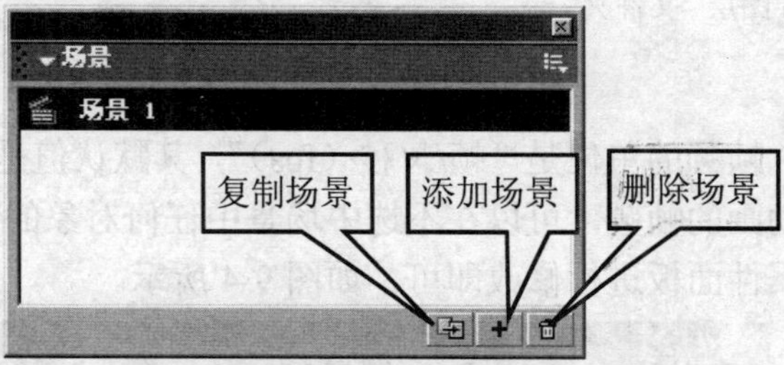

图 9-2 “场景”控制面板

提示 要改变场景名称，只需在“场景”面板中双击场景，并输入新的场景名即可。要改变影片中场景的顺序，只需在“场景”面板中上、下拖动场景名即可。

9.2.2 时间轴面板

“时间轴”面板主要用于组织和控制影片中图层和帧的内容，使这些内容随着时间的推移而发生相应的变化。时间轴最重要的组成部分是帧、图层和播放头，如图 9-3 所示。从该图中可以看出，影片中的图层位于时间轴控制面板的左边，每图层包含的帧位于图层名右面，时间轴播放头在时间轴的上方，指示了场景中的当前帧。

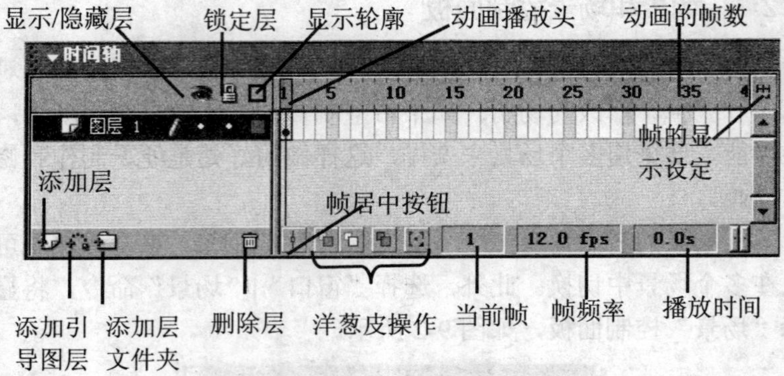

图 9-3 “时间轴”控制面板

帧频的单位是“帧/每秒（fps）”，其默认值是 12 帧/秒。要修改动画的帧频，可以在不选中场景中任何对象的情况下，直接使用属性面板进行修改即可，如图 9-4 所示。

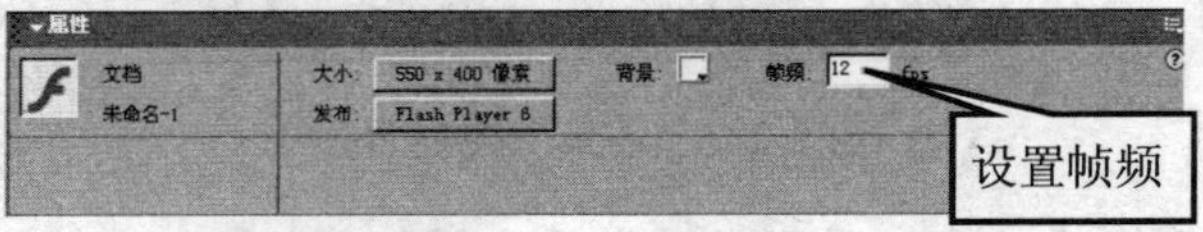

图 9-4 文档的“属性”面板

提示 在 Flash 中，帧频不能设置太大。因为设计者要充分考虑到观看影片的用户的 CPU 速度。如果设定太大，而用户的 CPU 速度较低时，动画播放就会产生不连续及停顿现象。一般来说，帧频最好不要超过 20fps。

要定位到时间轴中的某一帧，只需将播放头移动到该帧即可。

要改变时间轴中帧的显示方式，可单击“时间轴”控制面板右上角的按钮，然后从弹出的快捷菜单中选择适当命令。例如，如果选择“很小”命令，时间轴中的帧将以极其窄的单元格显示，从而显示较多的帧；如果选择“预览”命令，则可以将动画内容缩图显示在时间轴中，从而使用户对动画中的帧一目了然。

9.2.3 属性面板

“属性”面板是 Flash MX 新增的功能。Flash MX 中的图形、图像、元件、“工具”面板中的工具以及文档等都具有相对应的属性，这些属性都可以通过属性面板来设置。例如，当选择“文本”工具时，在属性面板中将显示有关文本的一些属性设置，如字体、大小、样式、对齐方式、文本链接等，如图 9-5 所示。

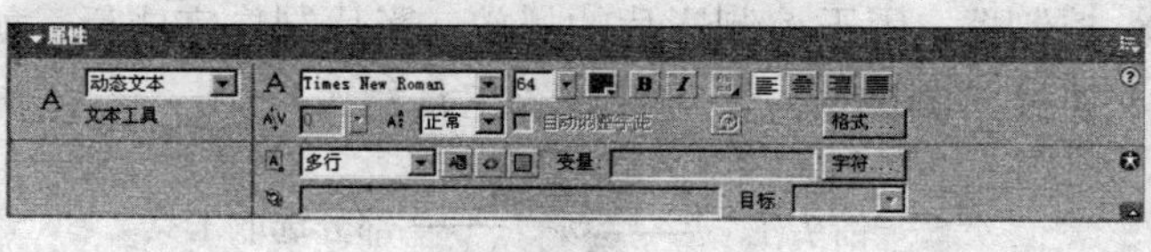

图 9-5　文字对象的“属性”面板

提示　“属性”面板的内容随用户所选内容的不同而变化。如果未选中任何对象，“属性”面板中将显示文档属性。

9.2.4 工具面板与工具栏

利用“工具”面板中的工具，用户可绘制、选择、修改图形，给图形填充颜色，或者改变场景的显示等，如图 9-6 所示。

由图 9-6 可以看出，在 Flash MX 中，“工具”面板中的工具被分为 4 部分，其意义如下。

- “工具”选区：包含了绘图、填充、选取、变形和擦除工具。
- “查看”选区：包含了缩放和手形工具，用于调整画面显示。
- “颜色”选区：用于设置线条和填充颜色。
- “选项”选区：显示了工具属性或与当前工具相关的工具选项。

在 Flash MX 中，系统除了提供了一个“工具”面板外，还提供了 3 个工具栏，即主要栏、状态栏和控制器，其意义分别如下。

- 主要栏：该工具栏包含了一些常用命令的快捷按钮，如新建文件、打开文件、保存文件和打印等。如果打开了主要栏，它将出现在文档窗口主菜单栏的下方。
- 状态栏：用于显示工具和菜单项的说明，以及 Caps Lock 键和 Num Lock 键的状态。如果打开状态栏显示，它将出现在文档窗口的下方。
- 控制器：用于控制影片的播放。影片制作完成后，如果需要经常测试影片，可打开该工具栏。

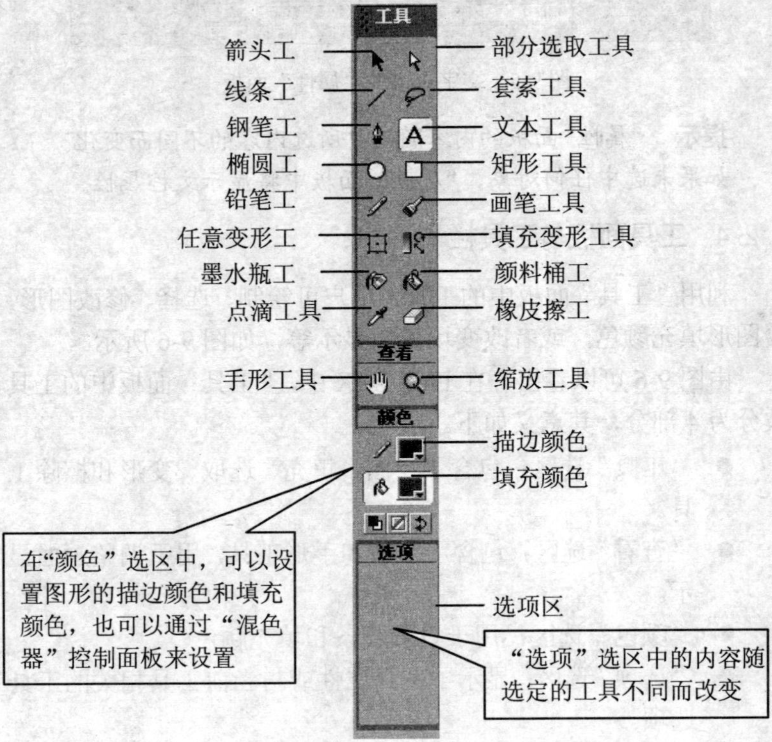

图 9-6　绘图工具箱

提示 要打开或关闭“工具”面板，可以选择“窗口”|“工具”命令；要打开或关闭工具栏，可以选择“窗口”|“工具栏”菜单中的适当命令。

9.2.5 其他控制面板

使用其他一些控制面板可以帮助用户预览、组织、改变文档中的元素，利用面板中的可用选项可控制元件、实例、颜色、文字、帧及其他元素的特征。例如，使用“影片浏览器”控制面板可了解影片的层次结构，利用“对齐”控制面板可以设置文档中元素的对齐方式，使用“变形”控制面板可以变形所选对象，利用“场景”控制面板可以管理场景等。

提示 通过选择“窗口”菜单中的各命令，可以打开/关闭控制面板。

要恢复控制面板的默认布局，可以选择“窗口”|“面板设置”|“默认布局”命令中的相应选项。

要保存当前控制面板的布局，可以选择“窗口”|“保存面板布局”命令。

9.3 Flash MX 基本操作

我们在 9.2 节已经详细介绍了 Flash MX 的工作环境，在本节中，我们再来介绍一些使用 Flash MX 制作动画时的基本操作。

9.3.1 创建新文档并设置属性

在每次打开 Flash 时，应用程序都会自动创建一个新文件，其扩展名为.fla。当创建一个新的 Flash 影片时，可以使用“属性”面板与“文档属性”对话框设置影片的大小、帧频、背景颜色等属性。

要创建一个新影片并设置它的属性，可按如下操作步骤进行：

（1）选择“文件”|“新建”命令，新建一个影片，此时“属性”面板将显示影片大小、背景颜色、帧频等信息，如图 9-7 所示。

图 9-7　影片的“属性”面板

（2）在“属性”面板中单击文档大小右侧的按钮，打开“文档属性”对话框，如图 9-8 所示。

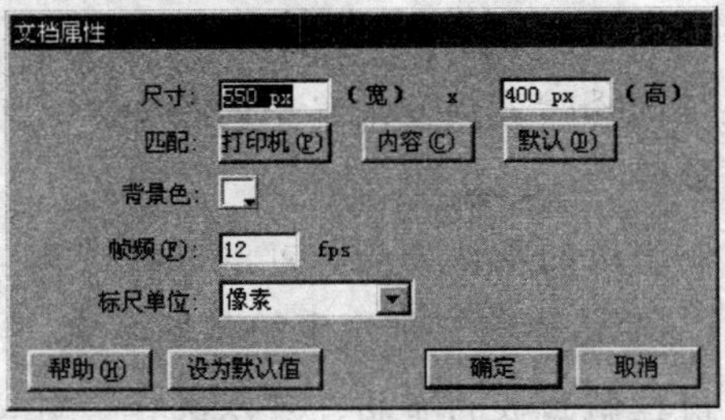

图 9-8　“文档属性”对话框

（3）在“尺寸”文本框中可以设置影片的大小。此时需注意以下几个方面：

- 默认的影片大小为 550×400 像素，并且最小尺寸为 18×18 像素，最大尺寸为 2880×2880 像素。
- 要将场景大小设置为最大可用打印区域，可单击“匹配”选项后的“打印机”按钮。
- 要使场景的大小恰好容纳当前影片的内容，可单击“匹配”选项后的“内容”按钮。
- 如果要将当前的尺寸设置为默认尺寸，可单击“匹配”选项后的“默认”按钮。

（4）如果需要的话，在“标尺单位”下拉列表框中选择一种测量单位。尺寸单位主要有英寸、点、厘米、毫米和像素等，其中以像素最为常用。

（5）要设置影片的背景颜色，可单击“背景色”按钮，然后从弹出的颜色列表中进行选择。

（6）在“帧频”文本框中可输入每秒要显示的动画帧数。

（7）设置结束后，单击“确定”按钮。

9.3.2 使用元件与实例

元件是指可以在影片中重复使用的元素，它可以是图形、按钮、影片剪辑、声音文件或字体等。创建一个元件后，它将被存放在元件库中，如图 9-9 所示。当我们将一个元件放置在场景中或其他元件中时，就创建了该元件的一个实例。

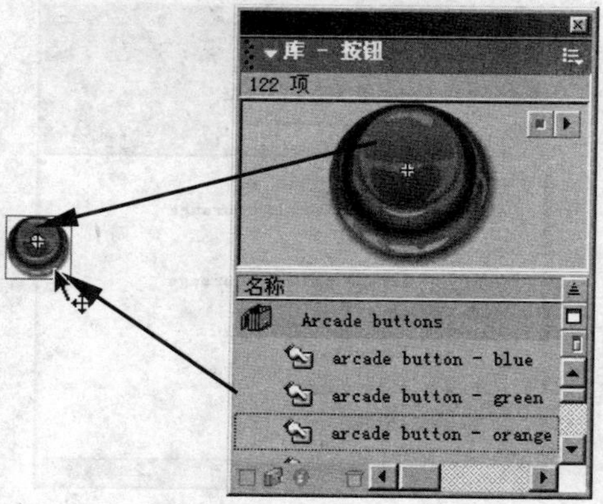

图 9-9　使用元件

使用元件可以显著缩小文件的尺寸，因为无论创建了多少实例，Flash 都只在文件中保存它的一个副本。如果影片中的某个元素要多次使用，就可以将它作为元件来处理。当修改实例的属性时，并不会影响实例所属的元件，而编辑元件则可以改变所有的实例。

在 Flash MX 中，用户可以使用多种模式编辑元件，如在单独的窗口中编辑元件，在当前场景中编辑元件（此时其他对象将以暗灰色显示，这种编辑方式被成为在位编辑方式），以及在元件编辑模式编辑元件。

要创建交互式影片，也要使用元件。例如，可以创建一个按钮元件，然后在场景中创建该按钮元件的实例，可以为其分配动作来响应鼠标事件。我们还可以使用其他类型的元件，例如，用影片剪辑来创建复杂的交互式影片。

9.3.3 使用影片浏览器

使用影片浏览器，用户可以查看和组织文档内容，以及选择影片中要修改的元素，如图 9-10 所示。

图 9-10　影片浏览器

在影片浏览器窗口中，通过选择窗口上方的按钮，可以控制在下方的列表区显示哪些元素。这些按钮的作用如下。

- A：控制是否显示文本。
- ：控制是否显示按钮、影片剪辑或图形元件。

- ：控制是否显示动作脚本。
- ：控制是否显示视频、声音和位图。
- ：控制是否显示帧与图层。
- ：自定义要显示的项目。

总的来说，使用影片浏览器可以完成以下任务：

- 使用名称在影片中查找某一元素。
- 使用所选元素的“属性”控制面板来完成修改任务。
- 使其他用户可以清楚地了解设计者创建的 Flash 影片的层次结构。
- 查看所有元件实例的详细信息和使用的动作。
- 使用其他字体替换影片中使用的某一字体。
- 将文本复制到剪贴板上并通过粘贴到其他文本编辑器中来检查拼写。
- 打印当前显示在影片浏览器中的内容。

9.3.4 调整场景显示

在 Flash 工作环境中，为了观察场景中的对象，经常需要使用“工具”面板“查看”选区中的工具或使用“查看”菜单中的有关命令来缩放或平移场景。

1. 缩放场景视图

要放大或缩小场景视图，可以使用“工具”面板中的“缩放”工具。选择该工具后，光标将变为，表示此时单击将放大视图。如果要从放大模式切换到缩小模式，可以按下 Alt 键，这时光标将显示为，表示此时单击可缩小对象。

要放大指定区域，可以使用“缩放”工具拖出一个矩形，Flash 将自动设置放大显示比例，使被矩形覆盖的区域填满整个窗口，如图 9-11 所示。

图 9-11　放大选定区域

如果要按照指定的比例放大或缩小场景，可以选择“查看”|“缩放比率”命令，然后从弹出的子菜单中选择缩放百分比。其中，若选择“显示帧”命令，表示显示由文档尺寸定义的整个场景。若选择“全部显示”命令，表示显示当前帧中的全部内容（包括超出文档尺寸外的部分）。

提示　通过选择“查看”|“工作区”命令，可显示工作区。此功能与选择“查看”|“缩放倍率”|“显示帧”命令相同。

如果单击编辑区右上角的场景显示控制按钮，系统将打开一个下拉列表框。从中选择不同的命令，可以快速调整场景显示。

2. 移动场景视图

如果希望在不改变显示比例的情况下，查看场景中的其他部分。可以首先选择“工具”面板中的“手形”工具，然后在场景中单击并拖动来移动场景。

9.3.5　使用网格、辅助线和标尺

网格、辅助线与标尺都用于辅助定位对象，如图 9-12 所示。其中，要显示或隐藏标尺，可以选择“查看”|“标尺”命令；要

显示或隐藏网格，可以选择“查看”|“网格”|“显示网格”命令。

如果希望根据网格移动光标，可以选择“查看”|“网格”|“对齐网格”命令；如果希望调整网格颜色、密度及对齐精确度，可以选择“查看”|“网格”|“编辑网格”命令，并利用所打开的“网格”对话框进行设置。

对于辅助线而言，用户可以执行以下操作：

- 要创建辅助线，可以单击标尺并向场景方向拖动。释放鼠标时，系统即在光标所在位置创建水平辅助线或垂直辅助线（取决于单击水平标尺或垂直标尺）。
- 要移动辅助线，可以首先选择箭头工具或选择工具，然后将光标移至辅助线上方单击并拖动即可。
- 要删除辅助线，只需将辅助线拖出场景即可。
- 通过选择“查看”|“辅助线”菜单中的相应命令，可以显示/关闭辅助线、锁定辅助线、移动光标时捕捉辅助线（“对齐辅助线”命令）以及设置辅助线的颜色和对齐精确度（“编辑辅助线”命令）。

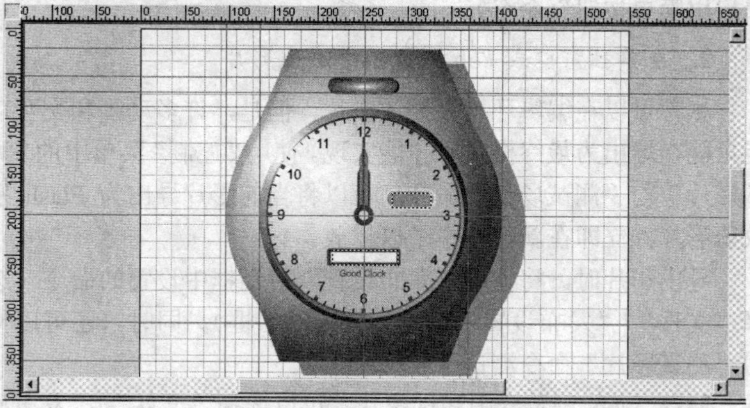

图 9-12 标尺、网格与辅助线

9.3.6 预览和测试影片

创建影片时，必须通过播放影片来预览动画和测试交互控制。在 Flash MX 中，用户既可以在 Flash 编辑环境中预览和测试影片，也可以在单独的窗口或 Web 浏览器中进行影片预览和测试。

1. 在影片编辑环境中播放影片

图 9-13 播放控制器工具栏

要在编辑环境中预览影片，可以选择“控制”|“播放”命令或按回车键，也可以选择“窗口”|“工具栏”|“控制器”命令，打开播放控制器，然后单击“播放”按钮，如图 9-13 所示。

利用“控制”菜单中的其他命令及播放控制器中的其他按钮，可对影片的播放进行更多控制，比如停止、后退、单步向前、单步向后、循环播放、静音、播放全部场景、播放影片的同时启用帧动作和按钮功能等（分别选择“控制”|“启用简单帧动作”和“启用简单按钮”命令）。

2. 在单独窗口或 Web 浏览器中测试影片

尽管可以在编辑环境中播放影片，但是，许多动画和交互功能只能在导出为最终格式时才能实现。使用“控制”菜单中的“测试影片”与“测试场景”命令，可以将当前影片导出为 Flash 播放器影片并立即在新窗口中予以播放。

导出影片时，将使用“发布设置”对话框中设置的命令（选择“文件”|“发布设置”命令打开该对话框）。同时，还可以使用“测试影片”命令测试下载性能。

要在 Web 浏览器中测试影片，可以选择“文件”|“发布预览”|“HTML”菜单。此时 Flash 将创建 Flash 影片（SWF 文件，放置在当前工作文件夹中）与 HTML 文件，并在默认的浏览器中

打开它，然后使用 Flash 播放器进行播放。

9.3.7　保存Flash文件

Flash 影片创建完成后，可以通过选择“文件”菜单中的“保存”或“另存为”选项保存文档。此外，如果选择“文件”|“另存为模板”命令，可以将当前文档保存为模板；对文件修改后，要使文件恢复到最后一次保存时的状态，可以选择“文件”|“还原”命令。

9.3.8　加速显示动画

要加速显示动画，可以使用“查看”菜单中的命令关闭着色功能，因为该功能需要占用额外的计算机资源，使显示速度下降。这些选项的意义如下。

- 轮廓：显示场景中所有图形的轮廓。
- 高速显示：关闭反锯齿效果，并显示线条样式和颜色。
- 消除锯齿：打开线条、形状和位图的反锯齿功能。
- 消除文字锯齿：可以使文字的边缘更加平滑。

9.4　上机实践——制作水天一色动画

本实例制作的水天一色效果，主要运用了一些基本的运动过渡、变形等操作，其主要画面如图 9-14 所示。其制作步骤如下：

图 9-14　水天一色

（1）选择“文件”|“新建”命令，创建一个新文档，再选择“修改”|“文档”命令，打开“文档属性”对话框，设置文档大小为800×500像素，背景色为黑色，如图9-15所示。

下面首先制作水流效果，其制作方法非常简单，只是利用了基本的动作渐变。其制作步骤如下。

（2）选择“插入”|“新建元件”命令或按Ctrl+F8组合键，打开“创建新元件”对话框，新建一个名为“图像”的图形元件，然后单击“确定”按钮，如图9-16所示。

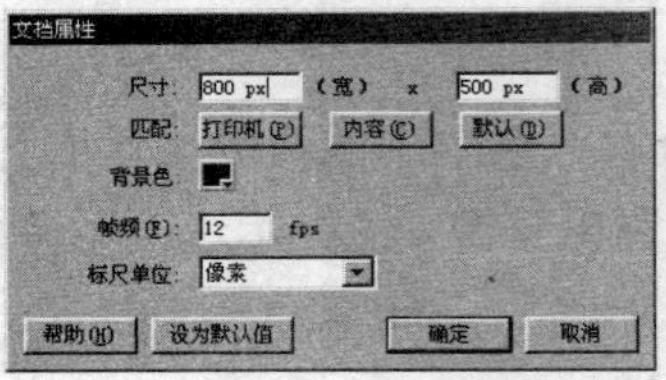

图9-15　设置文档属性

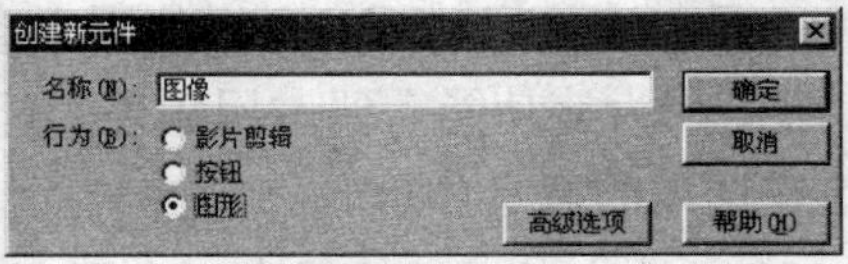

图9-16　创建新元件

（3）在“图像”元件的编辑区中按Ctrl+R组合键，打开“导入”对话框，导入一幅背景图像，并将其放置在编辑区中的中心位置，如图9-17所示。

（4）按Ctrl+E组合键返回场景，双击“图层1”将其更名为“背景层”，然后选择“窗口”|“库”命令，打开“库”面板，将“图像”元件拖至场景中，再选择“窗口”|“信息”命令，打开“信息”面板进行如图9-18所示的设置。

图9-17　导入图像

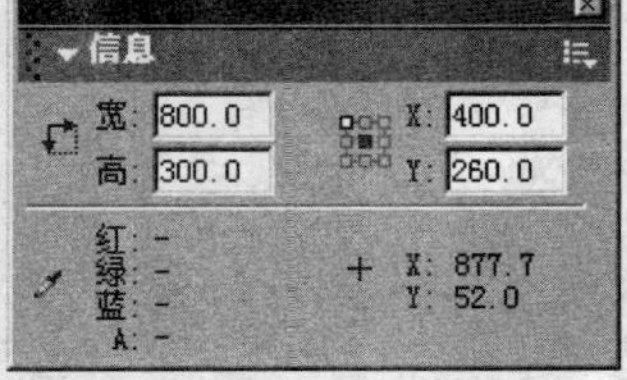

图9-18　设置图片大小及位置

（5）按 Ctrl+B 组合键，将图片打散，使用箭头工具由下至上选择一段宽为 112 像素的图片，就是天水交汇处以下的那一段，然后按 Ctrl+C 组合键将其复制，如图 9-19 所示。

图 9-19　选择并复制部分图片

（6）按 Ctrl+F8 组合键，新建一个名为“图像 2”的图形元件，然后在编辑区中按 Ctrl+V 组合键，粘贴刚才复制的图片，并在“信息”面板中将该段图片的宽设置为 1200 像素。

（7）返回到场景，单击“时间轴”面板中的按钮新建一个层，并将其更名为“水流层”，然后从“库”面板中将“图像 2”元件拖拽到场景中，覆盖在原来的位置，并使用“属性”面板设置其透明度为 30%，如图 9-20 所示。

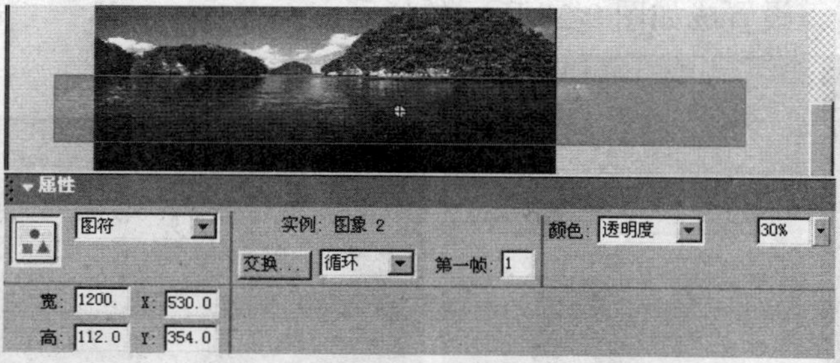

图 9-20　设置元件透明度

（8）在“水流层”的第 70 帧按 F6 键插入关键帧，并将该帧中的“图像 2”图片向右移动，然后右击第 1 帧，从弹出菜单中选择“创建补间动画”命令，设置运动渐变形成水流效果，再在“背景层”第 70 帧按 F5 键，将该层内容拉长至此，如图 9-21 所示。

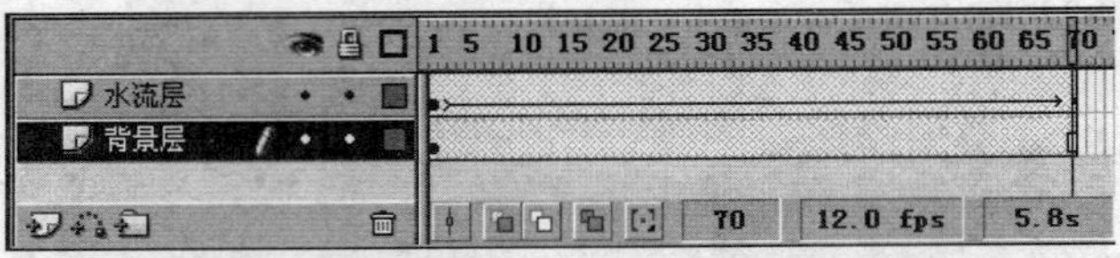

图 9-21　“时间轴”面板

制作好水流效果后，再为湖面添加几道眩目的阳光，整个画面将更显生动，具体的制作步骤如下。

（9）新建一个名为“线”的图形元件，并选择椭圆工具在编辑区中绘制出一个宽为 67 像素，高为 840 像素的无边线的椭圆形，然后选中该椭圆形，选择“窗口”|“混色器”命令，打开“混色器”面板，设置填充样式为“放射渐变”，渐变条左边的色块为白色，Alpha 为 50%，右边的色块为蓝绿色（#009897），Alpha 为 0，如图 9-22 所示。

（10）新建一个名为“光”的图形元件，然后将刚才制作的“线”元件拖至编辑区中，复制若干份并分别将它们一一进行缩放旋转，设置成如图 9-23 所示的样子。

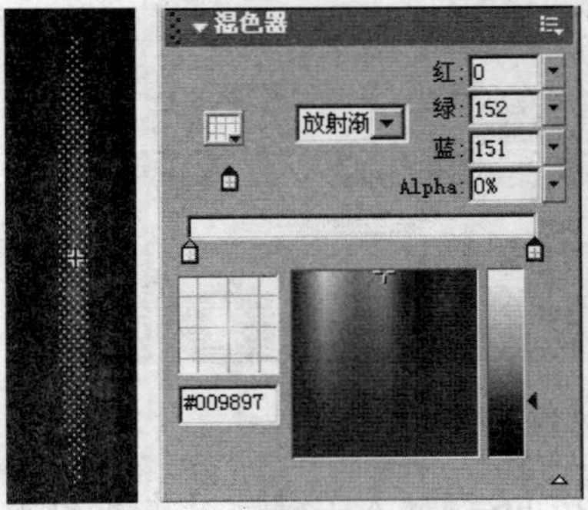

图 9-22　制作光线

图 9-23　制作眩目的阳光

（11）回到场景中新增加一层，将其更名为“光线层”，然后将“光”元件拖至场景的右上方，并在“属性”面板中设置它的透明度为 60%，如图 9-24 所示。再右击该层第 1 帧，从弹出菜单中选择“创建补间动画”命令。

图 9-24　设置“光”元件的位置及透明度

（12）分别在“光线层”的第 45 帧和第 50 帧按 F6 键插入关键帧，并将第 50 帧中“光”元件的透明度设置为 0，然后选择“窗口”|“变形”命令，打开“变形”面板并单击“旋转”单选钮，将第 45 帧和第 50 帧中“光”元件的角度均设置为 100 度。

（13）选中“光线层”的第 50～70 帧，选择“修改”|“删除帧”命令，将这些帧删除，此时的“时间轴”面板如图 9-25 所示。

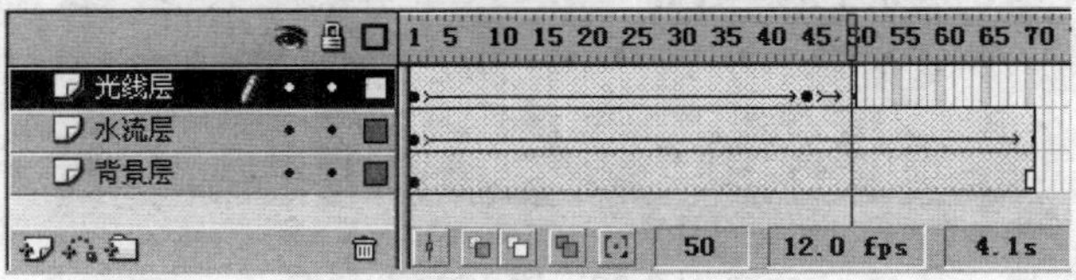

图 9-25　制作完光线后的“时间轴”面板

至此，本例的主要效果都制作好了，最后再对画面进行一些补充工作，使其更加完善，操作步骤如下。

（14）选择“插入”|“图层”命令，新建一个层，命名为“遮

挡层”，然后使用矩形工具□绘制出如图 9-26 所示的黑色遮板，将画面上多余的地方遮挡住，并将该层的时间轴也延长至第 70 帧。

图 9-26 绘制遮板

（15）选择文本工具A，在“属性”面板中设置合适的文字属性，然后在场景的适当位置输入所需的文字，如图 9-27 所示。

图 9-27 输入文字

（16）此时，本例已全部制作完毕。按 Ctrl+回车键测试动画效果，满意后按 Ctrl+S 组合键，打开“另存为”对话框保存文件。

本章小结

通过本章的学习，读者了解了 Flash MX 的工作环境，如场景、“时间轴”面板、“属性”面板及“工具”面板等。并了解了 Flash MX 的基本操作，如设置文档属性、使用元件与实例、调整场景与显示以及预览和测试影片等。

练习与指导

9.1 Flash 影片主要由____图形组成，但也可以包括输入的____、____与声音。Flash 影片可以包含____功能，以便与浏览者进行交流。要播放 Flash 影片，必须使用____。

9.2 利用 Flash，用户既可创建____动画，也可创建____动画。

9.3 元件是指____，它可以是____、____、____、声音文件或字体等。创建一个元件后，它将被存放在____中。当我们将一个元件放置在场景中或其他元件中时，就创建了该元件的一个____。

9.4 要查看和组织文档内容，以及选择影片中要修改的元素，可使用____。

9.5 Flash MX 的功能有哪些？

9.6 新建一个文档，设置其属性，然后使用标尺、网格和辅助线创建元件和实例，并调整场景显示。

第 10 章　对象绘制与编辑

本 章 要 点

- ❖ 设置图形的描绘与填充效果
- ❖ 绘图工具的特点与用法
- ❖ 编辑图形
- ❖ 修改图形的描绘和填充效果
- ❖ 导入外部图形与图像
- ❖ 导入视频
- ❖ 创建和编辑文本
- ❖ 编辑对象

10.1　设置图形的描绘与填充效果

在 Flash MX 中，可以使用多种方法来指定图形的线条和填充属性。其中，对于图形线条来说，它只能为单一颜色，但用户可以为线条选择样式与宽度。对于填充区域来说，其内容可为单色、渐变色或位图。此外，也可以应用透明色来创建一个只用轮廓而没有填充的对象或是没有边框的填充区域。

10.1.1　用工具面板指定颜色

在使用绘图工具或填充工具创建新对象时，在如图 10-1 所示的“工具”面板的“颜色”选区中可以设置描绘颜色和图形的填充颜色。图 10-2 为使用渐变色作为填充颜色绘制的图形对象。

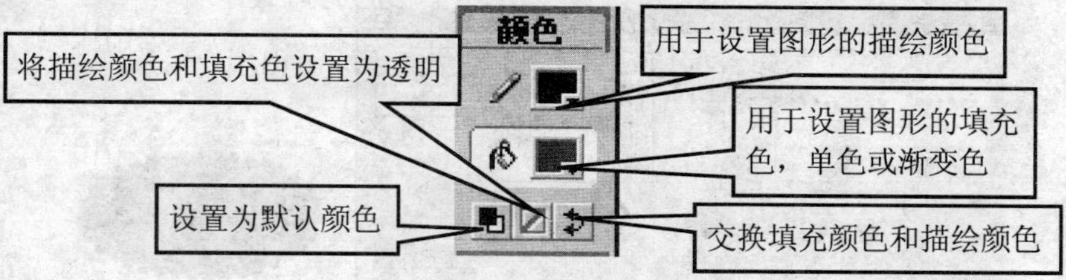

图 10-1　“工具”面板的颜色选区

10.1.2　用属性面板设置颜色、宽度和样式

在 Flash MX 中，当使用基本绘图工具绘制图形，或使用箭头工具选中图形时，在它们对应的“属性”面板中通常都可以设置填充颜色、描绘颜色、描绘宽度和描绘样式，如图 10-3 所示。

图 10-2　使用渐变色作为填充颜色绘制的鱼

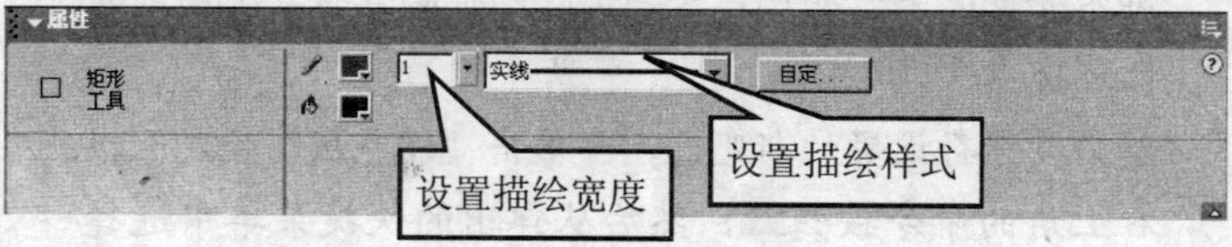

图 10-3　使用绘图工具绘制对象时的“属性”面板

若单击“属性”面板中的“自定”按钮，将打开“线型”对话框，用户可以利用该对话框自定义自己需要的线条样式，如图 10-4 所示。

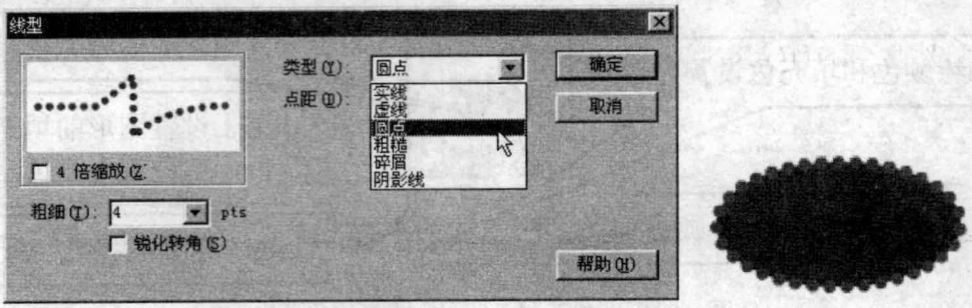

图 10-4 “线型”对话框及使用“圆点”样式绘制的椭圆

提示 在“线型”对话框中选择不同的线条样式时，将会出现不同的设置选项。

10.1.3 使用混色器控制面板设置描绘颜色和填充样式

在 Flash MX 中，使用“混色器”控制面板可以设置线条样式与填充样式，如图 10-5 所示。其中，填充样式可以是无色、纯色、渐变色或位图。

“混色器”面板中提供了两种渐变填充：线型渐变和放射渐变。当选择这两种填充样式时，用户可根据需要自定义渐变色，如图 10-6 所示。

提示 编辑渐变色时，最多只能设置 8 个颜色标志。

如果要删除某一颜色，可单击颜色标志并将其拖离渐变色指示条即可。

如果要保存设置的渐变色，可单击“调色板”控制面板右上角的命令按钮，然后从弹出的快捷菜单中选择“添加样本”命令，这时新创建的渐变色将被添加到当前“颜色样本”控制面板中。

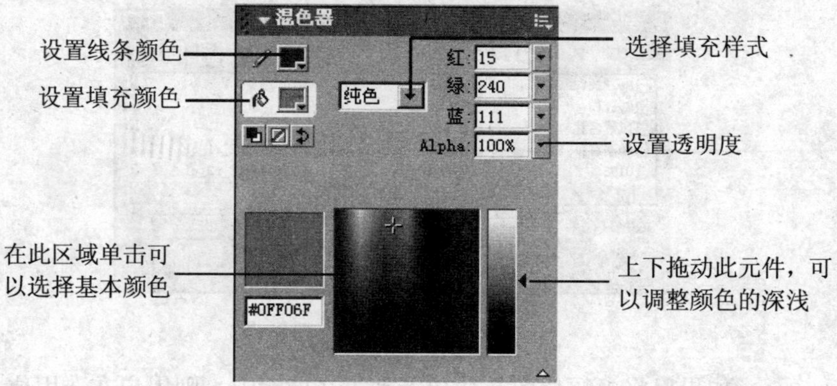

图 10-5　“混色器”控制面板

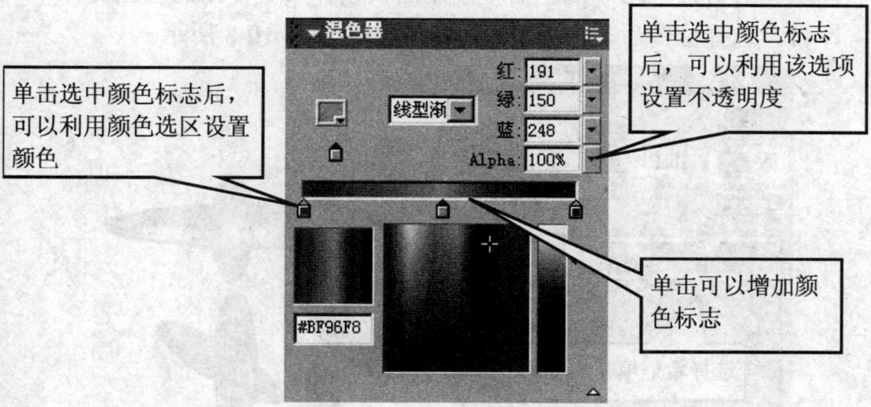

图 10-6　自定义渐变色

当将填充样式设置为位图填充时，系统将打开“导入到库”对话框，让用户选择要作为填充内容的位图，如图 10-7 所示。选中一个或多个位图文件后，该文件将被自动增加到“调色板”控制面板中，并出现在文档库中。

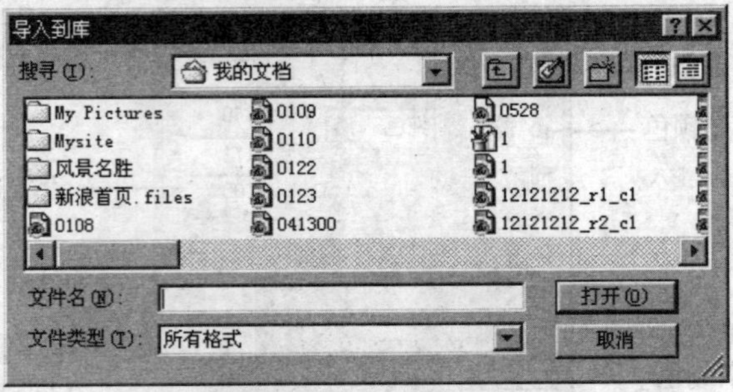

图 10-7 “导入到库”对话框

如果已将多幅位图文件导入到了文档库中，则用户在选用位图填充时直接利用“混色器”控制面板选择希望使用的位图文件即可。选择位图后，便可以进行绘制了，如图 10-8 所示。

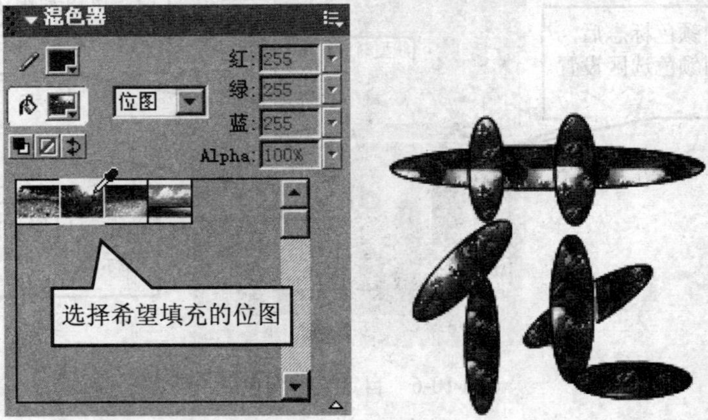

图 10-8 选择位图及位图填充效果

提示 在 Flash MX 中使用位图填充时，有一个非常不方便的地方，那就是用户只能利用“混色器”导入一次位图文件。如果希望导入新的位图文件，可以选择“文件” | “导入”命令。

如果希望删除导入的位图文件，可使用“库”控制面板。

10.1.4　使用“颜色样本”控制面板设置调色板

对于每一个 Flash 文件，都包含有自己的调色板，它们显示在“颜色样本”控制面板中，如图 10-9 所示。

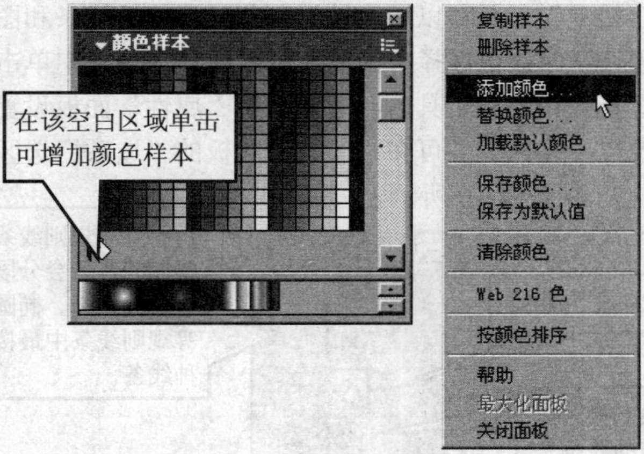

图 10-9　“颜色样本”控制面板

使用该面板可以添加、替换调色板，加载默认调色板，使用网页 216 色调色板，以及在调色板中复制或删除颜色样本等。其中，要在调色板中增加颜色样本，只要将光标移至“颜色样本”控制面板中的空白区域单击即可，此时光标呈油漆桶形状。

提示　此时增加的颜色样本源于“工具”面板“颜色”区中的设置，即所增加的颜色样本为当前描绘颜色或填充颜色。

10.2　绘图工具的特点与用法

在 Flash MX 中，基本的绘图工具包括“线条”工具、“铅笔”

工具、“钢笔”工具、“椭圆”工具、“矩形”工具和“画笔”工具。

10.2.1 使用铅笔工具和线条工具

“铅笔”工具和“线条”工具是 Flash 中常用的画线工具，使用“铅笔”工具可以随意地绘制任何形状的线条和图形。

在“工具”面板中选择“铅笔”工具后，在场景中单击并拖动即可。选择“铅笔”工具后，可以利用“属性”面板设置描绘颜色、宽度以及样式，并可在“工具”面板的“选项”选区中选择绘图模式，如图 10-10 所示。

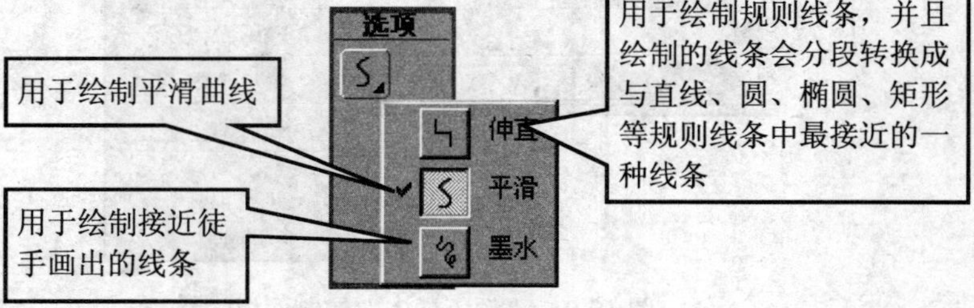

图 10-10 选择铅笔模式

图 10-11 显示了使用不同的铅笔模式绘制的图形。

图 10-11 使用 3 种绘图模式绘制的线条

提示 当使用“铅笔”工具在场景上拖动鼠标绘制线条时，如果按下 Shift 键，可以使线条沿水平、垂直方向绘制。

与使用“矩形”和“椭圆”工具画图不同，使用“铅笔”工具画图时，无论图形是否封闭，系统均不会自动为其填充内容。因此，要想为图形填充内容，可使用“颜料桶”工具。

“线条”工具的使用更为简单，在“工具”面板中选取“线条”工具后，可首先在“属性”面板设置好描绘样式、线宽及描绘颜色，然后即可在场景中单击并拖动鼠标绘制直线了。图10-12所示即为利用“线条”工具绘制的直线。

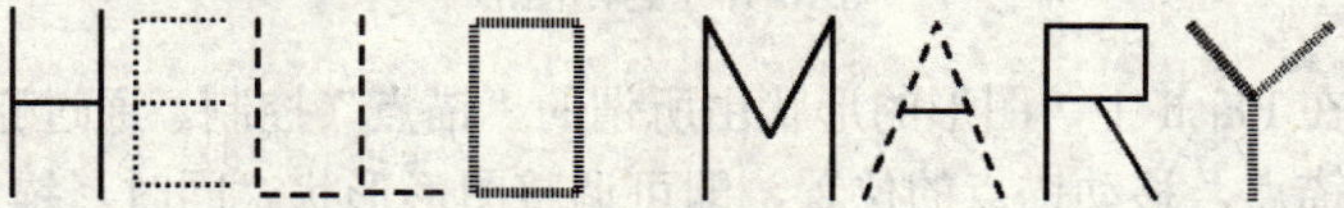

图 10-12　绘制直线

提示　当使用线条工具在场景上拖动鼠标绘制直线时，如果按下Shift键，可以使直线沿水平、垂直或45°方向绘制。

10.2.2 使用钢笔工具

使用“钢笔”工具，用户可以绘制出各种形状的图形，如多边形、平滑曲线等。其中，要绘制直线，直接单击即可，此时将在单击点与上一点之间创建一条直线。如果在某个位置单击并拖动，将在单击点与上一点之间创建曲线，如图10-13所示。

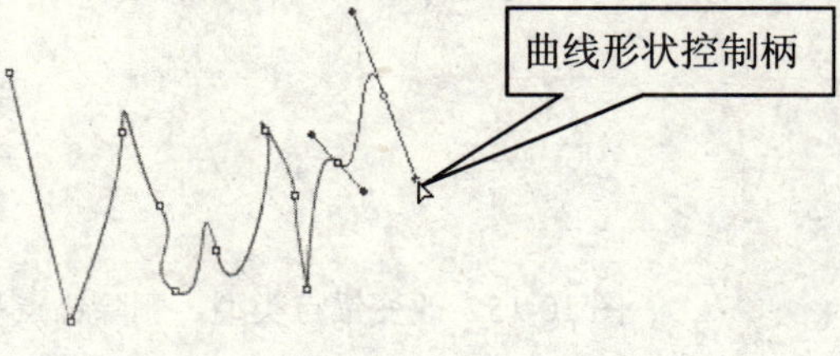

图 10-13　使用钢笔工具绘制直线与曲线

在绘图过程中，如果将光标移至图形的任意位置并单击（此时光标的形状为![pen-close]），可以封闭图形（可以封闭图形整体或局部），如图 10-14 所示；如果希望结束画线，并且不希望封闭图形，可直接在“工具”面板中单击“钢笔”工具或其他工具。

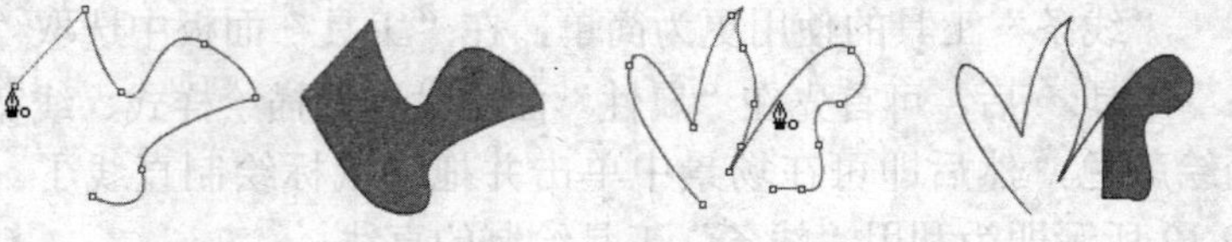

图 10-14　封闭图形

在 Flash 中，图形的形状由所谓的“锚点”控制。通过删除、增加锚点，移动锚点的位置，即可调整图形形状。同时，锚点的类型又可分为两类：一类被称为拐角锚点（一侧或两侧为直线段），一类被称为曲线锚点（两侧为曲线段）。

选中钢笔工具后单击图形，锚点将被显示出来，此时用户可执行如下几种操作：

- 如果将光标移至曲线锚点处，光标将显示为![pen-convert]，此时单击可将曲线锚点转换为拐角锚点，如图 10-15 左图所示。
- 如果将光标移至拐角锚点处单击，光标将显示为![pen-minus]，此时单击将删除锚点，如图 10-15 中图所示。
- 如果将光标移至图形的非锚点位置，光标将显示为![pen-plus]，此时单击可在图形上增加锚点，如图 10-15 右图所示。

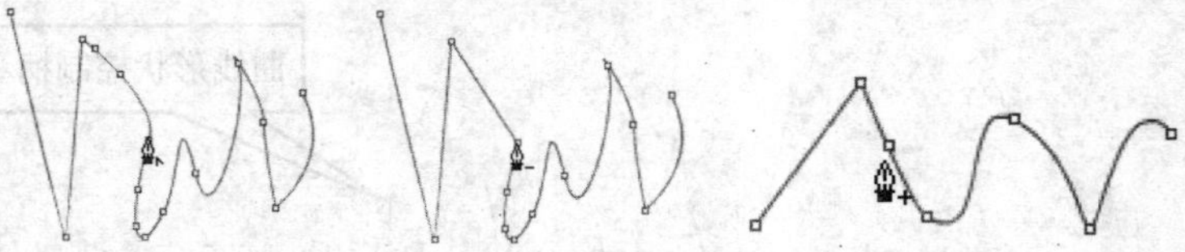

图 10-15　改变锚点类型、删除锚点与增加锚点

- 如果以前所绘图形未封闭，用户还可以在该路径的基础上

继续绘制图形。为此，可首先将光标移至图形的端点，单击并拖动鼠标，然后继续画图，如图 10-16 所示。

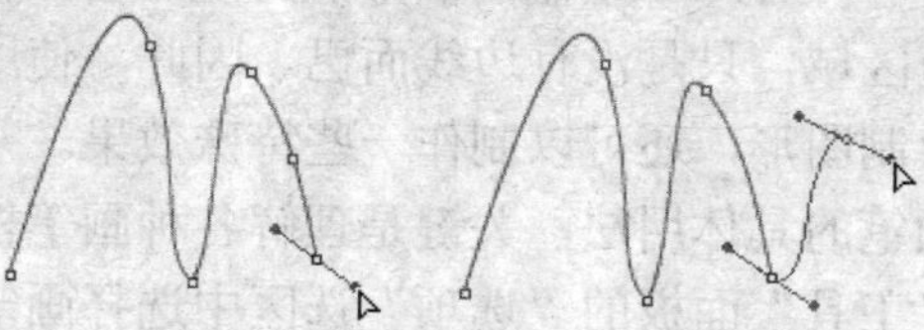

图 10-16　在已有图形的基础上继续绘制图形

此外，用户还可使用“箭头”工具、“部分选取”工具与“修改”菜单中的相关命令调整图形形状。有关这方面的情况，将在后面统一介绍。

10.2.3　使用椭圆工具和矩形工具

“椭圆”工具和“矩形”工具分别用于绘制椭圆和矩形。此外，如果在绘制椭圆和矩形时按下 Shift 键，则可以绘制出正圆和正方形，如图 10-17 所示。

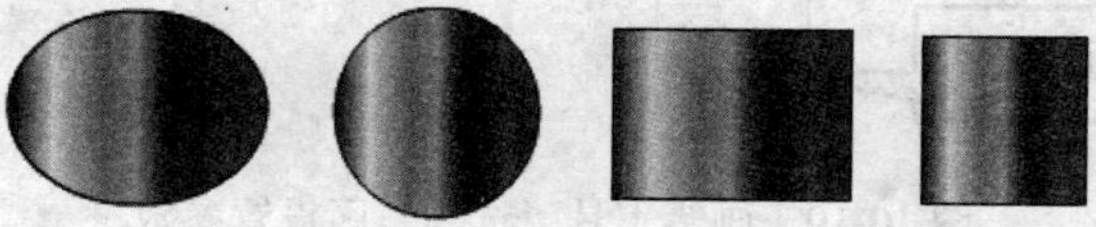

图 10-17　绘制椭圆、圆、矩形和正方形

若要绘制圆角矩形，可以单击“工具”面板“选项”选区中的“圆角矩形半径”按钮，并利用所打开的“矩形设置”对话框设置矩形的圆角半径，如图 10-18 所示。

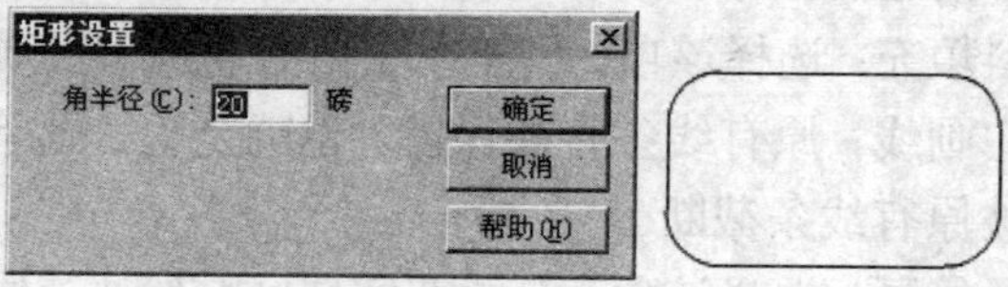

图 10-18　绘制圆角矩形

10.2.4 使用画笔工具

使用“画笔”工具绘制的图形从外观上看好像是线条，其实是一个填充区域，只是没有边线而已。因此，使用“画笔”工具不仅可以绘制图形，还可以制作一些特殊效果。

要掌握画笔的具体用法，关键是理解各种画笔模式的区别。用户可以从“工具”面板的“选项”选区中选择画笔模式，如图10-19 所示。

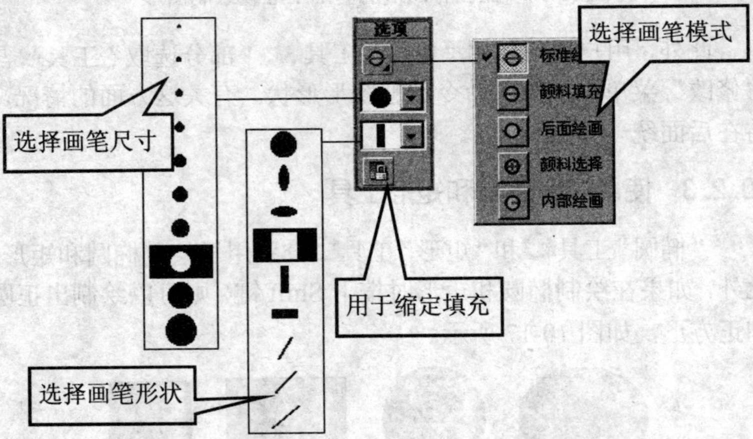

图 10-19　画笔工具“选项”区设置参数

从图 10-19 可以看出，Flash 中的画笔模式共有 5 种，它们的功能如下。

- 标准绘画（默认）：选择该项，新画的线条将覆盖同一图层中的原有图形。
- 颜料填充：选择该项，只能在空白处和原有的颜色填充区域中画线，原有线条将被保留。也就是说，画笔所绘图形将被原有线条截断。
- 后面绘画：选择该项，只能在空白区域绘画，原有颜色填充区及线条将保留。

- 颜料选择：选择该项，只能在选择的区域里绘画。
- 内部绘画：选择该项，只能在起始点所在的图形区域中绘画。

图 10-20 显示了使用上述 5 种画笔模式绘画的效果。

用画笔绘画时，如果填充内容为渐变色，无论线条的长短和宽度如何，其渐变属性会自动根据线条的长度和宽度进行调整。

如果在“画笔”工具的“选项”选区中单击“锁定填充”按钮，将进入“锁定填充”模式。在“锁定填充”模式下，相当于将渐变色图案整体映射到背景上。当使用画笔绘画时，将会在画笔描绘区域显示出渐变色图案，如图 10-21 所示。

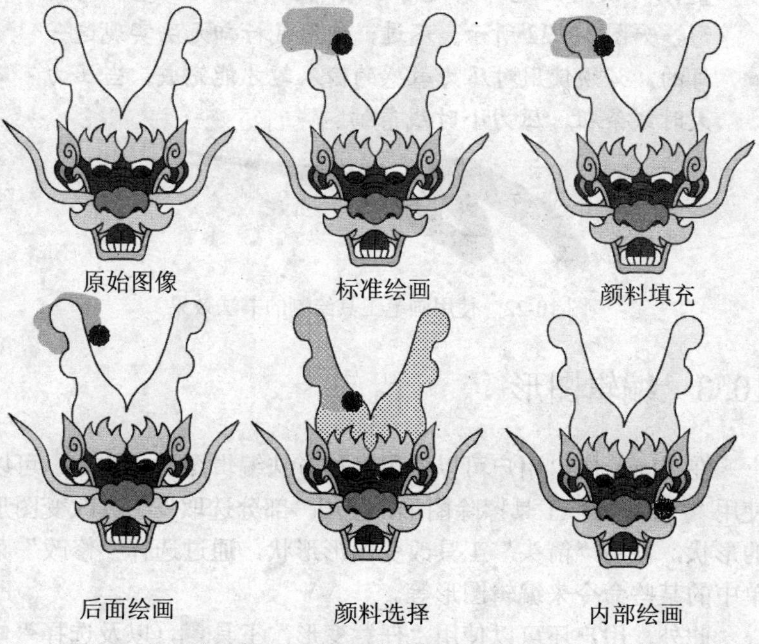

图 10-20　5 种画笔模式的绘画效果

图 10-21　在“锁定填充”模式下绘画

提示　使用画笔工具还可以绘制出类似书法笔触的图形，如图 10-22 所示。不过，使用鼠标却无法实现这一目的，必须使用对压力敏感的输入笔才能完成。当压力大时线条粗，压力小时线条细。

图 10-22　使用画笔工具绘制的书法效果

10.3　编辑图形

在 Flash 中，用户可以使用多种方法编辑图形，例如，可以使用““橡皮擦”工具擦除图形，使用“部分选取”工具改变图形的形状，使用“箭头”工具改变图形形状，通过选择“修改”菜单中的某些命令来编辑图形等。

此外，用户还可以使用“任意变形”工具，以及选择“修改”|“变形”命令中的命令对图形进行各种变形。但是，由于这

些命令同时适用于图形、导入到动画中的位图、文字、元件等多种对象，因此，这些内容将在后面进行介绍。在本节中，我们仅介绍一些只用于图形编辑的工具和命令。

10.3.1 使用橡皮擦工具

“橡皮擦”工具用于擦除场景中的图形。在 Flash 中，可以一次擦除场景中的所有图形，也可以有选择性地对场景中的图形进行擦除，例如，只擦除线条或填充区域。

要使用好“橡皮擦”工具，关键在于理解和设置擦除模式，如图 10-23 所示。各擦除模式的意义如下。

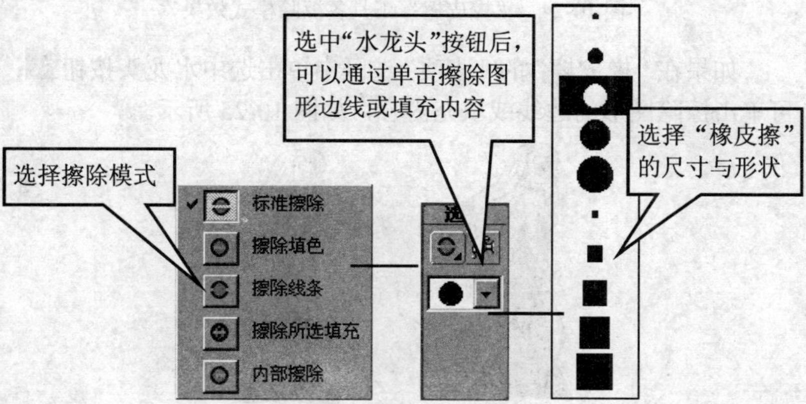

图 10-23 “橡皮擦”工具的擦除模式

- 标准擦除：擦除场景中位于同一图层上的任意图形的边线和填充内容。
- 擦除填色：仅擦除填充内容，边线不受影响。
- 擦除线条：仅擦除线段，填充内容不受影响。
- 擦除所选填充：仅擦除选中图形的填充内容。
- 内部擦除：仅擦除单击点所在图形的填充内容。如果起始点为空白，将不会擦除任何图形。

图 10-24 为使用上述各擦除模式的效果。

图 10-24 “橡皮擦”工具各擦除模式效果

如果在“橡皮擦”的“选项”选区中单击选中水龙头按钮，可单击擦除图形的边线或填充内容，如图 10-25 所示。

图 10-25 在“水龙头”模式下单击擦除图形边线或填充内容

提示 尽管无法使用“橡皮擦”擦除场景中的位图图像或文字（除非将它们打碎），但是，可以通过双击“工具”面板中的“橡皮擦”工具清除场景的所有对象。

10.3.2 使用部分选取工具调整图形形状

选择“部分选取”工具，用户可以通过调整图形的锚点或调整杆，改变图形的外形，如图 10-26 所示。

图 10-26 使用“部分选取”工具选择、移动及变形图形

提示 要使用“部分选取”工具删除线条上的节点，可以首先选中要删除的节点，然后选择“编辑”|“清除”命令或按 Delete 键。

10.3.3 使用箭头工具调整图形形状

在 Flash 中，利用“箭头”工具也可以非常方便地改变图形形状，拉长或缩短线条长度。

选择“箭头”工具后，将光标移到图形边线上，如果光标呈形状，此时单击并拖动可调整图形的曲线形状，如图 10-27 左图所示。

如果光标所在位置存在拐点，光标将呈形状，此时单击并拖动可拉出一个拐角，如图 10-27 右图所示。

如果图形是开放图形，则可通过单击图形端点并拖动来拉长或缩短图形的长度与形状，如图 10-28 所示。

图 10-27 调整图形的曲线形状和拐角

图 10-28 拉长或缩短开放图形的长度

10.3.4 平滑和拉直线条

利用“箭头”工具或选择“修改”菜单中的“平滑”与“伸直”命令，也可以方便地改变图形形状。其中，通过平滑图形可以软化曲线，减少线条上的凹、凸或其他整体方向上的差异。同时，通过平滑图形也可以减少图形中线段的数量。因此，在调整由许多短线段组成的曲线形状时，平滑操作特别有用。

选择箭头工具并单击选中一个或多个图形对象后，其“选项”选区如图 10-29 所示。此时通过单击“平滑”按钮或“伸直”按钮，即可平滑或伸直对象了，如图 10-30 所示。同时，通过反复单击“平滑”按钮或“伸直”按钮，还可以强化平滑或伸直效果。

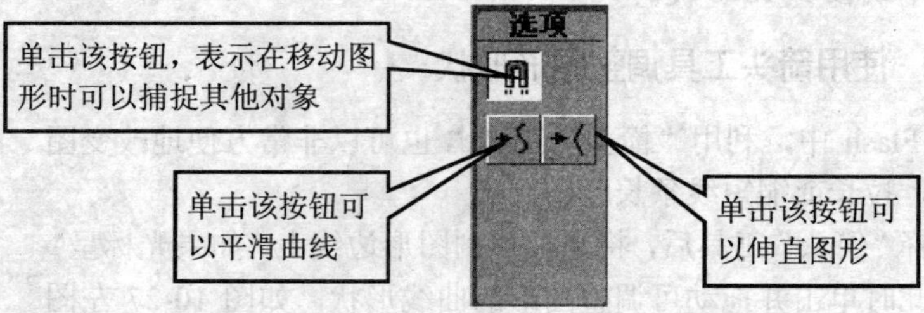

图 10-29　“箭头”工具的选项区

图 10-30　平滑和伸直图形

10.3.5 优化曲线

使用 Flash 的优化功能，也可以使曲线变得更加平滑。由于优化是通过减少线条和填充区域边线的数量来实现的，因此，通过优化曲线可以减小 Flash 影片的自身文件大小和将来导出的 Flash 影片大小。

要优化曲线，可首先使用“工具”面板中的箭头工具选择希望优化的一条或多条曲线，然后选择“修改”|“优化”命令，此时系统将打开如图 10-31 所示的“最优化曲线”对话框。

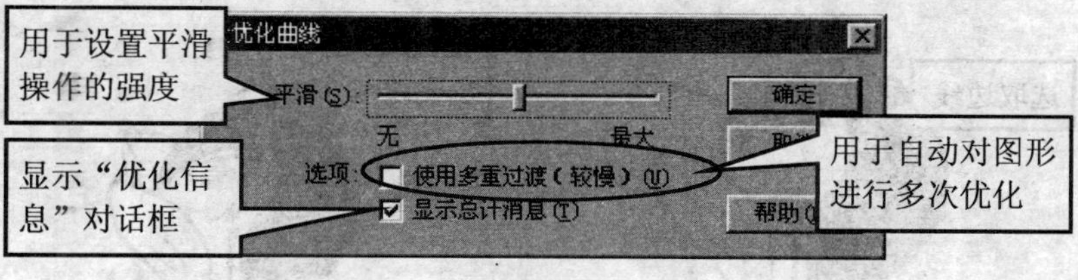

图 10-31 “最优化曲线”对话框

图 10-32 所示为对一幅卡通画进行优化的效果。

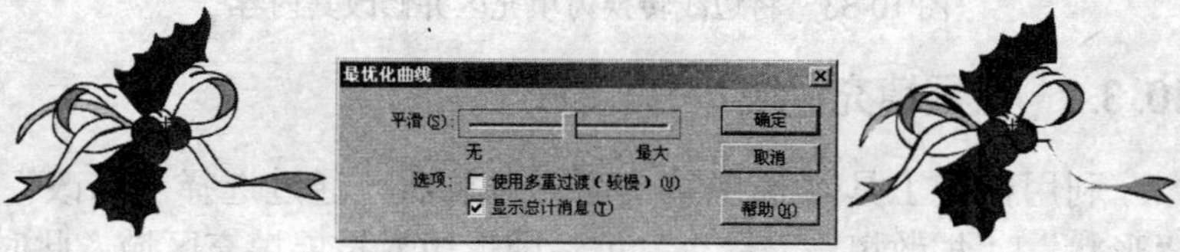

图 10-32 图形优化示例

10.3.6 将边线转换为填充区

如前所述，绘制图形时，边线只能为单色，而填充内容可为单色、渐变色或位图。因此，在某些情况下，为了获得更好的边线效果，可以首先改变图形边线的性质（即将边线改变为填充区），然后使用颜料桶工具对其进行填充。其操作步骤如下。

（1）选择“工具”面板中的“箭头”工具，选中图形的一段或多段边线，如图 10-33 左图所示。其中，如果希望选中多段边线，可在单击选取边线时按下 Shift 键。

（2）选择“工具”面板中的“颜料桶”工具，利用前面介绍的方法设置好某种填充样式。

（3）选择“修改”|“形状”|“将线条转换为填充”命令，将边线转换为填充区。

（4）在由边线转换成的填充区内单击，修改其内容，结果如图 10-33 右图所示。

图 10-33　将边线转换为填充区并修改其内容

10.3.7　扩展填充区域

利用箭头工具选中某个图形对象后，通过选择“修改”|“形状”|“扩散填充”命令，可沿图形边界扩展填充区域，此时系统将打开“扩散填充”对话框，如图 10-34 所示。

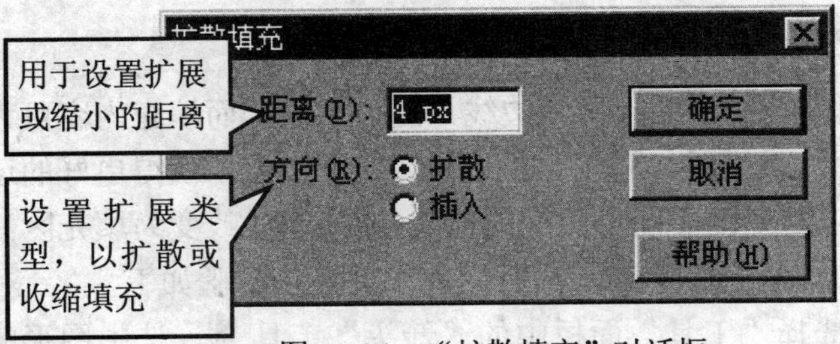

图 10-34　“扩散填充”对话框

图 10-35 显示了扩展填充区域的效果。

图 10-35 扩展填充区域

10.3.8 柔化填充边缘

用户还可以根据需要柔化填充区域边缘，以获得某种效果，如下例：

（1）打开一幅作品，并利用“箭头”工具选中图形，如图 10-36 所示。

图 10-36 用“箭头”工具选中图形

（2）选择“修改”|“形状”|“柔化填充边缘”命令，打开如图 10-37 所示的“柔化填充边缘”对话框，并设置各参数。

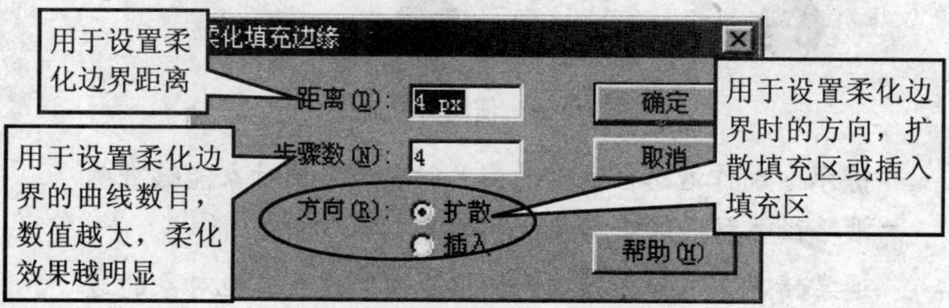

图 10-37 柔化边界对话框

（3）设置好相关参数后，单击“确定”按钮，结果如图 10-38 所示。

图 10-38　柔化填充边缘效果

10.3.9　使用捕捉功能

为了自动对齐元素，可以使用捕捉功能。Flash 允许用户通过捕捉其他对象或捕捉单个像素来对齐对象。

1．对象捕捉

通过选择“查看”|“对齐对象”命令，可以打开或关闭对象捕捉。如果打开了对象捕捉，在使用“箭头”工具移动对象时将会出现一个小圆圈。当小圆圈变大时，表明已捕捉到了其他对象，如图 10-39 所示。

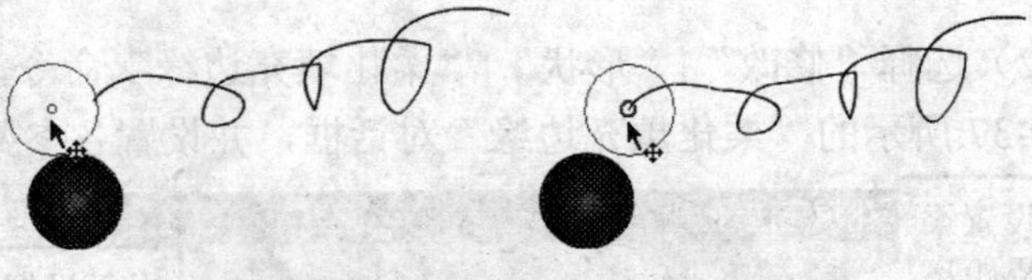

图 10-39　使用对象捕捉

提示　制作沿路径运动的影片时，为了使对象能够准确沿路径运动，经常需要使用对象捕捉功能。

通常情况下，如果捕捉到栅格、辅助线或其他对象的边线，小圆圈都会变大。

2. 像素捕捉

通过选择“查看”|“对齐像素”命令，可以打开或关闭像素捕捉。如果打开了像素捕捉，当显示放大倍数为 400%或更高时，系统将显示像素栅格，该栅格代表了出现在影片中的单个像素，如图 10-40 所示。

如果打开了像素捕捉，则用户在创建和移动对象时，系统将强制对象与像素栅格对齐。

10.4　修改图形的描绘和填充效果

在 Flash MX 中，使用“墨水瓶”工具可以为线条或图形的边框着色，使用“颜料桶”工具则可以为区域填充颜色。如果希望编辑填充渐变色或填充位图，可以使用“填充变形”工具。此外，在为线条或图形进行着色或填充时，还会经常用到“滴管”工具，它用来从场景中获取边线或填充样式。

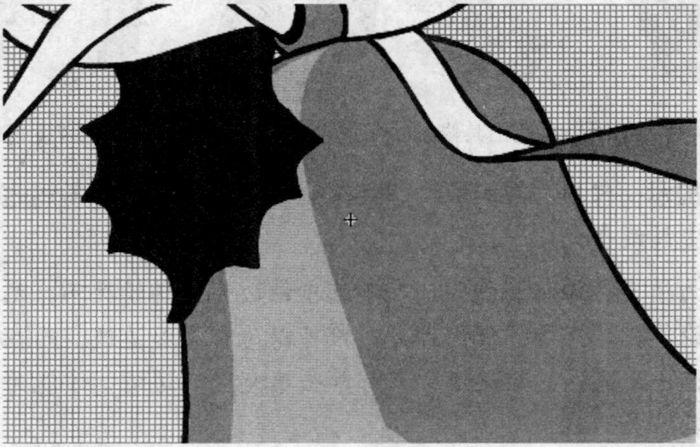

图 10-40　像素栅格

10.4.1 使用墨水瓶工具修改图形的描绘效果

使用“墨水瓶”工具可以以一种单色对图形中的线条进行着色，或为一个区域添加封闭的边线。

使用墨水瓶工具时，应首先在“工具”面板中选择“墨水瓶”工具，并利用“属性”面板设置描绘颜色、宽度和样式，然后将光标移至场景（此时光标变为墨水瓶形状），单击某一线条，即可以设置的笔触修改线条了，如图 10-41 所示。

如果此时在某个填充区单击，此时系统将以设置的笔触为该填充区设置边线（无论该填充区是否有边线），如图 10-42 所示。

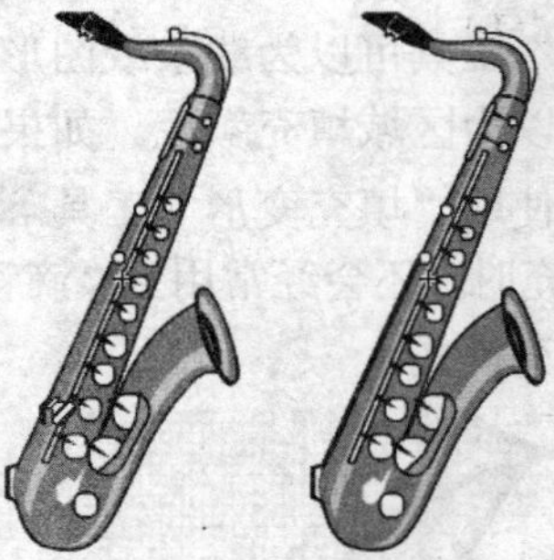

图 10-41　使用墨水瓶工具修改线条属性

图 10-42　为填充区设置边线

提示　使用“墨水瓶”工具改变线条的笔触时，不能选中该线条。

为填充区添加边线时，在不选中该填充区的情况下，无论单击填充区的任何部分，都可以为它添加边线。而在选中填充区的情况下，只有单击填充区的边缘，才能为其添加边线。

10.4.2 使用颜料桶工具修改图形的填充效果

使用“颜料桶”工具可以用设置的颜色、渐变色或位图填充一个区域。此外，Flash 也允许对有缺口的区域进行填充，此时系统能自动辨认未合拢的轮廓线，并将其认为是封闭的图形加以填充。

在“工具”面板中选择“颜料桶”工具后，可在“选项”选区内设置封闭空隙的模式，如图 10-43 所示。

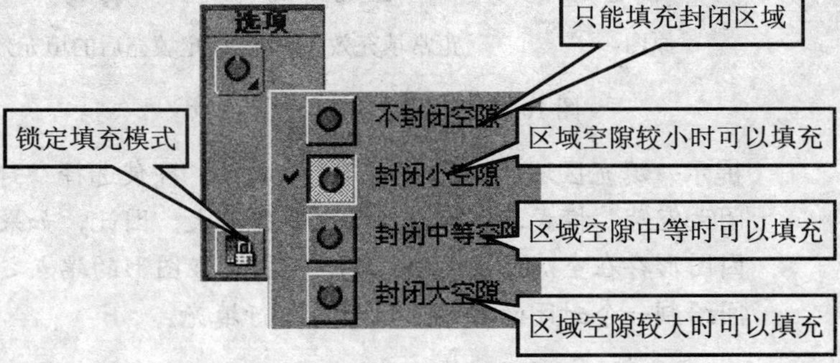

图 10-43 “颜料桶”工具的选项区

根据图形空隙大小选择一种空隙封闭模式后，即可在图形填充区单击填充图形了，如图 10-44 所示。

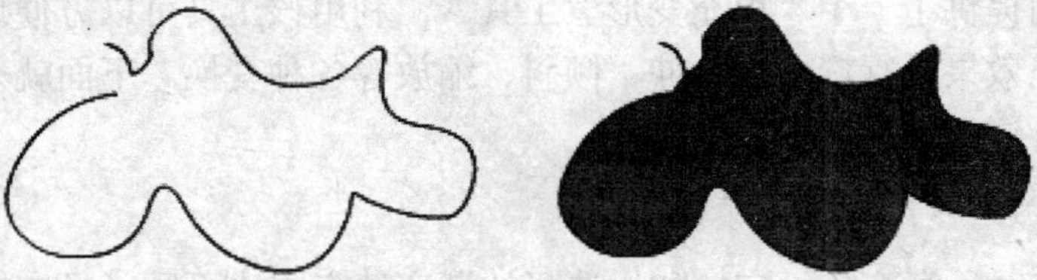

图 10-44 填充图形

此外，如果单击选中“锁定填充”按钮，当填充内容为渐变色或位图时，系统会将填充内容看作一个整体（相当于将渐变色图案映射到整个场景），如图 10-45 所示。

原图　　正常填充效果　　锁定填充后的填充效果

图 10-45　“锁定填充”按钮的意义

提示　填充区域的空隙大小只是相对的，即使选择“封闭大空隙”模式，实际上空隙也不能很大。因此，如果因图形存在空隙导致无法填充，可首先在图形的端点之间绘制一个封闭的线条，然后再进行填充。

10.4.3　使用填充变形工具编辑渐变色填充与位图填充图形

在使用渐变色或位图填充图形时，人们经常希望对填充效果进行编辑。例如，改变填充方向，调整填充尺寸等。为此，系统专门提供了一个“填充变形”工具，利用该工具可以方便地对填充效果进行旋转、拉伸、倾斜、缩放等各种变换。下面就来看一看这方面的情况。

1. 修改渐变色填充效果

对于渐变色而言，如果选择的渐变填充方式不同（径向或线性），其调整方法也有所不同。下面通过一个简单的实例，说明使用“填充变形”工具调整渐变色的方法，其操作步骤如下。

（1）绘制一个椭圆，并对其进行填充，如图 10-46 所示。

（2）在“工具”面板中单击选中“填充变形“工具，然后在填充区域单击，此时将在图形上出现两条平行线，这两条平行线称为渐变控制线。同时，在渐变控制线上还显示了 3 个圆形或方形的渐变控制点，如图 10-47 所示。

图 10-46　绘制椭圆并进行填充

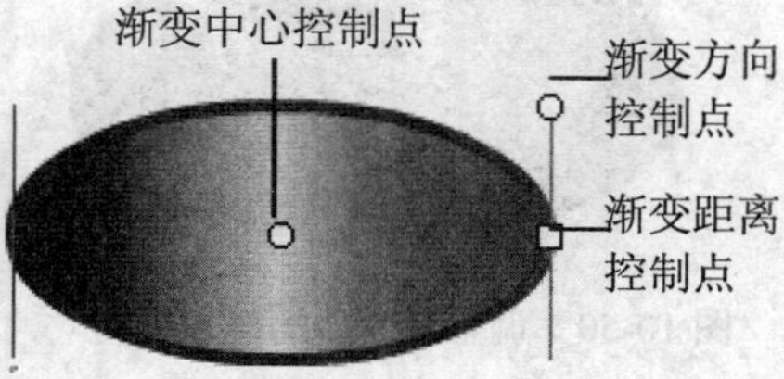

图 10-47　显示渐变控制线与控制点

（3）用鼠标单击并拖动位于两条渐变控制线之间的圆形控制点，可以移动渐变图案中心的位置，如图 10-48 所示。

（4）用鼠标单击并拖动位于渐变控制线中点的方形控制点，可以调整填充的渐变距离（相当于缩放渐变图案），如图 10-49 所示。

图 10-48　移动渐变中心的位置

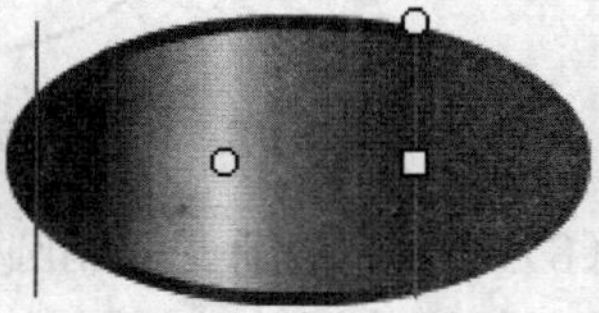

图 10-49　调整填充的渐变距离

（5）用鼠标单击并拖动位于渐变控制线端点的圆形控制点，可以调整渐变控制线的倾斜方向，如图 10-50 所示。

（6）在“混色器”控制面板中将渐变样式设置为“放射渐变”模式，在“工具”面板中单击选中“颜料桶”工具，然后在前面绘制的椭圆中单击，此时画面将如图 10-51 所示。

（7）再次在“工具”面板中选中“填充变形”工具，然后在椭圆的填充区单击，此时将在填充图形上出现一个渐变控制圆圈。在它的圆心和圆周上共有 4 个圆形或方形的控制点，如图 10-52 所示。

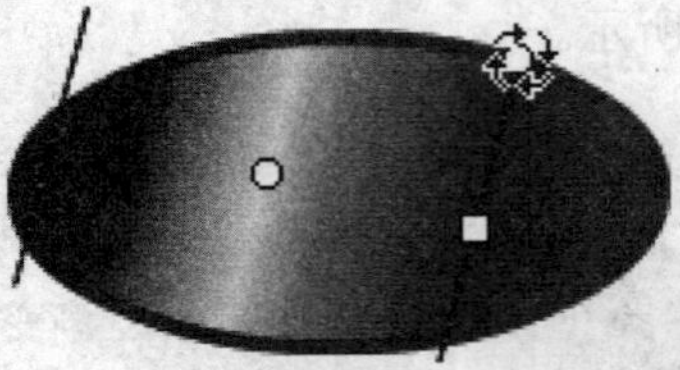

图 10-50　调整渐变线的倾斜方向

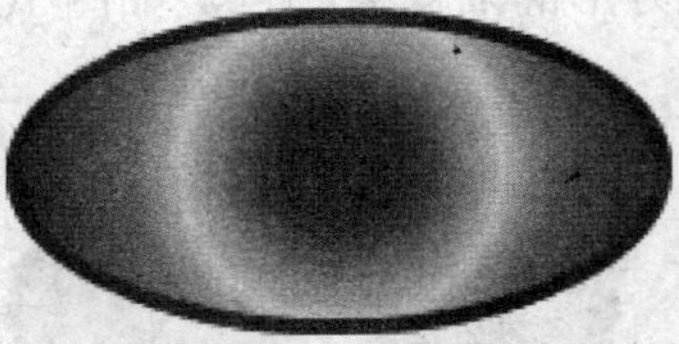

图 10-51　使用放射渐变色填充椭圆

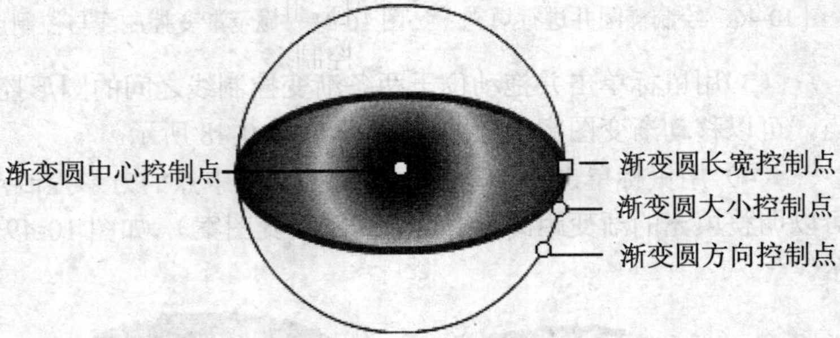

图 10-52　控制放射渐变图案的圆圈

（8）分别拖动渐变控制圆圈上的 4 个控制点，可以对渐变控制圆进行相应的调整，如图 10-53 所示。

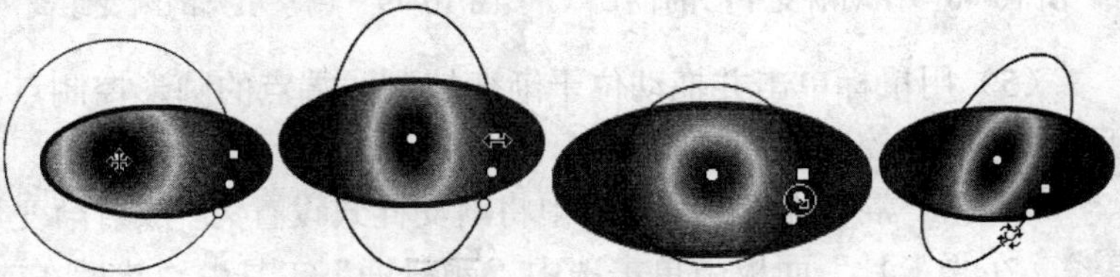

图 10-53　对渐变控制圆进行调整

提示　在使用渐变色填充较大区域或整个场景时，控制点可能会显示不出来。为了显示所有的控制点，可以选择“查看”|“工作区”命令，以便显示整个工作区。

2. 修改位图填充效果

总的来说，调整位图填充的方法与调整渐变色的方法基本一样。下面就来简要介绍一下这方面的情况，其操作步骤如下。

（1）参照前面所述的方法绘制一个椭圆，并用位图进行填充，如图 10-54 所示。

（2）在“工具”面板中单击选中“填充变形”工具，并在位图填充图形中的任意位图上单击鼠标，此时在所选位图周围将出现一个矩形框，共有 7 个圆形或方形控制点，如图 10-55 所示。

图 10-54 使用位图填充图形

图 10-55 显示填充位图控制点

（3）为了便于说明各填充位图控制点的作用，可以首先单击左下角的填充位图控制点并向左下角方向拖动，此时画面如图 10-56 所示。

图 10-56 各填充位图控制点的作用

（4）通过拖动不同的填充位图控制点，可以得到不同的位图填充效果。

- 拖动位图的中心圆形控制点，可以调整填充位图图形的位置。
- 拖动位图控制框左下角的方形控制点，可以保持图形的纵横比并改变图形的大小。当缩小填充位图时，可以使区域中容纳更多的图形。
- 拖动位图控制框左边线中点或下边线中点的方形控制点，可以沿水平或垂直方向改变填充图形的大小。
- 拖动位图控制框上边线或右边线中点的圆形控制点，可以沿水平方向或垂直方向使填充位图发生倾斜扭曲。
- 拖动位图控制框右上角的圆形控制点，可以旋转填充位图。

了解了上述各种工具的用法后，我们便可以综合利用这些工具绘制如图 10-57 所示的图像。

图 10-57　综合利用各种工具绘制的图像

10.4.4　使用滴管工具复制边线或填充样式

在 Flash 中，用户可以利用“滴管”工具获取任意图形的边线和填充样式（包括渐变色与位图），然后将获取的边线和填充样式用于其他图形，如图 10-58 所示。

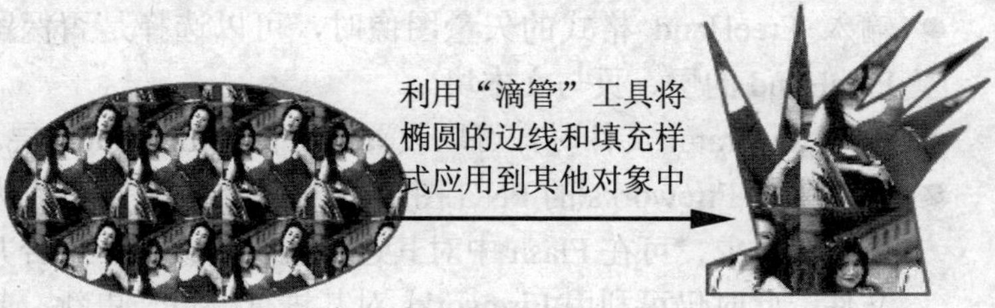

图 10-58 使用点滴器工具复制填充样式

其中，在使用“滴管”工具获取线条或填充样式时，如果选取的是线条，则自动跳到“墨水瓶”工具；如果选取的是填充区域，则自动跳到“颜料桶”工具，从而方便复制样式操作。

10.5 导入外部图形与图像

在 Flash 影片中，用户除了可以自己绘制图形对象外，还可以使用由其他软件创建的多种格式的矢量和位图文件，并能够对它们进行编辑，本节我们就介绍一下这方面的情况。

10.5.1 导入图形图像

Flash 可以识别多种格式的矢量图形和位图图像，用户可以通过将其导入到当前文档或文档库中来使用它们。用户也可以利用剪贴板来导入位图，所有被直接导入到 Flash 文档中的位图都被自动增加到文档库中。

使用外部图形与图像时应注意如下两点：

- 输入到 Flash 中的图形文件的尺寸至少为 2×2 像素。
- 在运行期间可使用 loadMovie 动作或方法装入 JPEG 文件到影片中。

1. 可以导入到 Flash 中的图形与图像类型

在 Flash 中，用户可以导入如下格式的图形、位图和图像序列：

- 输入 FreeHand 格式的矢量图像时，可以选择是否保留 FreeHand 的层、页与文本块。
- 输入 Illustrator 文件时，可以设置是否保留 Illustrator 层。
- 输入来自 Fireworks 的 PNG 图像时，输入的文件可以作为可编辑对象，可在 Flash 中对其进行编辑，或者作为合并文件，此时仍可利用 Fireworks 对其进行编辑与更新。此外，用户在输入 PNG 文件时，还可选择是否保留图像、文本与辅助线。

提示 当利用剪贴板导入 PNG 文件时，导入的文件被转换为位图。

- 在当前层直接输入位图文件时，位图文件被作为一个单独的对象，Flash 将保留其透明度设置。同时，由于输入位图文件将增加 Flash 发布影片（SWF 文件）的尺寸，因此，经常需要压缩位图文件。

提示 当利用拖放方法导入位图图像时，系统将不再保留位图文件的透明度设置。因此，为了保留位图文件的透明度设置，应选择“文件”|“导入”命令导入位图文件。

- 直接导入到 Flash 中的任意图像序列将被作为当前图层的连续关键帧。

2. 导入图形与图像的方法

在 Flash 中，用户可以使用如下方法导入外部图形与图像：

- 选择“文件”|“导入”命令，直接将外部图形与图像导入到当前文档中。同时，这些文件将被自动放入当前文档库中，并会出现在“混色器”控制面板中（作为位图填充内容）。
- 选择“文件”|“导入到库”命令，将外部图形与图像文

件导入到当前文档的库中，然后可以决定是否将所选文件增加到文档中，或者作为填充样式。

提示 如果希望一次导入多个文件，可以在“导入”或“导入到库”对话框中，单击选择文件时按下 Ctrl 键（选择一组非连续文件）或 Shift 键（选择一组连续文件）。

如果导入的图像文件名以数字结尾，Flash 会自动将其识别为图像序列，并提示是否导入图像序列。若导入图像序列，则导入图像序列中的所有文件（此时将创建一个简单的“帧-帧”动画）；否则，将只导入当前选定的文件。

3. 导入 Fireworks PNG 文件

Fireworks PNG 文件可以作为单一图像或可编辑对象导入到 Flash 中。当 PNG 文件作为一个可编辑对象导入时，文件中的矢量图形被保留成矢量格式，此时还可以选择是否保留 PNG 文件中的位图、文字和辅助线；当 PNG 文件被作为单一位图导入时，可以在 Flash 中启动 Fireworks，并编辑原 PNG 文件。

要在 Flash 中导入 Fireworks PNG 文件，可按如下操作步骤进行：

（1）选择“文件”|“导入”命令，打开“导入”对话框。

（2）在“导入”对话框中选择合适的 PNG 文件后，单击“打开”按钮，系统将打开如图 10-59 所示的“Fireworks PNG 导入设置”对话框。

（3）利用该对话框设置导入选项。如果选中“作为单个扁平化的位图导入”复选框，表示将导入的 PNG 文件合并为单一的位图对象。

提示 在导入 FreeHand、Illustrator 及 AutoCAD DXF 文件时，系统都会打开相应的导入设置对话框，用户可利用这些对话框设置相应的导入选项。

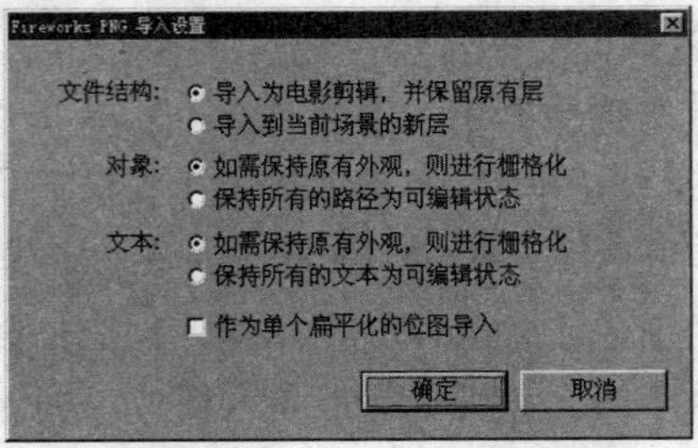

图 10-59　PNG 文件输入设置对话框

10.5.2　设置位图属性

导入位图后，用户还可为位图设置压缩、反锯齿等属性，具体方法如下。

（1）选择“窗口”|“库”命令，打开“库”控制面板。

（2）在“库”控制面板中单击位图，然后单击“库”控制面板下方的属性按钮，此时系统将打开“位图属性”对话框，如图 10-60 所示。

图 10-60　设置位图属性

（3）如果希望为位图设置反锯齿效果，可以选中“允许平滑”复选框。

（4）利用“压缩”下拉列表框可以设置压缩方式。

10.5.3　矢量化位图

通过矢量化位图图像，可将导入的位图图像转换为可编辑的矢量图形或离散的颜色块，从而减小文件的尺寸，此时位图看起来就卡通画一样，如图 10-61 所示。

要矢量化位图图像，通常可按如下操作步骤进行：

（1）选择“文件”|“导入”命令，将选定的位图图像导入到场景中。

（2）根据需要，选择“工具”面板中的“任意变形”工具，将位图对象移动到适当位置，并调整到适当大小和形状，如图 10-62 所示。

（3）选择“修改”|“转换位图为矢量图”命令，打开“转换位图为矢量图”对话框，如图 10-63 所示。

图 10-61　矢量化位图图像

图 10-62　使用自由转换工具调整位图对象

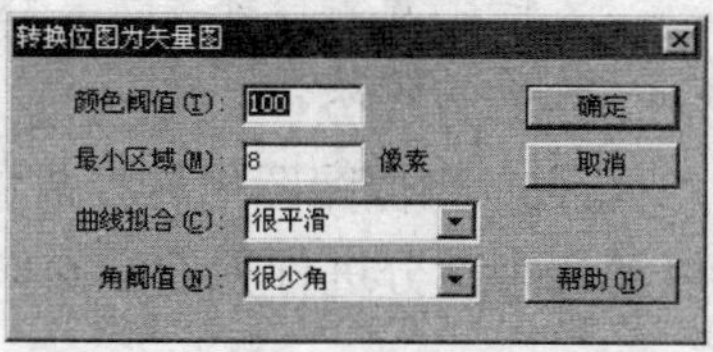

图 10-63　“转换位图为矢量图”对话框

该对话框中各项参数的意义如下。

- 颜色阈值：设置区分颜色的阈值，其范围为 1～500 之间的整数。如果两个像素的 RGB 颜色值之间的差值小于阈值，这两个像素将被转换为同一种颜色。因此，阈值越小，颜色转换越多，与源图像差别越小。
- 最小区域：设置转换时的最小区域的像素数。其值越小，转化后图像越精确，与源图像越接近。
- 曲线拟合：设置转换时如何平滑轮廓线。
- 角阈值：设置转换时如何处理对比强烈的边界。

（4）设置各参数后，单击“确定”按钮，即可将位图转换为矢量图形，结果如图 10-64 所示。

图 10-64　转换后的矢量图形

提示　在将位图转换成矢量图后，有时会发现转换后的文件比源文件还要大，这是由于转化过程中产生的图形较多的缘故。

（5）将位图图像转换成独立的填充区域或线条后，用户就可以对各个部分进行独立的操作了。

10.5.4　分离位图

将位图图像添加到文档后，它是作为一个对象存在的，用户只能使用“任意变形”工具对其进行变形，但无法对其中的局部

进行编辑。如果希望对位图进行简单的编辑，可选择“修改”|“分离”命令，将其分解为可以选择（使用“套索”和“魔术棒”工具）和修改的离散颜色区域。下面通过一个简单的例子来说明该命令的用法，其操作步骤如下。

（1）选择“文件”|“导入”命令，导入选定的位图图像，并利用“任意变形”工具适当移动位图的位置并缩小位图的尺寸，如图10-65所示。

（2）选择“修改”|“分离”命令，分解图像，此时图像被蒙上了一层网纹，如图10-66所示。

图10-65　移动位图的位置并缩小位图的尺寸

图10-66　分解图像后的效果

（3）在场景外任意位置单击，取消对象选择。选取“工具”面板中的“索套”工具，单击工具“选项”选区中的“魔术棒”属性工具，在打开的“魔术棒设置”对话框中将“阈值”一项设置为32，如图10-67所示。

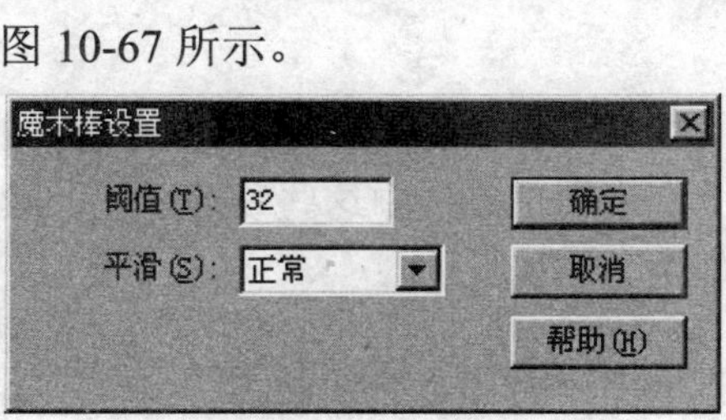

图10-67　“魔术棒设置”对话框

（4）单击工具“选项”选区中的“魔术棒”工具，然后在人物周围区域反复单击，选中该区域，如图 10-68 所示。

提示 通过提高“阈值”值，可在使用魔术棒单击选择区域时一次选择更大的范围。使用魔术棒工具进行区域选取时，将光标移至场景后，如果光标呈形状，说明光标所在区域尚未被选取，此时单击可以扩大选区。如果光标呈形状，说明光标所在区域已经被选中，此时单击将取消已经制作的选区。

（5）按 Delete 键，删除选区的内容，此时画面将如图 10-69 所示。

图 10-68 选中人物的周围区域

图 10-69 删除选区内容

（6）由于此时画面尚残留了一些前面未选中的区域，因此，可以首先使用“套索”工具选中这些残留区域，然后按 Del 键将其删除，结果如图 10-70 所示。

图 10-70　清除残留区域

（7）选择“工具”面板中的“油漆桶”工具，选择合适的渐变色图案，单击足球，以选定的渐变色填充足球，结果如图 10-71 所示。

（8）综合运用“油漆桶”工具、“墨水瓶”工具、“橡皮擦”工具及“画笔”工具等，对图像进行综合处理，结果如图 10-72 所示。

图 10-71　以合适的渐变色图案填充足球

图 10-72　修饰图像

10.6　导入视频

在 Flash 中，用户可以输入视频剪辑到动画中。此时所选视频文件将成为动画文档的元件（即被自动放入文档库中），而插入到文档中的内容则成为了该元件的实例。

输入视频剪辑时，用户可以采用嵌入方式或链接方式，并可以使用 goTo、play、stop、toggleHighQuality、stopAllSounds、getURL、FScommand、loadMovie、unloadMovie、ifFrameLoaded、onMouseEvent 等动作在影片剪辑中导入视频对象。不过，为了能够将动作应用于视频对象，必须首先将视频对象转换成影片剪辑。

10.6.1 以嵌入文件方式导入视频剪辑

在 Flash 中，用户可以以嵌入文件方式输入系统支持的任何格式的视频剪辑，此时视频剪辑将成为影片的一部分，这类似于导入的位图或矢量图形。在发布影片时，视频剪辑以将被包含在发布的影片中。同时，用户也可将带视频剪辑的影片以 QuickTime 格式发布。

用户可以同步嵌入视频的帧频，以匹配主影片时间线的帧频。还可以调整视频文件帧频与主时间线帧频之间的比例，以便在回放时减少导入的视频帧。但是，在某些情况下（例如，视频的帧频与 Flash 影片的帧频基本相同，视频的帧频较低），用户可能并不希望将视频的帧频与影片的帧频进行同步。

要以嵌入方式导入视频，可执行如下操作步骤：

（1）选择“文件”|“导入”或“导入到库”命令，打开“导入”对话框或“导入到库”对话框，选择要导入的视频文件后，单击“打开”按钮。

（2）此时系统会打开如图 10-73 所示的“导入视频设置”对话框。该对话框中各设置项的意义如下。

- 品质：设置导入视频文件的品质。
- 关键帧间隔：设置导入时关键帧（包含完整的视频信息）的时间间隔。
- 缩放：设置视频文件的尺寸缩放比例。
- 将视频同步到 Macromedia Flash 文档帧频：如果选中该复

选框，表示将调整导入的视频文件的帧频，使其与主影片的帧频同步。

- 对于一定数量的 Macromedia Flash 帧要编码的视频帧数量：利用此项可设置视频文件帧与 Flash 主影片帧之间的比例。

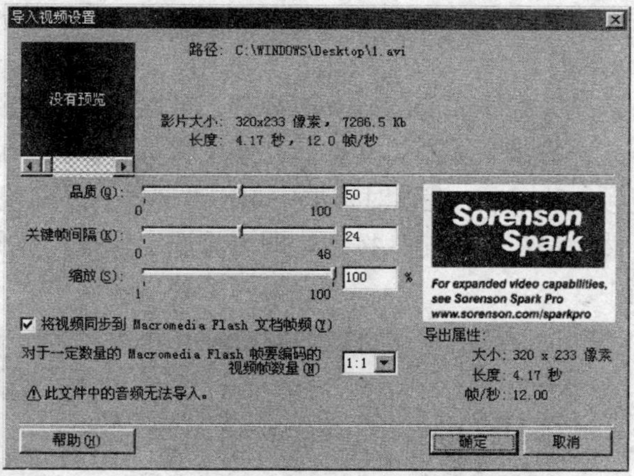

图 10-73 “输入视频设置”对话框

（3）设置完成后，单击“确定”按钮，即可导入视频。

提示 在某些情况下，Flash 可能只能导入视频而无法同时导入音频。例如，借助 QuickTime 4 导入 MPG/MPEG 文件时，就无法导入音频。

重要的音频应发布或输出成流式音频，其参数可借助“发布设置”对话框来进行。

10.6.2 以链接方式导入QuickTime视频剪辑

如果当前系统已经安装了 QuickTime 4 或更新版本，可在 Flash 文档中导入 QuickTime 视频剪辑。导入 QuickTime 视频剪辑时，可以选择使用链接或嵌入方式。其中，以链接方式导入视频剪辑时，导入的视频剪辑并未成为 Flash 影片的一部分，而只是保存了一个源文件的指针。

尽管用户可以在 Flash 影片中缩放、旋转、动画链接的 QuickTime 影片，但无法对 QuickTime 影片内容设置过渡。此外，由于无法在 SWF 格式下显示链接的 QuickTime 影片，因此，如果以链接方式使用了 QuickTime 视频，必须将 Flash 影片发布成 QuickTime 影片。

要以链接方式导入 QuickTime 视频，可以选择“文件”|“导入”命令。选择某个 MOV 文件后，系统将打开如图 10-74 所示“导入视频”对话框。在该对话框中单击“链接到外部视频文件”单选钮，然后单击“确定”按钮，即可将选定的视频文件链接到当前文档中。

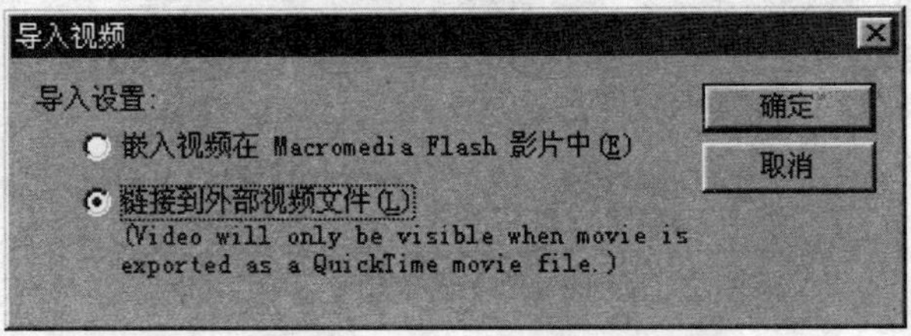

图 10-74 “导入视频”对话框

提示 由于无法在 Flash 发布的 SWF 影片中播放 QuickTime 视频文件，因此，要预览导入的 QuickTime 视频剪辑，只能选择“控制”|“播放”命令，而不能选择“控制”|“测试影片”命令。

导入视频文件后，用户可通过“属性”面板设置视频文件的位置与尺寸。对于嵌入的视频文件，还可以借助其属性面板命名实例。如果希望更换视频对象实例，可在属性面板中单击“交换”按钮，如图 10-75 所示。

图 10-75　视频对象的“属性”面板

10.7　创建和编辑文本

在 Flash 中，用户可以多种方法创建文本，如创建包含静态文本的文本块（其内容和外观在编辑影片时决定），内容可动态更新的动态文本，以及允许浏览者输入内容的文本字段。

10.7.1　嵌入字体和设备字体

在 Flash 影片中使用安装在系统中的字体时，Flash 中嵌入的字体信息将保存在 SWF 文件中，以确保这些字体能在 Flash 播放时完全显示出来。但不是所有显示在 Flash 中的字体都能够与影片一起输出。为了验证一种字体是否能被导出，可以选择“查看”|“抗锯齿显示文本”命令来预览文本。如果这时显示的文本有锯齿，就说明 Flash 不能识别这种字体的轮廓线，它不能被输出。

在 Flash 中，可以使用设备字体来解决上述问题。设备字体不能够嵌入到 Flash 的 SWF 文件中，Flash 播放器可以使用与设备字体相接近的任何一种字体与它匹配。由于动画中未包含设备字体信息，因此，使用设备字体可以减小 Flash 影片的大小。

Flash 包含 3 种设备字体：_sans（类似 Helvetica 或 Arial 字体），_serif（类似 Times Roman 字体）和_typewriter（类似 Courier 字体）。为了将某种字体指定为设备字体，可利用“属性”面板进行设置。在播放影片时，Flash 将选择位于用户系统中的第 1 种设备字体。

10.7.2 创建文本

要创建文本，可首先选中“工具”面板中的“文本”工具 A，然后利用“属性”面板设置希望创建的文本类型与字体、颜色、字型等相关属性。在 Flash 中，可以创建两种类型的文本，一种是宽度不固定的单行文本，一种是宽度固定的文本块。

（1）要创建宽度可变的静态文本，可以在“属性”面板设置好文本类型后，直接在场景中单击即可；要创建宽度固定的静态文本块，可以在“属性”面板设置好文本类型后，在场景中单击并拖动，设置好文本块的尺寸，如图 10-76 所示。

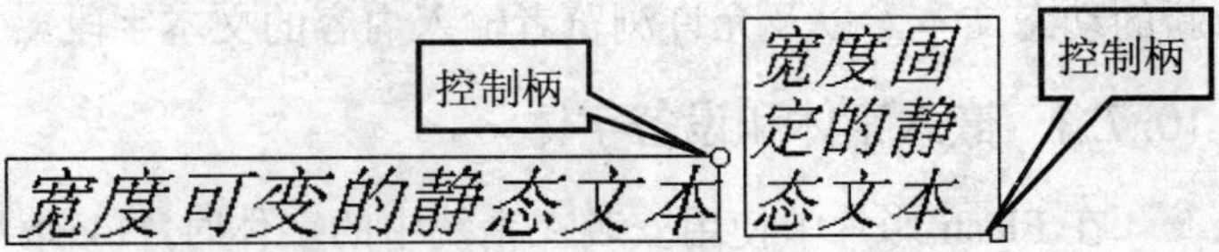

图 10-76　创建静态文本

（2）如果将“属性”面板中的文本类型设置为动态文本或输入文本，则无论是在场景中直接单击，还是单击并拖动，都将创建宽度固定的文本块，如图 10-77 所示。

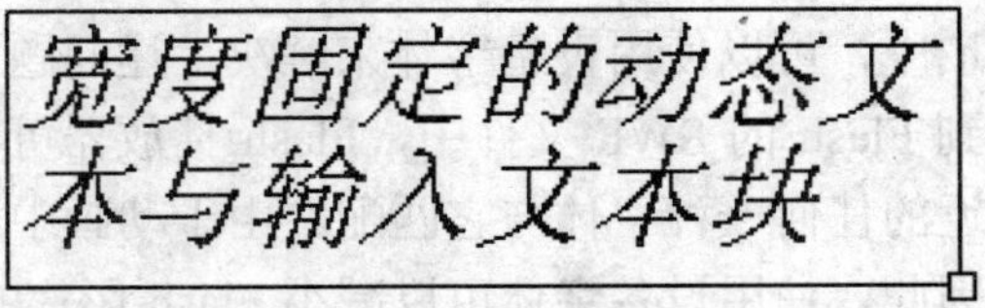

图 10-77　创建动态文本或输入文本

（3）如果希望创建宽度可变的动态文本或输入文本，可以在创建宽度可变的静态文本后，利用“属性”面板将文本类型由静态文本修改为动态文本或输入文本，如图 10-78 所示。

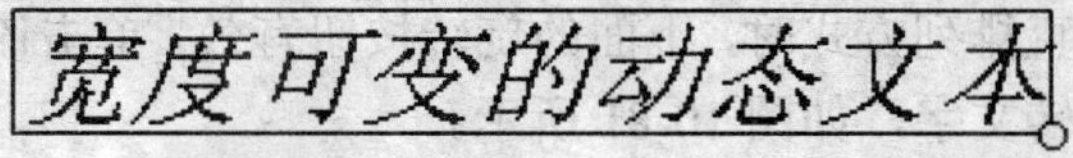

图 10-78 创建宽度可变的动态文本或输入文本

提示 无论对于哪种文本，都可以通过单击文本框右上角或右下角的控制柄并拖动，调整文本框的尺寸。

10.7.3 设置静态文本的属性

如果创建的是静态文本，此时“属性”面板将如图 10-79 所示。利用该面板可以设置文字的以下属性：

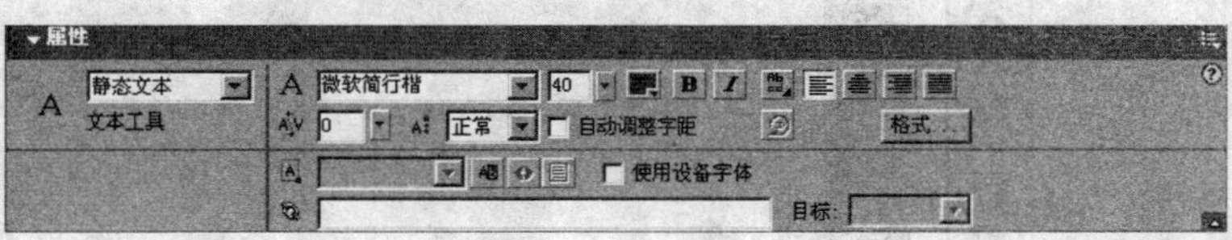

图 10-79 静态文本的“属性”面板

- 利用设置区可以设置选定字符的字体、尺寸、颜色与字型（粗体或斜体）。
- 利用“字符间距”文本框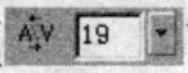可以设置选定字符之间的字符间距。
- 利用字符位置下拉列表框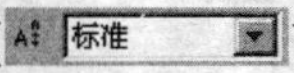可以将选定字符设置为上标或下标，如图 10-80 所示。

图 10-80 将选定文字设置为下标

- 单击更改文字方向按钮，从弹出的菜单中选择“垂直，从左到右”或“垂直，从右到左”命令，可以创建在垂直方向上从左向右或从右向左排列的文本。其中，当文字呈

垂直排列方式时，下面的旋转按钮有效，单击该按钮可以旋转文字，如图 10-81 所示。

- 单击按钮组（对应水平排列的静态文本）或按钮组（对应垂直排列的静态文本）中的某个按钮，可以设置文本的段落格式（居左、居中、居右或两端对齐）。
- 单击“格式”按钮，可以打开如图 10-82 所示的“格式选项”对话框。利用该对话框可以设置文字的首行缩进距离、栏间距、顶部和底部距离。

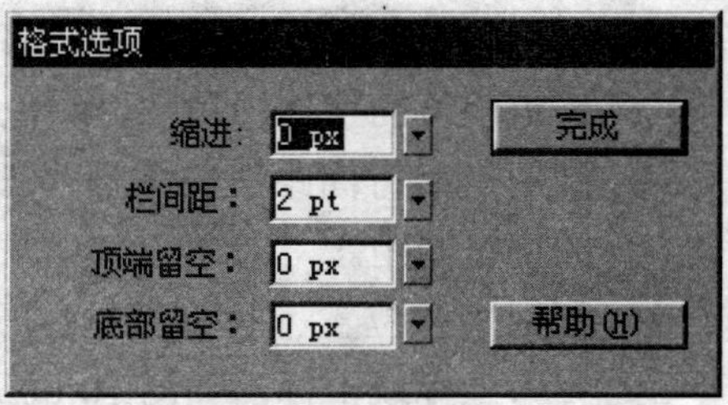

图 10-81　垂直排列文字　　　　图 10-82　设置文字的格式

- 对于水平排列的静态文本而言，“属性”面板中的“使用设备字体”复选框可用。如果选中该复选框，表示使用设备字体。
- 对于水平排列的静态文本而言，如果希望允许动画浏览者选择动画中的文字，可单击选中“可选项目”按钮。
- 利用属性面板下面的 URL 地址文本框，还可以为文本块或者选定文字设置成超级链接，并利用后面的“目标”下拉列表框选择在何处显示链接网页。

10.7.4　设置动态文本与输入文本的属性

如果输入的是动态文本或输入文本，文本只能呈水平排列方式，其“属性”面板将如图 10-83 所示。除了可以利用该“属性”面板设置文本的字体、尺寸、颜色、字型、字符位置、格式外，还可以设置一些其他属性。

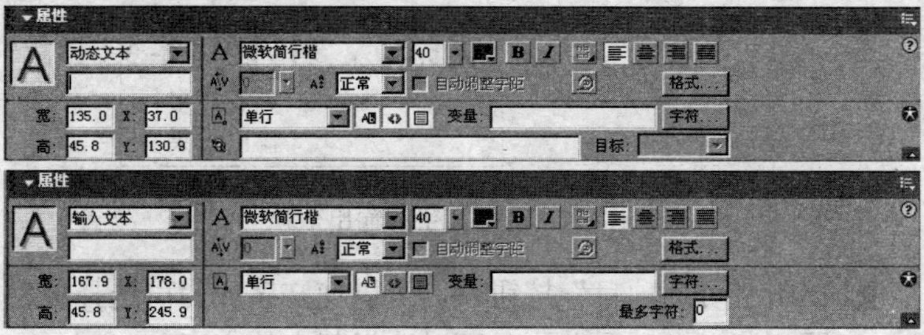

图 10-83　动态文本与输入文本的“属性”面板

但是，对于动态文本或输入文本而言，有两点值得注意：

- 如果动画中包含了动态文本或输入文本，由于只能在输出的影片中才能进行测试。因此，此时只能选择“控制”|“测试影片”命令来测试影片。
- 文本在编辑状态下的显示与在输出时的显示是不一样的。

对于动态文本而言，用户可以为其设置除基本属性以外的如下属性：

- 利用〈实例名称〉文本框可设置实例名称。
- 利用“横线类型”下拉列表框 单行 可以设置文字的排列方式，其中包括“单行”（表示输出时文字以单行显示）、“多行”（表示输出时文字以多行显示）、“多行无换行”（此时只能通过按回车键换行）与“密码”（便于读者制作密码输入框）。其效果如图 10-84 所示。

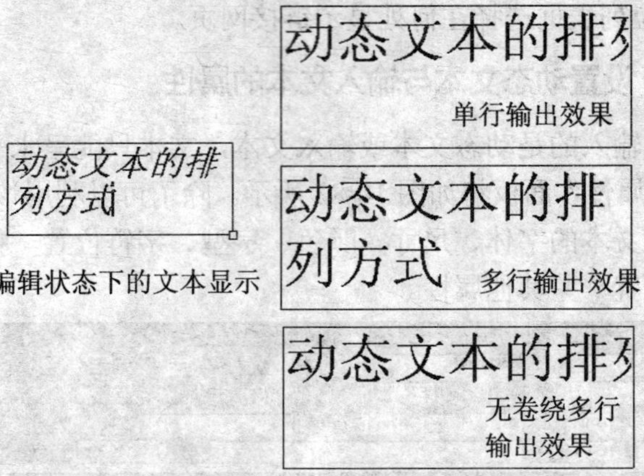

图 10-84　动态文字的输出效果

- 单击“可选项目”按钮，可以使文字成为可选择项目，即浏览者在观看动画时可以选择其中的文字。
- 单击显示边框按钮，系统在显示动画时将为所选文本增加一个框。
- 单击“将文本呈现为 HTML”按钮，可以保留文字丰富的文本格式，如字体、尺寸、颜色和超链接等，并带有相应的 HTML 标记。
- 单击“将文本呈现为 HTML”按钮，可利用“变量”文本框设置变量名称（存储了文本框的内容），利用下面的 URL 地址文本框设置 URL 地址，利用“目标”文本框设置在何处打开链接网页。

10.7.5　编辑、变换与分解文本

在 Flash 中，用户可以使用多种字处理技术来编辑文本，例如，可以使用剪切、复制、粘贴命令移动或复制文本。为了检查

文本的拼写，可以使用影片探测器将其复制到剪贴板，然后再将文本粘贴到外部文本编辑器，而后进行拼写检查。

同时，用户还可以随时修改已输入文本的内容或者修改其属性。要修改文本的内容，只需在文本上方单击即可，此时将进入文本编辑状态。要修改文本的属性，可以首先选中文本，然后借助“属性”面板来操作。

要选择文本块中的文字，必须首先选取“工具”面板中的“文本”工具，然后可单击并拖动选择字符或双击选择一句，

如果要选择整个文本块，可以选取“工具”面板中的“箭头”工具，然后单击文本块；如果要选择多个文本块，可以用“箭头”工具框选一组文本块，或按下 Shift 键单击选择多个文本块。

在 Flash 中，用户可以方便地利用“任意变形”工具，或者选择“修改”|“变换”命令中的命令对文本块进行缩放、旋转、倾斜和翻转等操作，如图 10-85 所示。

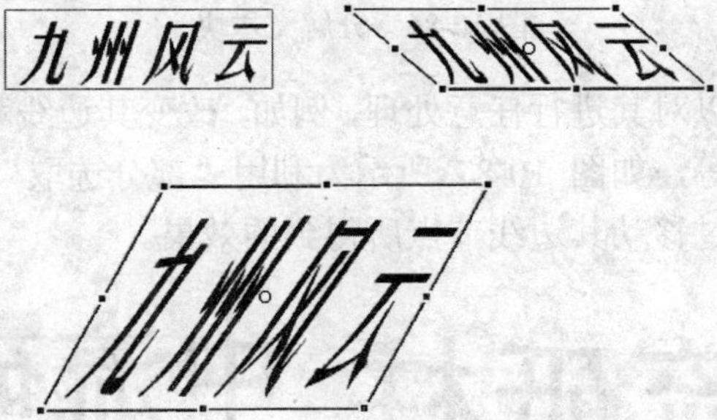

图 10-85　任意变形文本

提示　当缩放文本块时，尽管可以增大或缩小文本块的大小，但这种变化并不能映射到属性面板上。也就是说，“属性”面板中的文字大小并不随文本块的缩放而改变。

通过分解文本，可以对文本进行更多的处理。例如，将文本

块分解为独立的文字后，通过将文字分布到各层上，可以快速制作文字动画。但是，请注意，只有静态文本才能被分解。

要分解文本，可执行如下操作步骤：

（1）使用“箭头”工具单击选中文本块。

（2）选择“修改”|“分离”命令，将文本分解为独立的文字块（只包含一个字），如图 10-86 所示。

但是，此时用户只能对各文字块进行自由变换、编辑等操作，仍无法像处理图形那样，对其进行各种变形。

（3）如果希望将文字转换为图形，可再次选择“修改”|“分离”命令。此时文字虽然表面上看不出变化，但它已经完全等同于一般的图形了。

图 10-86　分解文本块

用户可以对其进行任意处理，例如，改变其边线和填充内容，修改其线条等，如图 10-87 所示为利用“部分选取”工具选择文字后，通过移动其边线节点所得到的效果。

图 10-87　对转换为图形后的文字进行处理

10.8　编辑对象

在 Flash 中，对象是指场景中所有可以被选取和操作的元素，如图形、位图、文本、实例等。在 Flash 中，用户可以移动、复制、删除、变换、堆叠、对齐与组合对象，也可将对象链接到 URL。

10.8.1　选取对象

选取对象是编辑对象的前提条件。Flash 中提供了丰富的对象选取方法，使用户可以轻松地选取线条、填充区域、文本和实例等对象。在选中对象之后，Flash 将通过不同的显示方式来显示。如果选中的是线条和填充区域，则在选中的对象上覆盖一层阴影；如果选中的是群组或实例，则在选中的对象周围出现一个方框(其颜色取决于图层颜色)，如图 10-88 所示。

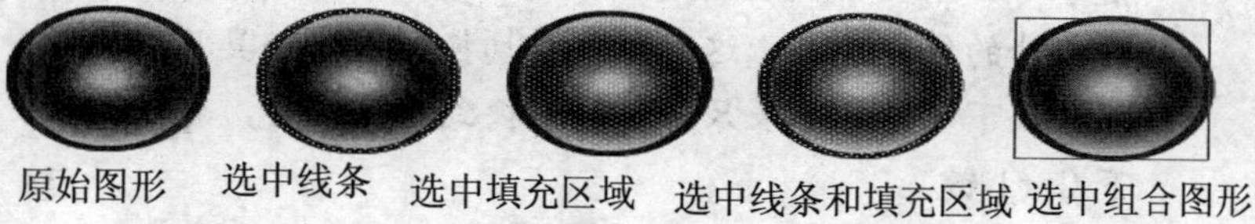

图 10-88　对象选中后的显示状态

1. 使用"箭头"工具选取对象

使用"箭头"工具选取对象时，只需在选取"箭头"工具后，在需要选取的对象（线条、填充区域、群组、文本）上单击即可。

在选取线条时，如果单击线条，此时只能选中两个拐点之间的线段；如果要选择整个连接的线条，应双击该线条，如图 10-89 所示。如果对象是一个有边界的填充区域，要同时选中该填充区域和边界，这时应在填充区域中任意位置双击。

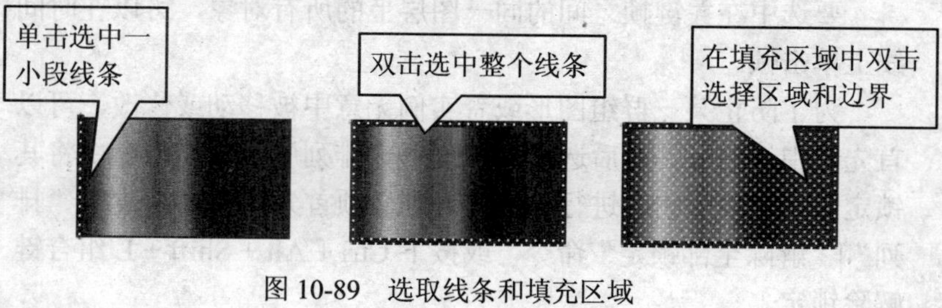

图 10-89　选取线条和填充区域

选取对象时，也可以使用箭头工具在需要选择的对象上拖出一个方框，该方框覆盖的所有图形（或某一图形的一部分）都将被选中，如图 10-90 所示。

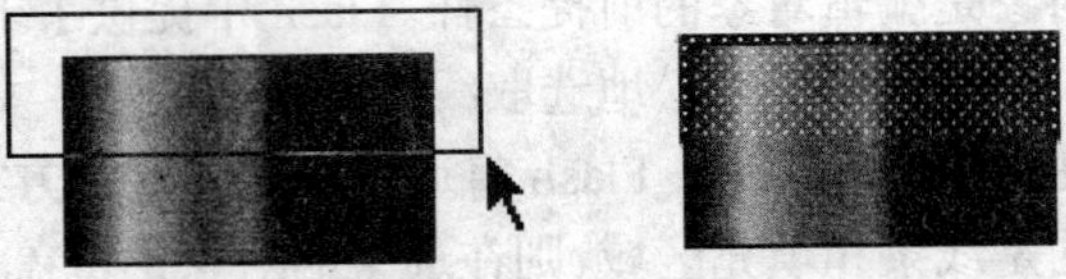

图 10-90　选中局部图形

提示　如果当前使用的是“工具”面板中除“箭头”工具之外的任一工具，这时如果要切换到箭头工具状态，可以按下 V 键，如果只是暂时切换到箭头工具，可以按下 Ctrl 键。

2. 修改选取对象

在 Flash 中，如果选中某个对象之后，还需要同时选中其他对象，则可以按下 Shift 键，然后单击所要选择的对象。

要选择场景中每一层上的所有对象，可以选择“编辑”|“全选”命令，或按下 Ctrl + A 组合键，但这种方法不能选中锁定或隐藏图层上的对象。

要取消每一图层中选中的对象，可以选择“编辑”|“取消全选”命令，或按下 Ctrl + Shift + A 组合键。

要选中在关键帧之间的同一图层上的所有对象，可以在时间线上单击帧。

为了防止某一群组图形或者实例无意中被移动或修改，可以首先选中该对象，然后选择“修改”|“排列”|“锁定”命令将其锁定；如果要对它们进行再编辑，则必须首先选择“修改”|“排列”|“解除全部锁定”命令，或按下 Ctrl + Alt + Shift + L 组合键解除锁定。

3. 使用“套索”工具选取对象

使用“套索”工具可以选择任意形状的区域，如图 10-91 所示。当选择“套索”工具时，其“选项”选区如图 10-92 所示。

图 10-91　使用“套索”工具选取对象

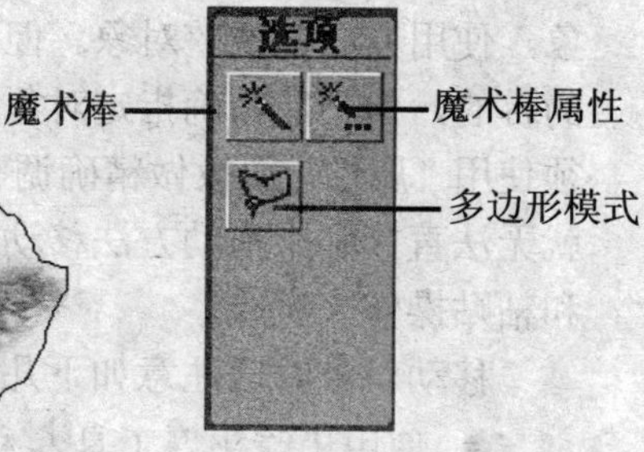

图 10-92　“套索”工具选项区

- 如果此时不在“选项”选区选中“魔术棒”按钮与“多边形模式”按钮，可以在场景中单击并拖动选中任意形状的图形。要结束并闭合选择，可以双击鼠标。
- 如果希望使用多边形模式进行选择，可以首先在“选项”选区选中“多边形模式”按钮，然后反复单击进行选择。同样，要结束并闭合选择，可以双击鼠标。
- 如果希望使用魔术棒选取已分解位图的颜色相近区域，可以首先在“选项”选区选中“魔术棒”按钮，然后进行选择。

提示　使用魔术棒工具进行选取时，要设置魔术棒的属性，可以在“选项”选区中单击，利用所打开的“魔术棒设置”对话框设置颜色容差及边界平滑方式。

10.8.2　移动、复制和删除对象

移动、复制和删除对象是比较常用的一类操作，在 Flash 中，既可随意移动对象位置，也可以通过相应的控制面板精确地指定

对象位置。当复制对象时，通常要借助于 Windows 剪贴板。

1. 移动和复制对象

移动对象的方法有多种，例如，使用箭头工具直接拖动对象，使用方向键调整对象。但是，它们尽管都可以达到移动对象的目的，但不能精确指定对象位置，因此，在需要的时候，还必须使用“属性”面板做精确调整。此外，当对象处于不同场景时，就无法直接利用拖动方法移动对象了，此时需要借助拷贝、剪切和粘贴操作来完成。

移动对象时应注意如下几点：

- 使用“箭头”工具移动对象时，如果同时按下 Alt 键，则在移动的新位置会创建对象的一个副本，如图 10-93 所示。

图 10-93　移动并复制对象

- 如果在使用“箭头”工具移动对象时按下 Shift 键，则只能沿水平、垂直或 45° 角方向移动对象。
- 使用“箭头”工具选中对象后按上、下、左、右方向键，可以以每次 1 像素的距离移动对象。如果要大幅度移动对象，可以在移动的同时按下 Shift 键，这时的移动距离为每次 8 像素。

提示　选择“编辑”|“复制”命令或按 Ctrl+D 组合键可以快速错位复制对象，如图 10-94 所示。在这种情况下，选中全部复制的对象后，通过选择“修改”|“分

到各层”命令，可以将对象自动分配到不同的图层。然后再经过简单调整，即可快速制作一些简单动画。

2. 删除对象

删除一般对象时可以将其从文件中删除，但是，如果从场景中删除一个实例，则只能删除实例，而不能将创建该实例的元件从元件库中删除。

要删除对象，可在选中要删除的对象后，执行下列操作之一：

- 按 Delete 键或 BackSpace 键。
- 选择“编辑”|“清除”命令。
- 选择“编辑”|“剪切”命令。

图 10-94　错位复制对象

10.8.3　变形对象

在 Flash 中，常常需要对场景中绘制的图形或导入的图像进行变换，例如，调整它们的大小、旋转方向、倾斜角度以及镜像等。要变换对象，可以使用“任意变形”工具、选择“修改”|“变形”命令，或者使用“变形”控制面板。

1. 缩放、倾斜与旋转对象

在“工具”面板中选中“自由变换”工具并选中对象后，在所选对象周围将显示一个变换框。将光标移至不同位置单击并拖动，即可缩放、倾斜与旋转对象，如图 10-95 所示。

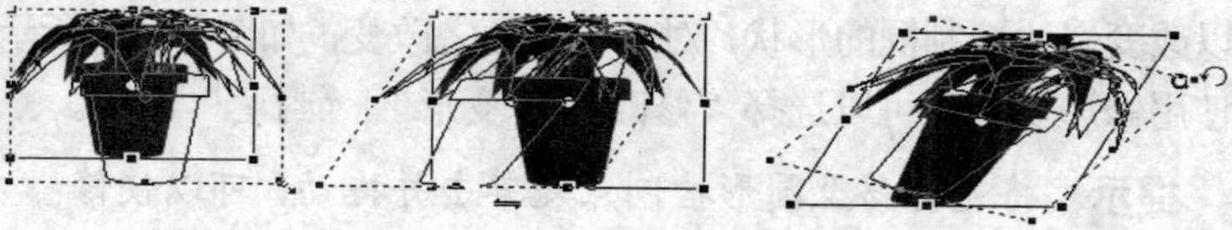

图 10-95　缩放、倾斜与旋转对象

此外，通过选择“修改”|“变换”|“顺时针旋转 90 度”或

此外，通过选择“修改”|“变换”|“顺时针旋转 90 度”或“逆时针旋转 90 度”命令，可以分别将所选对象沿顺时针或逆时针旋转 90°；通过选择“修改”|“变换”|“缩放和旋转”命令，可按设置的缩放比例与旋转角度缩放和旋转对象。

2. 翻转对象

通过选择“修改”|“转换”|“垂直翻转”或“水平翻转”命令，可以沿垂直方向或水平方向翻转对象。

3. 扭曲与封套对象

扭曲功能与封套功能都是 Flash MX 新增的功能。其中，要使用扭曲功能，可以选择“修改”|“变形”|“扭曲”命令。将光标移至变换框角点单击并拖动，即可使对象扭曲变形，如图 10-96 所示。

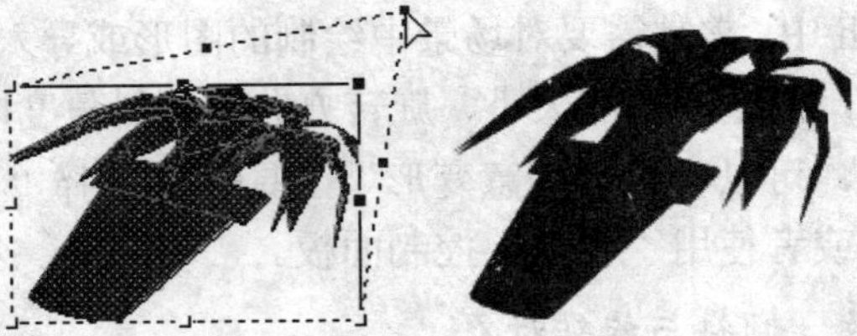

图 10-96 扭曲对象

使用封套功能可以对对象进行细微调整，此时将在对象周围显示一个封套控制框。将光标移至修边控制框的控制点处单击并拖动，可以改变修边控制框的形状，对象也将随之改变，如图 10-97 所示。要使用修边功能，可以选择“修改”|“变形”|“封套”命令。

提示 将光标移至圆形控制点处单击并拖动，可以使修边控制框进行 S 变形。

将光标移至方形控制点处单击并拖动，可以使修边控制框凹进或凸出。

如果单击修边控制点时显示了调整杆，单击调整杆的端点并拖动，也可调整修边形状。

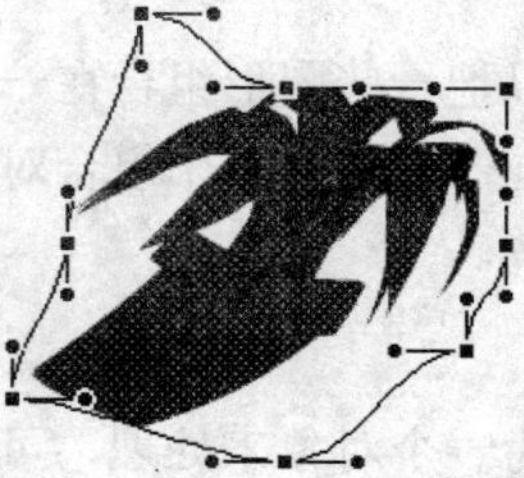

图 10-97　封套对象

4. 调整对象的注册点位置

在 Flash 中，所有的群组、实例、文本块、位图都有一个注册点。在对对象执行旋转、倾斜、扭曲等转换操作时都将用到它。

默认情况下，注册点位于对象的中心。要移动其位置，只需单击注册点并拖动即可，如图 10-98 所示。当对象的注册点改变后，这时对对象进行转换操作时，将以新的注册点为中心。

图 10-98　移动注册点

提示　如果希望将绘制的对象作为一个整体（包括边线与填充区），也可以在选中对象后将其群组为一个对象。

5. 撤销变形

当对对象进行各种变换操作后，如果希望撤销变换操作，可

以选择“修改”|“变换”|“取消变形”命令。

10.8.4 群组、叠放和对齐对象

在 Flash 中，可以把一些图形组合在一起后，作为一个对象操作，并且可以设定同一图层中多个组合对象的层次顺序或使它们按照一定的方式对齐。

1. 群组对象

要将多个元素作为一个对象来处理，可以将它们合成组。例如，创建了一幅绘画后（如树或花），可以将该绘画的元素合成一组，这样就可以将该绘画当成一个整体来选择和移动。

要群组对象，可以在选中多个对象后选择“修改”|“组合”命令，如图 10-99 所示。如果希望撤销群组，可以在选中群组对象后选择“修改”|“取消组合”命令。

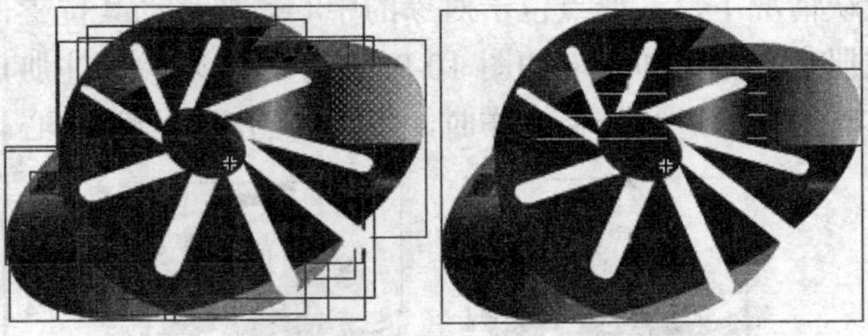

图 10-99　群组对象

如果希望在不撤销群组的情况下编辑群组中的对象，可以直接使用“箭头”工具双击群组对象，或选择“编辑”|“编辑所选对象”命令，此时场景中的其他非群组对象将变暗。要退出该编辑状态，可以在群组对象外任意位置双击，或选择“编辑”|“全部编辑”命令。

2. 叠放对象

在同一个图层上，Flash 根据对象创建的先后顺序层叠放置。

最后创建的对象将放置在最顶层，而最早创建的对象被放置在最底层。

要改变对象的叠放顺序，可以在选中对象后选择“修改”|“排列”命令中的“移至顶层”、“上移一层”、“下移一层”及“置于顶层”等命令，如图 10-100 所示为将所选对象移至顶层的效果。

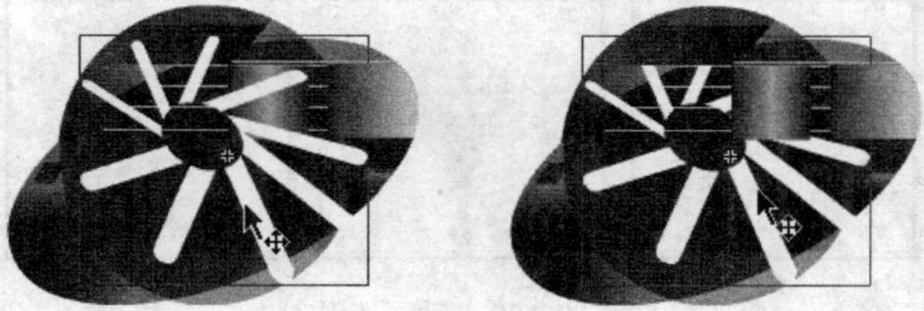

图 10-100　将所选对象移至顶层

提示　这里的所有操作只适用于场景中同一图层上的对象。对于不同图层上的对象，可以利用时间线控制面板调整图层的顺序。

3. 对齐对象

单击“对齐”控制面板中的相应按钮，或选择“修改”|“对齐”命令中的适当命令，可以使选中的对象左对齐、右对齐、水平对齐、垂直对齐、垂直居中、均分高度和宽度、设置相同高度和宽度等，如图 10-101 所示。

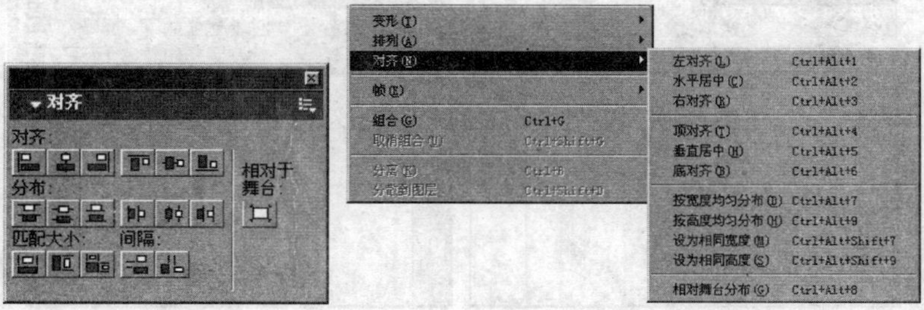

图 10-101　“对齐”控制面板与“对齐”菜单

10.9　上机实践——制作旋转的花瓣动画

本实例通过制作椭圆变形来体现花瓣的层叠效果，其效果如图 10-102 所示。该动画的具体制作步骤如下。

图 10-102　动画效果

（1）选择“文件”|“新建”命令，创建一个新文档，打开“文档属性”对话框，设置文档尺寸 160×160 像素、背景色为白色、帧频为 12fps。

（2）使用“椭圆”工具，设置笔触颜色为桔红色，填充色为无色，在“场景 1”的“图层 1”上绘制一个宽为 46、高为 87 的椭圆，如图 10-103 所示。

（3）使用“任意变形”工具，选中所绘制的椭圆，将椭圆的注册点移动到椭圆底部的中点处，如图 10-104 所示。

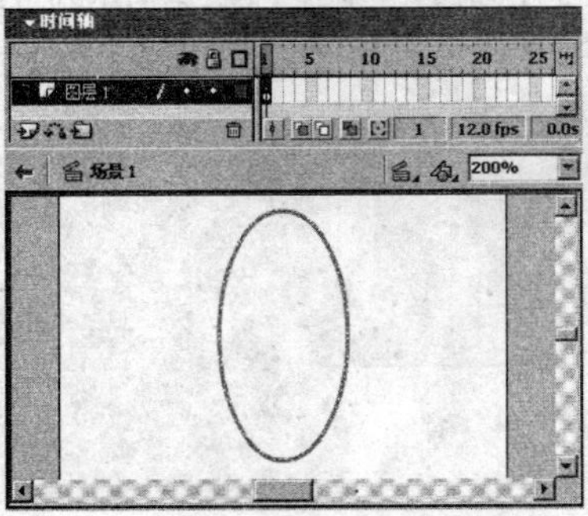

图 10-103　绘制椭圆

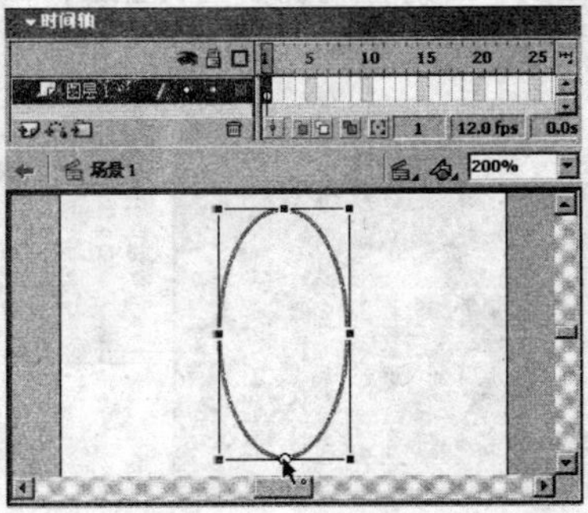

图 10-104　使用“任意变形”工具移动注册点

（4）选择“窗口”|“变形”命令，在“变形”控制面板中设置宽与高均约束为 100%，并单击“旋转”单选钮，设置“旋转角度”为 30 度，然后单击 12 次“拷贝并应用变形”按钮，最终效果如图 10-105 所示。

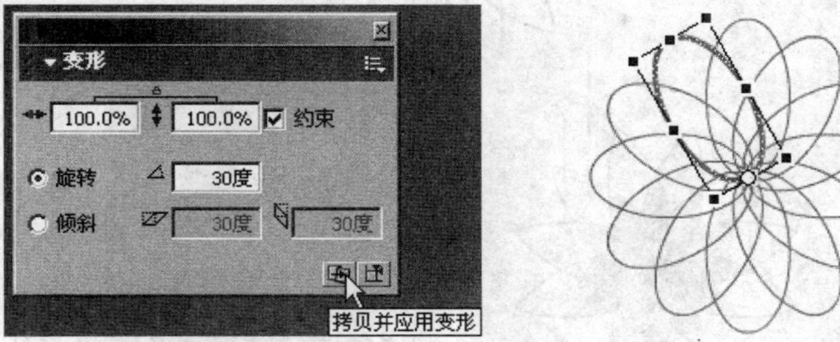

图 10-105　设置“变形”控制面板

（5）选中所绘制椭圆最外部的弧线，按 Delete 键删除，至此，花的大体形状已经绘制出来如图 10-106 所示。

图 10-106　花的形状

（6）使用“颜料桶”工具，在“混色器”控制面板中设置填充色，将图形进行填充，选中图形，在“属性”面板中设置笔触颜色为#FFCF73，使用“墨水瓶”工具修改线条颜色，如图 10-107 所示。

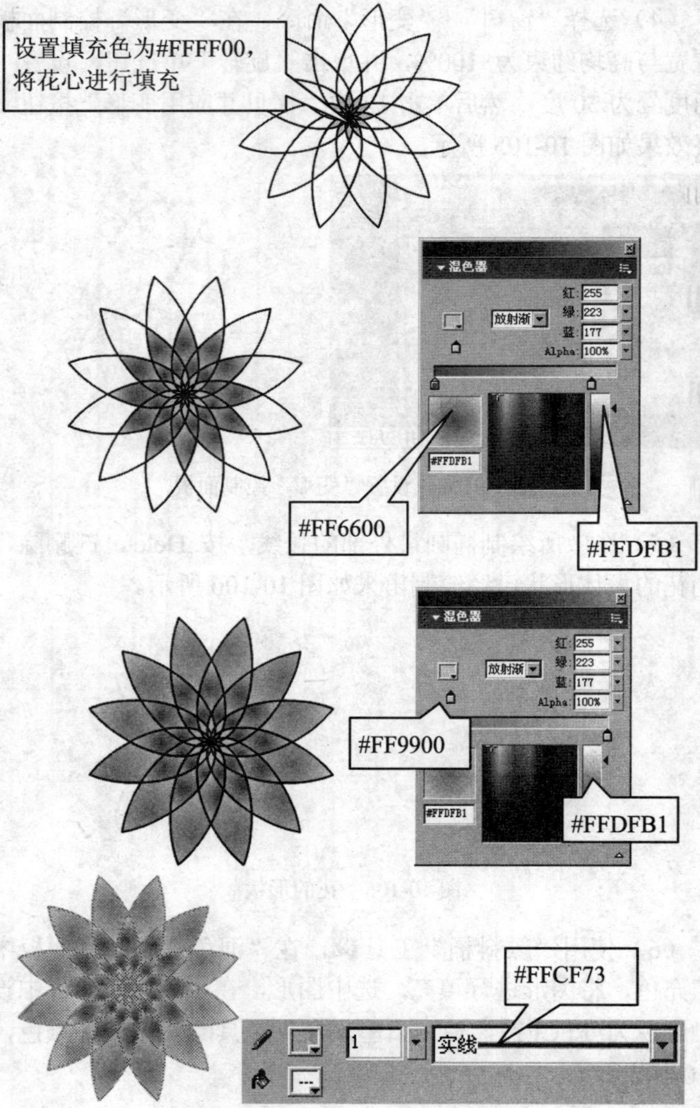

图 10-107　给花心与花瓣进行填充

(7)选中并右击黄色花心部分，在弹出的快捷菜单中选择“转换为元件”命令，在“转换为元件”对话框中命名名称为“黄色花心”，在“行为”选区中单击“影片剪辑”单选钮，如图 10-108 所示。单击“确定”按钮，此时“影片剪辑”将自动添加到“库”控制面板中，如图 10-109 所示。

图 10-108 将绘制的图形转换为元件

图 10-109 在“库”面板中添加的元件

(8) 重复步骤(4)，将其他图形元素分别转换为“影片剪辑”元件“花瓣 1”、“花瓣 2”与“花瓣 3”，如图 10-110 所示。如果单击图形，图形外部出现蓝色框，说明此时的图形已经转换为元件。

(9) 选择“窗口”|“库”命令，在“库”控制面板中依次右击每个“图形”元件，并在弹出的快捷菜单中选择“复制”命令，然后在“复制元件”对话框中依次设置名称为“花瓣 11”、“花瓣 22”、“花瓣 33”、“黄色花心 1”，如图 10-111 所示。

(10) 双击“库”面板中的“黄色花心 1”影片剪辑，进入该影片的编辑模式，然后使用“颜料桶”工具，将黄色修改成粉色(#FF0099)，如图 10-112 所示。

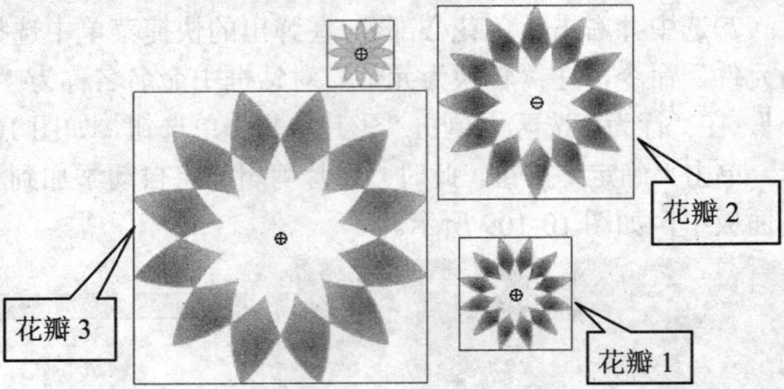

图 10-110　将图形转换为元件

图 10-111　复制元件

图 10-112　修改元件

（11）选择“编辑”|“编辑文档”命令，返回到“场景 1”中。选择“插入”|“图层”命令，创建 3 个新图层，此时“时间轴”面板中共有 4 个图层，分别命名为“黄色花心”、“花瓣 1”、“花瓣 2”、“花瓣 3”，如图 10-113 所示。

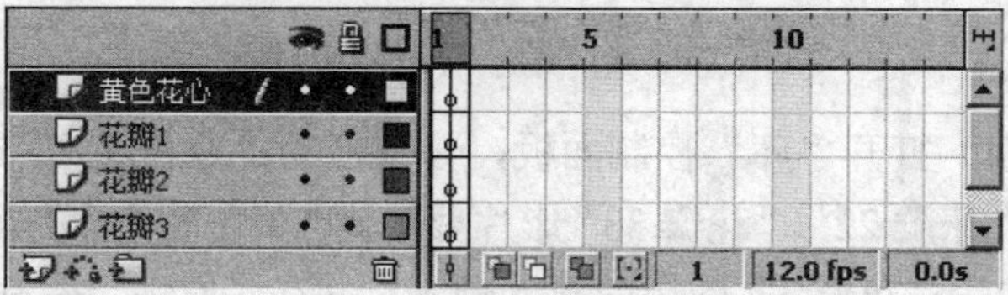

图 10-113　创建新图层

（12）打开“库”控制面板，分别拖动与“图层”名称相对应的“影片剪辑”元件到图层中，并摆放好其位置，如图 10-114 所示。

（13）选中所有图层的第 10 帧，按 F6 键，插入关键帧，然后再选中所有图层的第 5 帧，按 F7 键，插入空白关键帧，如图 10-115 所示。

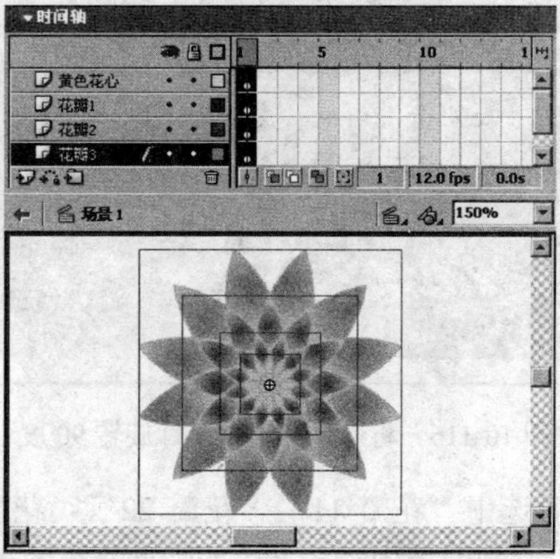

图 10-114　导入“图形”元件

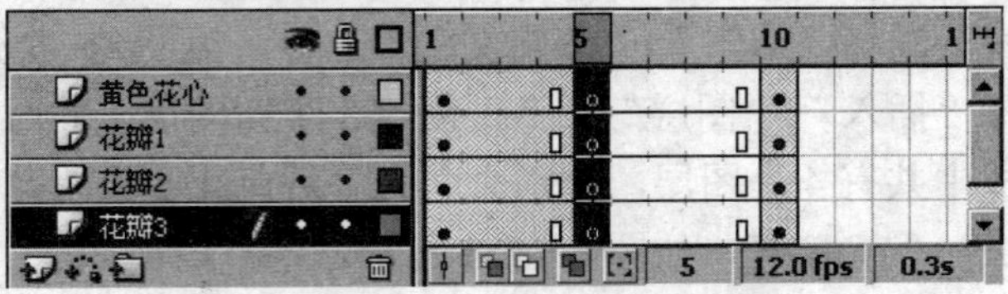

图 10-115　导入“图形”元件

（14）打开“库”控制面板，分别拖动“黄色花心 1”、“花瓣 11”、“花瓣 22”、“花瓣 33”影片剪辑到“黄色花心”、“花瓣 1”、“花瓣 2”、“花瓣 3”图层的第 5 帧上，并在“属性”控制面板中调整第 5 帧的坐标与第 1 帧的坐标相同。

（15）选中“黄色花心”图层的第 5 帧，然后选择“修改”|“变形”|“顺时针旋转 90 度”命令，将该帧上的影片剪辑顺时针旋转 90 度，如图 10-116 所示。

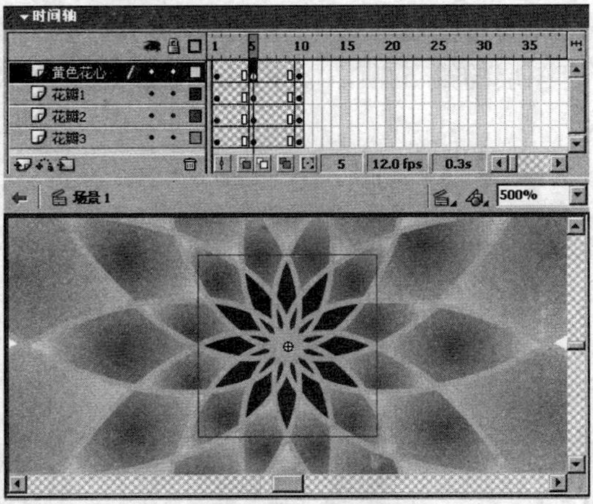

图 10-116　将影片剪辑顺时针旋转 90 度

（16）同时选中“花瓣 11”、“花瓣 22”、“花瓣 33”影片剪辑，在“属性”控制面板中设置其“影片剪辑”的透明度为 25%，如图 10-117 所示。

（17）选中所有图的第 50 帧，按 F5 键，扩展帧，然后右击所有图层的第 1、5 帧，在弹出的快捷菜单中选择“创建补间动画”命令，如图 10-118 所示。

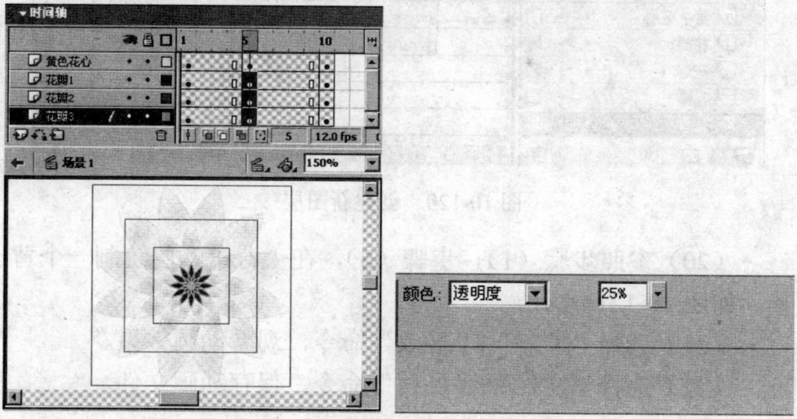

图 10-117　修改“图形”元件的透明度为 25%

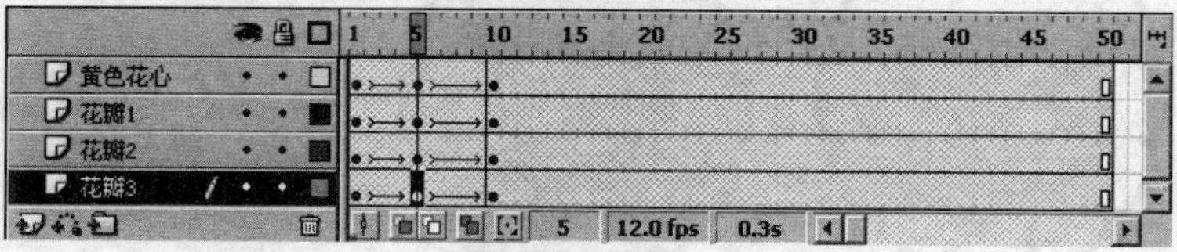

图 10-118　创建补间动画

（18）在“时间轴”控制面板中，将图层中的关键帧移动到所需位置，如图 10-119 所示。

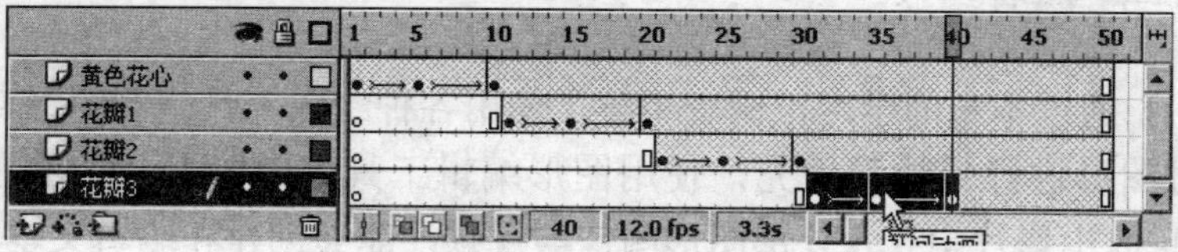

图 10-119　移动关键帧

（19）在“时间轴”控制面板中，选择“插入”|“图层”命令，再创建 1 个新图层，命名为“背景”，如图 10-120 所示。

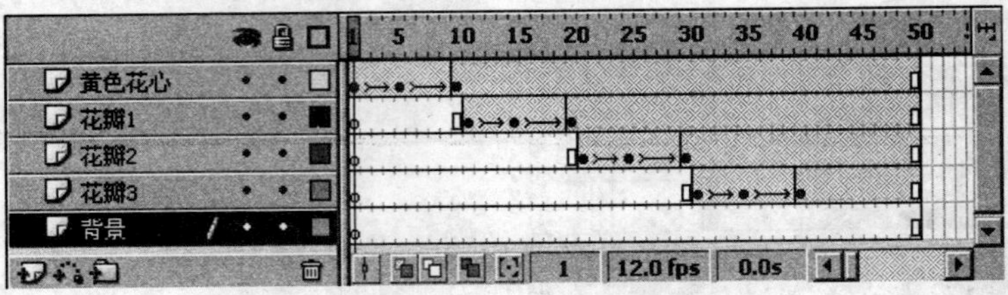

图 10-120　创建新图层

（20）参照步骤（1）~步骤（6），在“背景”层绘制一个背景，如图 10-121 所示。

（21）选择“控制”|“播放”命令，观看动画效果。

（22）选择“文件”|“保存”命令，保存动画文件。

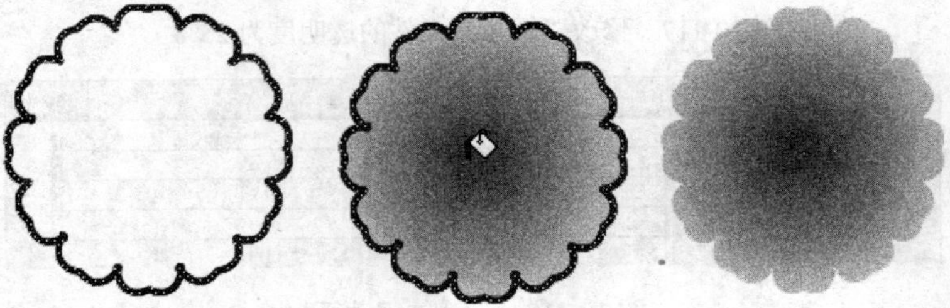

图 10-121　绘制并填充图形

本章小结

通过本章的学习，读者了解了使用各种绘图工具绘制图形，对图形进行描边与填充，使用图形编辑工具编辑图形，能够在 Flash 中影片中导入外部图形图像与视频，能够创建和编辑文本，以及对对象进行复制、变形和对齐等操作。

练习与指导

10.1　在设置图形的描绘颜色和填充颜色时，我们可以通过____面板、____面板和____面板来进行。在编辑渐变色时，最多可以设置____个颜色标志。

10.2　在 Flash MX 中，使用____工具可以为线条或图形的边框着色，使用____工具可以为区域填充颜色。如果希望编辑填充渐变色或填充位图，可使用____工具。

10.3　若要对导入到文档中的位图的局部进行编辑，应首先将其____。为此，可选择____命令将其分解为可以选择和修改的离散颜色区域。

10.4　在 Flash 中导入视频时，采用的方式有____和____。

10.5　在 Flash 影片中使用安装在系统中的字体时，某些字体并不能够与影片一起输出。此时，可以上使用____方法来解决上述问题。

10.6　修改图形的描绘和填充效果的方法有哪些？

10.7　在 Flash 中，可以对对象和图形执行哪些编辑操作？

10.8　综合运用“铅笔”、“画笔”、“墨水瓶”和“颜料桶”等工具，绘制如图 10-122 所示造型。

10.9　将图 10-123 左图所示的位图编辑为右图所示样式。

图 10-122　绘制的图画

图 10-123　改变位图填充效果

提示

（1）选择“文件”|“导入”命令，导入左图所示的位图。

（2）选中位图，选择“修改”|“分离”命令，将位图分解为可以选择和修改的离散颜色区域。

（3）利用“魔术棒”工具选择颜色区域，利用“属性”面板设置填充色，然后利用“油漆桶”工具填充所选区域。

（4）用户可根据需要，利用“填充变形”工具对填充效果进行旋转、拉伸、倾斜、缩放等各种变换。

10.10 利用“文本”、“颜料桶”、“填充变形”等工具制作如图 10-124 所示的变形文字。

图 10-124 制作的变形字

提示

（1）新建文档，利用“文本”工具输入文字 OK，并在属性面板中设置其字体（Arial Black）及大小。

（2）选择文字后，连续选择两次“修改”|“分离”命令，将文字分离，转换为图形。

（3）利用“部分选取”工具单击文字边缘，并拖动节点改变文字形状。

（4）利用“箭头”工具单击文字的边缘并拖动，将文字边缘由直线变为曲线。

（5）选择“颜料桶”工具，并设置填充色为“放射渐变”，然后单击文字进行填充。

（6）选择“填充变形”工具，单击填充过后的文字，利用渐变控制圆圈调整渐变填充。

第 11 章　使用层和元件

本 章 要 点

- ❖ 使用层
- ❖ 认识元件和实例
- ❖ 创建与编辑元件
- ❖ 创建和编辑实例
- ❖ 创建与使用按钮元件

11.1　使用层

为便于更好地管理动画中的对象和便于制作动画，Flash 引入了图层这一概念。Flash 中的图层主要有如下几个特点：

- 当用户在一个图层中进行绘画和编辑时，它不会影响其他图层的内容，如图 11-1 所示。
- 图层是透明的，透过图层上没有对象的区域可以看到下面图层上的对象。
- 图层的数目仅受计算机内存的限制，并且增加图层的数量不会增加最终输出的影片文件大小。
- 用户在“时间轴”控制面板设置动画时都是针对图层而言的。因此，用户在制作动画时通常需要将不同类型的元素放入不同的图层。

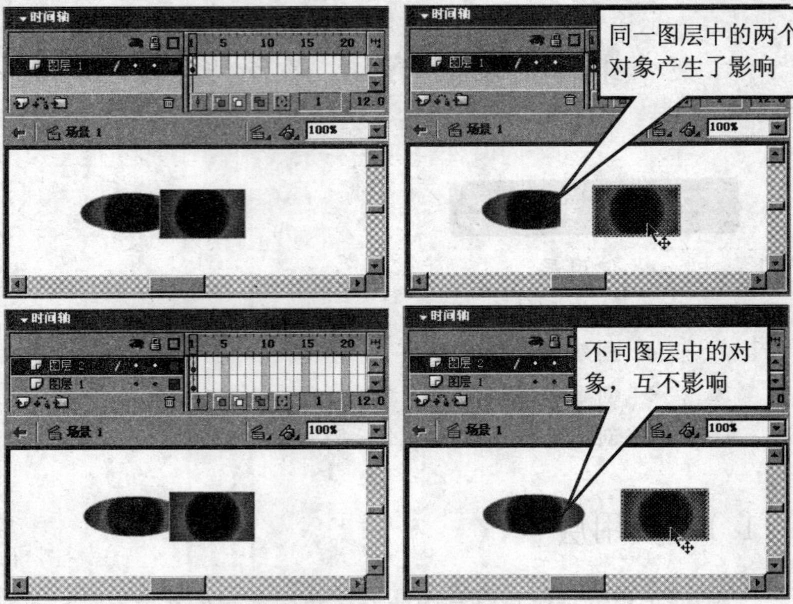

图 11-1　不同图层中的对象互不影响

11.1.1　图层的类型及图层管理窗口

在进一步了解图层的用法之前，我们先来介绍一下图层的类型及图层管理窗口。

1．图层的类型

在 Flash 中，除了一般图层外，还包括两个特殊的图层：引导图层和遮罩图层。在 Flash MX 中，为了更好地组织和管理图层，系统还引入了图层文件夹。这两类图层和图层文件夹的特点如下。

- 引导图层：这类图层实际上包含了两个子类，一种是运动引导图层，它用于辅助其他图层对象的运动或定位，用户可以在其中绘制用于控制对象运动的路径；一种是普通引导图层，它仅用于辅助制作动画片。尽管用户可在这两类引导图层中进行绘画和编辑，但其内容都不会出现在将来发布的影片中。

- 遮罩图层：用于控制被遮罩图层内容的显示，从而制作一些复杂的动画效果，如聚光灯效果等。
- 图层文件夹：用于辅助组织与管理图层，并且支持嵌套。例如，通过隐藏或锁定图层文件夹，可以快速隐藏或锁定图层文件夹中的图层。

当标准图层与引导图层关联后，标准图层就成为被引导图层；当标准图层与遮罩图层关联后，标准图层则成为被遮罩图层。各种图层在“时间轴”中的图层名称前通过不同的图标表示。

2. 图层管理窗口

在 Flash 中，要创建、编辑、管理图层或观察图层的状态，主要使用“时间轴”控制面板。而图层窗口则位于“时间轴”控制面板左边，利用该窗口可方便地隐藏图层、锁定图层、以轮廓线方式显示图层上的对象，以及改变图层的顺序等，如图 11-2 所示。

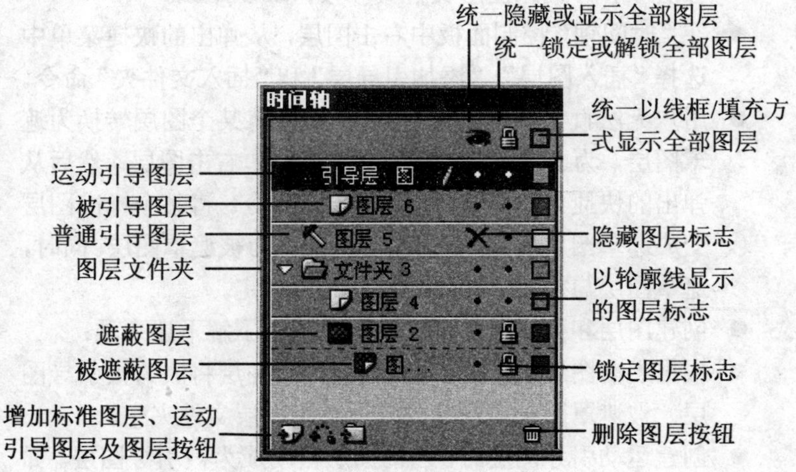

图 11-2　使用图层窗口管理图层

提示 要控制图层的显示/隐藏、锁定/解锁，或者以轮廓/填充形式显示图层上的对象，直接单击图层所在行的相应标记即可。

要调整图层的顺序，可单击选中图层后上下拖动。

11.1.2 创建图层和图层文件夹的方法

在 Flash 中，新创建的图层总位于当前图层的上面，并且自动成为活动图层。同时，根据当前图层的状态不同（例如，当前图层为被引导图层、被遮罩图层或位于某个图层文件夹中），新建图层也会自动继承这种状态。

要创建标准图层、引导图层、图层文件夹和遮罩层，可采用下述方法：

- 选择“插入”菜单中的“图层”、“运动引导层”和“图层文件夹”命令。
- 在“时间轴”控制面板中单击“插入图层”、“添加运动引导层”和“插入图层文件夹”按钮。
- 在“时间轴”控制面板中右击图层，从弹出的快捷菜单中选择“插入图层”、“添加引导层”和“插入文件夹”命令。
- 用户无法直接创建遮罩图层，而只能将某个图层转换为遮罩图层，为此，可在“时间轴”窗口中右击图层，然后从弹出的快捷菜单中选择“遮罩层”命令。将某个标准图层变成遮罩图层后，其下的图层自动成为被遮罩图层。同时，遮罩图层与被遮罩图层还将同时被锁定。
- 创建图层和图层文件夹时，用户还需了解下述事项：
- 根据当前图层状态的不同，新建标准图层将成为被引导图层、被遮罩图层或自动放置于某个图层文件夹中。
- 创建运动引导图层时，当前图层自动成为被引导图层。如果希望其他图层成为被引导图层，可首先选中这些图层，然后将其拖至运动引导图层如图 11-3 所示。

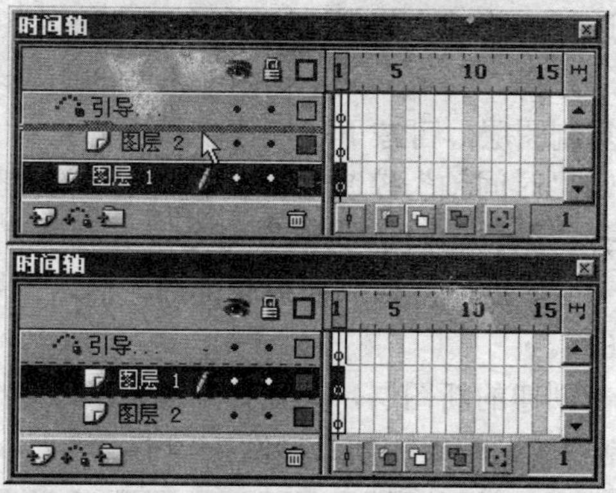

图 11-3　使其他图层成为运动引导图层

- 为便于绘画或制作动画，有时用户还需创建一些普通引导图层。但在 Flash 中，用户无法直接创建普通引导图层，而只能将现有图层转换为普通引导图层。为此，可在右击图层所弹出的菜单中选择“引导层”命令。普通引导图层的标志为。
- 创建图层文件夹后，在“时间轴”控制面板中将其他图层拖至图层文件夹，即可将这些图层加入到图层文件夹中。

11.1.3　图层的编辑操作

只有在选中图层并将其设置为活动图层后，才可以在该图层上绘制、填充或修改对象。当图层处于活动状态时，在图层名的右边将出现一个铅笔图标。此时，我们可以对它进行重命名、复制和删除等编辑操作操作，也可以调整图层的顺序，或者锁定图层以防止被修改。

- 若要选择图层，直接在“时间轴”控制面板中单击图层名即可。若要选择多个图层，可借助于 Shift 键和 Ctrl 键。

- 若要重命名图层，只需双击图层名称，并输入新名称即可。也可选择“修改”|“图层”命令，打开“图层属性”对话框，并在“名字”文本框中输入新的图层名。
- 若要复制图层，可按下述操作步骤进行。

（1）单击“时间轴”控制面板中的图层名选中整个图层。

（2）选择“编辑”|“拷贝帧”命令，复制所有帧。

（3）单击“时间轴”控制面板底部的“插入图层”按钮，创建一个新图层。

（4）单击创建的新图层，并选择“编辑”|“粘贴帧”命令，粘贴前面复制到剪贴板中的帧，如图 11-4 所示。

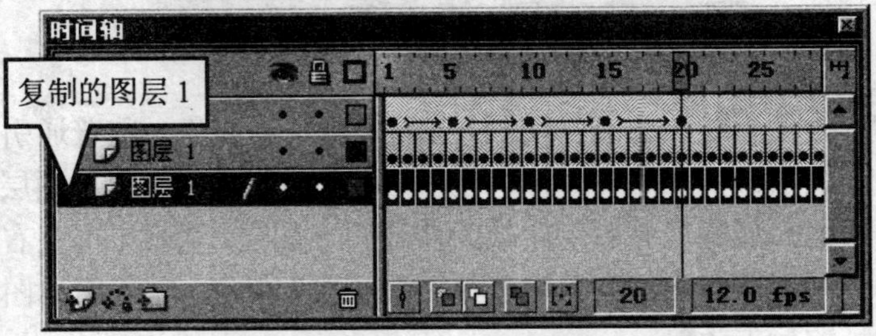

图 11-4　复制图层

- 若要删除图层，可以在选择需要删除的图层后，单击“时间轴”控制面板中的“删除图层”按钮，或直接拖动选中的图层到“删除”按钮上。
- 若要锁定单个或多个图层，可以单击“时间轴”控制面板中图层名右边第二列的锁定栏位置，若再次单击则可取消锁定。若要锁定所有图层，可单击最上方的锁定图层图标。若按下 Alt 键的同时单击图层名右边的锁定指示栏，可以锁定/解除除单击图层以外的其他所有图层。

若要设置图层的属性，可以选择“修改”|“图层”命令，利用所打开的如图 11-5 所示的“图层属性”对话框中进行。

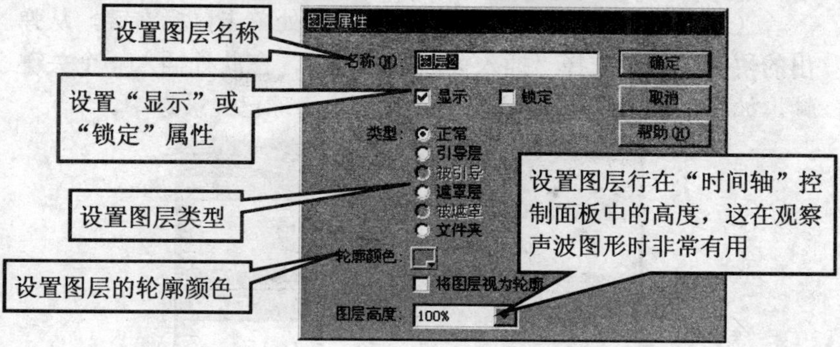

图 11-5　“图层属性”对话框

11.1.4　使用引导图层

前面我们已经详细介绍了引导图层的特点与创建方法，在本节中，我们将通过一个简单的实例来使读者进一步加深对引导图层的理解。其操作步骤如下。

（1）新建一个影片文件，并在其中绘制一个小球，如图 11-6 所示。

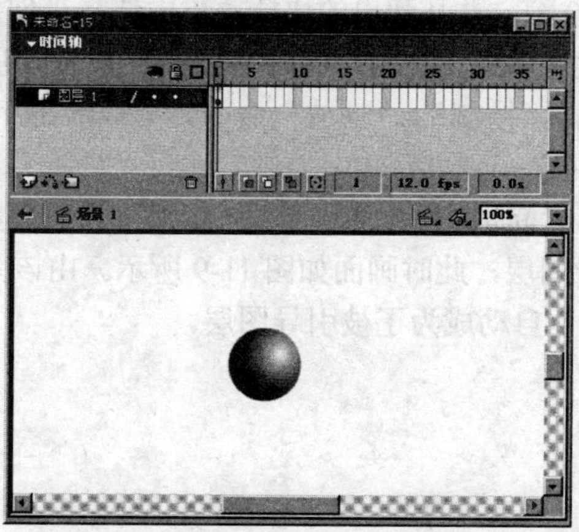

图 11-6　新建影片文件并绘制一个小球

（2）在“时间轴”控制面板第 20 帧处单击鼠标右键，从弹出的快捷菜单中选择“插入关键帧”命令，在此处插入一个关键帧，如图 11-7 所示。由该图可以看出，小球已经被选中。

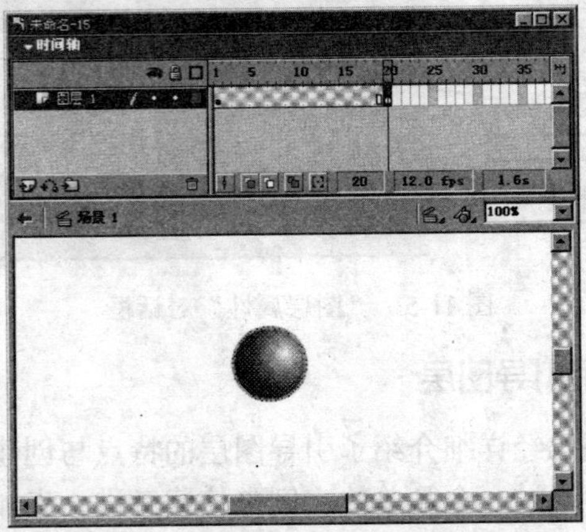

图 11-7　在第 20 帧处创建关键帧

（3）移动小球的位置，然后分别在“时间轴”控制面板右击第 1 帧与第 20 帧，并从弹出的快捷菜单中选择“创建补间动画”命令，以创建运动渐变动画，此时画面将如图 11-8 所示。

（4）选择“控制”|“播放”命令，可以看出小球将沿着直线运动。

（5）在“时间轴”控制面板单击“添加运动引导层”按钮，创建一个引导图层，此时画面如图 11-9 所示。由该图可以看出，此时“图层 1”自动成为了被引导图层。

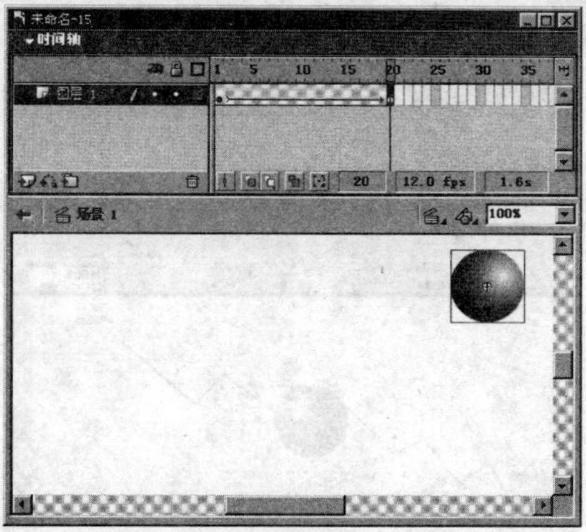

图 11-8 为小球创建运动过渡动画

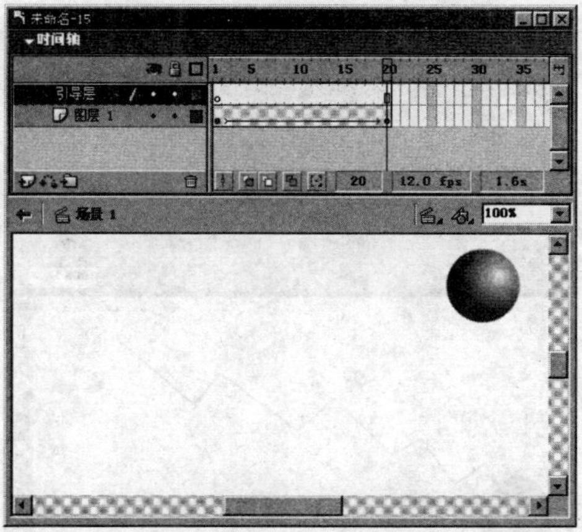

图 11-9 创建引导图层

（6）将第 1 帧设置为当前帧，使用铅笔工具勾画一条路径，如图 11-10 所示。

（7）选中“工具”面板中的“箭头”工具，将第 1 帧设置为当前帧，将小球移至路径的起点处。此时请注意将小球的中心标记与路径的起点对齐，如图 11-11 所示。

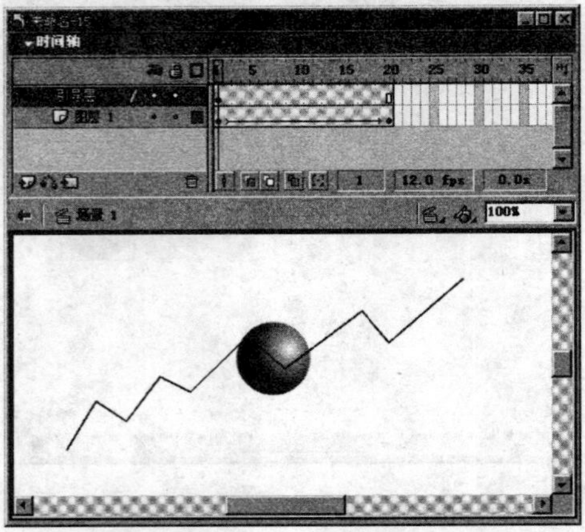

图 11-10　在引导图层的第 1 帧勾画路径

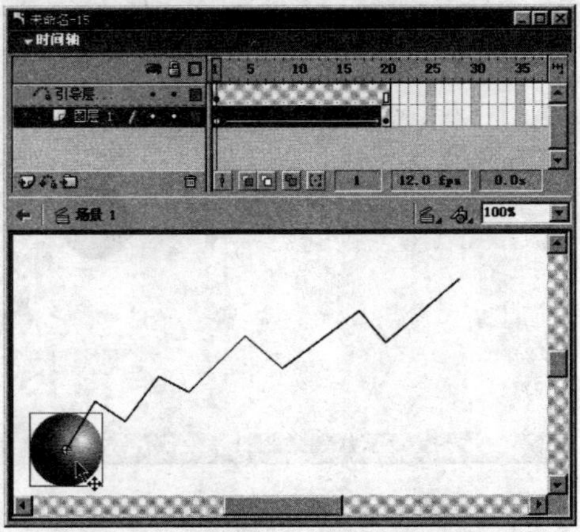

图 11-11　在第 1 帧将小球移至路径的起点

（8）切换到第 20 帧，将小球移至路径的结束位置。

（9）选择“控制”|“播放”命令，可以看到，此时小球应沿路径运行。

11.1.5 使用遮罩图层

在 Flash 中，使用遮罩图层可以制作出一些特殊效果，如聚光灯效果、过渡效果等。下面就来看一个具体的例子，其操作步骤如下。

（1）新建一个影片（此时，系统将自动创建一个标准图层“图层 1”），并在上面绘制图形或文本，如图 11-12 所示。

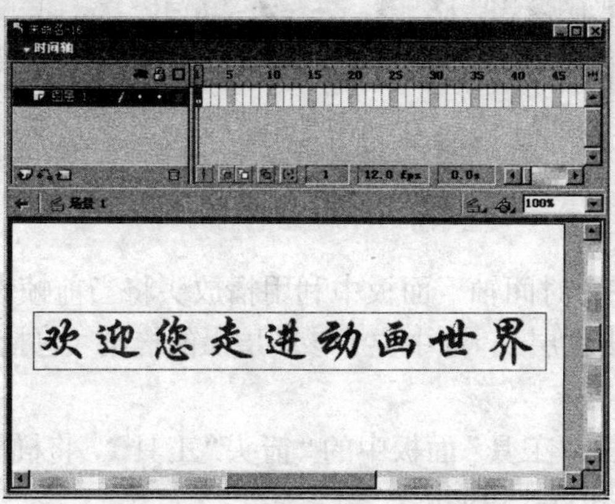

图 11-12　在标准图层上绘制文本

（2）选择“插入”|“图层”命令，新建一个图层“图层 2”，该图层将位于图层 1 的上面。

（3）在“工具”面板中单击选中“椭圆”工具，在图层 2 中“欢”字上绘制一个椭圆，如图 11-13 所示。

（4）在“时间轴”窗口中右击图层 2 的第 25 帧，从弹出的快捷菜单中选择“插入关键帧”命令；为了扩展图层 1 的动画帧，可右击图层 1 的第 25 帧，从弹出的快捷菜单中选择“插入帧”命令，此时画面如图 11-14 所示。

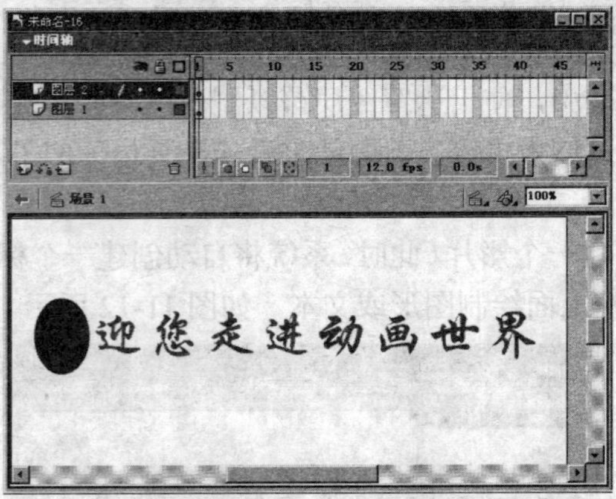

图 11-13 绘制椭圆

（5）在“时间轴”面板中利用播放头将当前帧设置为第 25 帧，然后单击图层 2，选中位于该图层上的椭圆（包括边线和填充区）。

（6）选中“工具”面板中的“箭头“工具，将椭圆移至“界”字上方，如图 11-15 所示。

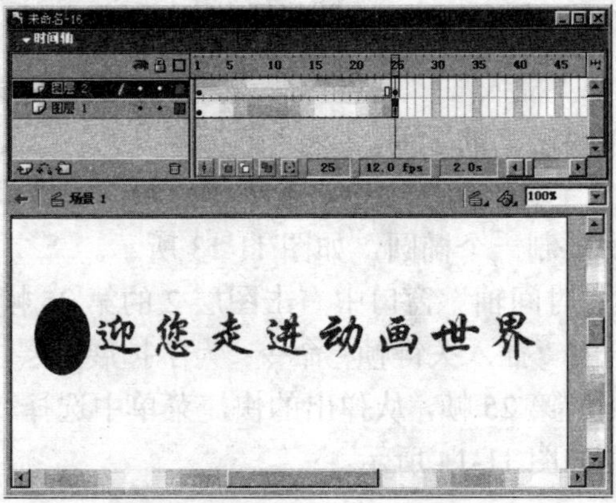

图 11-14 扩展图层 1 动画帧并为图层 2 创建关键帧

（7）右击图层 2 的第 25 帧，从弹出的快捷菜单中选择“创建补间动画”命令，为图层 2 创建动画动作。

（8）在“时间轴”窗口右击图层 2，从弹出的快捷菜单中选择“遮罩层”命令，将该图层创建为遮罩图层，如图 11-16 所示。

至此，一个简单的聚光灯动画就制作好了。用户可以选择“控制”|“测试影片”命令来测试效果。

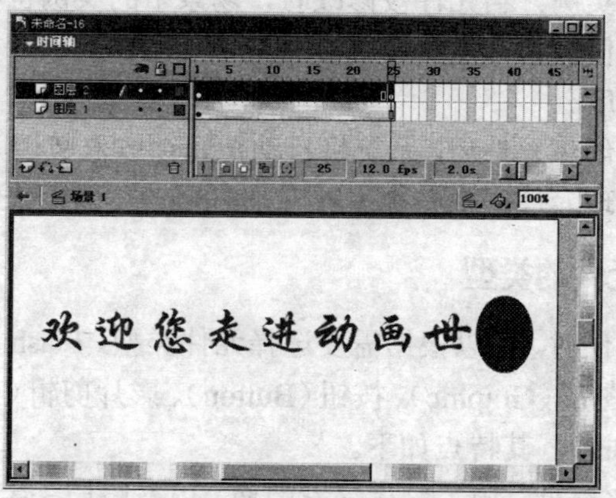

图 11-15 在第 25 帧将椭圆移至“界”字上方

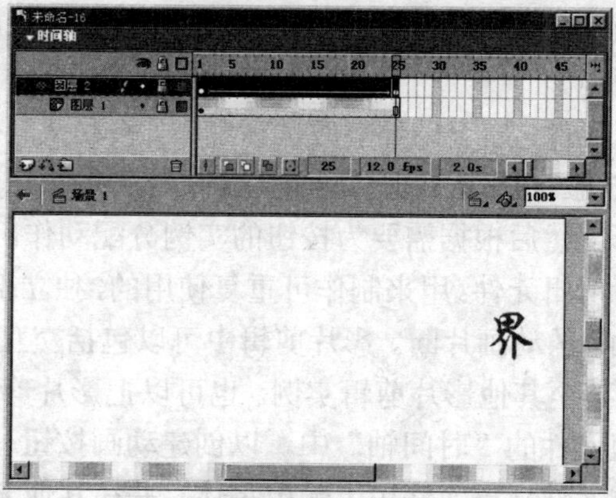

图 11-16 将图层 2 创建为遮罩图层

11.2 认识元件和实例

元件是可以重复使用的图形、影片剪辑或按钮，每个元件都可以有自己的“时间轴”、场景和完整的图层。实例是元件在场景中的具体应用，利用同一个元件可以创建出若干个不同颜色、大小和功能的实例。当元件被修改时，场景中的实例也将随着被更新。这样不仅操作方便，而且显著减小了文件的尺寸，加快了影片播放的速度。

当用户创建元件后，系统将自动把元件放入文档库中。因此，要使用或管理元件，都必须借助库（Library）面板来进行。

11.2.1 元件的类型

创建元件时，可以根据需要选择元件类型。Flash 中的元件包括 4 种，即图形（Graphic）、按钮（Button）、影片剪辑（Movie Clip）与字体（Font），其特点如下。

- 图形元件：用于制作静态图像，以及附属于主影片“时间轴”的可重用的动画片段。图形元件在操作上与影片的“时间轴”同步，且不能将交互式控制和声音用于图形元件动画序列。
- 按钮元件：用于创建响应鼠标单击、移动或其他动作的交互按钮。制作按钮时，应首先定义与各种按钮状态关联的图形，然后根据需要为按钮的实例分配动作。
- 影片剪辑元件：用来制作可重复使用的，独立于主影片“时间轴”的动画片断。影片剪辑中可以包括交互式控制、声音，甚至其他影片剪辑实例。也可以把影片剪辑实例放在按钮元件的“时间轴”中，以创建动画按钮。
- 字体元件：该元件用于输出字体，并在其他 Flash 影片中使用它。

此外，Flash 还提供了所谓的内置组件，即带有预定义参数的影片剪辑。利用组件，用户可轻松在影片中增加界面元素，如按钮、复选框或滚动条等。

11.2.2 使用元件的方法

启动 Flash 时，系统会自动创建一个附属于动画文件的永久库。当用户创建新元件时，系统会自动将所创建的元件增加到该库中。除此之外，用户还可以使用系统提供的元件，以及附属于其他动画文档的元件。同样，一旦在文档中使用了这些元件，这些元件及其关联元件都会被增加到动画文档的永久库中。

选择“窗口”|“库”命令，即可打开存放元件的“库”控制面板。要在当前影片中使用元件库中的项目，只需将元件库窗口中的元件拖到场景中即可。此时，该项目将被添加到当前图层的当前关键帧上，成为所选元件的一个实例，如图 11-17 所示。

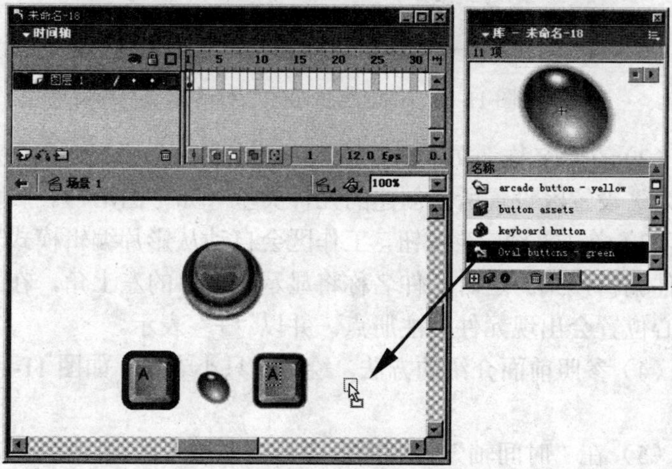

图 11-17　使用元件

11.3 创建与编辑元件

在 Flash 中创建元件时，既可以从场景中选择若干对象，将它们转换成元件，也可以直接创建新元件。

11.3.1 创建新元件的方法

创建新元件是指直接创建一个空白元件，然后进入元件编辑模式，创建和编辑元件的内容。下面通过创建一个简单的“变形鼠”元件说明创建新元件的基本步骤。

（1）选择“插入”|“新建元件”命令，打开“创建新元件”对话框，如图 11-18 所示。

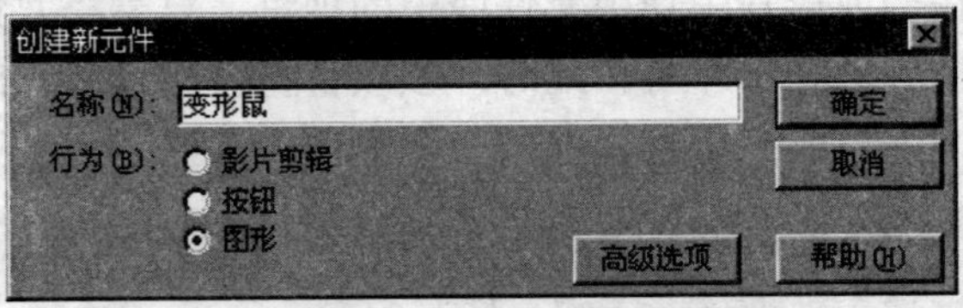

图 11-18 “创建新元件”对话框

（2）在“名称”文本框中输入元件名称（如“变形鼠”），在“行为”设置区设置所要创建的元件类型（如“图形”）。

（3）单击“确定”按钮，工作区会自动从影片编辑模式转换为元件编辑模式。这时元件名称将显示在窗口的左上角，在工作区中心位置会出现元件的注册点，并以“+”表示。

（4）参照前面介绍的方法，绘制一只小老鼠，如图 11-19 所示。

（5）在“时间轴”控制面板中右击图层 1 的第 10 帧，从弹出的快捷菜单中选择“插入关键帧”选项。

（6）选择“修改”|“变形”|“封套”命令，对小老鼠进行变形，结果如图 11-20 所示。

（7）选择第 1 帧，然后在“属性”面板的“补间”下拉列表框中选择“形状渐变”选项，创建形状渐变动画，如图 11-21 所示。

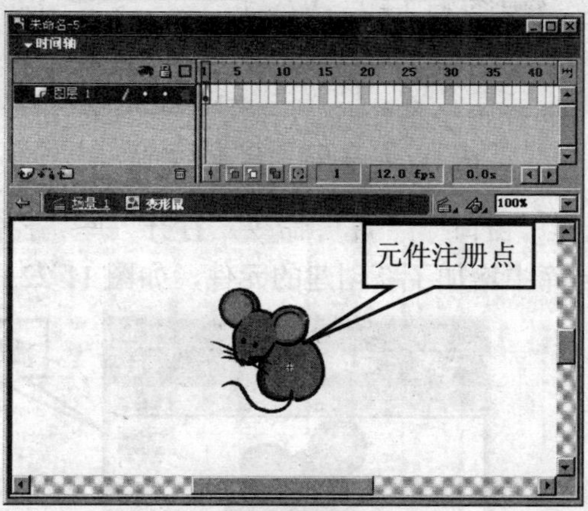

图 11-19　绘制小老鼠

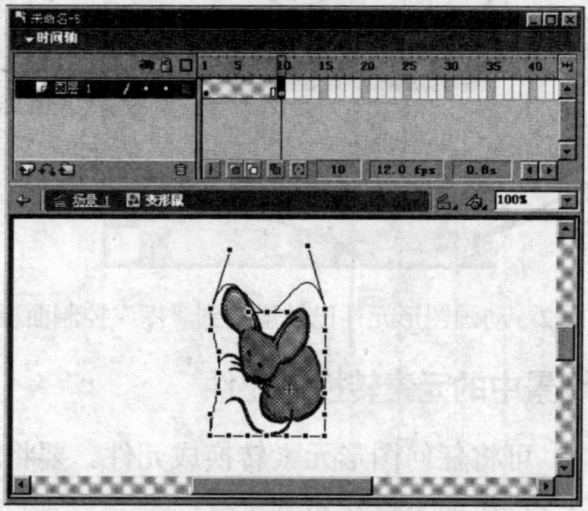

图 11-20　变形鼠

至此，一个简单的动画图形元件就创建完成了。

（8）编辑结束后，单击窗口左上角的场景图标

或选

择“编辑”|“编辑文档”命令，重新切换到场景编辑模式。

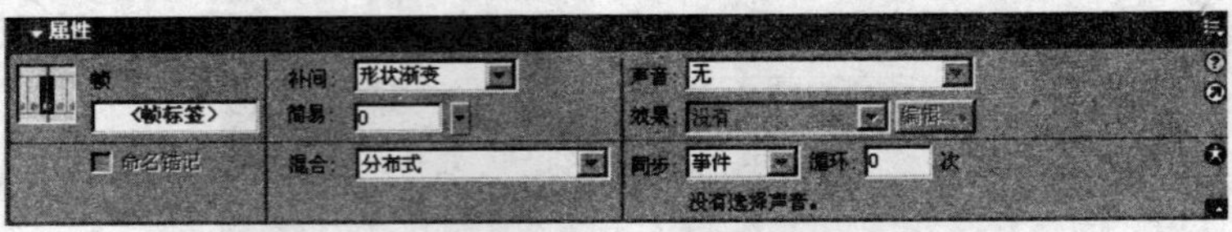

图 11-21　创建形状渐变动画

（9）选择“窗口”|“库”命令，打开“库”控制面板，就会看到在文档库中增加了新创建的元件，如图 11-22 所示。

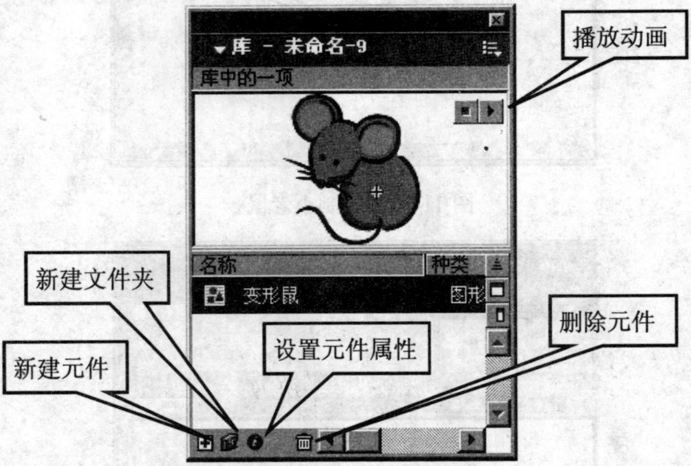

图 11-22　动画图形元件已被增加到“库”控制面板中

11.3.2　将场景中的元素转换为元件

在场景中，可将任何图形元素转换成元件。要将场景中的元素转换为元件，可按如下操作步骤进行：

（1）选取“工具”面板中的“箭头”工具，选中一个或多个元素。

（2）选择“插入”|“转换为元件”命令，打开“转换到元

件”对话框，如图 11-23 所示。

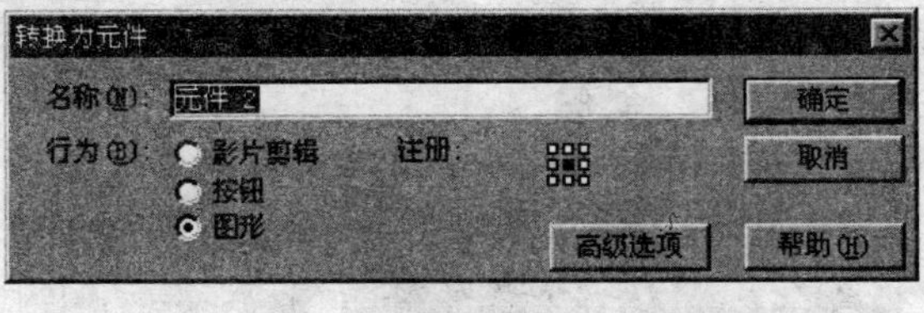

图 11-23　“转换为元件”对话框

（3）在“名称”文本框中为转换后的元件输入一个名字，在“行为”设置区中选择转换为元件的类型。

（4）在“注册”设置区中单击周围或中心的方框，确定元件注册点的位置。默认情况下，注册点位于元件的中心。

（5）单击“确定”按钮，所选元素即被转换成元件，并被增加到“库”控制面板中。

提示　所选对象被转换成元件后，它自身就成为了元件的一个实例。

11.3.3　将动画转换为影片剪辑元件

如果希望将场景中的动画序列转换为影片剪辑元件，可参照如下操作步骤来进行：

（1）选择“文件”|“打开”命令，打开一个 Flash 影片。

（2）在“时间轴”控制面板中利用拖动方法选择希望制作影片剪辑的层的所有帧，然后单击鼠标右键，并从弹出的菜单中选择“拷贝帧”命令，如图 11-24 所示。

提示　默认情况下，利用拖动方法选中的只是某个图层的动画帧。如果希望选中多个图层的动画帧，可以首先单击最上面图层的第一帧，然后按下 Shift 键，单击选择最下面图层的最后一帧。

如果希望选中动画中所有图层的所有帧，可在“时间轴”控制面板中单击鼠标右键，然后从弹出的快捷菜单中选择“选择所有帧”命令。

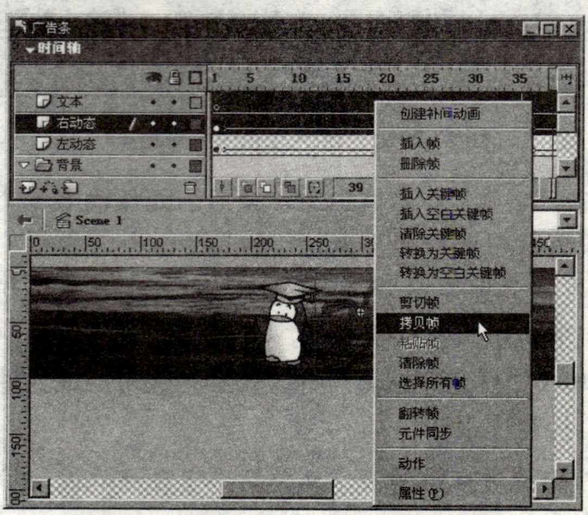

图 11-24　选择并复制希望制作影片剪辑的帧

（3）在“时间轴”控制面板中取消帧选择，选择“插入”|“新建元件”命令，打开“创建新元件”对话框，在“名称”文本框中输入要创建的元件名称，并在“行为”选区中单击“影片剪辑”单选钮，如图 11-25 所示。

图 11-25　创建新元件

（4）单击“确定”按钮，进入元件编辑状态。

（5）在“时间轴”控制面板中的图层 1 的第 1 帧上单击鼠标

右键，从弹出的菜单中选择“粘贴帧”命令，粘贴复制动画帧，如图 11-26 所示。

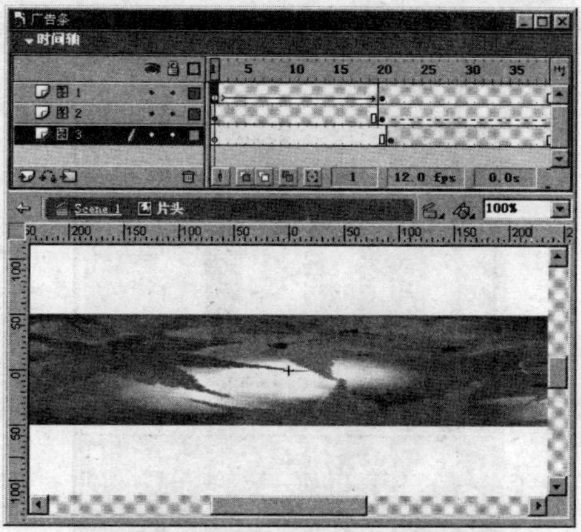

图 11-26　复制动画帧为影片剪辑元件

11.3.4　使用其他 Flash 影片中的元件

在很多情况下，用户在创建动画时都需要使用其他 Flash 影片中的元件。要使用其他 Flash 影片中的元件，可选择“文件”|“作为库打开”命令，在打开的“作为库打开”对话框中选择要作为库打开的文件，打开该文件的元件库。接下来用户可以在当前影片中使用该元件库中的项目了，一旦将其他影片中的元件添加到当前文档中，则所选元件将被自动添加到当前动画文件的库中。

提示　对于打开的其他文档的元件库来说，用户只能使用其中的元件，而无法编辑该元件库中的内容。因此，与该元件库相关的按钮、菜单命令都将以灰色显示。

11.3.5　使用公用元件库

Flash 为用户提供了大量的元件，如各种按钮、声音、学习交

互等，用户可根据需要进行选择。要使用公用元件库，可选择“窗口”|“公用库”命令中的“按钮”、“声音”或“学习交互”命令，打开公用元件库，如图 11-27 所示。在库窗口中选择合适的元件后，将其拖放到场景中即可。

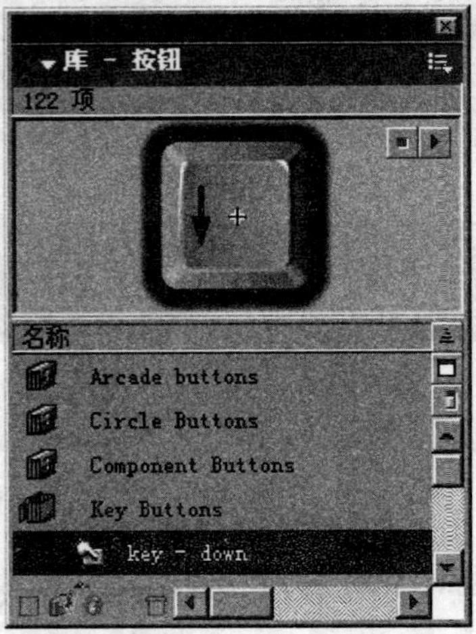

图 11-27　打开公用元件库

11.3.6　复制元件

在创建元件时，如果希望使用已有元件的部分或全部内容，这时就可以先复制元件，然后再做修改。要复制元件，可按如下操作步骤进行：

（1）在元件库中选择一个元件。

（2）在选中的元件上单击鼠标右键，从弹出的快捷菜单中选择“复制”命令。或单击元件库窗口右上角的选项按钮，从弹出的菜单中选择“复制”命令。

（3）在打开的“复制元件”对话框中输入元件名字，默认名是在原元件名后加上“拷贝”，如图 11-28 所示。

图 11-28　命名复制的元件

提示　复制元件的默认类型与原元件类型相同，但可以通过“复制元件”对话框为它指定新的类型。

（4）单击“确定”按钮，复制的元件将会自动添加到元件库窗口中。

11.3.7　编辑元件

如果希望对元件进行编辑，可使用如下几种方法：

- 直接在场景中双击元件实例，进入元件编辑模式。此时除被编辑的元件外，其他元件均以暗灰色显示。这种编辑方式被称为在位编辑模式，如图 11-29 所示。

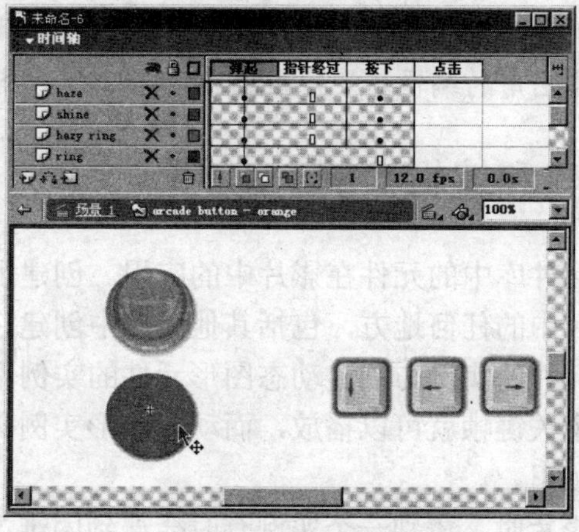

图 11-29　在位编辑元件

● 单击编辑区上方的编辑元件按钮，从弹出的下拉列表框中选择希望编辑的元件，此时系统将打开一个单独的元件编辑窗口，如图 11-30 所示。

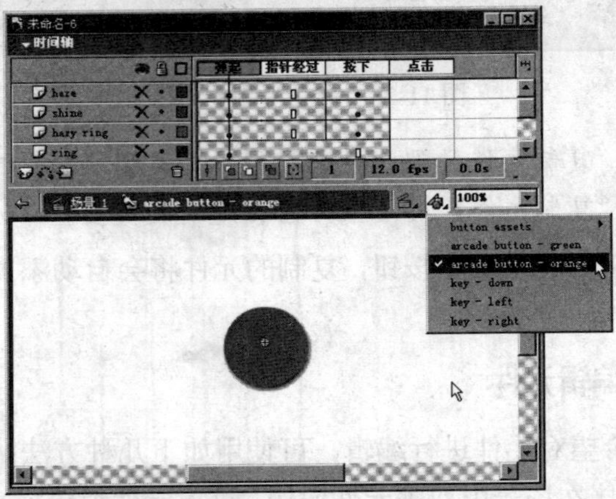

图 11-30　在单独的窗口中编辑元件

提示　无论是哪种编辑模式，元件编辑结束后，均可通过单击编辑窗口左上角的场景名称（如“场景 1”），或编辑窗口右上角的编辑场景按钮切换到场景编辑模式。

11.4　创建和编辑实例

实例是元件库中的元件在影片中的应用。创建了元件之后，就可以在影片中的任何地方，包括其他元件中创建它的实例。创建影片剪辑元件的实例与创建动态图形元件的实例不同。影片剪辑只需要一个关键帧就可以播放，而动态图形实例必须放在要它出现的每一帧里。

在创建影片时，辨别一个实例有时会遇到困难，特别是由一个元件创建出很多实例的时候，这时可以通过“影片浏览器”控制面板来区分实例。

11.4.1　创建实例

一旦创建好元件，用户可以在影片的任何地方或其他元件中创建该元件的实例。通常情况下，要创建元件实例，可按如下操作步骤进行：

（1）在“时间轴”控制面板中选择一个图层，并将某个关键帧设置为当前帧。

提示　在 Flash 中，只能把实例放在当前图层的关键帧里。

如果未选择关键帧，实例将被增加到当前帧左侧的第 1 个关键帧中。

（2）选择“窗口”|“库”命令，打开“库”控制面板。

（3）把元件从“库”控制面板窗口中拖动到场景中，即可创建它的实例，如图 11-31 所示。

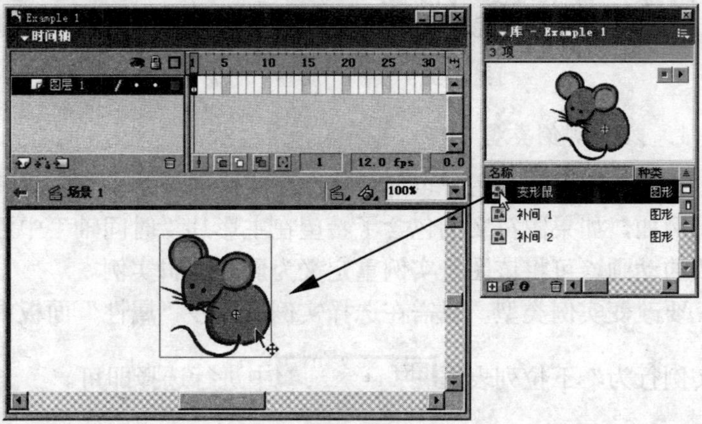

图 11-31　创建元件实例

（4）如果创建的是动画图形元件实例（即图形元件中包含了

多帧），还应选择“插入”|“帧”命令，使之与图形元件的帧数一致，否则只能显示动画图形实例的第 1 帧。例如，由于我们在前面创建“变形狗”图形元件包括了 10 帧，因此，本例中应在“时间轴”控制面板中右击第 10 帧，然后从弹出的快捷菜单中选择“插入帧”命令来增加帧数。

11.4.2 设置实例属性

在 Flash 影片中，每个元件实例都会有独立于元件的属性，用户可以改变其颜色、透明度、亮度，重定义实例的作用（例如，将图形改变为影片剪辑），设置如何播放动画实例，以及倾斜、旋转、缩放实例等。此外，用户还可以命名影片剪辑或按钮实例名称，以便可以使用 ActionScript 改变其属性。

要编辑实例属性，可使用“属性”面板，如图 11-32 所示。

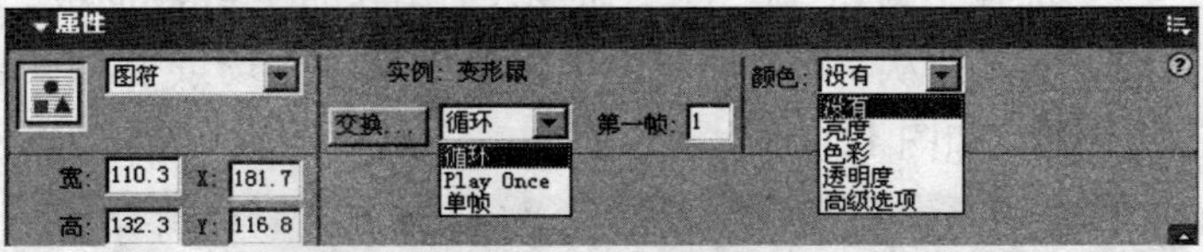

图 11-32　实例“属性”面板

1. 改变实例类型

在某些情况下，用户可能希望改变实例类型，以重定义其行为。例如，如果图符实例包含了希望在主影片“时间轴”中独立播放的动画，可将该图符实例重定义为影片剪辑实例。

要改变实例类型，只需在选择实例后，在“属性”面板中的“实例行为”下拉列表框中进行选择即可。

2. 为实例指定其他元件

通过为实例指定不同的元件，可以改变实例的显示效果，并且此时实例将保留原来的属性设置，如颜色效果或按钮动作等。

要为实例指定其他元件，只需在选择实例后，在“属性”面板中单击“交换”按钮，在所打开的“交换元件”对话框中选择指定的元件即可。

3. 为图形实例设置动画播放特性

利用“属性”面板，用户还可以设置如何播放图形实例中的动画。这里再次强调一下，与影片剪辑不同的是，动画图形实例将使用主影片的“时间轴”，而影片剪辑则有自己独立的“时间轴”。

要设置图形实例的动画播放特性，只需在选择实例后，在“图形选项”下拉列表框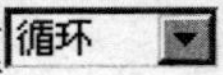

中进行选择即可。

4. 设置颜色和透明度等属性

要设置实例的颜色和透明度等属性，可在选择实例后，在“颜色”下拉列表框中选择要设置的项目，并利用所出现的文本框进行设置即可。

提示 如果对一个包含多帧的影片剪辑或动画图形使用颜色效果，Flash 会将颜色效果应用到影片剪辑或动画图形的每一帧上。

11.4.3 分离实例

分离实例可以切断实例和元件之间的链接，使之成为一组未组合的形状和线条。如果想对实例作较大程度的修改而不涉及实例所属的元件以及其他实例，则应该分离实例。

要分离元件实例，可在选择元件实例后，选择“修改”|“分离”命令。

11.5 创建与使用按钮元件

按钮实际上是包含四帧的交互式影片剪辑。当选择创建按钮元件时，Flash 就会自动创建包括 4 帧的时间。其中，前 3 帧分别定义了按钮的 3 个可能发生的状态，第 4 帧则定义了按钮的动作区域。按钮的“时间轴”实际上并不能播放，它只是用来指示动作并使影片跳转到适当的帧。

在影片中使用交互式按钮时，应在场景中放置该按钮元件的实例并为它分配动作。注意，在影片中动作必须分配该按钮的实例而不是按钮“时间轴”上的某一帧。

11.5.1 按钮的状态

在 Flash 中，每个按钮都有 4 种状态，每种状态都有特定的名称与之对应，它们可以在“时间轴”控制面板中进行定义。这 4 种状态如下。

- 弹起：当鼠标指针不接触按钮时，按钮处于弹起状态。
- 指针经过：当鼠标指针移动到了按钮上面，但没有按下时，按钮所处的状态。
- 按下：当鼠标左键按下时，按钮所处的状态（如果鼠标右键按下时将会弹出关联菜单）。
- 点击：在该状态下可以定义响应鼠标的区域。此区域在影片中是不可见的。

11.5.2 创建与使用按钮元件

要创建按钮，实际上是绘制按钮在不同状态下的显示效果。使用按钮时，为了对动画进行控制，通常需要为按钮指定动作。下面我们通过一个简单的实例介绍一下按钮的特点与用法，其具体步骤如下。

（1）打开一个简单的动画。

（2）选择“插入”|“新建元件”命令，在打开的“创建新元件”对话框中设置元件名称，并选择元件类型为“按钮“，如图 11-33 所示。

图 11-33　设置元件名称和类型

（3）单击“确定”按钮，进入按钮元件编辑模式，在工作区左上角出现一个按钮图标和按钮图标名称。在“时间轴”控制面板自动添加了 4 帧，即“弹起”、“指针经过”、“按下”和“点击”帧，如图 11-34 所示。

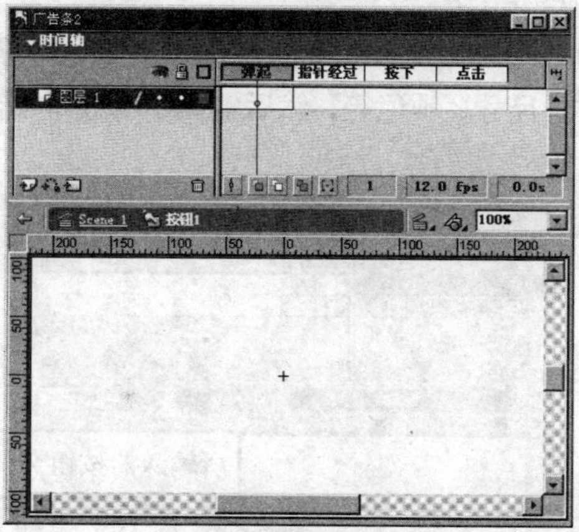

图 11-34　进入元件编辑模式

（4）单击选中“工具”面板中的“椭圆“工具○，将当前描绘颜色设置为无，将填充颜色设置为绿、黑渐变色，然后绘制一个椭圆，如图 11-35 所示。

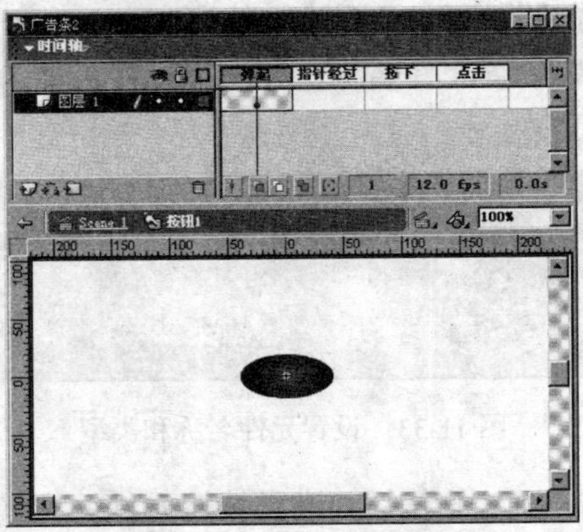

图 11-35　绘制椭圆

（5）在“时间轴”窗口单击“插入图层”按钮，创建一个新图层“图层 2”。

（6）选取“工具”面板中的文字工具A，在属性面板中设置合适的字体、尺寸、颜色等，然后输入“播放”，结果如图 11-36 所示。

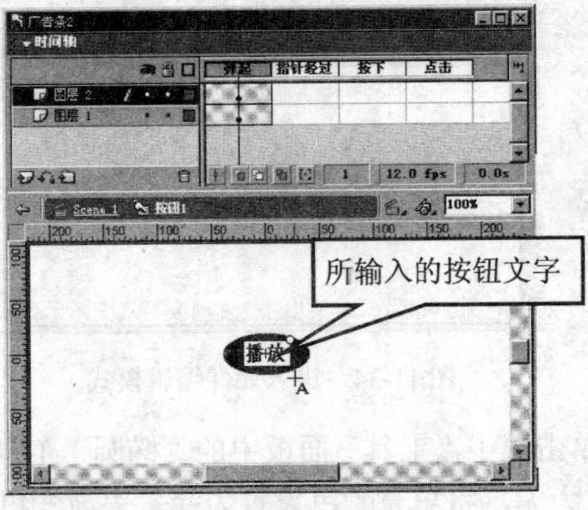

图 11-36　输入按钮文字

（7）右击图层 2 的“按下”帧，从弹出的菜单中选择“插入关键帧”命令，如图 11-37 所示。

（8）使用“箭头“工具选中文字，将其颜色调整为红色。

（9）右击图层 1 的“按下”帧，从弹出的菜单中选择“插入关键帧”命令。

（10）至此，按钮已制作好，按钮元件将出现在“库”控制面板中，如图 11-38 所示。

图 11-37　为文字创建“按下”关键帧

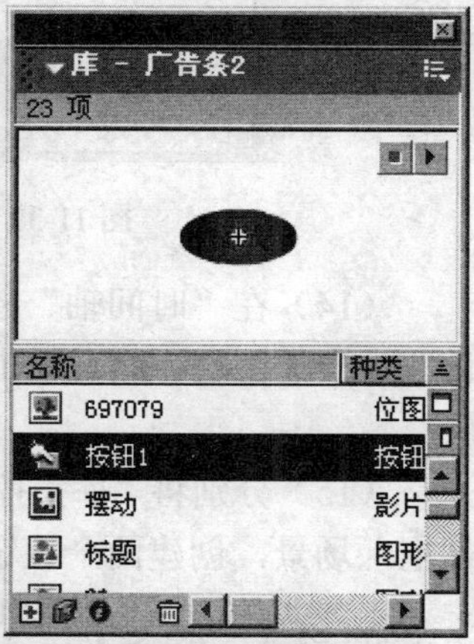

图 11-38　制作好的按钮

（11）为了创建“停止”按钮，可在“库”控制面板中右击“按钮 1”元件，从弹出的快捷菜单中选择“复制”命令，并将复制的元件命名为“按钮 2”。

（12）在“库”控制面板中双击“按钮 2”图标，进入该按钮的编辑状态。分别进入“弹起”与“按下”帧，将文字内容改为“暂停”，并在“图层 1”的“按下”帧增加关键帧，如图 11-39 所示。

（13）单击场景编辑窗口上方的编辑场景按钮，并选择 Scene1（场景 1）选项，切换到主窗口。

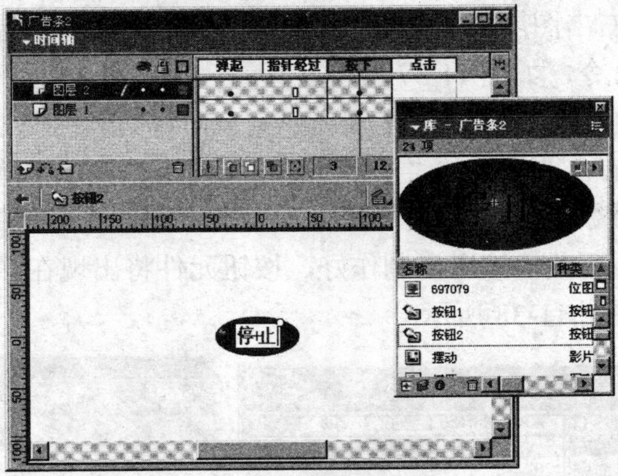

图 11-39　编辑“按钮 2”元件

（14）在“时间轴”控制面板中将图层列表中最上面的图层设置为当前图层，然后单击“插入图层“按钮，创建一个新图层。

（15）分别将“库”控制面板中的“按钮 1”与“按钮 2”元件拖入场景，创建两个按钮实例，如图 11-40 所示。

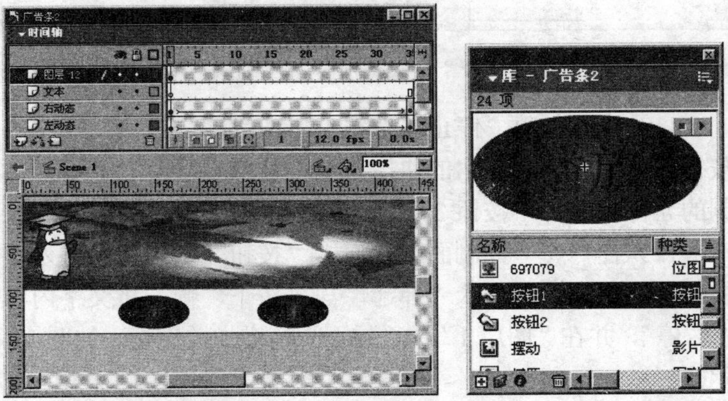

图 11-40　在场景中创建两个按钮实例

（16）单击选中场景中的“播放”按钮，选择“窗口”|“动作”命令，打开“动作”控制面板，依次展开其左侧列表中的“动作”|“影片控制”命令，然后双击 Play，将该动作增加到脚本编辑窗口，如图 11-41 所示。

（17）由图 11-41 可以看出，此时的脚本内容为：

```
on (release) {
  play
}
```

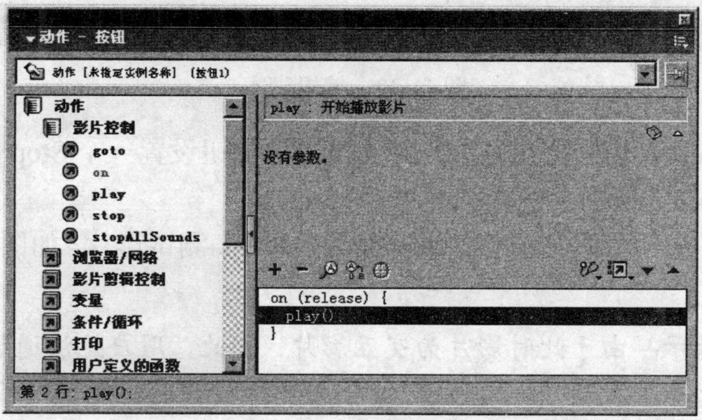

图 11-41　为“播放”按钮增加动作

它表示未按下该按钮时播放影片，而这并不符合我们的要求，因为我们希望在单击按钮后开始播放。为此，可在脚本编辑窗口选中 on (release)行，此时脚本编辑窗口上方将出现“事件”设置区。在“事件”设置区取消原来的“鼠标释放”复选框，并选中“鼠标按下”复选框，则表示单击按钮时播放影片，如图 11-42 所示。此时的脚本也变为：

```
on (press) {
  play
}
```

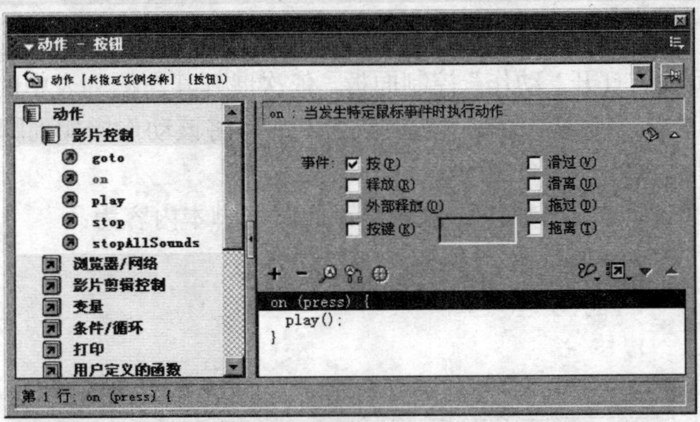

图 11-42　编辑脚本

（18）依据类似方法，为“停止”按钮设置一个 Stop 动作，如图 11-43 所示。

（20）选择“控制”|“测试影片”命令，测试影片，如图 11-44 所示。

提示　由于此时影片为交互影片，因此，用户无法通过选择“控制”｜“播放”命令来测试按钮的功能。

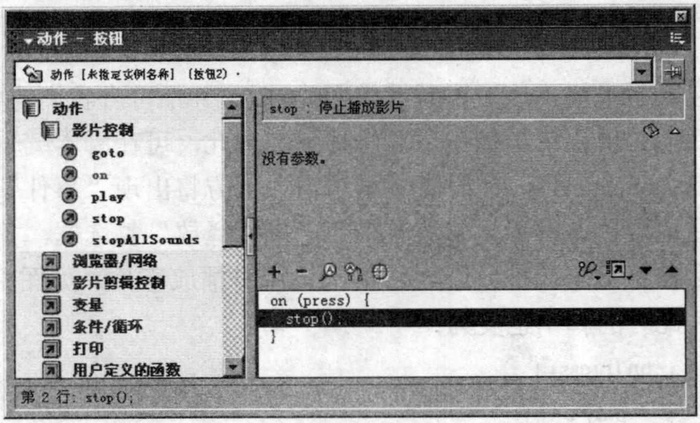

图 11-43　为“停止”按钮设置一个 Stop 动作

图 11-44　播放影片

11.6　上机实践——制作广告条

本例使用 4 张图片制作成不断变换的背景图像，并为憨态可掬的小企鹅添上动作，再配上飞行字的效果，即制作出一个简单的广告条。其效果如图 11-45 所示。

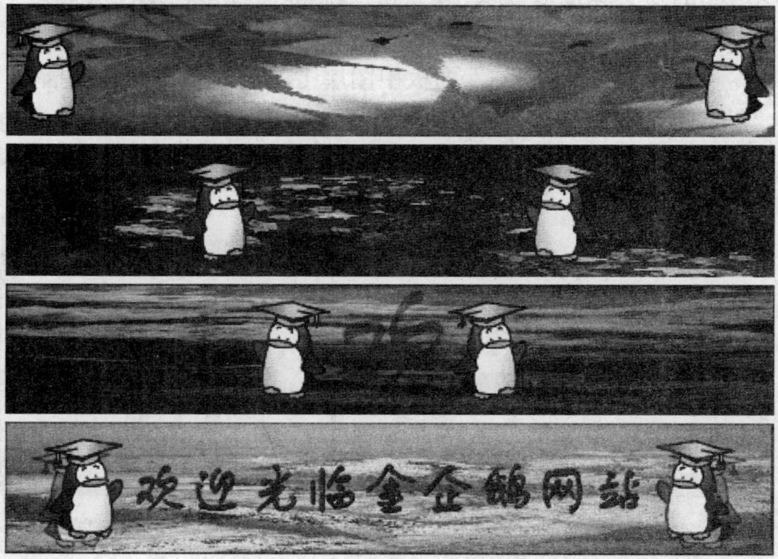

图 11-45　影片效果

本章实例的制作过程包括四大步骤：制作元件、制作渐变的背景图像、制作动态企鹅和添加文本效果。

11.6.1 制作元件

在制作广告条前，我们先将所需的几个主要素材制作成元件，如企鹅翅膀的摆动、身体跳跃的动感，飞行字的效果等，以便于在影片中使用。

1. 制作元件“摆动”

制作企鹅翅膀摆动的元件的操作步骤如下。

（1）新建一个文档，选择“插入”|“新建元件”命令，创建一个名称为“摆动”的“影片剪辑”元件，如图 11-46 所示。

（2）利用各种绘图工具绘制如图 11-47 所示的企鹅图形，并以适当的渐变颜色进行填充，然后选中整个图形，以注册点为中心将其放置在编辑区的正中间。

（3）单击“时间轴”面板中图层 1 的第 5 帧，选择“插入”|“帧”命令，将帧延伸到帧 5，然后依次选择“编辑”菜单中的“选择所有帧”和“拷贝帧”命令，选中并复制所有帧，如图 11-48 所示。

图 11-46 创建“摆动”元件

图 11-47 绘制企鹅图形

（4）选择“插入”|“图层”命令，新建图层 2，并右击该层的第 6 帧，从弹出菜单中选择“插入空白关键帧”命令，插入一

个空白关键帧，如图 11-49 所示。

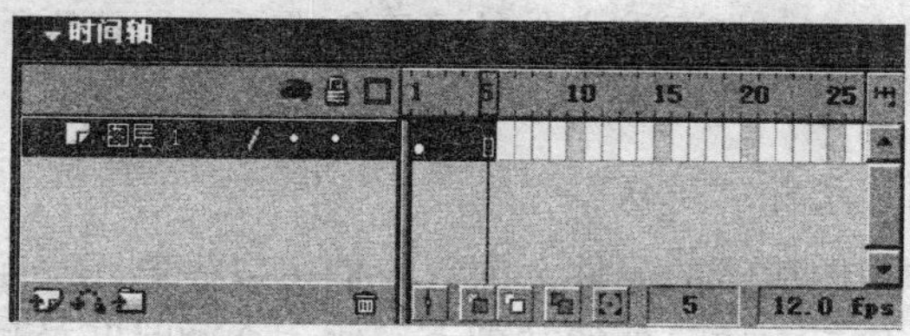

图 11-48　扩展并复制帧

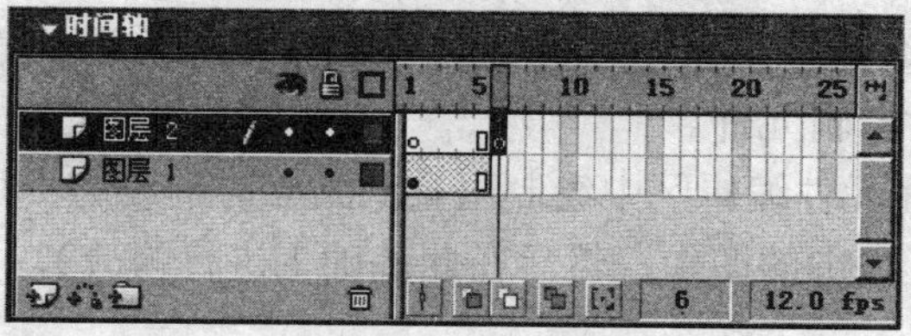

图 11-49　新建图层并插入空白关键帧

（5）右击图层 2 的第 6 帧，从弹出的菜单中选择“粘贴帧”命令，粘贴前面所复制的帧，如图 11-50 所示。

（6）在图层 2 的第 6 帧中，以源图形为基础，修改企鹅翅膀和脚摆动的方向，如图 11-51 所示。

图 11-50　粘贴帧

图 11-51　修改企鹅的翅膀和脚摆动的方向

（7）选择“编辑”|“编辑文档”命令返回场景，并选择“窗口”|“库”命令，打开该文件的“库”面板，即可看到创建的元件“摆动”，如图 11-52 所示。

2. 制作元件“跳跃”

在制作企鹅跳跃的元件之前，我们可以先制作一个企鹅站立时的元件，然后在该元件的基础上，制作企鹅跳跃效果，操作步骤如下。

（1）选择“插入”|“新建元件”命令，新建一个名为“站立”的影片剪辑元件。

（2）在元件编辑区中绘制出企鹅站立时的姿势（可复制前面“摆动”元件中的图像，然后在此基础上进行修改），如图 11-53 所示。

图 11-52 创建的“摆动”元件

图 11-53 绘制企鹅站立时的姿势

（3）返回场景，在该文件的“库”面板中已经添加了新建的元件“站立”，如图 11-54 所示。

（4）再次选择“插入”|“新建元件”命令，新建一个名为“跳跃”的影片剪辑元件。

（5）将元件“站立”从“库”面板中拖至元件编辑区，创建它的一个实例，如图 11-55 所示。

图 11-54　新建元件“站立”

图 11-55　创建元件“站立”的实例

（6）新建一个层“图层 2”，并将该层拖至图层 1 的下面，然后将图层 1 中的元件复制并粘贴到该层的帧 1 中，再分别在其第 2 和第 3 帧插入关键帧，如图 11-56 所示。

（7）以注册点为中心，将图层 2 第 1 帧中的实例向左下方移动，并在“属性”面板中设置该实例的颜色透明度为 40%（该帧将作为企鹅跳跃时的虚影），如图 11-57 所示。

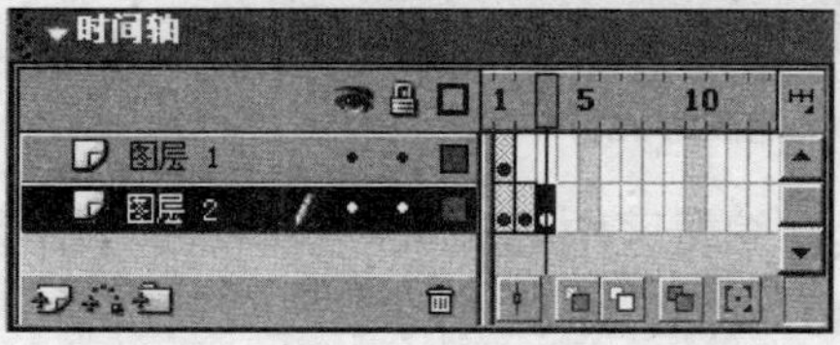

图 11-56　新建图层并插入关键帧

图 11-57　移动实例

(8) 以注册点为中心，将图层 2 第 2 帧中的实例向右下方移动，将第 3 帧中的实例向上移动，如图 11-58 所示。

(9) 返回场景，在“库”面板中即添加了新建的元件“跳跃”，如图 11-59 所示。

图 11-58　第 2 帧和第 3 帧中实例的位置

图 11-59　新建元件“跳跃”

3. 制作影片剪辑元件“飞行字”

在制作元件“飞行字”之前，需要先将所需的文本“欢迎光临金企鹅网站”逐个转换成图形元件，具体操作方法如下。

(1) 新建一个图形元件，并命名为“欢”，如图 11-60 所示。

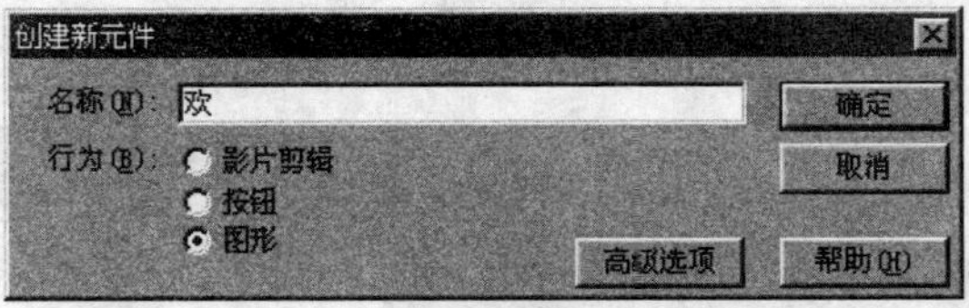

图 11-60　新建图形元件“欢”

(2) 使用“文本”工具在编辑区中心输入一个“欢”字，字体为“方正舒体”，大小为 40，如图 11-61 所示。

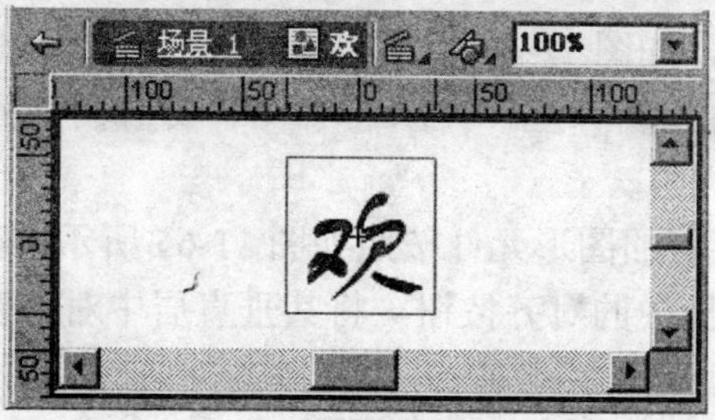

图 11-61 输入文字

（3）按 Ctrl+B 组合键将字体打散，再按 Ctrl+G 组合键将其设置为组合对象。

（4）按 Ctrl+E 组合键返回场景，然后重复上述步骤，分别制作出“迎”、“光”、“临”、“金”、“企”、“鹅”、“网”、“站”8 个图形元件。用户还可以为文字设置不同的颜色，来得到更漂亮的效果。

接下来，我们就来制作一个影片剪辑元件“飞行字”，其操作步骤如下。

（1）新建一名称为“飞行字”的影片剪辑元件。

（2）在“时间轴”面板中新添加 8 个图层，使其达到 9 个图层，然后分别将各层命名为“欢”、“迎”、“光”、“临”、“金”、“企”、“鹅”、“网”和“站”，如图 11-62 所示。

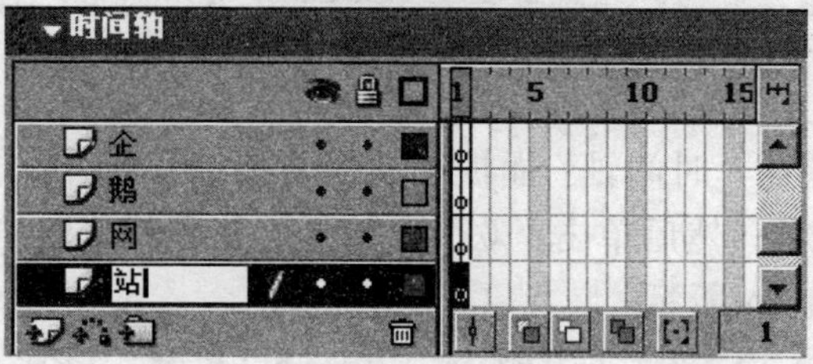

图 11-62 命名各图层

（3）根据层名称，将刚才制作好的图形元件一一放置到对应层的第 1 帧中，如图 11-63 所示。

（4）选择“窗口”|“对齐”命令，打开“对齐”面板，如图 11-64 所示。

（5）将各层的图形元件按照如图 11-65 所示进行摆放，并使用“对齐”面板中的对齐按钮，将其垂直居中对齐及设置相等的间距。

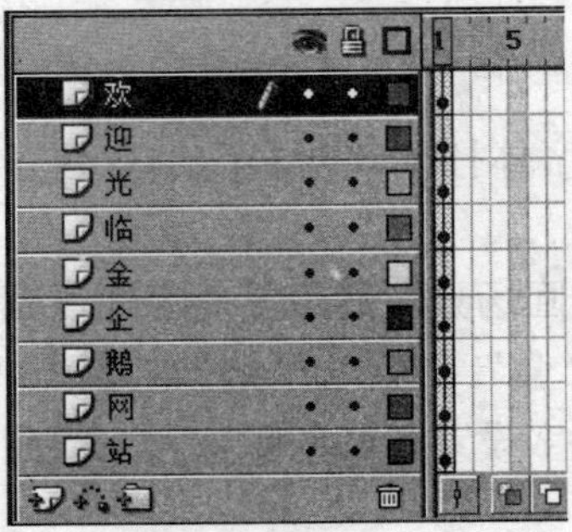

图 11-63　将图形元件放置在对应层的第 1 帧

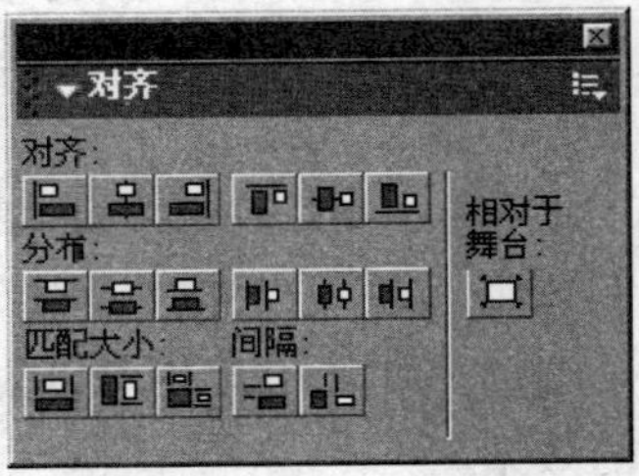

图 11-64　“对齐”面板

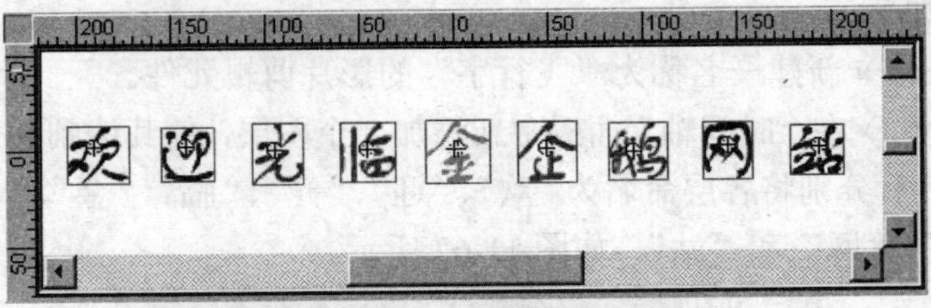

图 11-65　对齐图形元件

（6）单击“时间轴”面板中的眼睛图标，将所有的层属性暂时设置为隐藏，然后单击“欢”层的显示指示栏，取消隐藏“欢”层，如图 11-66 所示。

（7）单击“欢”层的帧 7，并按下 F6 键，将其设置为关键帧，如图 11-67 所示。

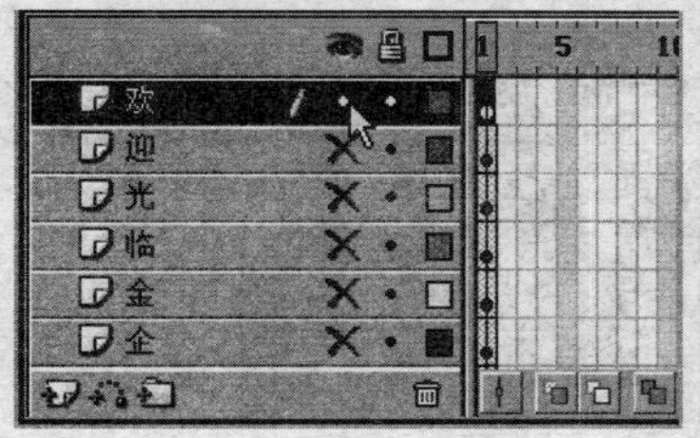

图 11-66　隐藏除“欢”层以外的所有层

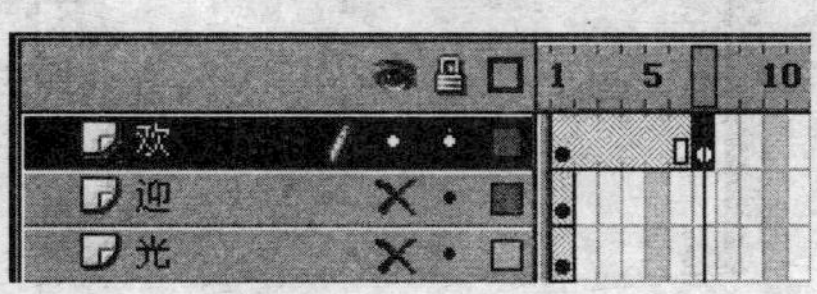

图 11-67　设置“欢”层的关键帧

（8）选取“欢”层的第 1 帧，并打开如图 11-68 所示的“变形”面板，选中“约束”复选框，设置元件大小为 300%，将元件放大 3 倍。

（9）仍选取“欢”层的第 1 帧，在“属性”面板的“颜色”列表框中选择“透明度”选项，并设置其值为 30%，如图 11-69 所示。

（10）将帧 1 中调整好的“欢”移到中心位置，使其本身的中心点与编辑区的中心点对齐，如图 11-70 所示。

（11）隐藏制作好的“欢”层，再打开下一个层进行制作，如图 11-71 所示。

（12）按照相同的步骤，先将其他层的帧 7 设置为关键帧，再将帧 1 中的对象做同样的设置与编辑，最后将对象本身的中心点与编辑区的中心点对齐。

图 11-68　将元件放大

图 11-69　设置元件的颜色透明度

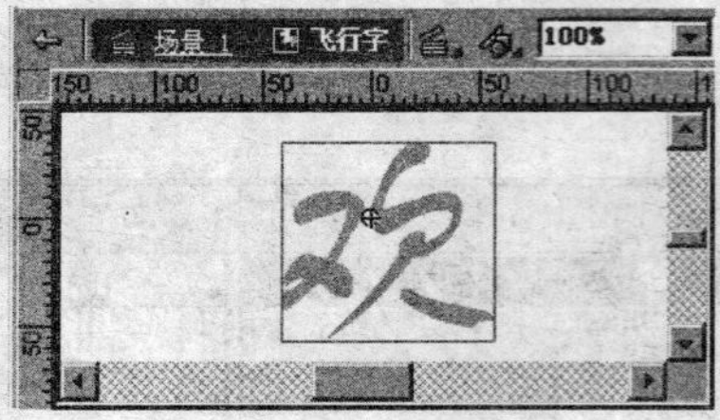

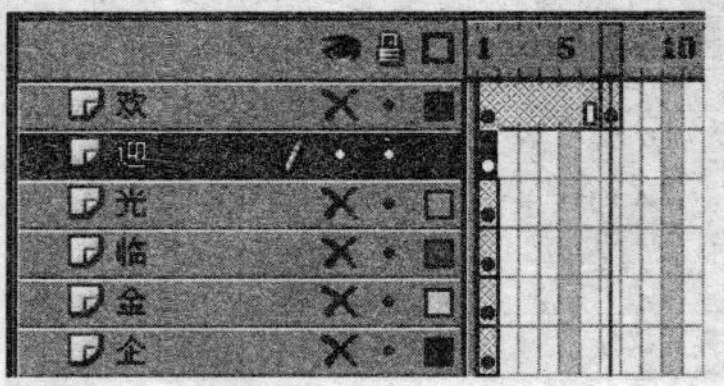

图 11-70　调整元件“欢”的中心位置　　图 11-71　打开下一个层进行制作

（13）完成上述操作后，在“迎”层上单击，选取该层的所有帧，并将整段帧向后拖拽两帧，如图 11-72 所示。

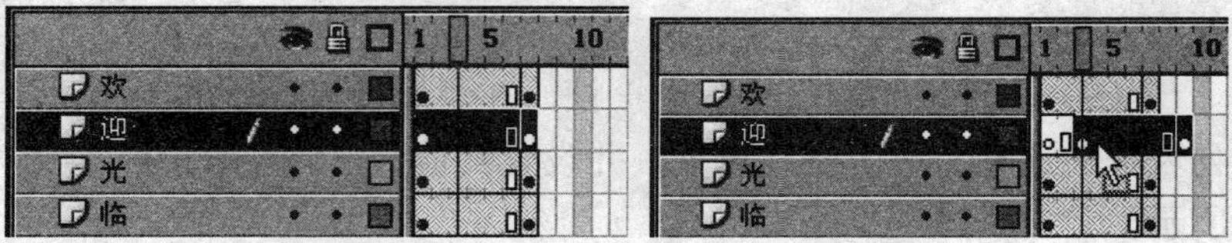

图 11-72　移动“迎”层上的帧

（14）采用相同的方法，将每个层的帧向后拖拽，使每层中帧的起始位置均向后递增两个帧，如图 11-73 所示。

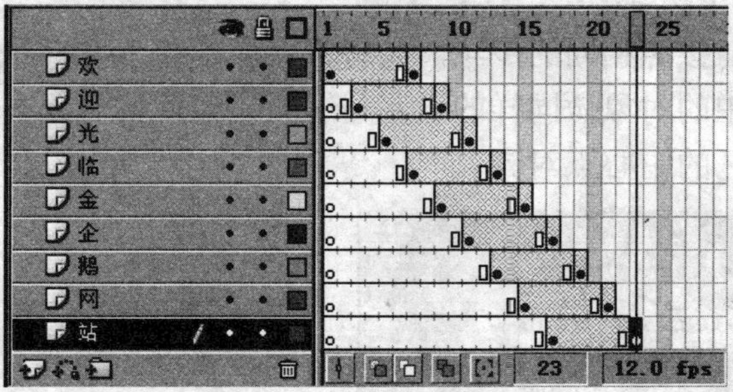

图 11-73　使每层中帧的位置均向后递增 2 个帧

（15）在每个层的两个关键帧之间单击鼠标右键，从菜单中选择“创建补间动画”命令，使文字产生运动渐变效果，如图 11-74 所示。

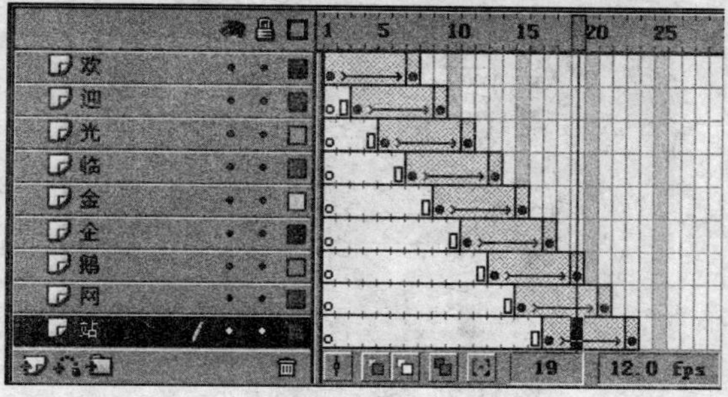

图 11-74　创建补间动画，使文字产生运动渐变效果

（16）在每个层的第 24 帧处均按下 F5 键，将帧延伸到第 24 帧，如图 11-75 所示。

（17）完成文字逐一出现的效果后返回场景，在“库”面板中选中创建的元件“飞行字”，并单击播放按钮，即可查看“飞行字”的动画效果，如图 11-76 所示。

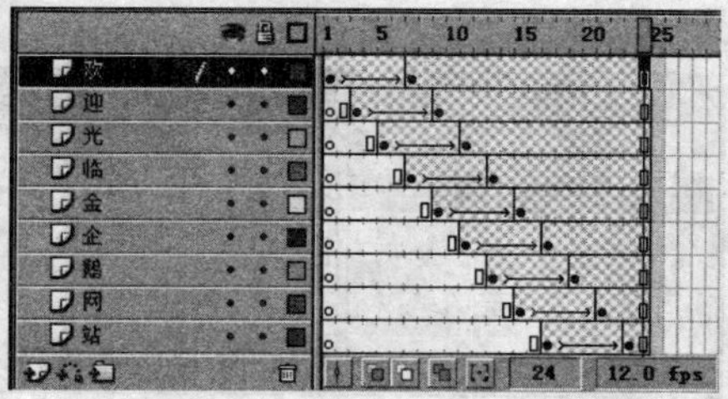

图 11-75　延伸每个层的帧

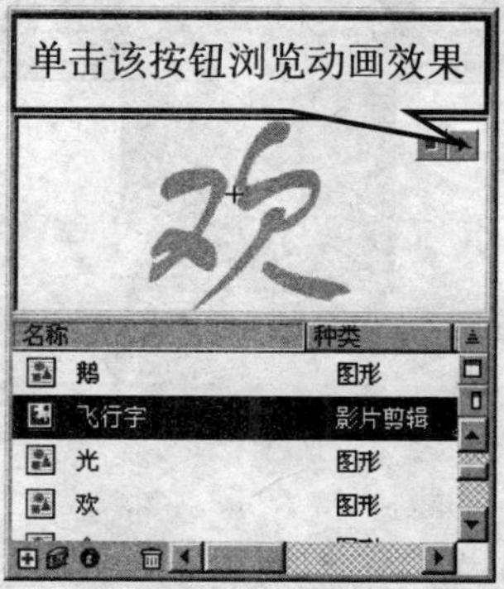

图 11-76　浏览元件的动画效果

11.6.2　制作渐变的背景图像

制作背景图像渐变效果的操作步骤如下。

（1）选择“修改”|“文档”命令，打开“文档属性”对话框，从中设置文档大小，如图 11-77 所示。

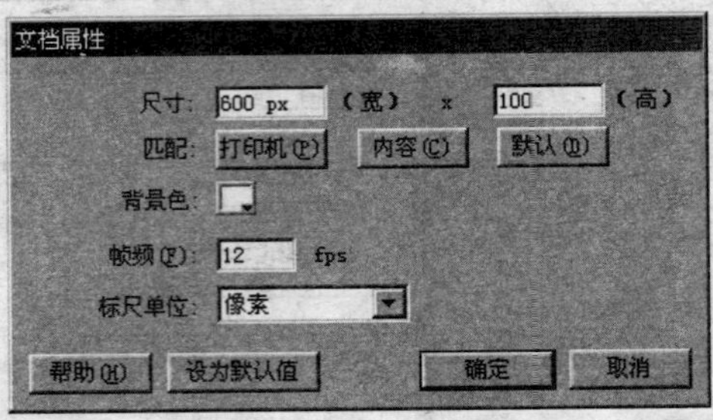

图 11-77　设置文档大小

（2）将所需的 4 幅背景图片，分别制作成图形元件，如图 11-78 所示。

（3）在“时间轴”面板中连续单击 3 次按钮，创建 3 个新层。此时时间轴窗口中有 4 个层，分别双击各层的层名称，重新命名层，如图 11-79 所示。

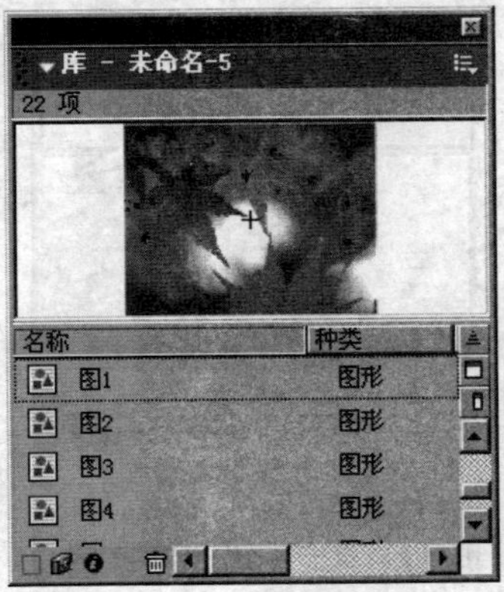

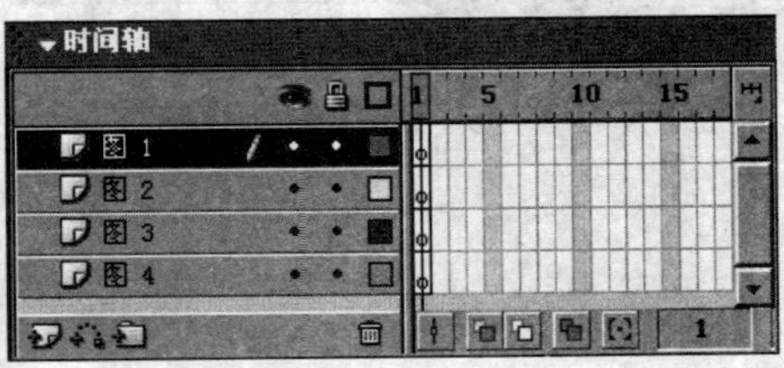

图 11-78　所制作的用于背景的图形元件　　图 11-79　添加并重命名层

（4）将“库”面板中的图形元件对号入座，在对应的层中创建实例，并调整它们的大小，使其与文件大小相同，如图 11-80 所示。

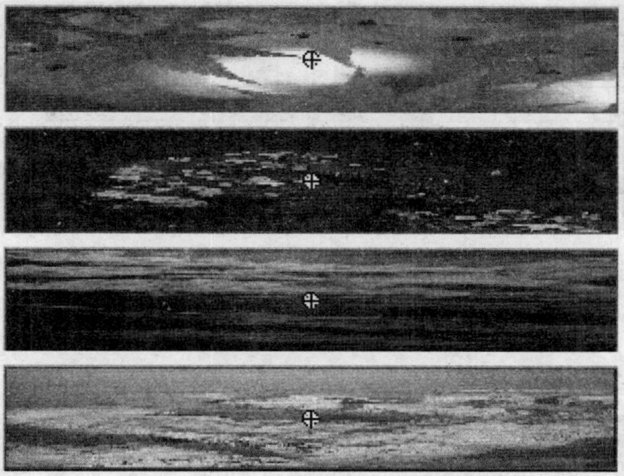

图 11-80　将 4 幅背景图像分别插入到各层

（5）在“图 1”层的第 20 帧处插入关键帧，然后利用“属性”面板分别设置实例“图 1”在第 1 帧上的颜色透明度为 100%，在第 20 帧上的颜色透明度为 0。

（6）在“图 1”层的第 1 帧和第 20 帧之间右击任意一帧，从弹出菜单中选择“创建补间动画”命令，使背景图像产生运动渐变效果，如图 11-81 所示。

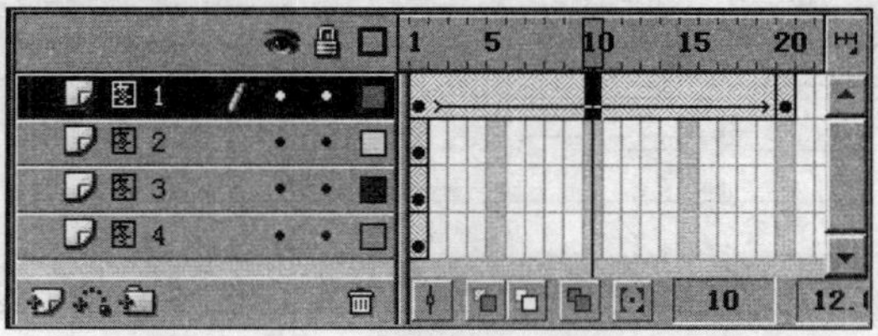

图 11-81　使“图 1”层中的背景图像产生运动渐变效果

（7）分别在“图 2”层的第 20 和 40 帧处插入关键帧，并设置帧 20 中实例的颜色透明度为 100%，帧 40 的实例颜色透明度为 0，然后在这两个关键帧之间设置运动渐变，如图 11-82 所示。

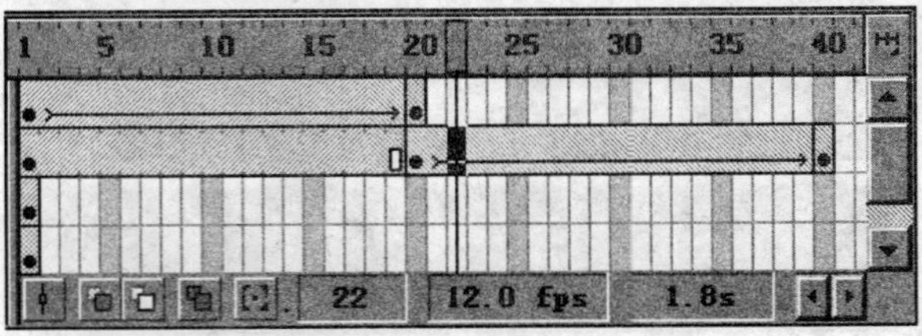

图 11-82　使“图 2”层中的背景图像产生运动渐变效果

（8）参照步骤（7），在“图 3” 层和“图 4”层中做相同的设置，如图 11-83 所示。

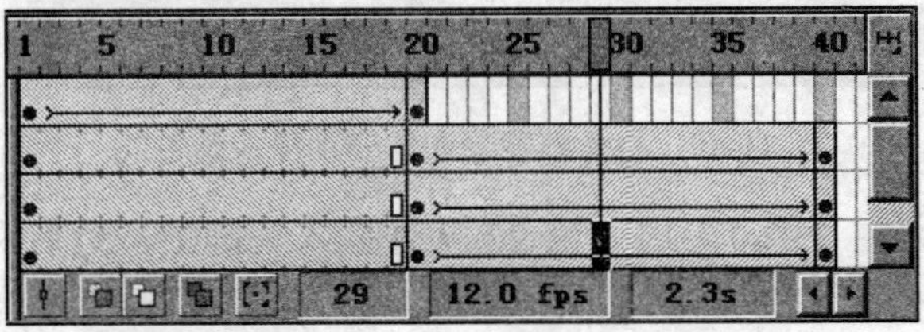

图 11-83　使“图 3”和“图 4”层中的背景图像产生运动渐变效果

（9）分别将“图 3”层和“图 4”层中的所有帧向后拖动 20 帧和 40 帧，得到如图 11-84 所示结果。

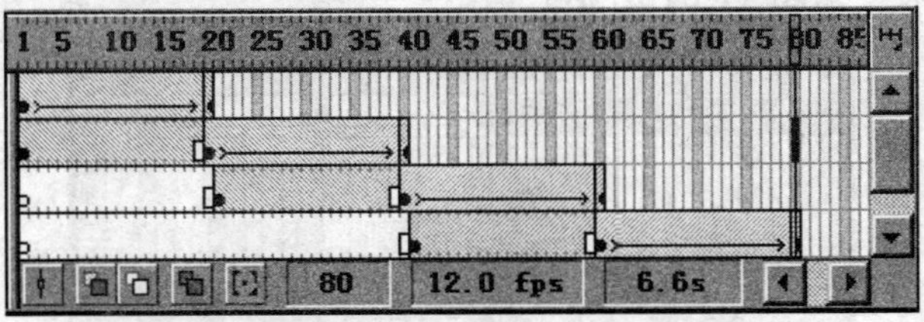

图 11-84　向后拖动“图 3”层和“图 4”层中的帧

（10）为便于查看和管理图层，我们可以使用图层文件夹。为此，可单击“时间轴”面板中的按钮，新建一图层文件夹，并命名为“背景”，然后将图片所在的 4 个层拖动到图层文件夹上，将其放置到图层文件夹中，如图 11-85 所示。

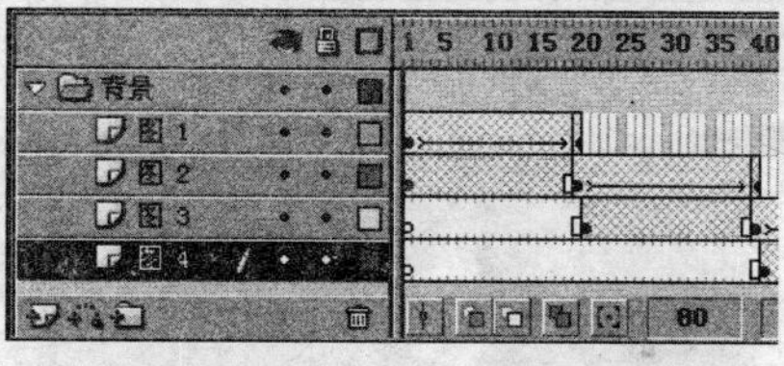

图 11-85　利用文件夹管理图层

（11）选择“控制”|“测试影片”命令，预览背景图片的运动渐变（淡入淡出）效果。

11.6.3　制作动态效果

接下来我们制作使企鹅来回走动的动态效果，其具体操作步骤如下。

（1）单击时间轴窗口中的按钮，新建一个层，并命名为“左动态”，如图 11-86 所示。

（2）将元件“摆动”从“库”面板中拖至场景中创建实例，并将其放置在场景左边，如图 11-87 所示。

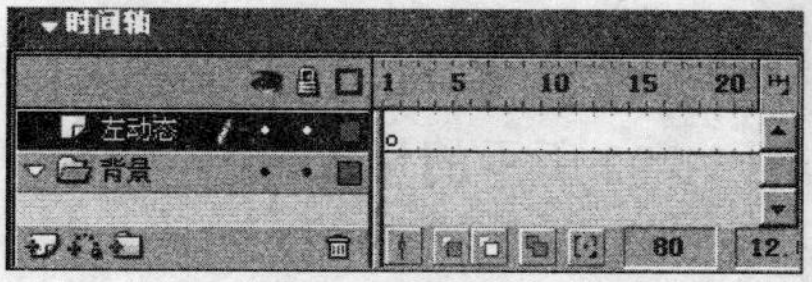

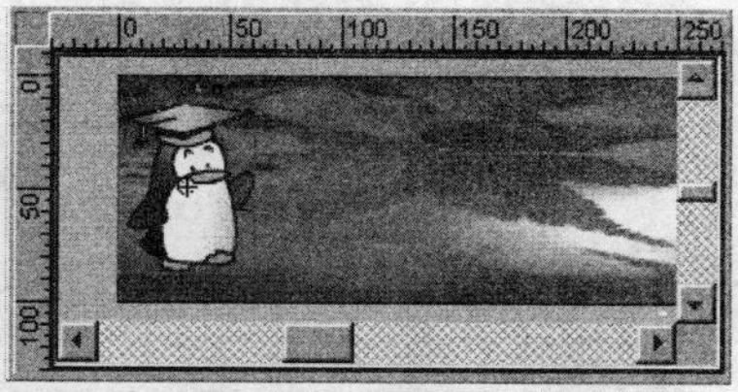

图 11-86　创建新层并命名　　图 11-87　创建“摆动”元件的实例

（3）在该层的第 35 帧处插入关键帧，并将该帧的实例移至如图 11-88 所示的位置。

提示　在制作过程中，可以选择 View | Rulers 命令显示标尺，利用拖出的辅助线确定对象的位置；也可以选择 View | Grid | Show Grid 命令，利用显示的网格定

义对象的位置。

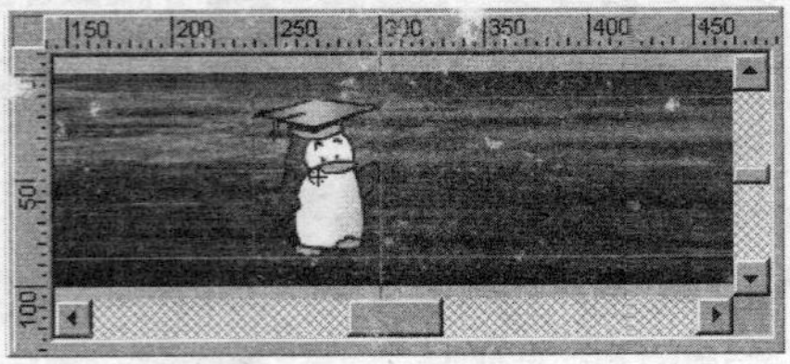

图 11-88　移动实例

（4）单击帧 1～35 之间的任一帧，选择“插入”|“创建补间动画”命令，设置该段为移动渐变，然后在第 36 帧插入一个关键帧。

（5）选中第 36 帧中的实例，选择“修改”|“变形”|“水平翻转”命令，将该实例在原位水平翻转，如图 11-89 所示。

（6）在“左动态”层的第 55 帧处插入关键帧，然后将该帧中的实例水平移至如图 11-90 所示的位置。

（7）在“左动态”层的第 36～55 帧之间设置运动渐变。然后右击第 56 帧，从菜单中选择“插入空白关键帧”命令，插入一个空白关键帧，如图 11-91 所示。

（8）选中第 56 帧，将元件“跳跃”从“库”面板中拖至该帧，创建实例，并将其放置在如图 11-92 所示的位置。

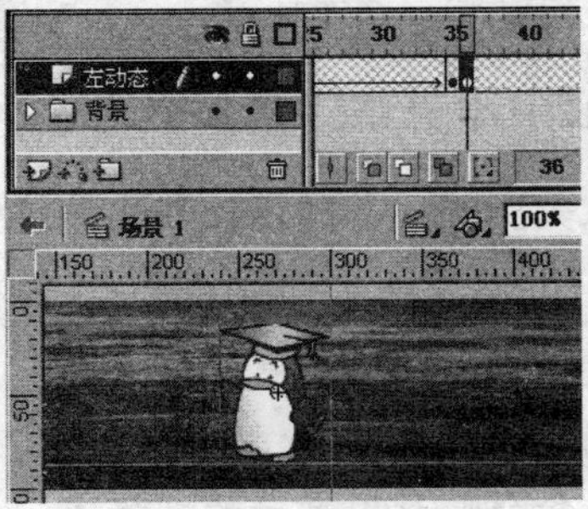

图 11-89　创建动画及翻转实例

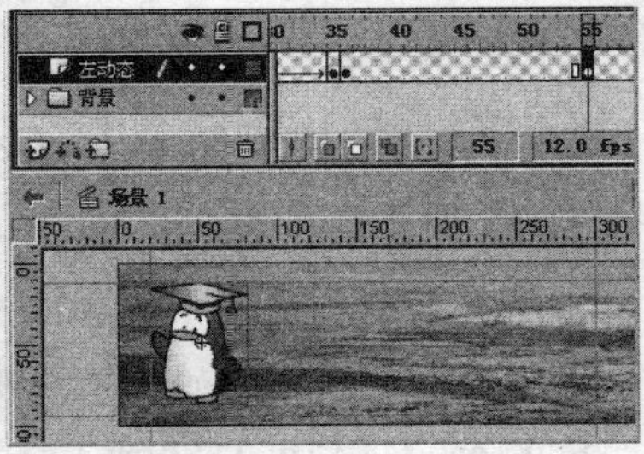

图 11-90　插入关键帧并移动实例

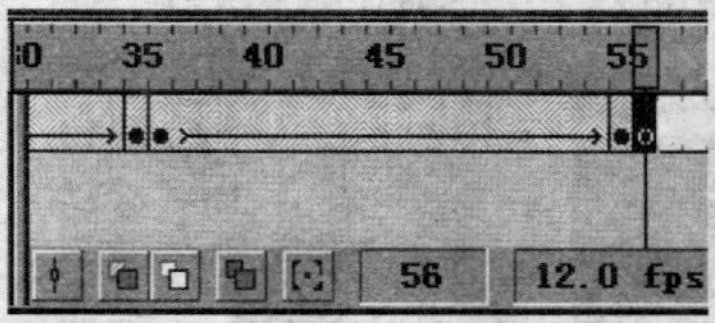

图 11-91 设置运动渐变并插入空白关键帧 图 11-92 创建实例

（9）分别在帧 71、帧 80 处插入关键帧，并设置帧 71 中实例的颜色透明度为 100%，帧 80 中实例的颜色透明度为 0，然后在两个关键帧之间设置运动渐变，如图 11-93 所示。

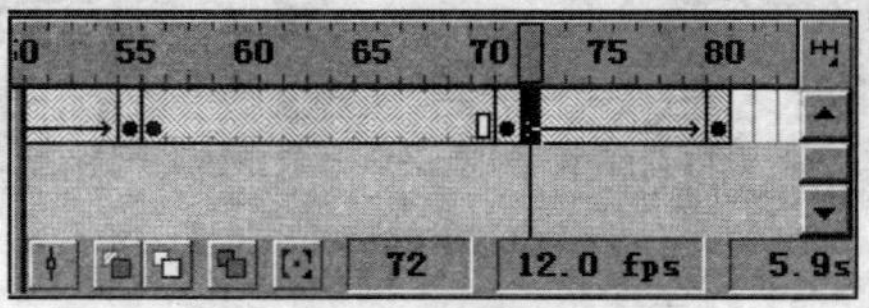

图 11-93 插入关键帧、设置实例的颜色透明度及创建动画

（10）单击“左动态”层，选中该层的所有帧，然后选择“编辑”|“拷贝帧”命令，拷贝其所有帧。

（11）在“时间轴”面板中新建一层，命名为“右动态”，然后右击该层第 1 帧，选择“粘贴帧”命令，粘贴所拷贝的所有帧，如图 11-94 所示。

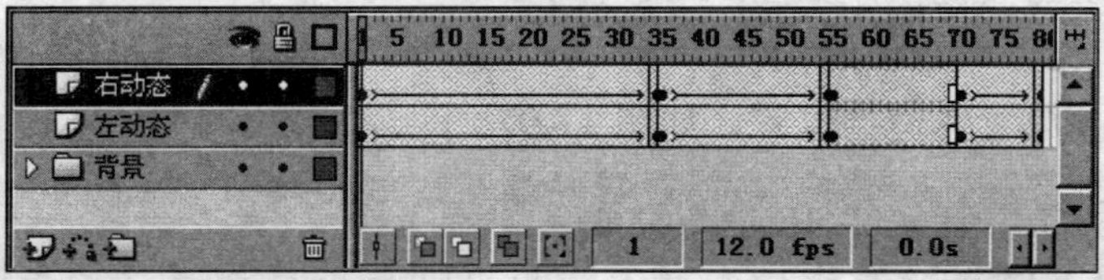

图 11-94 新建图层，并粘贴帧

（12）分别将“右动态”层中各关键帧的实例进行水平翻转，并参照“左动态”层，调整关键帧中实例在场景右半边的位置，

得到企鹅从场景左右两边向中间运动的效果，如图 11-95 所示。

实例在帧 1 中的位置　实例在帧 35 中的位置　实例在帧 36 中的位置

实例在帧 55 中的位置　　　实例在帧 56、帧 71、帧 80 中的位置

图 11-95　“右动态”层中的实例在各关键帧中的显示效果

11.6.4　添加文本效果

制作完广告条的动态画面后，我们来为广告条添加特效文本，以点明广告的内容，操作步骤如下。

（1）新建一个名为“文本”的层，并在该层的第 36 帧插入一个空白关键帧，如图 11-96 所示。

（2）将制作的元件“飞行字”拖至“文本”图层的第 36 帧中，并放置在适当位置，如图 11-97 所示。

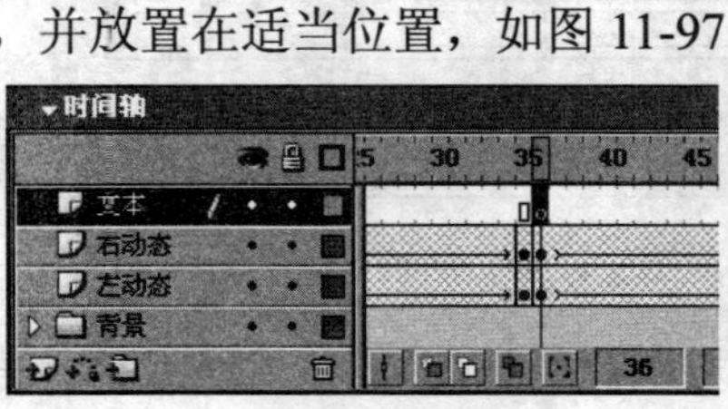

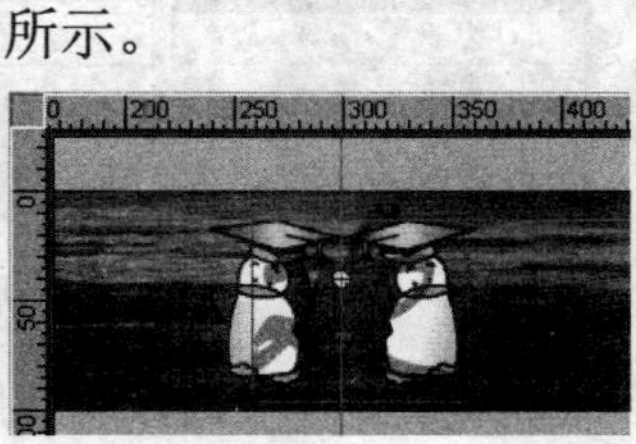

图 11-96　新建图层并插入空白关键帧　图 11-97　将元件“飞行字”拖至图层中

（3）在“文本”层的第61帧处插入一个空白关键帧。

（4）新建一个名称为“标题”的图形元件。

（5）使用“文本”工具在元件编辑区中输入如图11-98所示的文本，字体为“方正舒体”，大小为45，颜色为“黑色”。

图11-98　编辑元件

（6）按下Alt键并拖动文本，复制该文本，然后将所复制的文本的颜色设置为红色，接下来将红色文本移至黑色文本上，并略微偏移，制作出阴影效果，如图11-99所示。

图11-99　制作的文字阴影效果

（7）选中所有文本，按两次Ctrl+B组合键将它们打散，再按下Ctrl+G组合键将它们组合，并将组合对象的中心点与编辑区的中心点对齐。

（8）返回场景，选取“文本”层的第61帧，将制作的元件“标题”拖至该帧中，并放置在场景的正中间，如图11-100所示。

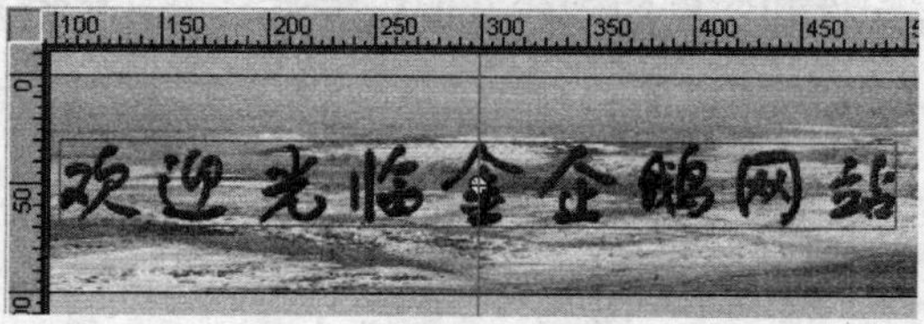

图11-100　拖入并放置元件

（9）分别在“文本”层的第71帧和第80处插入关键帧，并利用“属性”面板分别设置帧71中对象的颜色透明度为100%，帧 80 中对象的颜色透明度为 0。

（10）在第 71～80 帧之间的任意帧上右击鼠标，从弹出菜单中选择“创建补间动画”命令，使文字产生运动渐变，如图 11-101 所示。

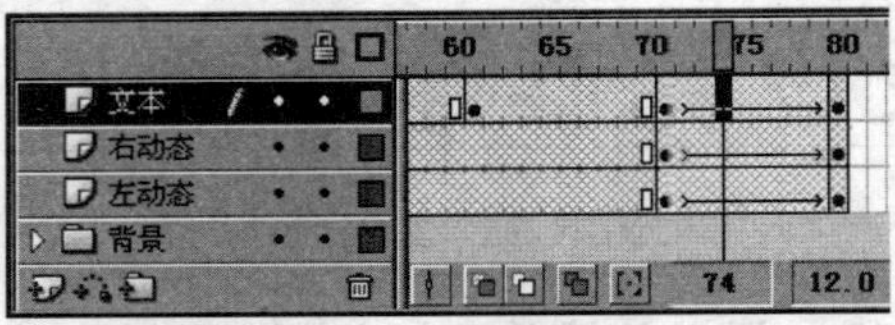

图 11-101 对“文本”层创建运动渐变

（11）选择“控制”|“测试影片”命令预览动画效果，然后选择“文件”|“保存”命令保存文件（文件扩展名为.fla）。

（12）若要将动画文件插入到网页中，还需将动画导出。为此，可选择“文件”|“导出影片”命令，将文件导出（文件扩展名为.swf），如图 11-102 所示。

本章小结

通过本章的学习，读者应能够清楚地了解层的概念，掌握层的编辑操作，及使用层来管理影片中的对象，应能够了解元件和实例，掌握元件和实例的创建及编辑方法，以及能够灵活使用按钮元件。

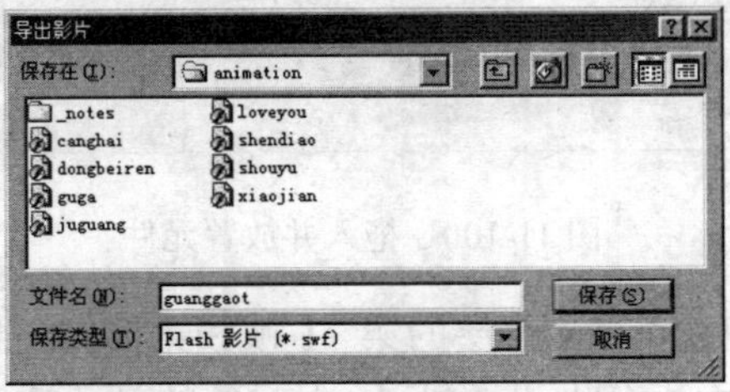

图 11-102 “导出影片”对话框

练习与指导

11.1　Flash 中引入图层的目的是____，它具有____、____、____和____的特点。

11.2　Flash 中的图层有______、______和______3 种类型。

11.3　元件是____，每个元件都可以有自己的____、____和____。实例是____。

11.4　要在当前影片中使用元件库中的项目，只需执行____操作即可。此时，该项目将被添加到____，成为所选元件的一个实例。

11.5　元件的编辑模式有____和____两种。

11.6　创建影片剪辑元件的实例与创建动态图形元件的实例不同。影片剪辑____就可以播放，而动态图形实例则需要____。

11.7　在 Flash 中，创建元件的方法有哪些？

11.8　创建如图 11-103 所示按钮元件，并实现单击按钮时播放动画，单击按钮时停止动画播放。

图 11-103　利用按钮元件控制动画播放

提示　对于图中所示的按钮，用户既可以自己制作，也可以利用公用库中 Playback 文件夹中的 gel Right 按钮和 gel Stop 按钮。

第 12 章　创建动画

本 章 要 点

- ❖ Flash 动画概述
- ❖ 创建补间动画
- ❖ 创建“帧-帧”动画
- ❖ 编辑动画
- ❖ 动画制作示例
- ❖ 创建交互性电影
- ❖ 创建有声影片

12.1　Flash 动画概述

在 Flash 中，用户可以创建出丰富多彩的动画效果，可以使一个对象在场景上穿梭运动、放大或缩小、旋转、变色、淡入或淡出以及改变形状等。这些改变可以单独发生，也可以组合发生。例如，一个对象在旋转的同时还在移动位置，同时它的颜色也可以不断地变换。

为了便于读者更好地熟悉后面的内容，下面首先向读者介绍一些在 Flash 中制作动画的基本常识。

12.1.1　“帧-帧”动画与“补间”动画

在 Flash 中可以创建两种类型的动画，即“帧-帧”动画和“补间”动画。其特点如下：

- “帧-帧”动画是制作好每一帧画面，然后生成动画效果，传统的动画都是这么做出来的。
- “补间”动画则是制作好若干关键帧的画面，由 Flash 通过计算生成中间各帧，使得画面从一个关键帧过渡到另一个关键帧。为了快速创建补间动画中的元素，可使用 Flash 提供的“分散到图层”功能。

在“补间”动画中，Flash 存储的仅仅是帧之间的改变值，而“帧-帧”动画存储的是每一个完整帧的值。因此，“补间”动画的文件尺寸要小得多。

“补间”动画又可细分为两类，一类是“运动渐变”动画，一类是“形状渐变”动画。这两种类型动画的特点如下：

- 对于运动渐变动画来说，用户可以分别在不同时间定义实例、群组、文本块的位置、尺寸或方向。此外，也可以创建沿路径运动的渐变动画。
- 在形状渐变动画中，用户可以分别在不同的时间改变形状或绘制其他形状，Flash 会自动在两个时间点之间创建中间形状。

12.1.2 动画中的图层

在 Flash 影片中，每个情景都由任意数量的图层组成。制作动画时，可以使用图层或图层文件夹组织动画序列中的元素，区分动画中的对象，以使它们不能互相擦除、连接或分割，如图 12-1 所示。如果希望 Flash 能够一次对多个群组或元件进行运动渐变，必须将它们分别放在不同的图层上，通常情况下，可以在背景图层上放置一副静态图像，而在其他图层中分别放置各个独立的动画对象。

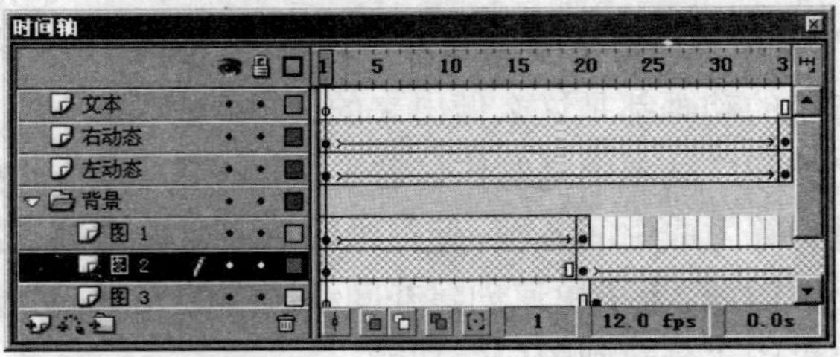

图 12-1 动画中的图层

12.1.3 “时间轴”中的动画表示

在“时间轴”窗口中，Flash 将以不同的形式来区分“补间”动画与“帧-帧”动画，如表 12-1 所示。

表 12-1 帧的显示状态

帧显示状态	说明
	运动渐变动画的关键帧之间通过黑色箭头连接，单元格为浅蓝色背景
	形状渐变动画的关键帧之间也通过黑色箭头连接，但单元格为浅绿色背景
	虚线表示渐变被打断或不完整，例如，未设置最后的关键帧
	单独的关键帧以实心圆点表示，关键帧后面的浅灰色帧表示内容没有发生变化，和关键帧中的内容相同，并且在范围的最后一帧有一个带矩形的黑色竖线
	单元格中有一个字母 a 表示在这一帧中分配了“动作”，当影片播放到这一帧时会执行相应的动作
	一个小红旗表示这一帧中包括帧标签或帧注释
	一个金色的锚点表示该帧为命名锚点

12.1.4 创建关键帧

在创建“帧-帧”动画时，每一帧都是关键帧，而在“补间”动画中，只要在需要的地方定义关键帧，Flash会自动创建关键帧之间的内容。因此，关键帧在制作动画的过程中是非常重要的。由于Flash文档会保存每个关键帧的形状，因此，用户应该只在需要的地方创建关键帧。

在“时间轴”控制面板中，关键帧以实心圆点表示，空白关键帧以空心圆点表示。在同一图层中，后续帧与关键帧具有相同的内容。

要创建一个关键帧，只需在“时间轴”控制面板中的某一帧上单击鼠标选中该帧，然后选择“插入”|“关键帧”命令即可。也可以右击该帧，从弹出的菜单中选择“插入关键帧”命令。

提示 若要同时创建多个关键帧，应首先在“时间轴”控制面板中选中多个帧，然后再利用上面介绍的方法创建关键帧。

12.1.5 扩展帧的范围

在为动画创建背景时，经常需要将某一静态图像显示在多个帧上，此时可以通过在图层上添加新帧（但不是关键帧）来扩展帧的范围。在这种情况下，上一关键帧的内容将会扩展到所有新帧中，如图12-2所示。

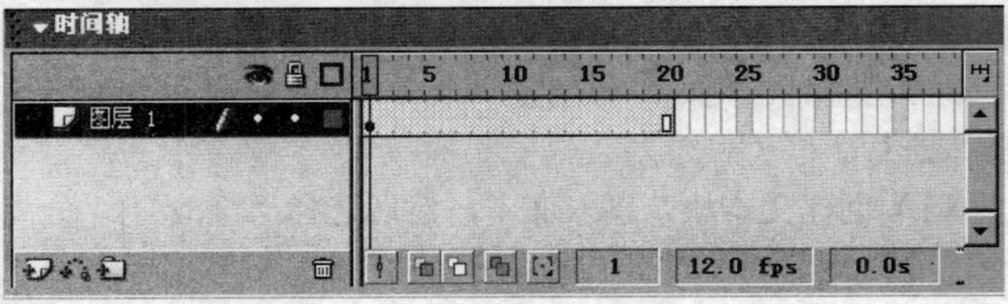

图12-2 扩展帧范围

要扩展帧的范围，可按如下操作步骤进行：

（1）在动画序列的第 1 个关键帧中创建一个图像。

（2）在关键帧的右面单击选中需要扩展到的最后一帧。

（3）选择“插入”|“帧”命令。

为了快速扩展帧，也可按如下操作步骤进行：

（1）在第一个关键帧上创建图像。

（2）按下 Alt 键并拖动该关键帧到需要扩展的最后一帧。

12.2 创建“补间”动画

在 Flash 中可以创建两种类型的“补间”动画。第一类是“运动渐变”动画，它通过在某一帧中定义实例、群组或文本块对象的位置、大小、旋转等属性，然后在“时间轴”的另一帧中改变这些属性，并由 Flash 完成这些属性的渐变过程，从而产生动画效果。

另一类是“形状渐变”动画，它通过在“时间轴”的某一帧中绘制一个形状，然后在另一帧中修改该形状或重新绘制其他的形状，由 Flash 计算前后两帧之间的差异，并插入相应的变形帧，从而创建出动画效果。

12.2.1 将对象分散到图层

为了快速创建补间动画，可使用系统提供的“修改”|“分散到图层”命令，将一组对象自动分配到各图层，以作为创建“补间”动画的基础。例如，要创建一个文本动画，便可按如下操作步骤来进行。

（1）创建文本块，输入文本，然后选择“修改”|“分离”命令，分离文本块，如图 12-3 所示。

（2）选择“修改”|“分散到图层”命令，将各文字分配到

各图层，如图 12-4 所示。

图 12-3　分离文本

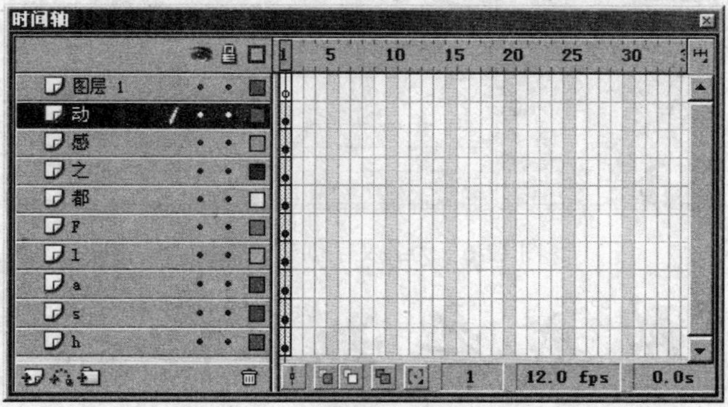

图 12-4　将各文字分配到不同图层

（3）为了便于制作动画，可以在“时间轴”控制面板中利用播放头将第 1 帧设置成当前帧，然后移动各文字之间的距离，结果如图 12-5 所示。

图 12-5　扩大文字之间的间距

（5）参照如图 12-6 所示，在“时间轴”控制面板中分别在各文字的特定帧处创建关键帧。同时，为了能在整个动画播放过程中看到全部文字，还需在各文字的第 45 帧处创建帧，以扩展帧内容。

（6）在“时间轴”控制面板中，分别在“动”字的第 5 帧、

“感”字的第 10 帧、“之”的第 15 帧、“都”字的第 20 帧、F 的第 25 帧、l 的第 30 帧、a 的第 35 帧、s 的第 40 帧、h 的第 45 帧，调整各文字的状态，结果如图 12-7 所示。

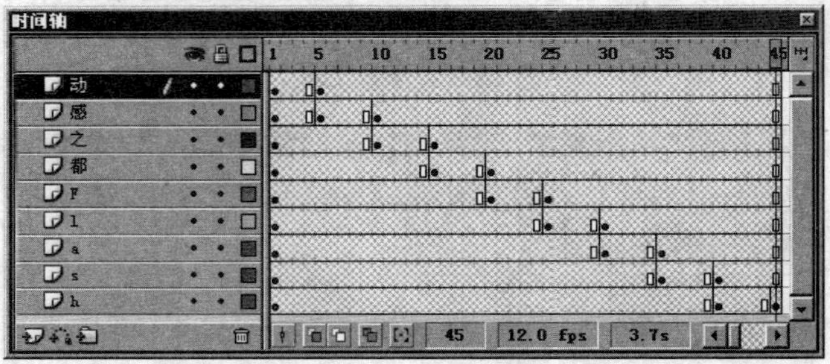

图 12-6　为各文字创建关键帧

图 12-7　调整文字状态

（7）在“时间轴”控制面板中，分别右击“动”字的第 1 帧、“感”字的第 5 帧、“之”字的第 10 帧、“都”字的第 15 帧、F 的第 20 帧、l 的第 25 帧、a 的第 30 帧、s 的第 35 帧、h 的第 40 帧，从弹出的快捷菜单中选择“创建补间动画”命令，结果如图 12-8 所示。

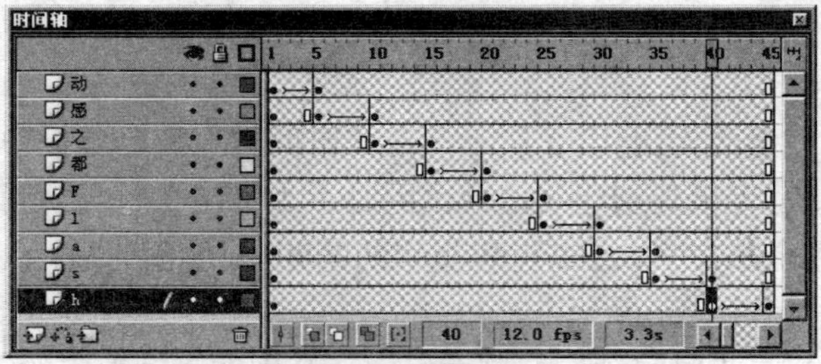

图 12-8　为各文字创建动画动作

至此，一个简单的文字动画就制作完成了。选择“控制”|“播放”命令，即可观看影片播放效果了。

12.2.2 为实例、群组与文字创建运动渐变动画

通过为实例、群组与文字创建运动渐变动画，可改变这些对象的位置、尺寸、旋转或倾斜。此外，通过改变实例与文本的颜色，还可创建颜色渐变动画或淡入、淡出动画。

如果创建运动渐变动画后，又改变了两个关键帧之间的帧数，或者在某个关键帧中移动了群组或实例，Flash将自动重新生成两个关键帧之间的过渡帧。

为了创建运动渐变动画，可使用如下两种方法：

- 为动画创建开始关键帧与结束关键帧，并使用属性面板中的“运动渐变”命令。
- 创建动画的第1个关键帧，在“时间轴”控制面板中扩展帧，选择“插入”|“创建补间动画”命令，移动对象到新位置，Flash将自动创建结束关键帧。

下面就来详细介绍一下使用这两种方法创建过渡动画的操作步骤。

1. 使用“运动渐变”选项创建运动渐变动画

要使用“运动渐变”选项为实例、群组或文本创建运动渐变动画，可按以下操作步骤进行。

（1）在“时间轴”控制面板单击某一图层，将其置为当前图层，并在该图层上选择一个空白关键帧，作为动画的开始帧，如图12-9所示。

（2）在场景中创建元件实例、群组或文本块，如图12-10所示。其中，如果绘制的是一个或一组图形对象，必须将其转换为元件。

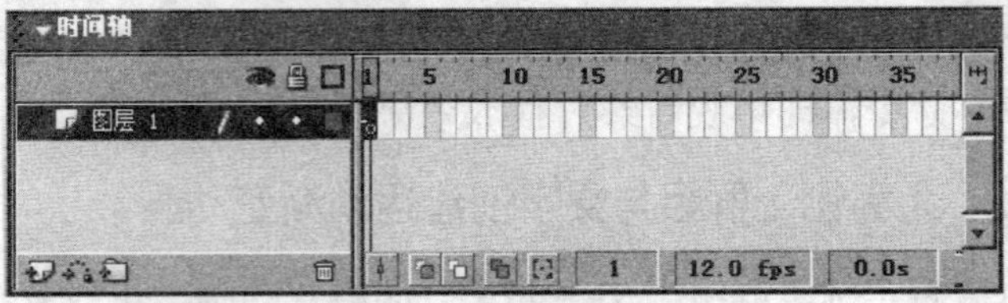

图 12-9　将某个空白关键帧设置为动画的开始帧

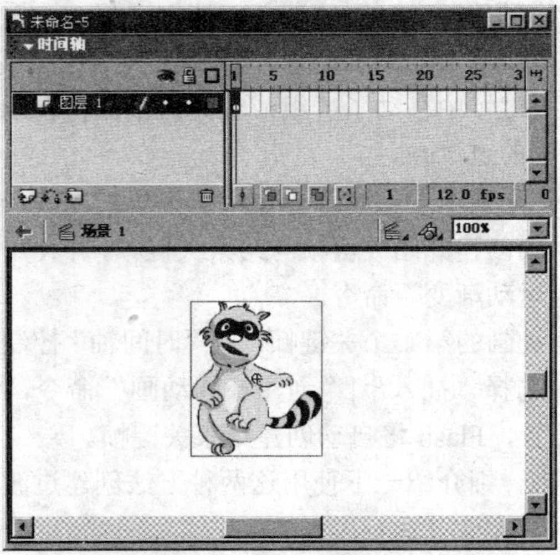

图 12-10　创建实例

（3）在希望结束动画的位置创建第 2 个关键帧，然后单击选择第 2 个关键帧左侧的结束帧，如图 12-11 所示。

（4）使用“任意变形”工具改变对象的位置，调整对象的大小、旋转角度或倾斜角度，或者修改它们的颜色（只用于实例或文本块），如图 12-12 所示。

（5）打开“属性”面板，双击“时间轴”控制面板中的结束帧，以便选中第 1 个关键帧到结束帧之间的全部帧。

图 12-11　创建第 2 个关键帧并选择结束帧

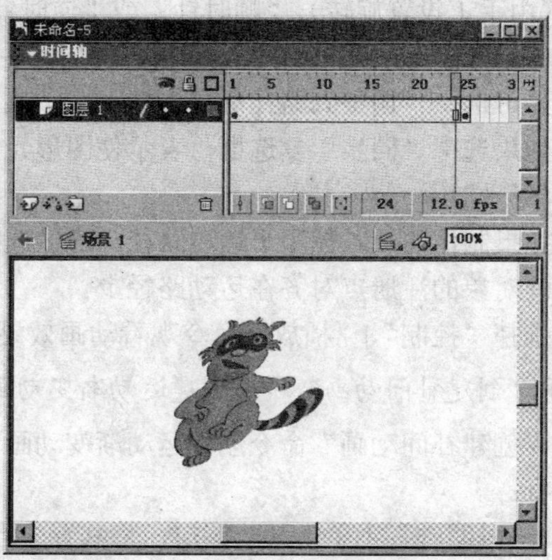

图 12-12　在结束帧编辑对象

（6）在“属性”面板中打开“补间”下拉列表框，从中选择

“运动渐变”选项。如果前面对对象还执行了缩放操作，此时还应选中“缩放”复选框，如图 12-13 所示。

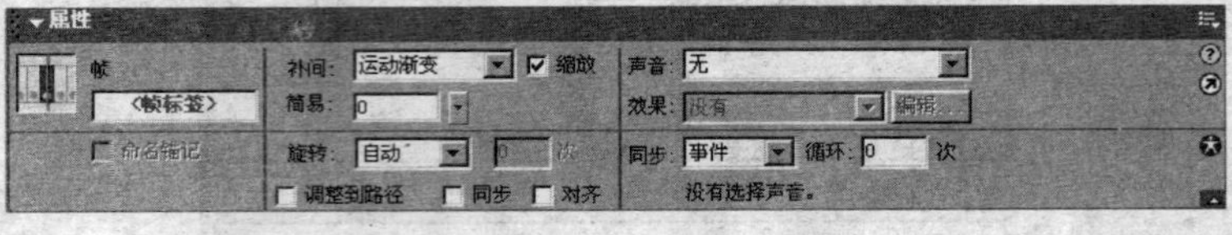

图 12-13　选择补间动画的类型

（7）在“简易”文本框中输入一个值，以调整两个过渡帧之间的变换速度。其中，如果希望动画开始时较慢，然后加速，可将“简易”数值设置为一个负值；如果希望动画开始时快，然后减速，可将“简易”值设置成一个正值。默认情况下，“简易”数值为 0，表示动画匀速变化。

（8）为了在渐变时旋转对象，可在“旋转”下拉列表框中选择“自动”（由手工设置旋转）、“顺时针”或“逆时针”选项。

（9）如果在制作动画时使用了运动引导图层，并规定了对象运动的路径，可选中“调整到路径”复选框。

（10）如果选中“同步”复选框，表示使图形元件实例动画与主“时间轴”同步。

（11）如果制作动画时使用了运动路径，通过选中“对齐”复选框，可使对象的注册点对齐在运动路径上。

（12）选择“控制”|“播放”命令观看动画效果。

2. 使用“创建补间动画”命令创建运动渐变动画

要使用“创建补间动画”命令创建运动渐变动画。可按如下操作步骤进行：

（1）在“时间轴”上单击某一图层，将其置为当前图层。

（2）选择一个空白关键帧，然后绘制对象或创建一个元件实例。

（3）选择“插入”|“创建补间动画”命令。如果在步骤（2）中绘制的是图形对象，Flash会自动将其转换为元件，并命名为“补间1”，如图12-14所示。此时场景中的对象自然就成了一个元件实例。

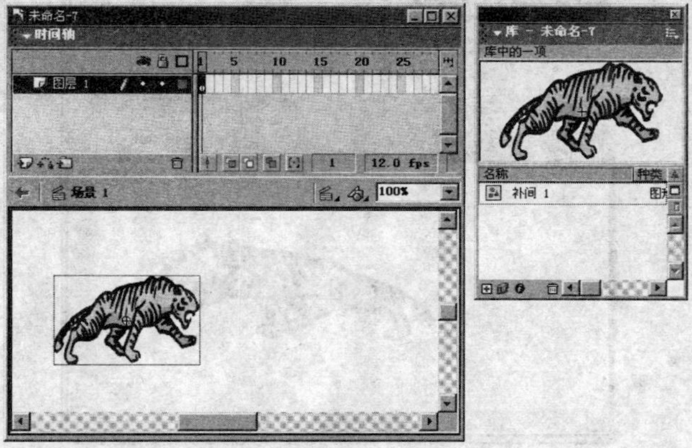

图12-14　系统自动创建的“补间1”元件

（4）在希望结束动画的帧上单击选中该帧，然后选择“插入”|“帧”命令插入帧。此时“时间轴”控制面板中显示虚线，如图12-15所示。

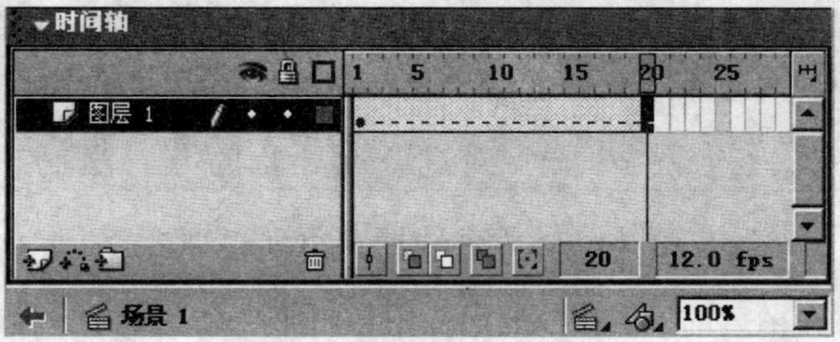

图12-15　插入帧

（5）单击最后一帧，并根据需要调整对象的位置、缩放比例或旋转角度。调整结束后，取消对象选择，此时在“时间轴”上的结束位置将自动添加一个关键帧，并显示一个箭头，如图 12-16 所示。

图 12-16　创建的运动渐变动画

（6）如果要实现颜色的过渡效果，可首先将动画的开始关键帧或结束关键帧设置为当前帧，然后单击选中对象，并借助“属性”面板进行调整，如图 12-17 所示。

图 12-17　为动画设置颜色渐变效果

（7）在“时间轴”控制面板中双击第 2 个关键帧左侧的结束帧，选中运动渐变动画的全部帧，然后根据需要，使用“属性”面板调整动画的“简易”数值和“旋转”等项目。

（8）选择“控制”|“播放”命令，观看影片播放效果。

12.2.3 创建沿指定路径运动的动画

我们在前面章节已经详细介绍了运动引导图层的特点及用法，并给出了一个简单的路径动画制作实例。在本节中，我们再来介绍一个新的路径动画制作实例。其操作步骤如下。

（1）根据前面介绍的方法，创建一个运动渐变动画，如图12-18所示。

图12-18 创建运动渐变动画

（2）选择“插入”|“运动引导层”命令，创建一个运动引导图层。

（3）使用“铅笔”、“椭圆”、“矩形”或“线条”工具等，在运动引导层中绘制出一条运动路径。

（4）捕捉对象的中心，在起始帧把对象中心移到路径的起点，在结束帧把对象中心移到路径的终点，如图12-19所示。此时播放动画，可看到青蛙做“跳跃”运动。

（5）默认情况下，对象在沿路径移动时只是平移或旋转，而与路径的切线方向没有关系。例如，如果在“时间轴”窗口中将第 1 帧设置为当前帧，单击选中“洋葱皮”按钮，并将“时间轴”窗口上方出现的“洋葱皮”设置条调整为与动画长度一致，以观察动画的全部帧，此时画面将类似如图 12-20 所示。

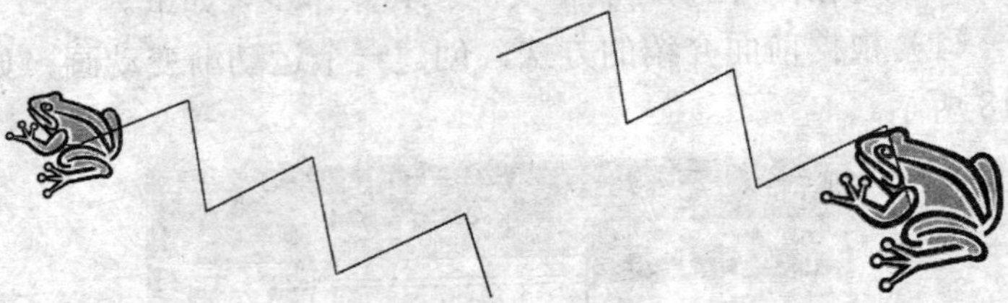

图 12-19　在开始帧和结束帧分别将对象移动到路径的起点和终点

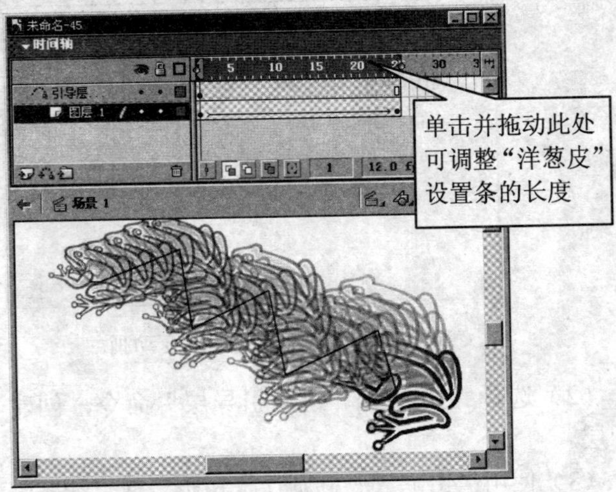

图 12-20　动画的“洋葱皮”效果

（6）如果希望对象在沿路径运动时，能够根据路径的切线方向调整其自身的方向。可首先在“时间轴”控制面板中双击第 2 关键帧左侧的结束帧，选中过渡动画的全部帧，然后在属性面板中选中“调整到路径”复选框，此时画面将如图 12-21 所示。此时播放动画，则可看到青蛙做“翻跟斗”运动。

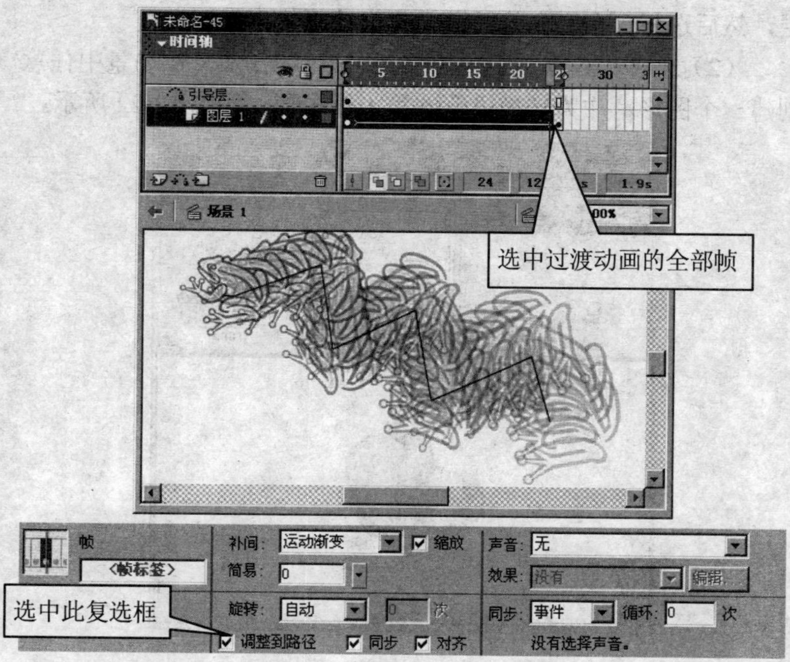

图 12-21 使对象的方向随路径的切线方向进行自动调整

12.2.4 创建形状渐变动画

通过创建形状渐变动画，可以创建类似变形效果。对象最初以某一形状出现，随着时间的推移，起初的形状将逐步转变为另外的一个形状。同时，Flash 还可以对形状的位置、大小和颜色进行过渡。

为了对群组、实例、位图图像或文本应用形状变换，必须将其分解为图形元素。此外，为了控制复杂的形状变换，还可以使用形状提示，以控制如何将原形状转换为新形状。

要创建形状渐变动画，可按以下操作步骤进行：

（1）在“时间轴”控制面板单击图层名称，使其成为当前图层，然后选择一个空白的关键帧作为动画的开始帧。

（2）选取“工具”面板中的绘图或文本工具，在场景中任意创建一个图形，作为转换过渡的第 1 帧图形，如图 12-22 所示。

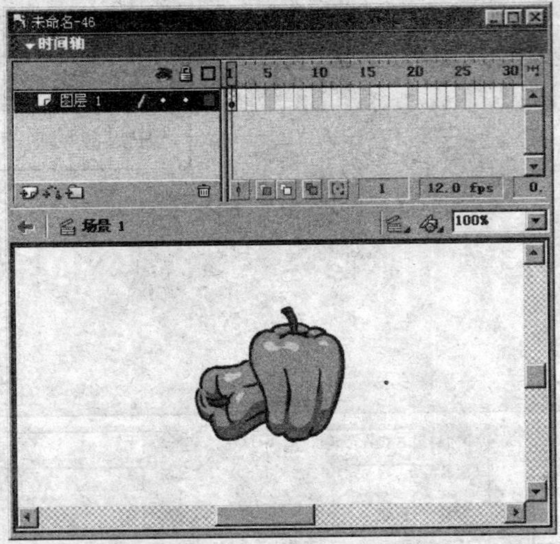

图 12-22　创建初始形状

提示　帧中最好只包含一个项目，如一个图形对象，或者分解的群组、位图、实例或文本块。

（3）在“时间轴”控制面板中选择第 1 个关键帧，在“属性“面板中从“补间”下拉列表框中选择“形状渐变”，如图 12-23 所示。

（4）在属性面板中设置“简易”数值与“混合”模式。其中，“简易”数值的作用与运动渐变动画完全相同。“混合”模式包括“分布式”和“角度式”，其特点分别如下。

- 分布式：在这种模式下创建形状渐变动画时，中间形状比较平滑且不规则。

- 角度式：在这种模式下创建形状渐变动画时，中间形状将保留原始形状的角度和线条。当原始形状带有锐角和直线时，可选用此模式。

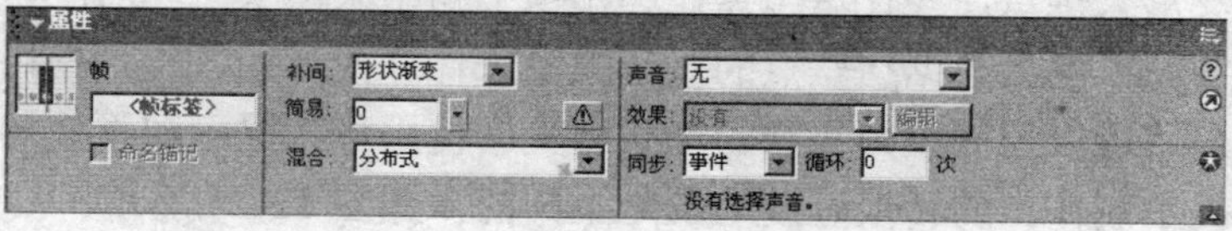

图 12-23　设置渐变动画类型为“形状渐变”

（5）在“时间轴”控制面板中单击希望结束动画的帧，选择“插入”|“关键帧”命令，创建一个关键帧。

（6）在“时间轴”窗口中选择第 2 个关键帧，执行如下操作：修改初始形状的外观、颜色与位置，删除初始形状并绘制一个新形状。结果如图 12-24 所示。

（7）选择“控制”|“播放”命令，观看动画播放效果。

图 12-24　在第 2 个关键帧创建新形状

12.2.5 使用形状提示控制形状渐变

形状提示就是在变形的初始图形与结束图形上，分别指定一些变形关键点，并使这些点在起始帧中和结束帧中一一对应，这样 Flash 就会根据这些点的对应关系来计算变形的过程。使用形状提示可以控制较为复杂的形状渐变。使用形状提示和不使用形状提示制作出的转换过渡动画是不同的，如图 12-25 所示。

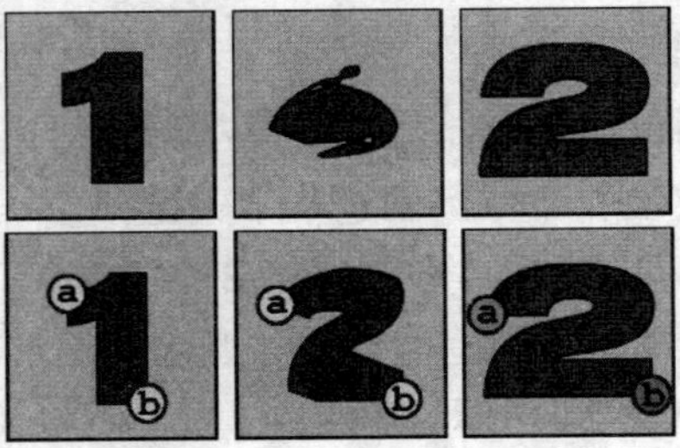

图 12-25 相同的变形在不使用形状提示和使用形状提示下的变形方式不同

1. 使用形状提示时遵循的原则

在 Flash 中最多可以使用 26 个变形关键点，分别用 a 到 z 表示。在起始关键帧的变形关键点用黄色圆圈表示，在结束帧用绿色圆圈表示。为了获得最佳变形效果，应遵循以下原则：

- 如果过渡比较复杂，可以增加一个或多个中间形状，而不要仅仅设定一个起始关键帧和一个终止关键帧。
- 确保形状提示的变形关键点是符合逻辑的。例如，如果在一个三角形上添加了 3 个变形关键点，依次为 a、b、c，那么无论将该三角形如何变形，这三个点始终应保持 a、b、c 的顺序，即在第 2 个关键帧中它们的顺序仍应该是 a、b、c，而不能变成 a、c、b 或 b、c、a 等。
- 如果将形状提示按照逆时针方向从图形的左上角位置开始，则变形效果更好。

- 变形关键点不应太多，但应将每个关键点放置在合适的位置。

2. 形状提示的应用

要使用形状提示控制形状渐变，可按以下操作步骤进行：

（1）在形状渐变动画中选择第1个关键帧。

（2）选择“修改”|“形状”|“添加形状提示”命令，此时开始形状提示显示为带红色圆圈的字符，如图12-26左图所示。

（3）移动形状提示到指定位置。如果需要的话，可以再添加其他形状提示，并将其移至合适的位置，结果如图12-26中图所示。

（4）选择形状渐变动画的第2个关键帧，将叠加在一起的形状提示移至合适的位置，如图12-26右图所示。

图12-26　添加形状提示并进行适当设置

12.3　创建“帧-帧”动画

“帧-帧”动画是最传统的动画创建形式，也是Flash动画的另一个重要类型。“帧-帧”动画适于创建非常复杂的动画，它的每一帧都是关键帧，每一帧都需要由设计者确定，而不是由Flash通过计算得到。与过渡动画相比，“帧-帧”动画的文件尺寸增大得很快。“帧-帧”动画的“时间轴”控制面板如图12-27所示。

要创建“帧-帧”动画，通常可按以下操作步骤进行：

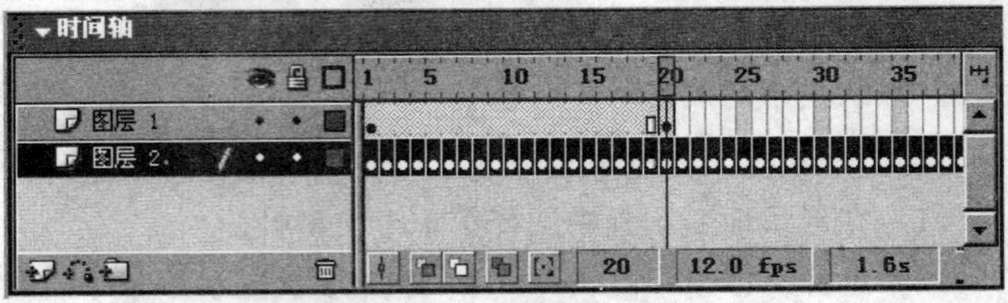

图 12-27 “帧-帧”动画的“时间轴”控制面板

（1）在“时间轴”控制面板中单击图层名称，将其设置为当前图层，或者在“时间轴”控制面板中创建一个新图层。

（2）选择第一个关键帧，如果选择的帧不是关键帧，可以选择“插入”|“关键帧”命令，使它成为关键帧。

（3）使用“工具”面板中的各种绘图工具和填充工具，在场景中制作动画第 1 帧的图画内容（也可导入外部图形与图像）。

（4）在“时间轴”控制面板上单击相同图层当前帧的右边一帧，然后选择“插入”|“插入空关键帧”命令，插入一个空白关键帧。如果希望在上一关键帧的基础上进行修改，可选择“插入”|“插入关键帧”命令。

（5）在场景中绘制图形，作为第 2 个关键帧。

（6）重复步骤（4）~步骤（5），一帧一帧地增加新的关键帧，直到创建完全部动画所需要的帧。

（7）选择“控制”|“播放”或“测试影片”命令，播放动画。

12.4 编辑动画

创建一个帧或关键帧之后，可以把它移动到同图层或另一图层的任何位置，也可以删除它。但是，用户只能够编辑关键帧，对于过渡帧，只能查看而不能编辑。要修改过渡帧的内容，只能通过修改关键帧或者在开始关键帧和结束关键帧之间插入新的关键帧。此外，要同时显示和编辑多个帧，可以使用“洋葱皮”技术。

12.4.1 选择帧

要在“时间轴”面板中选择帧，用户可以执行下述操作。

- 要选择一个帧，只需在选中相应的图层后单击该帧即可。要选择一个或多个图层的一组连续帧，可首先单击选中该组帧的第 1 个帧，然后在按下 Shift 键后单击选中该组帧的最后一帧。
- 要选择一组非连续帧，可首先按下 Ctrl 键，然后单击选择帧（这些帧可位于不同图层）。
- 要选择当前场景中的全部帧，可选择“编辑”|“选择所有帧”命令，或者按 Ctrl+Alt+A 组合键。

12.4.2 删除、清除、移动与复制帧

要在“时间轴”面板中删除、清除、移动与拷贝帧，用户可执行下述操作。

- 要删除帧或帧序列（包括普通帧与关键帧），可以首先选中这些帧或帧序列，然后选择“插入”|“删除帧”命令。或者在选中的帧上单击鼠标右键，从弹出的快捷菜单中选择“删除帧”命令。删除帧后，后续帧将自动向前移动。
- 要清除帧，可以在选中帧后选择“编辑”|“剪切帧”或“清除帧”命令。清除帧时，只是所选帧的内容被清除，此时不影响被清除帧周围的帧。
- 要移动帧或帧序列，可以首先选中这些帧或帧序列，然后将它们拖到指定位置。要复制帧或帧序列，可首先选中这些帧，然后按下 Alt 键并将其拖放到新位置。

此外，用户也可利用剪切、复制和粘贴方法来移动、复制帧或帧序列。

12.4.3 扩展关键帧和改变过渡动画长度

要扩展一个关键帧，可以在选中关键帧后，按下 Alt 键，单击并拖动关键帧到新序列的最后一帧，如图 12-28 所示。要改变过渡动画的长度，可在选中开始或结束关键帧后，单击并拖动开始或结束关键帧，如图 12-29 所示。

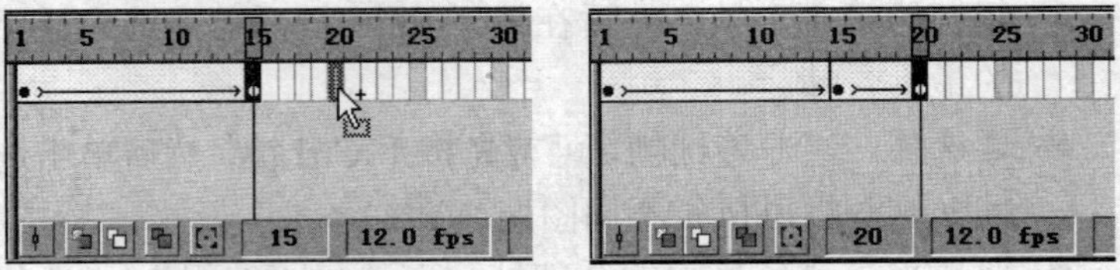

图 12-28 扩展关键帧

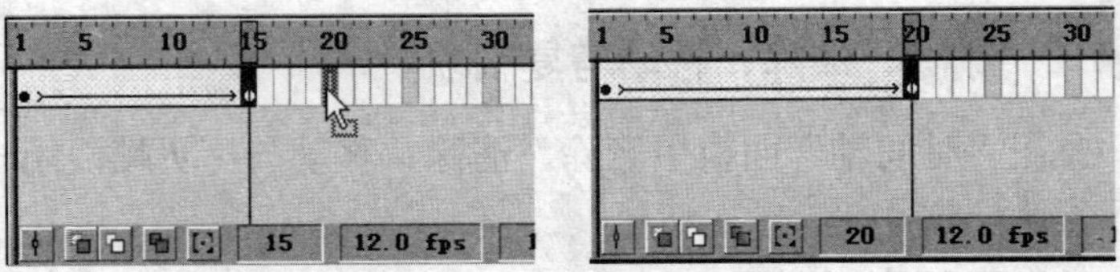

图 12-29 改变过渡动画长度

12.4.4 将关键帧转换为普通帧

要将关键帧转换为普通帧，可以首先单击选中该关键帧，然后选择“插入”|“清除关键帧”命令。或者右击关键帧，从弹出的快捷菜单中选择“清除关键帧”命令。

12.4.5 翻转帧

利用反转帧功能，可以使选定的一组帧反序，即最后一个关键帧变为第一个关键帧，第一个关键帧成为最后一个关键帧。

要反转帧时，应首先选择“时间轴”控制面板中某一图层上的所有帧（该图层上至少包含有两个关键帧，且位于帧序列的开始点和结束点）或多个帧，然后选择“修改”|“帧”|“翻转”命令。或者在所选帧上单击鼠标右键，从弹出的快捷菜单中选择“翻转帧”命令。

12.4.6 设置帧频

帧频指示了动画的播放速度，太慢的帧频将使动画出现停顿现象，太快又会晃过动画的细节。因此，设置合适的帧频也很有必要。

对于 Web 来说，选择每秒 12 帧的频率是最合适的。虽然标准的运动图片频率是每秒 24 帧，但是，像 QuickTime 和 AVI 这种格式的影片一般也都只有每秒 12 帧。

动画的复杂程度和用来播放动画的计算机的性能都将影响到播放的流畅性。因此，有时需要在不同的计算机上进行测试，以确定最优化的帧频。由于在一个 Flash 影片只能指定一个帧频，所以建议最好能在开始创建动画之前设置帧频。

要设置帧频，可直接使用文档“属性”面板，如图 12-30 所示。要使“属性”面板中显示文档的属性，应确保当前未选择任何对象。

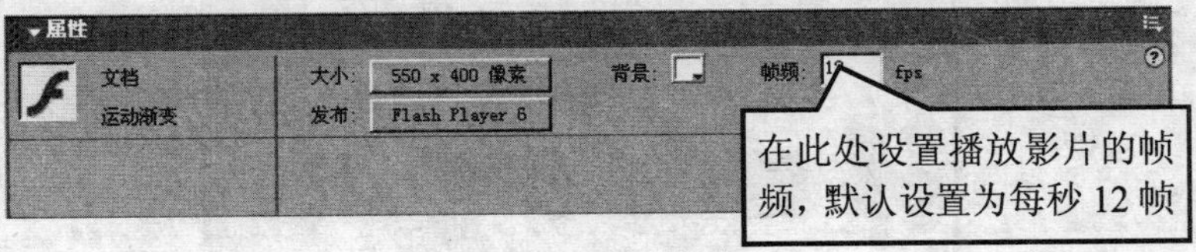

图 12-30 设置帧频

12.5 创建交互性电影

具有交互性的电影可以使观众参与其中。通过相应的交互操作，用户可以使电影跳转到不同的部分，控制电影的音量，及移动电影中的对象等。创建交互性电影的关键是设置在指定的事件发生时要执行的某个特定动作。

在 Flash 中，用户只能为关键帧、按钮实例或影片剪辑实例设置动作。这些动作的设置都是通过“动作”控制面板进行的。很多动作都是由一些程序来完成的，因此要设置出效果特别的动作，需要有一定的编程经验。

12.5.1 为按钮分配动作

按钮在分配动作后，就会响应鼠标的单击或触摸事件，从而执行该动作。下面我们通过一个简单的交互性影片说明如何为按钮分配动作。在该影片中，我们通过单击相应的按钮来控制动画的播放、停止、前进或后退一帧。

（1）选择“文件”|“打开”命令打开一动画文件。

（2）单击“时间轴”面板中的“插入图层”按钮，新建一个图层，如图 12-31 所示。

图 12-31　为动画新建层

（3）选择“窗口”|“公用库”|“按钮”命令，打开系统内置的按钮元件库，将Playback文件夹下的gel Right、gel Rewind、gel Fast Forward、gel Stop按钮拖到新建层中，并利用“属性”面板分别设置按钮实例名称为“播放”、“后退”、“前进”和“停止”，如图12-32所示。

（4）在动画编辑窗口中单击“播放”按钮，然后选择“窗口”|“动作”命令，打开“动作”面板。

图12-32　将按钮添加到图层中

（5）在“动作”面板的左窗格中依次打开“动作”|“影片控制”文件夹，然后双击play动作，将该动作添加到右窗格的脚本编辑窗口中，如图12-33所示。

（6）由于我们希望在按下“播放”按钮时播放动画，因此，可在脚本编辑区单击第1行on（release）语句，然后在打开的参数设置区取消“释放”复选框，并选中“按”复选框，如图 12-34 所示。从图 11-34 中可以看出，此时动作脚本已发生了变化。

（7）单击“后退”按钮，双击“动作”面板中“影片控制”文件夹下的 goto 动作，将该动作添加到右窗格的脚本编辑区中，此时“动作”面板如图 12-35 所示。

（8）在参数设置区的“类型”下拉列表框中选择“上一帧”选项，然后单击脚本的第一行，在参数设置区中取消“释放”复选框，选中“按”复选框，以实现单击“后退”按钮时，回退到前一帧的目的，如图 12-36 所示。

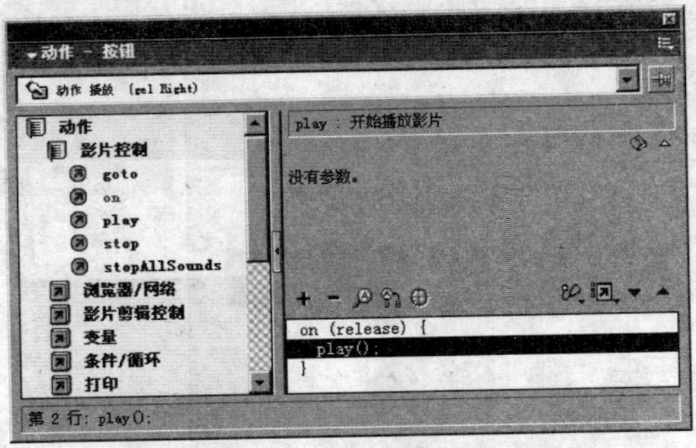

图 12-33　为“播放”按钮实例增加一个 play 动作

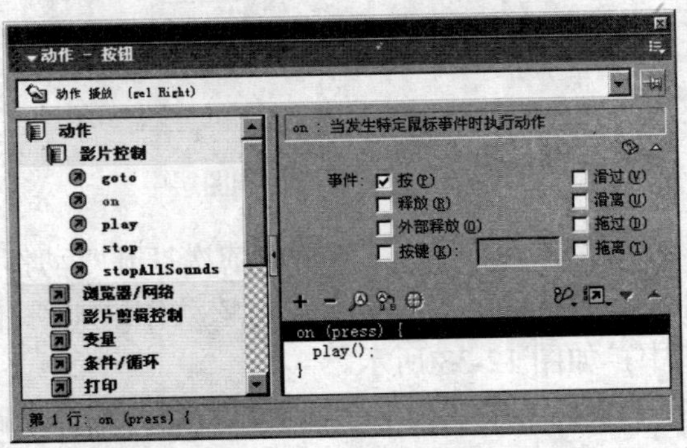

图 12-34　为 play 动作设置事件

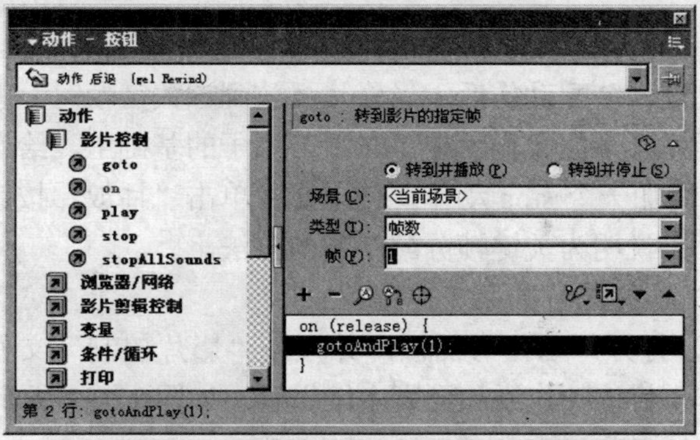

图 12-35　为后退按钮添加 goto 动作

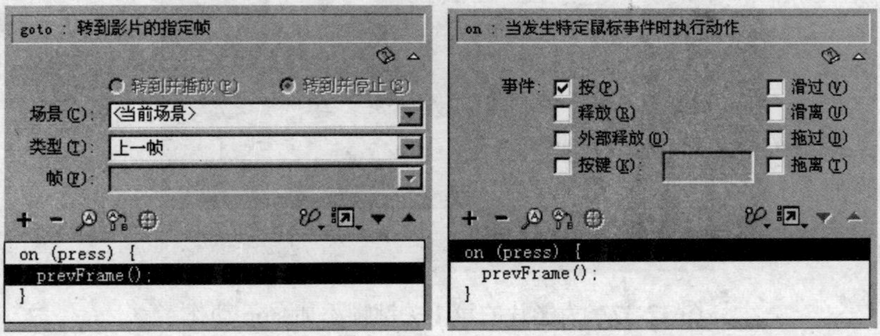

图 12-36　设置“后退”按钮的参数

（9）按照相同的方法为“前进”按钮添加 goto 动作，并在参数设置区的“类型”下拉列表框中选择“下一帧”，然后单击脚本的第一行，在参数设置区中取消“释放”复选框，选中“按”复选框，以实现单击“前进”按钮时，向后前进一帧的目的。

（10）为“停止”按钮添加 stop 动作，以实现单击该按钮时停止影片播放的目的。

（11）选择“控制”|“测试影片”命令，单击各按钮，观察效果。

12.5.2 为关键帧分配动作

为关键帧分配动作后，当影片播放到该关键帧时，就会执行相应的动作。下面我们就在 11.6.1 节例子的基础上，给影片的第 1 关键帧增加一个 stop 动作，使电影在单击“播放”按钮后才开始播放，来说明为关键帧分配动作的方法。

（1）选择影片的第 1 关键帧。

（2）打开“动作”面板，并双击“影片控制”文件夹下的 stop 动作，将该动作添加到脚本编辑区，如图 12-37 所示。

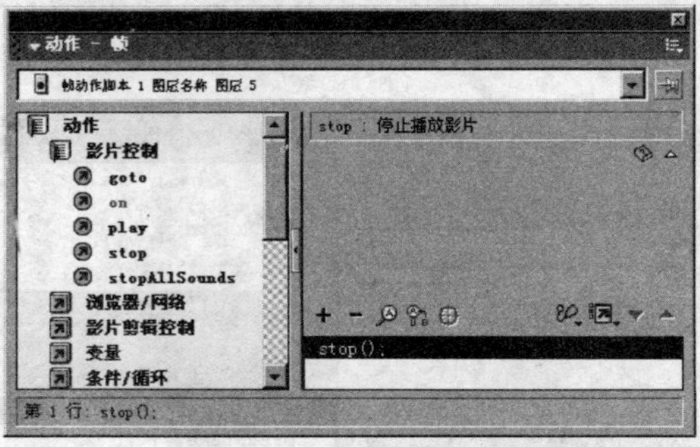

图 12-37　为影片的第 1 关键帧添加 stop 动作

（3）此时，在影片的第 1 关键帧上就会出现一个α符号，表明在该关键帧上添加了动作，如图 12-38 所示。

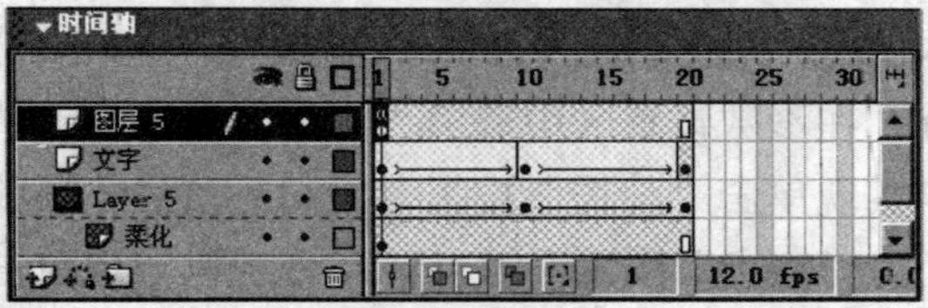

图 12-38　在添加动作的关键帧上出现α符号

（4）播放影片，可以看出，影片停止在第一帧不动，单击“播放”按钮后，才开始播放。

12.5.3 使用动作控制面板

如前所述，要编写动作脚本，必须使用“动作”控制面板，本节我们就对“动作”控制面板做一介绍。

1. “动作”控制面板的组成

如图 12-39 所示，“动作”控制面板主要由脚本元素列表、参数设置区和脚本编辑区组成。其中，在参数设置区又包含了若干按钮，利用这些按钮可以切换脚本编辑模式、扩大或缩小脚本编辑窗口等。

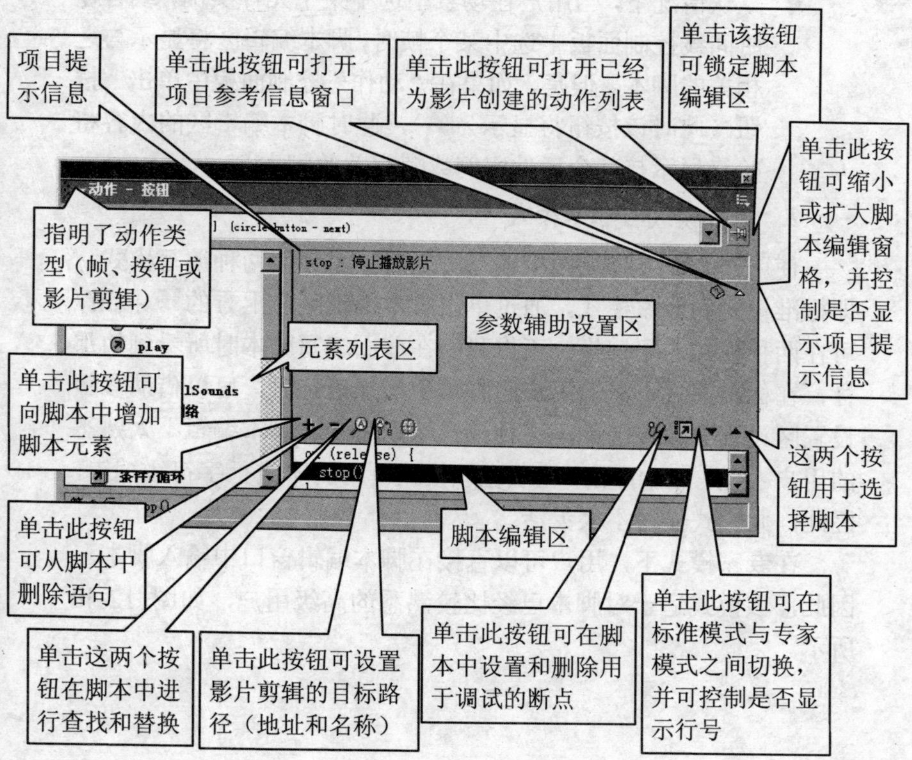

图 12-39 “动作”控制面板的组成

在使用“动作”控制面板编写脚本时，用户应注意如下几个问题：

- 单击项目文件夹（以或标识），可以展开或收缩该文件夹。
- 要向脚本中增加某个项目（以标识），可以双击该项目，或者在选中该项目后按回车键或空格键。此外，也可以通过单击脚本编辑区上方的“+”号，并从弹出的菜单中选择合适的菜单项，来向脚本中增加脚本元素。
- 默认情况下，当用户在场景中选中某个元件实例，或者在时间线控制面板中选中某个帧时，脚本编辑区将显示与之相关的脚本。但是，如果在“动作”控制面板中单击按钮（此时该按钮将显示为），此时脚本编辑区的内容将始终显示与某个元件实例或帧相关的脚本。

2. 标准模式与专家模式

使用“动作”控制面板编写脚本时，可使用两种编写模式，即标准模式和专家模式。通过单击脚本编辑区右上方的按钮，可在两种模式之间切换。正像我们在前面编写脚本时所看到的那样，在标准模式下，当用户向脚本中增加语句时，可以借助参数设置区设置参数。因此，这种模式特别适于对脚本编辑不太熟悉的用户。但是，由于用户无法在该模式下对脚本进行字符级编辑，因此，此模式显得不太灵活。

在专家模式下，用户可以直接在脚本编辑窗口中输入脚本。因此，该模式适于对脚本已经比较熟悉的高级用户，如图 12-40 所示。

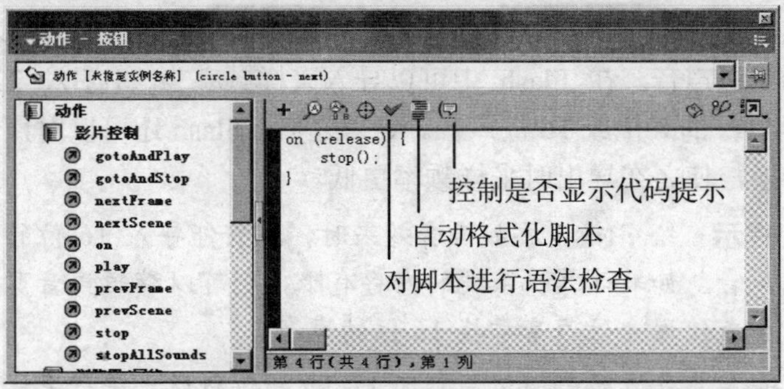

图 12-40　专家模式下的“动作”控制面板

12.6　创建有声影片

我们在前面创建的影片都是无声影片，在实际制作过程中，为了使影片更加形象生动、有声有色，通常还需要在影片中添加声音，从而制作出有声影片。

如果要将声音添加到影片中，最好为声音单独创建一个图层，并在“属性”面板中设置声音的相应属性。

12.6.1　导入声音文件

导入声音文件与导入位图文件类似，导入声音文件后，声音文件将被自动放入文档库中。也就是说，用户只需要一个声音文件的副本，就可以在影片中无数次地使用该声音。

通常情况下，用户可以导入 WAV、AIFF（用于苹果机）、MP3 格式的声音文件。如果已经在系统中安装了 QuickTime 4，则可以在影片中使用 AIFF、Sun AU、Sound Designer II、System 7 Sounds 与 WAV 文件。

声音在存储时，需要占用相当大的磁盘空间和内存。但是，MP3 声音数据被压缩，并且比 WAV 或 AIFF 声音数据小。总的来说，在使用 WAV 格式的声音文件时，最好能使用 16 位 22kHz 的单声道声音。在 Flash 中可以导入采样频率为 11kHz，22kHz 或 44kHz 的 8 位或 16 位声音。导入之后，Flash 还可以对声音进行转换，使之在导出时采样频率更低。

提示 给 Flash 添加声音效果时，最好能导入 16 位的声音。如果计算机系统的内存有限，则可以缩短声音剪辑或使用 8 位声音替换 16 位的声音。

如果声音在录制时不是按照 11kHz 的倍数格式进行采样（例如，采样频率可能是 8kHz、36kHz 或 96kHz），则在导入 Flash 之后，声音将按比录制时的采样频率更高或更低的格式播放。

要导入声音文件，可按下述操作步骤进行：

（1）选择“文件”|“导入”命令，打开“导入”对话框。

（2）在“导入”对话框中选择所需要的声音文件，然后单击“打开”按钮。

但是，在 Flash 中导入声音文件时，声音只是被存储在元件库中，而不会自动加载到当前层上，如图 12-41 所示。

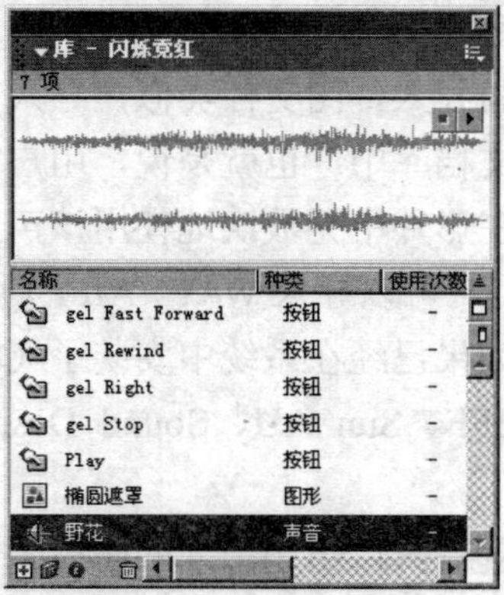

图 12-41　声音文件被自动增加到元件库中

12.6.2　为影片添加声音

为影片添加声音时需要为声音创建一个单独的图层，并通过“属性”面板设置声音选项。为影片添加声音的具体操作步骤如下。

（1）参照上面介绍的方法，将声音文件导入到元件库中。

（2）选择“插入”|“图层”命令，创建一个新图层作为声音图层。如果希望自某帧开始播放声音，应首先在该帧处插入一个关键帧，并将该帧设置成当前帧。

（3）选择新建的声音图层，从元件库中将声音文件拖到场景中，这时声音被添加到当前图层，如图 12-42 所示。

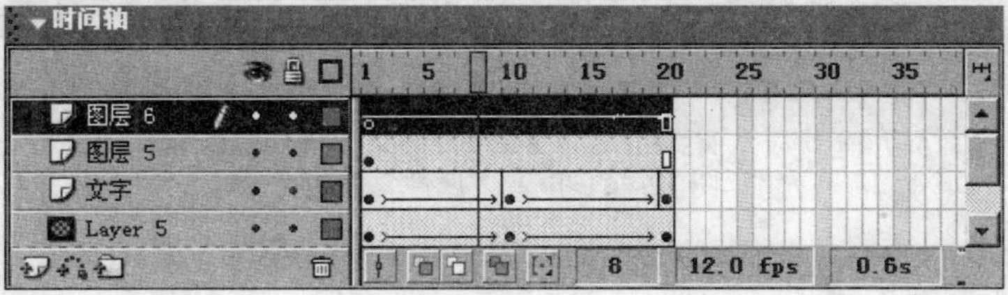

图 12-42　将声音添加到当前图层

提示　尽管可以在一个声音图层上放置多个声音，也可以将声音与对象共同放置在同一图层上。但是，为了方便编辑声音，建议为每一个声音都指定一个特定的图层，每个图层就象声音的一个通道，在播放时所有图层中的声音是组合在一起的。

声音实际上隶属于关键帧，也就是说，在播放动画时，当播放到指定的关键帧时，系统将开始播放声音。

此外，如果当前关键帧是动画的最后一帧，在将声音指定给关键帧时，用户无法在时间线控制面板中看到波形，如图 12-43 所示。

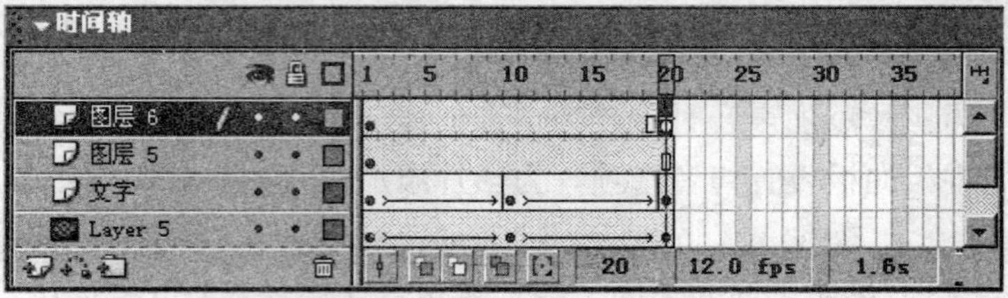

图 12-43　将声音文件指定给动画的最后一帧时将无法看到声音波形

（4）打开“属性”面板，利用“声音”下拉列表框可选择其他声音文件，利用“效果”下拉列表框可为声音增加效果，如图 12-44 所示。这些声音效果的意义如下。

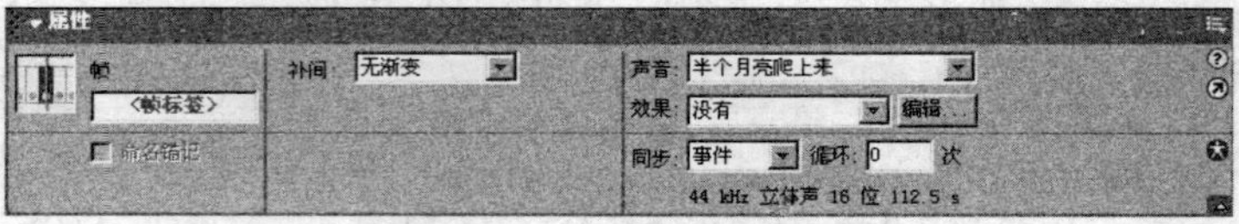

图 12-44　声音“属性”面板

- 没有：不使用任何声音效果。
- 左声道/右声道：仅使用左声道或右声道播放声音。
- 左淡出右淡入/右淡出左淡入：在两个声道间进行切换。
- 淡入/淡出：播放时声音逐渐加大或减小。
- 自定义：可以使用“编辑封套”对话框调整左、右声道声音的高低与变化。

（5）在“同步”下拉列表框中，可以选择一种同步方式。这些同步方式的意义如下。

- 事件：使声音与某个事件同步发生。当动画播放到某个关键帧时，附加到该关键帧的声音开始播放。由于声音的播放与动画的时间线无关，因此，即使动画结束，声音也会完整播放。此外，如果在场景中添加了多个声音文件，则用户听到的将是最终的混合效果。

- 开始：与事件方式相同，其区别是，如果当前正在播放该声音文件的其他实例，则在其他声音实例播放结束之前，将不会播放该声音文件实例。例如，在图 12-45 中，在场景中使用了一个声音文件的两个实例。其中，如果将位于“层 7”中声音实例的“同步”属性设置为“开始”，则在“层 6”中声音实例播放结束之前，将不会“图层 7”中的声音实例。

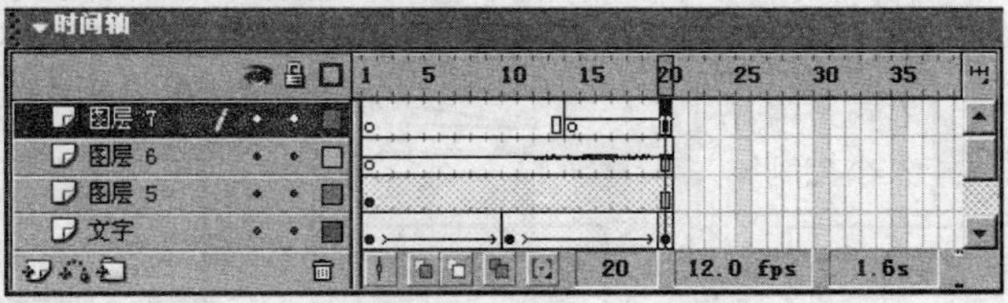

图 12-45　在同一场景中使用同一声音文件的两个声音实例

- 结束：停止播放某个声音。
- 流型：在 Web 站点上播放影片时，使影片和声音同步。如果 Flash 不能快速绘制动画帧，将跳过帧。与事件声音不同，流方式声音的播放时间完全取决于它在时间线中占据的帧数，并且影片停止，流方式声音也将停止。

（6）在“循环”文本框中可以设置声音的循环播放次数。如果要连续播放，可以输入一个较大的数值。但是，由于流方式声音的播放时间取决于它在时间线控制面板中所占据的帧数，因此，不要为流方式声音设置循环，否则，文件的容量将成倍增加。

12.6.3　编辑声音

如前所述，用户在场景中使用声音时，可利用“属性”面板为声音增加一些效果，如淡入、淡出、左右声道切换等。如果希望手工编辑声音，可首先在声音所在图层的时间线区域单击，然后在“属性”面板中单击“编辑”按钮，此时系统将打开如图 12-46

所示“编辑封套”对话框。

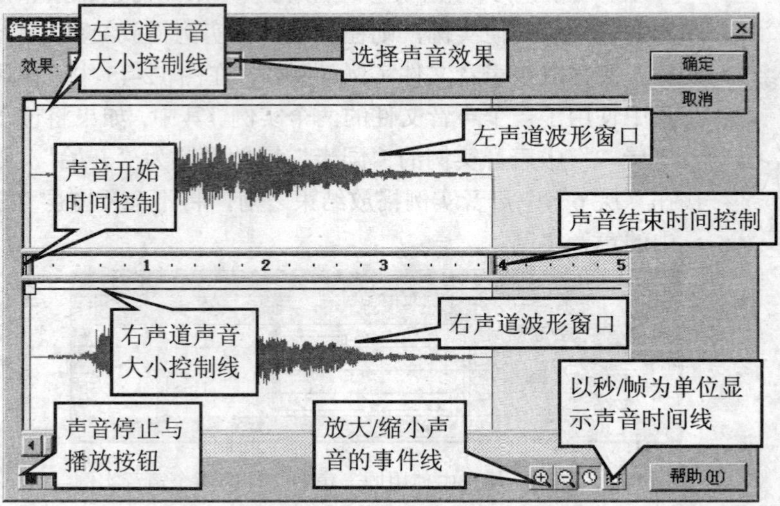

图 12-46 “编辑封套”对话框

下面通过一个简单实例说明利用“编辑封套”对话框调整声音的方法，其操作步骤如下。

(1) 选定某个声音实例，在“属性”面板上单击“编辑”按钮，打开“编辑封套”对话框。

(2) 为了便于对声音进行编辑，可在“编辑封套”对话框中单击一次或多次按钮，缩小声音波形显示，结果如图 12-47 所示。

(3) 如果希望缩短声音长度，如“掐头去尾”，可将声音开始控制滑块向右拖动，而将声音结束控制滑块向左拖动，如图 12-48 所示。

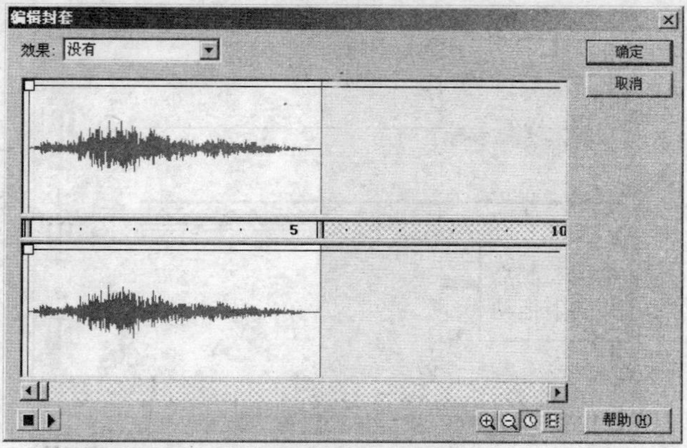

图 12-47　缩小声音波形显示

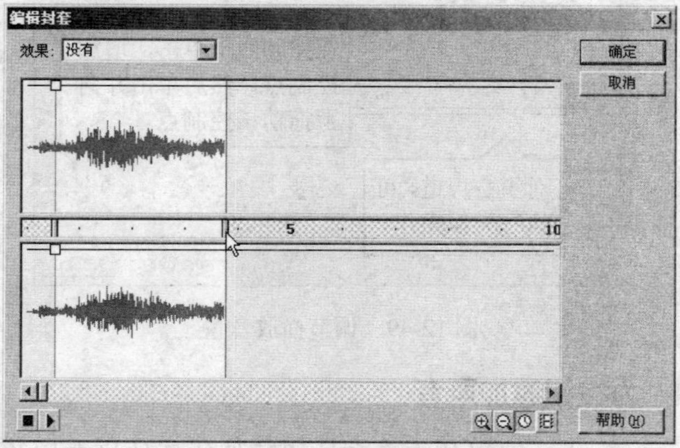

图 12-48　缩短声音长度

(4)如果希望在播放时声音由小变大，然后固定在某个水平，则可以执行如图 12-49 所示的操作。

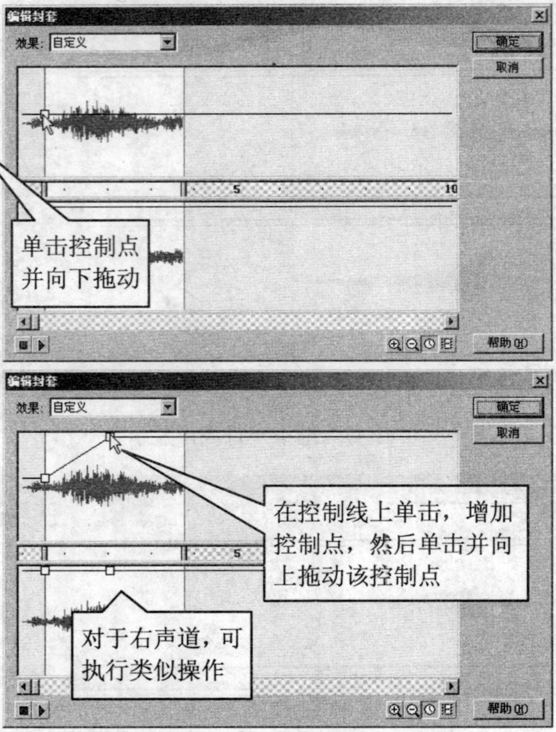

图 12-49　调节播放音量

12.6.4　为按钮添加声音

在 Flash 中，可以使声音和按钮元件的各种状态相关联。当按钮元件关联了声音后，该按钮元件的所有实例都带有了声音。

要给按钮元件添加声音，可按如下操作步骤进行：

（1）选择“文件”|“导入”命令，在文档中导入希望使用的声音文件，然后在元件库面板中选择按钮元件。

（2）双击按钮元件，进入元件编辑模式。

（3）选择“插入”|“层”命令，在时间线控制面板中为声

音新建一个图层。

（4）在声音图层中创建关键帧，使之与要出现声音的按钮状态相对应。例如，如果要在按钮被单击时播放声音，则可以在标记为“按下”的帧下面创建关键帧，如图 12-50 所示。

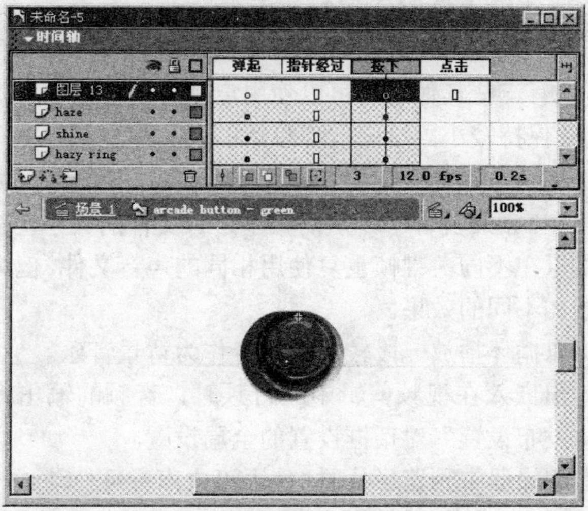

图 12-50　在声音图层为按钮元件的“按下”状态创建关键帧

（5）选中创建的关键帧，在“属性”面板中利用“声音”下拉列表框选中某个声音文件，如图 12-51 所示。

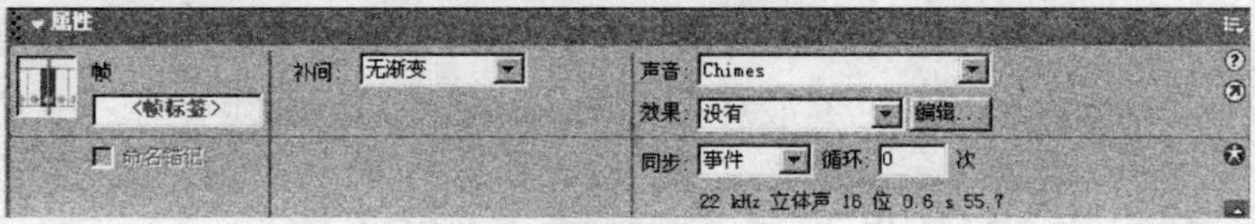

图 12-51　利用属性面板为关键帧设置声音

（6）确认在属性面板的“同步”下拉列表框中选择了“事件”选项。

提示　要使按钮的每一个关键帧都关联不同的声音，可以分别为每一个关键帧添加不同的声音图层，并使用不同的声音文件。此外，也可以为按钮的不同关键帧使用相同的声音文件，但为其应用不同的声音效果。

12.6.5 在影片中使用声音的一些技巧

在影片中使用声音时，除了应设置合适的采样频率和压缩比率之外，还有一些其他技巧可以使用户更有效地使用音效，但使文件的尺寸保持较小。这些技巧包括：

- 更精确地设置声音的开始点和结束点，使无声区域不被保存在 Flash 文件中，从而减小声音文件的大小。
- 尽量在不同关键帧重复使用相同的声音文件，但可以为其增加不同的效果。
- 可以循环播放一段较短的声音作为背景音乐。
- 输出嵌入在视频剪辑中的音频时，音频的输出将采用由“发布设置”对话框设置的全局设置。
- 在编辑器中预览影片时，使用流式声音可使动画与声音保持同步。如果计算机速度不够快，不能完全绘制动画帧，则 Flash 将跳过一些帧，以保持与声音的同步。
- 输出 QuickTime 影片时，可以使用尽可能多的声音文件和声道，而不必担心文件大小。因为在 QuickTime 格式输出时，所有声音将被合成到一个单声道中。也就是说，声音数量的多少对于最终文件的大小没有什么影响。

12.7 上机实践——制作精美时钟

本例将运用较复杂的动作脚本来制作一个精美的、准确的、具有整点打铃和定时闹铃的时钟，主要画面如图 12-52 所示。

图 12-52 精美时钟

12.7.1 制作基本对象

首先，让我们来制作出时钟的各个组成部分，具体的制作方法如下。

（1）选择“文件”|“新建”命令，或按 Ctrl+N 组合键，新建一个文档。选择“插入”|“新建元件”命令，新建一个影片剪辑，命名为 Clock，如图 12-53 所示。

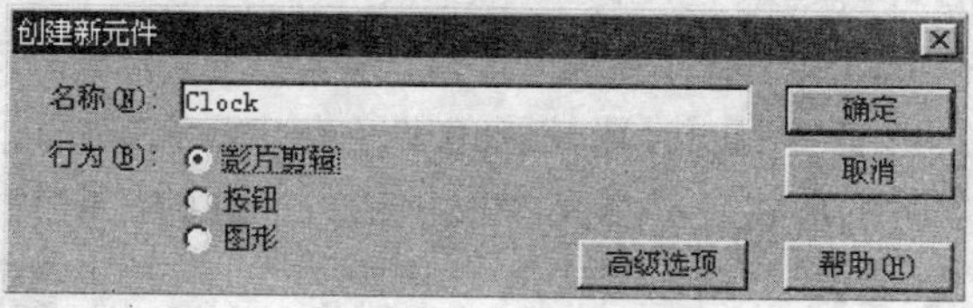

图 12-53 “创建新元件”对话框

（2）单击“确定”按钮，进入该元件的编辑区。选择工具箱中合适的绘画工具，结合“箭头”工具进行调整，并在“混色器”面板中设置合适的渐变色进行填充，在编辑区中绘制出时钟的大体轮廓，如图 12-54 左图所示。

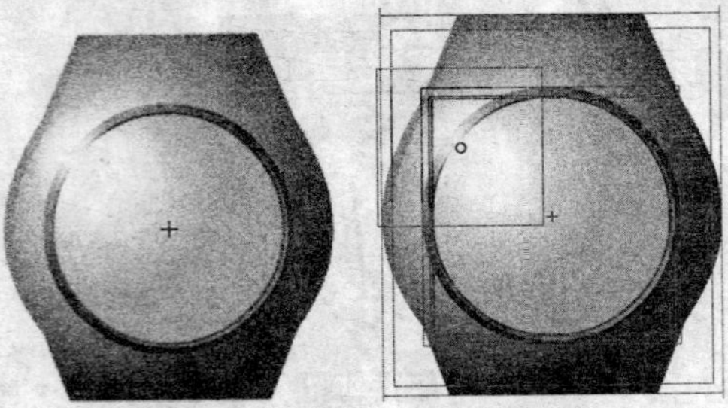

图 12-54　绘制时钟的大体轮廓

提示　绘制图形时，可参考图 12-54 右图绘制多个图形元素，并分别将其边线和填充内容组合。同时，在绘图时还应注意使用“填充变形”工具调整渐变色的中心位置，来制作出时钟的层次感。

（3）按 Ctrl+E 组合键返回场景，打开“库”面板，将制作的 Clock 元件拖到场景中的适当位置，然后打开“属性”面板，设置该元件的实例名称为 clock，如图 12-55 所示。

（4）单击按钮，新建一个“图层 2”，将其拖到时钟所在层的下面，并在该层中绘制一个倒影，按照如图 12-56 所示一样放置，使时钟看起来更具有立体感。

（5）按 Ctrl+F8 组合键，新建一个按钮元件，命名为 dingshiqi，然后选择矩形工具，设置其圆角半径为 30，在编辑区中制作出如图 12-57 所示形状，并填充上白－桔黄－红的放射状渐变色。

图 12-55　设置 Clock 元件的实例名称

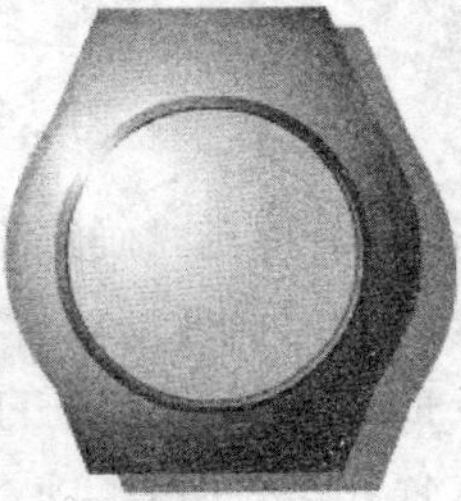

图 12-56　添加阴影

图 12-57　制作定时器按钮

（6）按 Ctrl+E 组合键回到场景，选中时钟所在的“图层 1”，将 dingshiqi 按钮从“库”面板中拖到场景中，如图 12-58 所示的位置。

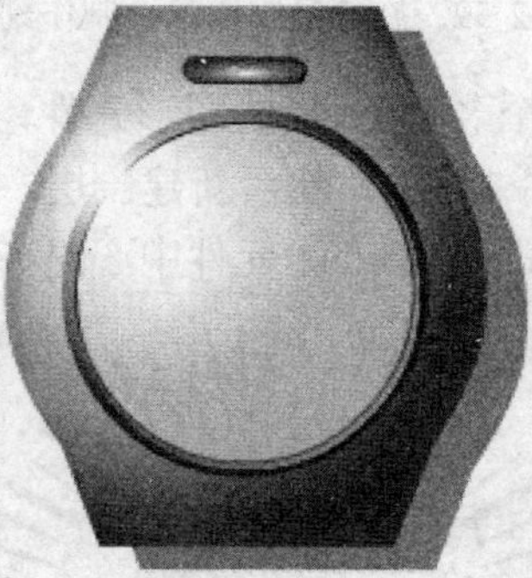

图 12-58　摆放定时器按钮

（7）接下来制作钟表的刻度盘。按 Ctrl+F8 组合键，创建一个名为 kedu1 的图形元件。选择直线工具，以图符编辑区的中心为中心拉出一条直线（尽量长些），然后按 Ctrl+T 组合键，打开“变形”面板，设置旋转度数为 6 度，并连续单击面板右下方的按钮，以每 6 度复制式的旋转，如图 12-59 左图所示。旋转成一个圆形后，再把从横轴起（包括横轴）每五根线加粗到 5 且颜色设为红色，如图 12-59 右图所示。

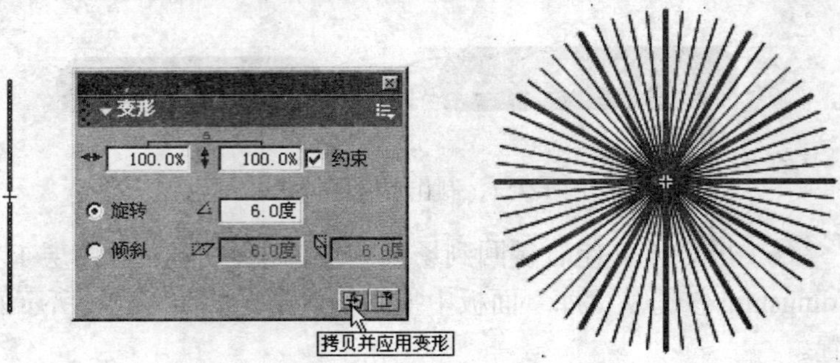

图 12-59　旋转复制线条，制作刻度

（8）再创建一个名为 kedu 的图形元件，将 kedu1 元件拖出放在该元件的“图层 1”中，然后新建一层，将如图 12-60 所示的圆形图像拷贝过来，与 kedu1 元件中心对齐。

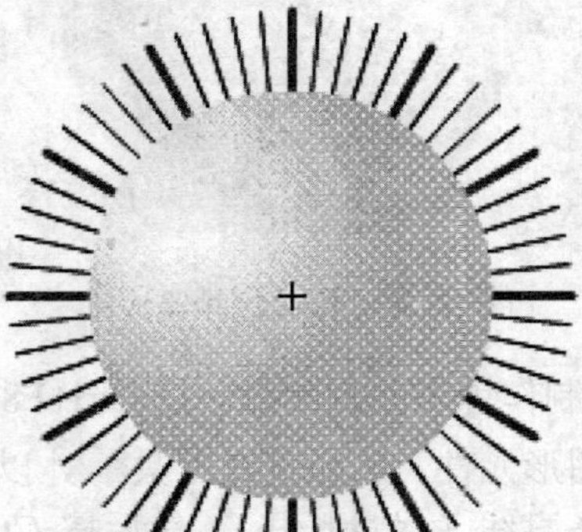

图 12-60　圆形与刻度对齐

（9）按住 Ctrl 键，使用“箭头”工具拖动复制出第二个圆形图像，将其填充为黑色，然后缩小并放回到原来的图像中心，再将黑色部分删除，得到一条白边，如图 12-61 所示。

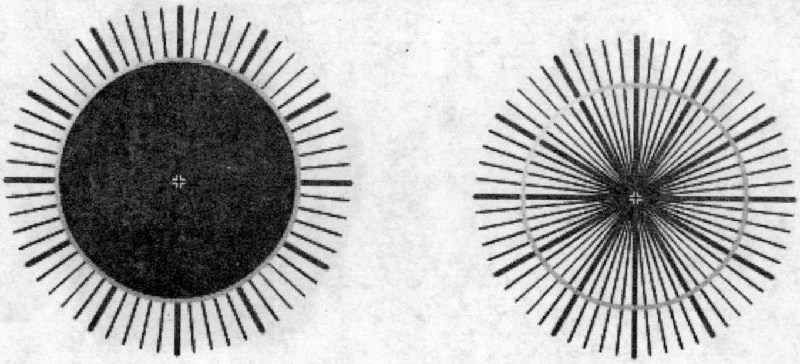

图 12-61　删除图形

（10）右击“图层 2”，从弹出菜单中选择“遮罩层”选项，将该层设为遮罩层，得到的效果如图 12-62 所示。

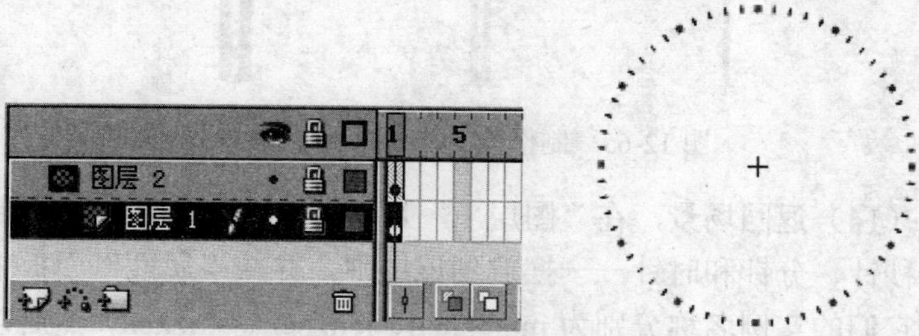

图 12-62　利用遮罩层制作刻度

（11）再添加一个新层“图层 3”，使用文本工具 A 加入 1 到 12 的文本数字，如图 12-63 所示。

（12）返回场景，选中“图层 1”，将 kedu 元件拖至该层中，放置在如图 12-64 所示的位置上。

（13）按 Ctrl+F8 组合键，再依次新建 3 个影片剪辑，分别制作秒针、分针、时针（注意它们的中心点），依次命名为 zhizhen1、zhizhen2、zhizhen3，如图 12-65 所示。

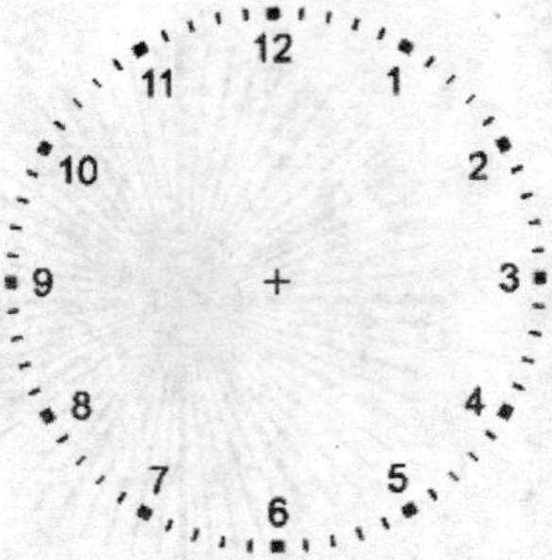

图 12-63　添加数字

图 12-64　将kedu元件放置在时钟的适当位置

图 12-65　制作秒针、分针和时针

（14）返回场景，在“图层 1”上新建一层“图层 3”，将制作的秒针、分针和时针一一摆放到该层中，并在“属性”面板中设置它们的实例名称分别为 miaozhen、fenzhen、shizhen，然后以它们的中心点为中心绘制一个如图 12-66 所示的图形。

图 12-66　添加指针

（15）在时钟和指针之间新建一个层“图层 4”，然后使用矩形和文本工具在该层中制作出如图 12-67 所示的图形和文本。

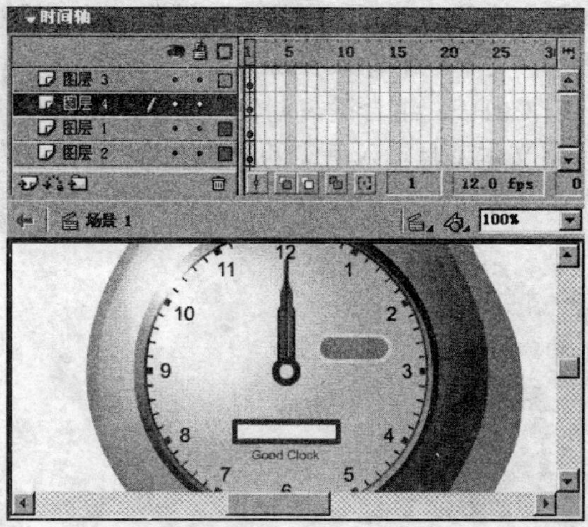

图 12-67　添加图形和文本

（16）选择文本工具，在“属性”面板中设置文本类型为“输入文本”，然后在“图层 4”中的两个矩形上各添加一个输出文本域，并分别设置它们的实例名称和变量，如图 12-68 所示。

图 12-68　设置输入文本域

（17）选择“文件”|“导入”命令，导入两个声音文件 ding 和 zheng。右击“库”面板中的 ding，从弹出菜单中选择“链接”命令，进入链接属性对话框，参照图 12-69 进行设置，并在“标识符”文本框中输入 ding；同样的方法设置 zheng 的链接属性，并在“标识符”文本框中输入 zheng。

（18）按 Ctrl+F8 组合键，创建一个新的影片剪辑，命名为 dingshi1，使用文本工具输入所需的静态文本，再添加两个输入文本域，并分别设置这两个文本域的实例名称为 di1 和 di2，如图 12-70 所示。

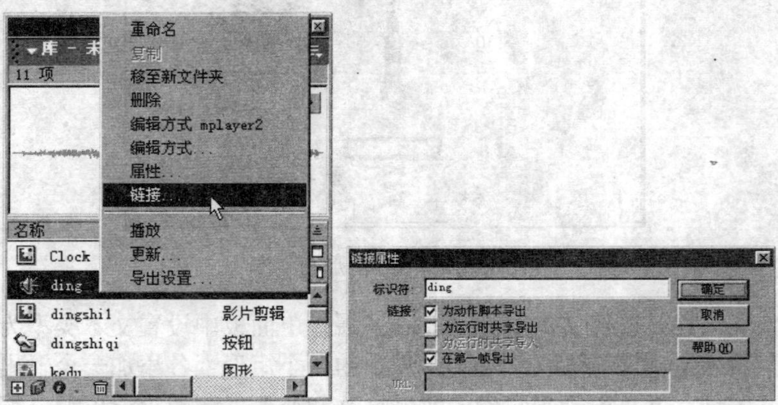

图 12-69　设置链接属性

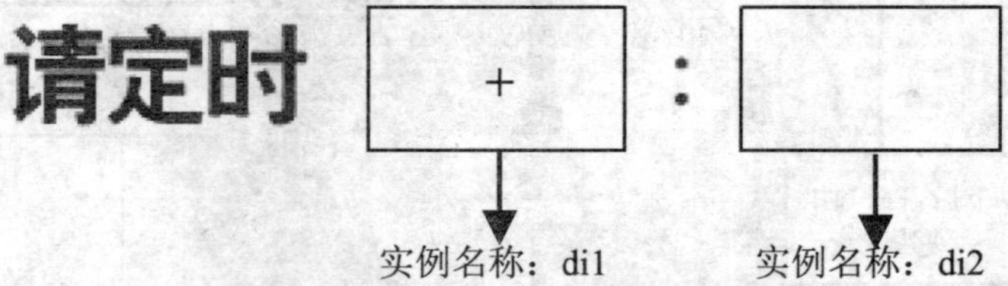

图 12-70　制作 dingshi1 影片剪辑

（19）返回场景，分别在“图层 1”和“图层 2”的第 2 帧按 F5 键，延伸时间轴，然后在“图层 3”的第 2 帧按 F7 键，插入一个空白关键帧，此时的时间轴如图 12-71 所示。

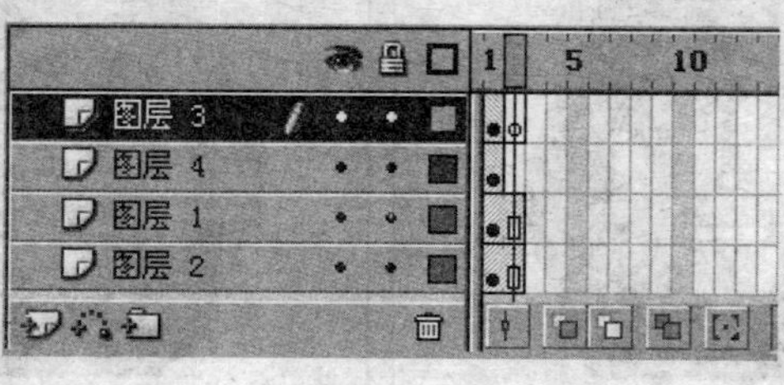

图 12-71　“时间轴”面板

（20）选中“图层 3”的第 2 帧，将 dingshi1 影片剪辑拖入该帧，放置在场景中，然后打开“属性”面板，设置其实例名称为 aaa，如图 12-72 所示。

（21）再创建一个如图 12-73 所示的按钮，命名为 queding，并将其放置在“图层 3”的第 2 帧中。

（22）在场景的第 1 帧时所显示的画面如图 12-74 左图所示，在第 2 帧的时候画面如图 12-74 右图所示。

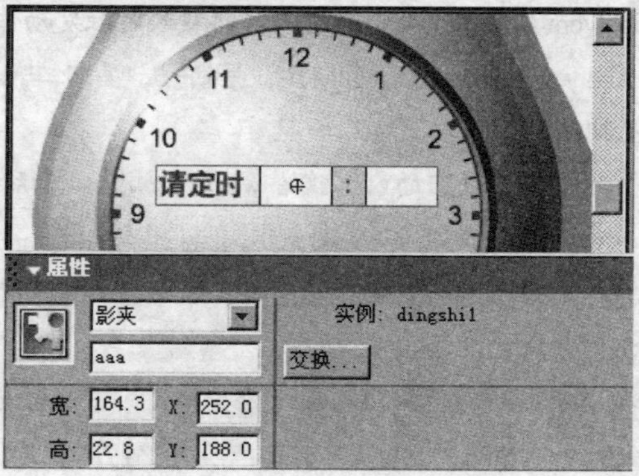

图 12-72　设置 dingshi1 影片剪辑的实例名称

图 12-73　制作的 queding 按钮

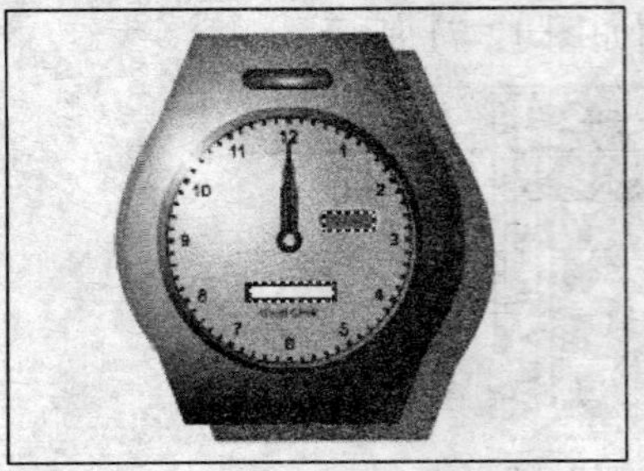

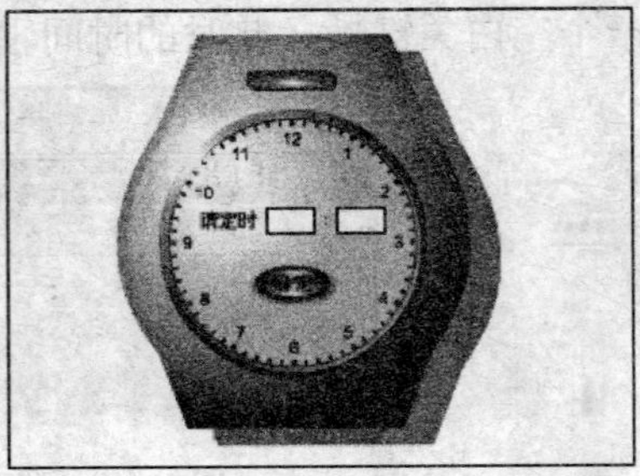

图 12-74　场景的第 1 帧画面与第 2 帧画面

12.7.2　编辑动作脚本

制作完时钟形体后，接下来，我们就为时钟编写动作脚本来进行控制，操作步骤如下。

（1）单击“图层 1”中的 Clock 元件，打开“动作”面板，输入如图 12-75 所示的脚本程序。

程序详解：

```
onClipEvent (load) {    // 当电影剪辑载入时触发动作
weekArray = new Array('星期日', '星期一', '星期二', '星期三', '星期四', '星期五', '星期六');
// 将 new Array 数组的内容赋给 weekArray。由于系统的时间都是用数字存储和输出，所以我们
// 就来个对号入座。当现在是星期日的话，那么系统的值是 0，其他以此类推。这时系统的 0 就
// 会被这条命令对号入座而反馈为星期日，下一句与此类似。
monthArray = new Array('1 月', '2 月', '3 月', '4 月', '5 月', '6 月', '7 月', '8 月', '9 月', '10 月', '11 月', '12 月');
timedate = new Date();        // 把新的系统时间存储在变量 timedate 中，以便调用
soundobject = new Sound();  // 声音型变量
```

ling = 0;

zheng = 0;　　　　　// 表示声明标志变量，以便下面使用

}

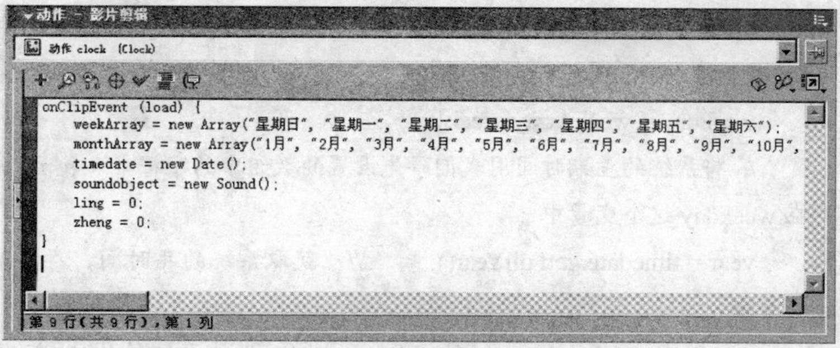

图 12-75　添加脚本程序

（2）接着输入如图 12-76 所示的脚本程序。

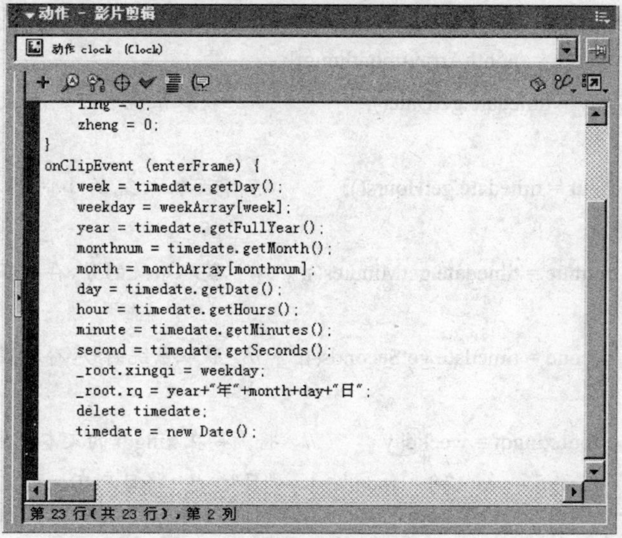

图 12-76　脚本程序

程序详解：

onClipEvent (enterFrame) {　　　// 当剪辑在任一帧开始播放时，执行下面大括号中的程序

week = timedate.getDay();　　　// 获取系统的星期时间，存放在 week 变量中

weekday = weekArray[week];

// 将系统的星期时间用我们事先设置的数组中的字符串来表示，并储存在 weekday 这个变量中

year = timedate.getFullYear();　　　// 获取系统的年时间，存放在 year 变量中

monthnum = timedate.getMonth();　　　// 获取系统的月时间，存放在 monthnum 变量中

// 将系统的月用我们事先设置的数组中的字符串来表示,并储存在 month 变量中

month = monthArray[monthnum];

day = timedate.getDate();　　　// 获取系统的日，存放在 day 变量中

hour = timedate.getHours();　　　// 获取系统的小时，存放在 hour 变量中

minute = timedate.getMinutes();　// 获取系统的分,存放在 minute 变量中

second = timedate.getSeconds();　// 获取系统的秒,存放在 second 变量中

_root.xingqi = weekday;　　// 将星期在 xingqi 的文本域中显示

_root.rq = year+"年"+month+day+"日";　// 将日期在 rq 的文本域中显示

delete timedate;　　　　　// 刷新系统时间

timedate = new Date();　　　　　// 获得新的系统时间

（3）接下来再输入如图 12-77 所示的脚本程序。

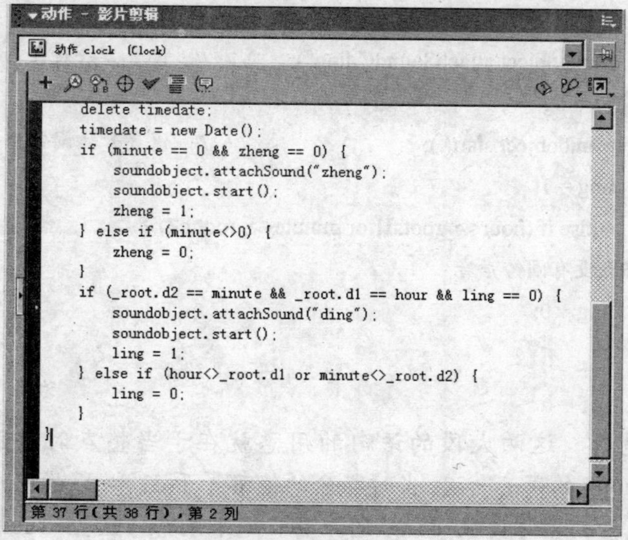

图 12-77　脚本程序

程序详解：

if (minute==0 && zheng==0) {　　　　// 如果 minute 和 zheng 都为 0 时，执行下面程序

soundobject.attachSound("zheng"); // 设置声音对象，链接属性标识符为 zheng

soundobject.start( );　　　　// 设置开始整点报时声音

zheng = 1;

} else if (minute<>0) {　　　　// 否则分等于 0 时，整点没有声音

zheng = 0;

}

// 如果 d2 中的内容等于系统分 和 d1 中的内容等于 hour 和 ling

等于 0 时，执行下面的程序

if (_root.d2==minute && _root.d1==hour && ling==0) {

soundobject.attachSound("ding"); // 设置声音对象，链接属性标识符为 ding

soundobject.start( ); // 设置开始闹铃声音

ling = 1;

} else if (hour<>_root.d1 or minute<>_root.d2) { // 否则分等于 0 时，整点没有闹铃声音

ling = 0;

}

}

提示 这两大段的语句的用意就在于当整点时播放 zheng 的声音一遍，当时与分的值都等于 d1 和 d2 的两个变量的值时播放 ding 的声音一遍来闹铃，设置 zheng 和 ling 的变量是为了控制声音的播放次数为一次。

（4）单击“图层 3”第 1 帧中的秒针，即 zhizhen1 元件，输入如图 12-78 所示的脚本程序。

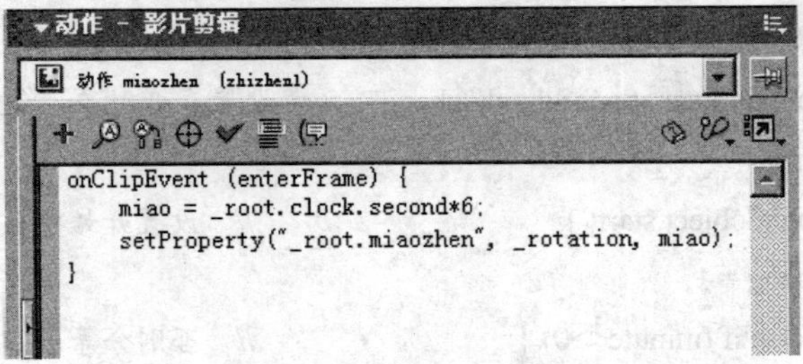

图 12-78 zhizhen1 元件的脚本程序

程序详解：

onClipEvent (enterFrame) { // 当剪辑在任一帧开始播放时，执行下面大括号中的程序

miao = _root.clock.second*6; // 设置秒针转动的度数为 _root.clock.second*6

setProperty ("_root.miaozhen", _rotation, miao);// 将名为 miaozhen 影片剪辑的旋转属性设置为 miao

}

（5）单击“图层 3”第 1 帧中的分针，即 zhizhen2 元件，输入如图 12-79 所示的脚本程序。

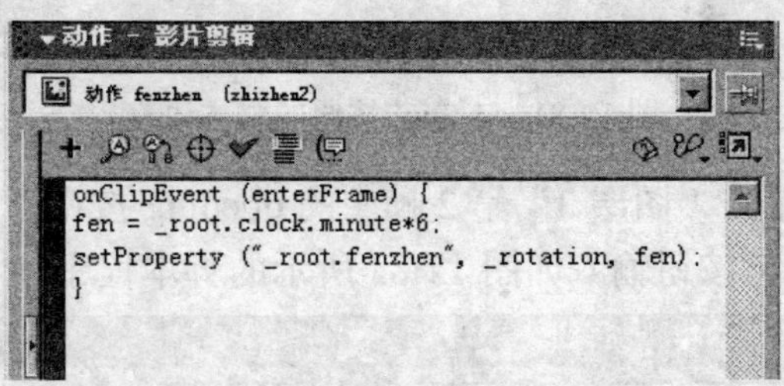

图 12-79　zhizhen1 元件的脚本程序

（6）单击“图层 3”第 1 帧中的时针，即 zhizhen3 元件，输入如图 12-80 所示的脚本程序。

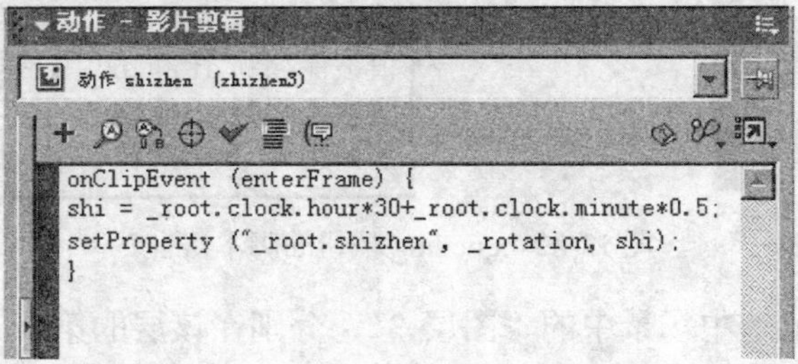

图 12-80　zhizhen1 元件的脚本程序

（7）单击场景中的 dishiqi 按钮，输入如图 12-81 所示的脚本语言。

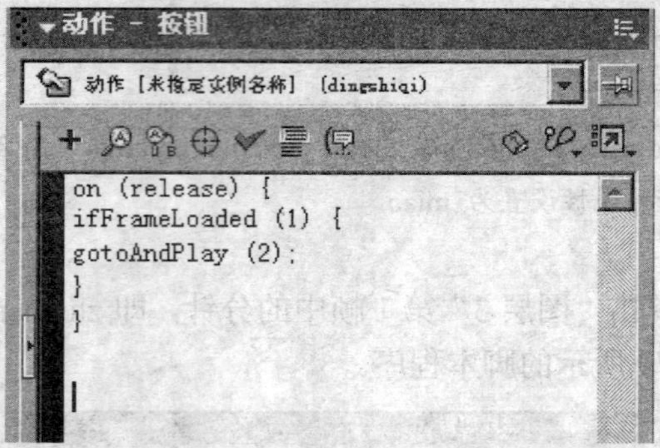

图 12-81 dishiqi 按钮的脚本语言

（8）单击“图层 3”第 2 帧中的 queding 按钮，在“动作”面板中，为该按钮输入如图 12-82 所示的脚本程序。

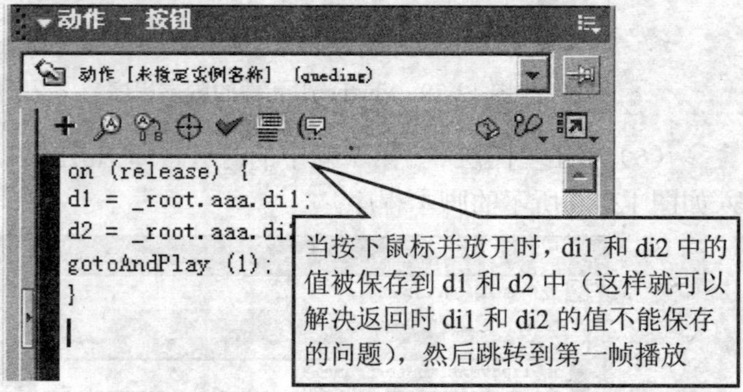

图 12-82 queding 按钮的脚本语言

（9）选中场景中的“图层 3”，分别在该层的第 1 帧和第 2 帧设置动作语句：stop ();，此时的时间轴如图 12-83 所示。

（10）至此，所有的工作都完成了，按 Ctrl+回车键，测试一下，看看你制作的

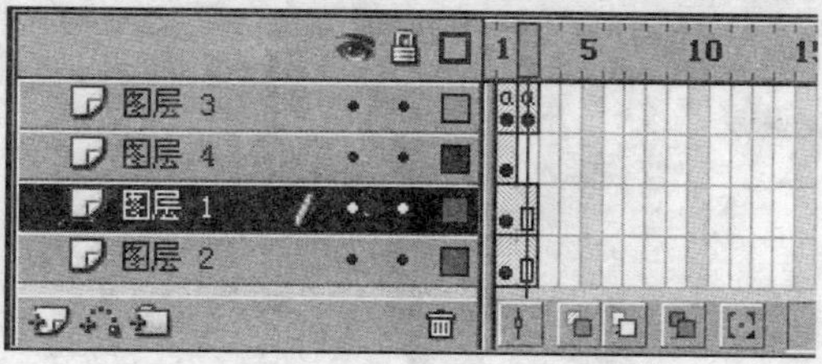

图 12-83 最终的时间轴

本章小结

通过本章的学习，读者了解了 Flash 中的动画与帧的概念，并能够熟练创建运动渐变动画、形状渐变动画及“帧-帧”动画；能够编辑动画、创建交互式电影及在影片中添加声音等。

练习与指导

12.1 在 Flash 中可创建的动画有两种：____动画和____动画。其中____动画又可分为两种，____动画和____动画。

12.2 为了快速创建“补间”动画，可以使用系统提供的____菜单，将一组对象自动分配到各图层，以作为创建补间动画的基础。

12.3 为了对群组、实例、位图图像或文本应用形状变换，必须____。此外，为了控制复杂的形状变换，还可以使用____，以控制如何将原形状转换为新形状。

12.4 具有交互性的电影可以使观众参与其中。在 Flash 中，用户只能为____、____或____设置动作。这些动作的设置都是通过____控制面板进行的。

12.5 创建“帧-帧”动画的步骤是什么？

12.6 在影片中使用声音有哪些技巧？

12.7 创建如图 12-84 所示的沿路径运动的渐变动画。

图 12-84　沿路径运动的渐变动画

提示

（1）新建文件，在图层 1 的第 1 个关键帧中导入一幅花朵图像，作为背景。

（2）扩展图层 1 中的帧，比如到第 20 帧。

（3）新建图层 2，在第一帧中导入一幅蝴蝶图像，然后在第 20 帧插入关键帧，并拖动蝴蝶的位置。

（4）右击图层 2 的第 1 个关键帧，在弹出的快捷菜单中选择“创建补间动画”命令，对蝴蝶创建运动渐变动画。

（5）单击“时间轴”面板上的按钮，为图层 2 创建运动引导层。

（6）利用“铅笔”工具绘制一条围绕花朵的路径。

（7）捕捉蝴蝶对象的中心，在起始帧把对象中心移到路径的起点，在结束帧把对象中心移到路径的终点。

（8）单击图层 2 的第一帧，在“属性”面板中选中“调整到路径”复选框。

（9）选择“控制”|“播放”命令预览动画。

12.8　根据创建形状渐变动画的方法，创建如图 12-85 所示将老虎变为狗的动画。

图 12-85　形状渐变动画

第 13 章　影片的测试、发布与导出

本章要点

- ❖ 测试影片
- ❖ 发布影片

13.1　测试影片

当处理 Flash MX 文档时，要经常对它测试，从而确保它能够尽可能地平滑播放和按照预期的效果进行播放。要测试影片，可以使用特定版本的 Flash Player，它的工具可以使用户访问一些有助于优化动画和排除动作脚本故障的信息。如果在动作脚本中使用好的创作技术，当出现异常情况时，就可更容易排除脚本的故障。

13.1.1　优化影片

影片尺寸的增大，对影片下载时间和播放速度的影响也变得非常明显。为此，用户可采用以下措施来优化影片：

- 应尽量使用元件。
- 最好制作过渡动画，而不要制作关键帧动画。
- 最好使用影片剪辑，而不要使用图形元件。
- 限制每个关键帧中的可变区域。
- 避免动画位图元素，而应将位图元素作为背景或静态元素。
- 对于声音文件来说，尽可能使用 MP3 等尺寸较小的格式。

- 如果可能的话，应组合元素，限制使用的线条类型，并优化曲线线条。
- 使用层来区分元素。
- 限制字体数量和字体样式，少用嵌入字体。
- 少用渐变色与 Alpha 透明度。

13.1.2 测试影片下载性能

尽管 Flash 播放器会尝试满足所设置的帧频，但实际的帧频随计算机的不同而变化。如果正在下载的影片到达了一个特定的帧，但是它所需数据尚未下载完毕，则影片会暂停，直到数据到达为止。

为了观察影片的下载性能，可执行以下操作步骤：

（1）打开要测试的影片，选择“控制”|“测试影片”命令。

（2）选择“调试”|56（4.7KB/s）、28.8（2.3KB/s）或 14.4（1.2KB/s）命令，选择“查看”|“带宽设置”命令，来显示下载性能的图表，如图 13-1 所示。

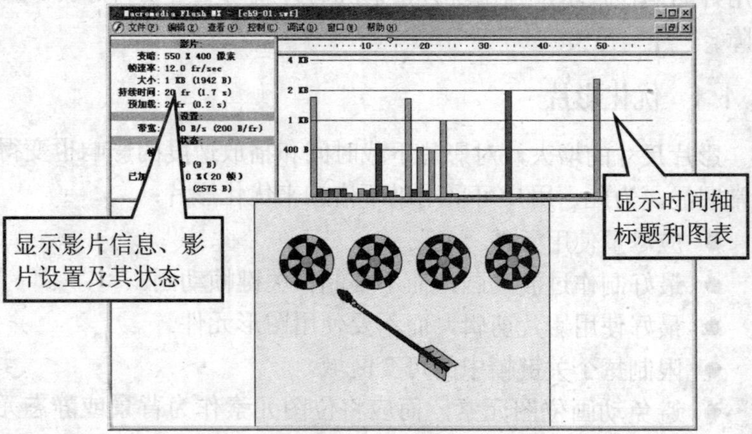

图 13-1 测试影片下载性能

在图 13-1 中，带宽设置左侧显示了影片的信息、影片设置及其状态。右侧显示了时间轴标题和图表。在该图表中，每个条代表影片的一个单独帧，条的长度对应于帧的字节大小。时间轴标题下面的红线表明在“控制”菜单中设置的当前调制解调器速度下，给定的帧能否实时播放。如果某条超出了红线，则影片必须等待该帧加载。

13.2 发布影片

如果测试没有问题的话，可以按照要求进行发布影片。默认情况下，发布命令将创建 Flash 的 SWF 文件与可在浏览器中运行的 HTML 文件。如果需要的话，用户也可将影片发布为 GIF、JPEG、PNG 格式文件和 HTML 文件。

发布影片的具体操作步骤如下。

（1）选择“文件”|“发布设置”命令，此时系统将打开如图 13-2 所示的“发布设置”对话框。

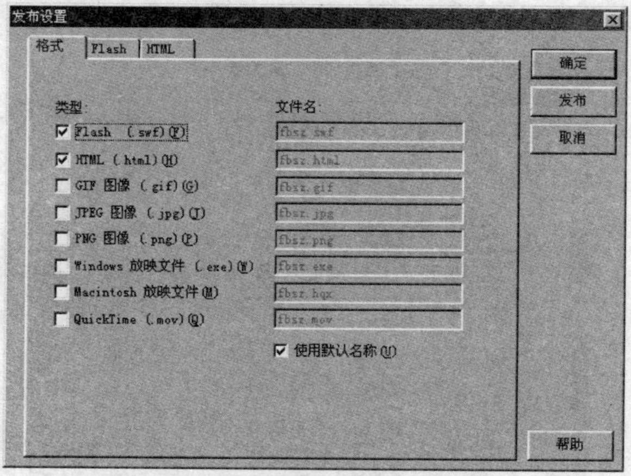

图 13-2 “发布设置”对话框

（2）利用“发布设置”对话框的“格式”选项卡设置发布哪些格式的文件，利用 Flash 选项卡设置发布的 Flash SWF 文件的版本、图像和声音压缩选项（如图 13-3 所示），利用 HTML 选项卡可设置影片的尺寸、窗口模式等（如图 13-4 所示）。此外，如果在“格式”选项卡中还选择了以其他格式发布影片，“发布设置”对话框中还会自动显示其他选项卡。

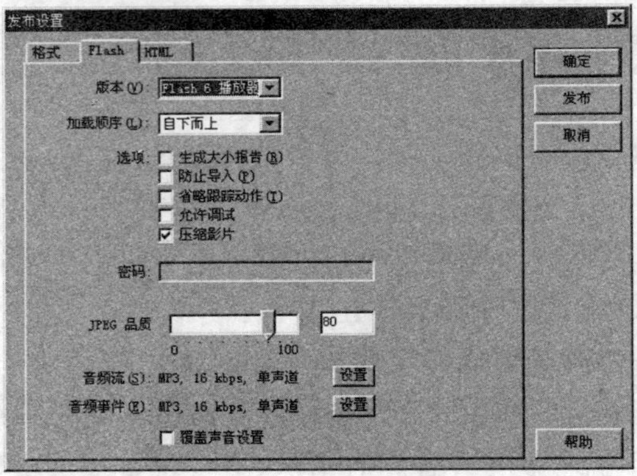

图 13-3 “发布设置”对话框的 Flash 选项卡

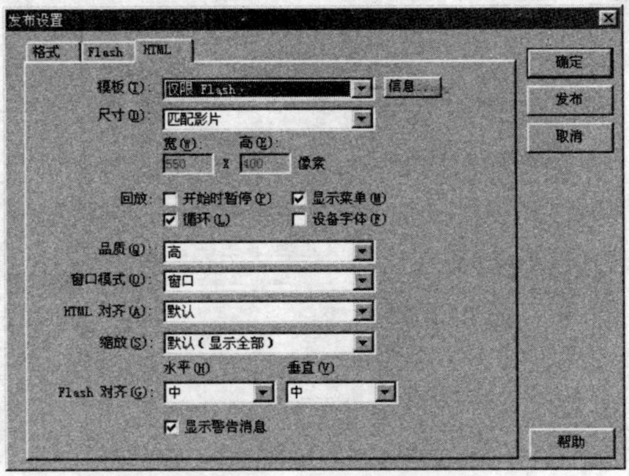

图 13-4 “发布设置”对话框的 HTML 选项卡

（3）设置好发布设置参数后，选择“文件”|“发布”命令可以发布影片。如果希望预览发布效果，还可选择“文件”|“发布预览”命令中的适当选项。

13.3 上机实践——导出影片

通过导出影片，可将影片导出为可供其他程序处理的数据。例如，可将影片导出为一组位图图像，一个单帧或图像文件，GIF、JPEG、QuickTime、AVI 等格式的运动与静态图像。此外，也可将影片中的声音导出为 WAV 文件。

要导出影片或图像，可按以下操作步骤进行：

（1）打开希望导出的影片。其中，如果希望导出影片中的图像，可选择影片中的帧或图像。

（2）选择“文件”|“导出影片”命令或“文件”|“导出图像”命令，打开如图 13-5 所示的“导出影片”或“导出图像”对话框。

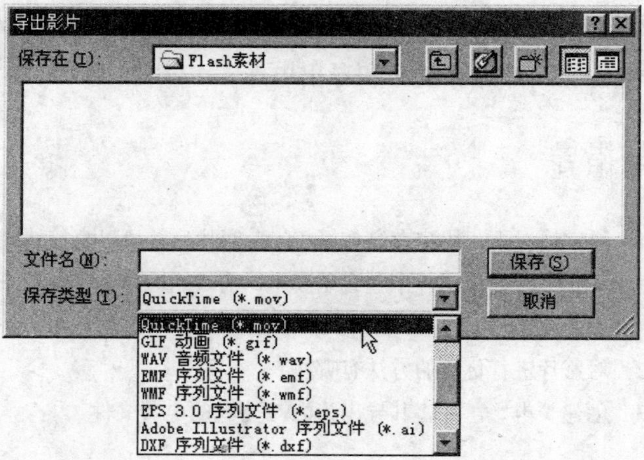

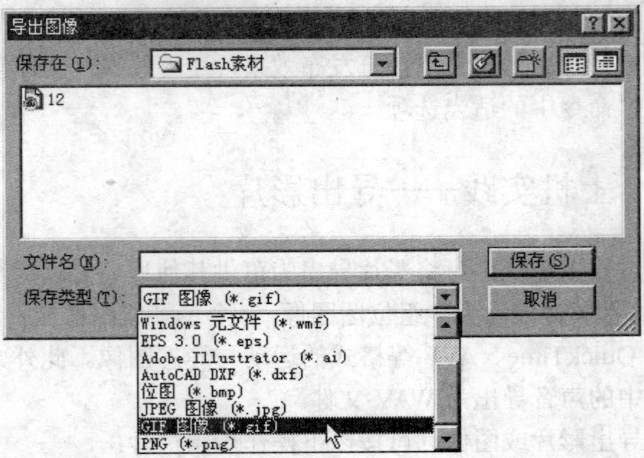

图 13-5 “导出影片”与“导出图像”对话框

（3）设置导出文件名称、格式，然后单击“保存”按钮。

本章小结

通过本章的学习，读者应掌握优化影片的方法，能够测试影片的下载性能，并能够发布和导出电影。

练习与指导

13.1 通常情况下，用户在制作好 Flash 影片后，可以直接选择____命令测试影片。但是，如果影片中包含了脚本，则只能选择____菜单来测试影片，此时系统将首先生成 SWF 文件，然后播放该文件。

13.2 对影片进行优化的方法有哪些？

13.3 创建一电影，并将其导出为 AVI 格式的电影文件。